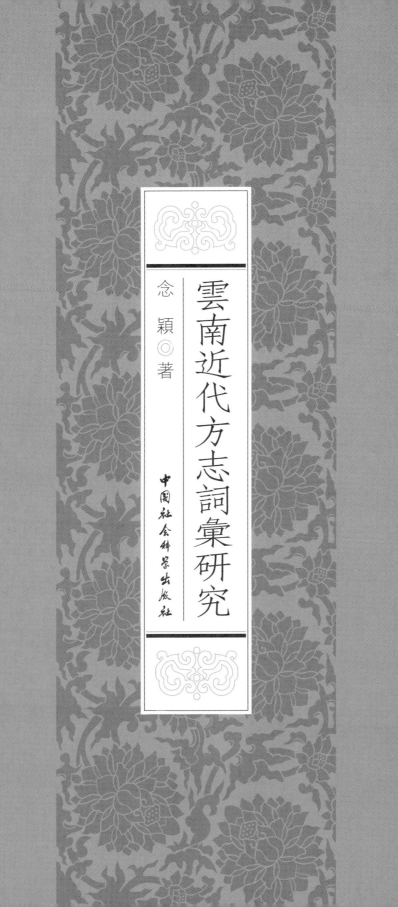

雲南近代方志詞彙研究

念　穎◎著

中國社會科學出版社

圖書在版編目（CIP）數據

雲南近代方志詞彙研究／念穎著．—北京：中國社會科學出版社，
2017.3

ISBN 978 - 7 - 5203 - 0367 - 5

Ⅰ.①雲…　Ⅱ.①念…　Ⅲ.①雲南 - 地方志 - 詞彙 - 研究 - 近代
Ⅳ.①K297.4②H172.3

中國版本圖書館 CIP 數據核字（2017）第 079469 號

出 版 人	趙劍英
責任編輯	任　明
責任校對	李　莉
責任印製	李寡寡

出　　版	中國社會科學出版社
社　　址	北京鼓樓西大街甲 158 號
郵　　編	100720
網　　址	http：//www.csspw.cn
發 行 部	010 - 84083685
門 市 部	010 - 84029450
經　　銷	新華書店及其他書店

印刷裝訂	北京君昇印刷有限公司
版　　次	2017 年 3 月第 1 版
印　　次	2017 年 3 月第 1 次印刷

開　　本	710×1000　1/16
印　　張	20
插　　頁	2
字　　數	311 千字
定　　價	85.00 圓

中文摘要

　　雲南近代方志是關於雲南近代地方各民族政治、經濟、文化、社會生活以及自然地理、歷史概況的綜合性著述。作為一種價值較高、影響較大的珍稀地方文獻，雲南近代方志以其宏大的篇幅、廣闊的內容以及翔實的記載，為科學解讀雲南的人文歷史地理創造了有利的條件，同時也為學術研究提供了豐富而寶貴的歷史資料。由於新中國成立以前雲南方志詞彙的研究尚屬空白，故本書具有較大的理論價值和現實意義。

　　本書在深入考察研究雲南近代方志的基礎上，吸收和借鑒前人已有的研究成果，首次對雲南近代方志詞彙系統進行了全面研究。在研究過程中，從文本語料本身入手，重點關注其中最有特色、最具研究價值的實際問題，並以辭典、史書、筆記、小說和相關專業文獻等作為參證材料，繼承傳統訓詁學的研究方法，輔以現代語言學、詞彙學的理論為指導，通過共時描寫和歷時分析而全面展開。本書旨在對雲南近代方志詞彙進行全面描寫和系統研究，以體現雲南近代方志詞彙系統特點，為科學闡釋雲南方言，展示雲南文化奠定基礎，同時亦為語言學、文化學和方志學的深入開展創造條件。

　　全文共分五章。第一章，緒論。對雲南近代方志進行了概述，總結了國內外有關雲南近代方志的研究狀況，闡述了雲南近代方志詞彙研究的選題緣由、研究價值、研究對象及本書所採用的主要研究方法。

　　第二章，雲南近代方志物產資源類詞研究。雲南近代方志中記載了豐富的物產資源類詞，這部分詞語是進行雲南方言研究的重要材料。本章內容主要包括植物類詞與動物類詞兩類，植物類詞包括蔬屬、果屬和花屬；動物類詞包括羽屬、鱗屬和蟲屬。對於本章內容的研究，主要借助辭書、部分專業書籍和相關歷史文獻，以傳統訓詁學理論為指導，對部分物産資源類詞進行疏證。同時在對雲南近代方志物産資源類詞比勘、整理、校對的基礎上，選取了一部分大型工具書及雲南近代方志本身界定不一，需要作進一步研究的詞彙進行考證和辨析，以釐清其内部聯繫，為雲南近代方志的修纂及大型辭書的編撰提供參考。

第三章，雲南近代方志基礎産業類詞研究。雲南近代方志中記載了較多基礎産業類詞，這部分詞語與其他類詞相比，雖然所占比重較小，然而對於方言研究卻具有重要意義。本章研究内容共分為三個部分：一為農業類詞，該部分詞彙所占比例較大，主要以農具、農田的考辨、溯源、解釋為主；二為商業類詞；三為工業類詞。工業類及商業類詞内容較少，亦以解析、考證為主要研究方法。本章着重考察雲南近代方志基礎産業類詞中的相關詞彙，借助工具書、專業書籍及歷史文獻進行考證，力圖為雲南近代方志基礎産業類詞的科學解讀掃清語言障礙。

第四章，雲南近代方志民俗文化類詞研究。雲南近代方志中記載了大量地方民俗文化，這部分内容是我們進行方言與民俗文化研究的核心材料。本章研究内容主要由三部分組成：一為歲時禮俗類詞研究，這部分的研究範圍為雲南近代方志中記載的歲時民俗及一般禮俗文化；二為婚喪嫁娶類詞研究，這部分重點關注雲南近代方志中記載的婚娶、喪葬詞彙；三為衣食住行類詞研究，這部分重點考察雲南近代方志風俗部分所述關于飲食、居住及服飾類詞彙。本章旨在在通讀文獻、實際考察的基礎上，選取一部分較有地域文化特色、較有研究價值的詞彙進行研究。在研究過程中，重點關注其歷史發展脈絡及其民俗文化背景，以補充雲南近代方志本身及大型辭書編撰的不足。

第五章，雲南近代方志其他口語方言類詞研究。雲南近代方志中記載了大量口語方言詞，這部分詞語是進行雲南方言研究的重要材料。本章研究内容主要從兩個方面展開：一為性狀地理類詞，這部分的研究内容包括人物性狀類詞和地理方言類詞；二為日常事物類詞，這部分的研究内容包括普通事物類詞和日常器用類詞，兩部分的研究方法均以考證和解析為主。

第六章，雲南近代方志中語言接觸環境下的雲南少數民族詞彙研究。本章在語言接觸理論的指導下，討論雲南近代方志中所體現出來的漢語與少數民族語的關係詞。在論述過程中，主要借助歷史語言學理論，用歷史層次分析法對少數民族詞彙進行深入研究。研究內容主要包括兩個方面：一為雲南近代方志中語言接觸環境下的白語詞彙研究；二為雲南近代方志中語言接觸環境下的少數民族詞彙研究。由於雲南近代方志對於少數民族詞彙的記載主要以漢字記音形式再現，故研究主要借助傳統音韻學理論，從歷史語音層面展開。本章結合文獻具體例證，重點考釋雲南近代方志所錄少數民族詞彙，旨在追尋其歷史淵源，並揭示其間融入的人文因素和文化背景。在研究過程中，主要通過比較、演繹與歸納相結合的方法，輔之以動態考察與靜態分析相聯繫的手段，對少數民族詞彙進行全面考釋，以期為雲南少數民族語研究拓寬道路。

序　言

　　雲南省有近代府、州、市、縣方志137種，論述了雲南各地的政治、經濟、物産、生活、風俗習慣，内容豐富。念穎博士的《雲南近代方志詞彙研究》（以下簡稱《研究》），選擇這些方志中的200多個詞語以及語言接觸下的大量少數民族語言詞彙進行了深入的研究，這有助於讀者瞭解雲南方言、風俗習慣和少數民族語言的一些情況，用功甚勤，很有意義。

　　一是有助於瞭解雲南方言。雲南是一個多民族聚居的省份，漢人也大多是不同時期從外省移居而來的，方言成分複雜，有古漢語詞語的遺留，如"褌"（有襠的長褲）、"薯蕷"（山藥）、"頮澤"（洗滌）。有外省也用的詞，如"莧菜""蓮花白""桔槔"（一種汲水工具）、"有喜"（婦女懷孕）。有與普通話形同義異的詞，如"白酒"（醪糟）、"喫醋"（揭人隱私），當然更多的是字面上不好懂而雲南特有的方言詞，如"恨虎"（貓頭鷹）、"渣襟"（煩瑣，糾纏不清）、"鑽干"（狡猾）等。《研究》引用多種文獻資料進行闡釋，探其源流，名其類別，辯證錯誤，用功甚勤。例如"薯蕷"，《寧州志》以為芋頭，《鹽津縣志》以為即白苕、紅苕、甘薯，《蒙化縣志稿》以為山藥，一色白者曰白薯。《研究》通過高承的《事物紀原》等六種文獻説明，"薯蕷"之名已見於《玉篇》。唐避代宗李豫諱，改名"山藥"，宋避英宗趙曙諱，又改名"山藥"，結論是"薯蕷即山藥，而芋與甘薯非為薯蕷。民間稱芋為芋頭，實即芋芀。而甘薯即為紅苕、白苕的統稱"。這樣就把薯蕷為什麼改成山藥，以及它和芋、芋頭、甘薯、紅苕、白苕的區別都説清楚了。

　　二是雲南方志中有許多詞反映了雲南民間尤其是少數民族的風俗習

慣。如“儺禮”（一種驅邪儀式）、“走無常”（活人到陰間當差，又返回人世的迷信活動）、“咂酒”（少數民族的一種待客習俗）、“搶親”（少數民族的一種嫁娶儀式）、“跳鬼”（少數民族的一種擇偶方式）、“彫題”（少數民族在額頭上刻畫花紋的習俗）、“漆齒”（少數民族把牙齒染黑的習俗）、“打鷄卦”（即鷄卜，觀察鷄骨孔竅曲直以定吉凶）等。《研究》在闡釋中相當詳細地介紹了這些風俗習慣的操作情況及其來由，既能增加讀者的認知，也能引起讀者的興趣。

三是《研究》詳細介紹了雲南少數民族語言與漢語接觸受到的影響。其詞彙無論是語音還是構詞，都留下了古代漢語的某些痕跡。其中白語最為顯著。如“民家口音日讀泥”，正是章太炎所謂“娘日歸泥”；“民家口音江讀工”，乃是古漢語見母尚未顎化；“民家口音稱柴以薪”，即用“薪”的古義。《廣韻》：“薪，柴也。”“民家口音火為燬”，“燬”即“火”的古代方言詞。《爾雅》郭璞注：“燬，齊人語。”“民家口音頭髮曰笛罵”，“笛罵”即“頭毛”記音。《廣韻·月韻》：“髮，頭毛也。”又“民家口音饅首讀麻頭”，“麻頭”當即“饅頭”的變音。據高承《事物紀原》，“饅頭”之名起於諸葛亮南征孟獲之時，也很有意思。《研究》以表格形式列出其他多個少數民族語言在語言接觸中受漢語影響的例子，并以數字為例，說明其讀音與古漢語的對應關係。這一工作此前似乎還沒有人做過。當然古音的構擬，學界尚有不同的意見，如何確定漢語古音與少數民族語言或方言讀音的對應關係更加困難。在這一點上我們不能對研究提出更高的要求。

總地來看，《研究》在一定程度上展示了近代雲南方言詞彙的面貌，也展示了雲南民間和少數民族的許多風俗習慣以及在語言接觸的過程中受漢語的影響，為研究雲南少數民族語言文化提供了重要的材料，毫無疑問是有學術價值的。是為序。

向　熹

2017 年 3 月 28 日於四川大學

目　录

第一章

緒　論

第一節　雲南近代方志研究概述

一　雲南近代方志简介

雲南近代方志是關於雲南地方各民族政治、經濟、文化、社會生活以及自然地理、歷史概況的綜合性著述。作為一種價值較高、影響較大的珍稀地方文獻，雲南近代方志以其宏大的篇幅、廣闊的内容以及翔實的記載，為科學解讀雲南的历史地理文化創造了有利的條件，同時也為學術研究提供了丰富而寶貴的歷史資源。

雲南方志起源較早，最早可上溯至公元 1 世紀東漢明帝時期楊終的《哀牢傳》，這部書記載了哀牢地區的風俗、物産以及哀牢帝王的世系，是研究漢代哀牢族人的重要資料，但卻未得以流傳下來。現存最早記載雲南史志的歷史文獻當為東晉常璩《華陽國志》中的《南中志》，該書記載了從遠古至東晉穆帝永和三年的雲南歷史，是研究雲南少數民族歷史的寶貴資料。唐宋時期流傳下來的雲南方志僅有樊綽的《蠻書》，此書真實全面地記載了南詔時期雲南的歷史、地理以及民族情況，實為研究南詔文化的得力之作。與全國各地方志大致相似，早期的雲南方志體例較不完善，内容也相對簡單。元代以後，由于地方朝廷及官員的重視，雲南方志的編纂得到了較大的發展。首先是内容日漸豐富，其次是體例趨於完善。到了明代，出現了幾部重要的志書，如景泰《雲南圖經志》《滇略》《雲南通志》等，另外也出現了幾部系統的地方志，如《鄧川州志》《趙州志》《尋甸府志》等，雖然數量較少，然而卻為方志編纂工作奠定了堅實的基礎。至清代，雲南方志獲得全面發展，在規模和數量上均達到了頂峰，現存大多數志書都形成於這一時期。在該歷史時期，對於前人所編之方志中内容不全、印刷模糊乃至陳述不清者，部分地方官署還組織人員進行了續編和修纂，進一步完善了雲南方志。民國時期，各地方志大量涌現，而修纂和補充的工作也仍在繼續，雲南方志在這一時期得到了鞏固與拓展。由于新中國成立以前的雲南方志是進行歷史研究的核心資料，且具有寶貴的文獻價值，故本書所選方志材料均以新中國成立以前的雲南方志為主。

二　雲南近代方志研究綜述

（一）國外研究狀況

民國時期，臺灣成文出版社編輯出版了《中國方志叢書》這一大型地方志叢書，其中共收錄了 61 種雲南近代方志。該叢書的出版，標志着方志的研究價值和應用潛能已得到國外學界的認可。1972 年（昭和 47 年）日本波多野太郎教授輯錄了《中國方志所錄方言匯編》一書，該叢書據原書影印，收入《横濱市立大學紀要》，共分九編，輯錄了廣東、廣西、貴州、安徽、江蘇、浙江、湖北、湖南、四川、陝西、山東、山西、河北、河南、甘肅、遼寧、福建等省方志中的方言，但未錄入雲南近代方志的方言。此叢書的出版，為方志語言研究開闢了道路，同時亦顯示了方志語言研究的不凡價值。然而，令人遺憾的是，時至今日，方志的語言研究一直未受到應有的重視，故其語言研究亦未形成趨勢。就雲南近代方志而言，因雲南屬于少數民族大省，故方志記載了較多的少數民族民俗文化，亦記錄了部分少數民族詞彙與漢語方言詞彙。但因詞彙記錄不夠系統，不夠規範，加之部分詞彙晦澀難懂，故對該課題的研究顯得非常薄弱。因此，對雲南近代方志詞彙系統作全面的描寫與研究，具有深遠的現實意義。

（二）國内研究狀況

從國内研究看，20 世紀 80 年代後期，全國新修方志全面展開。為了更好地開發和利用好地方志書這一我國特有的歷史文化寶庫，江蘇古籍出版社（今鳳凰出版社的前身）、上海書店和巴蜀書社三家出版單位在全國各大圖書館的協助和支持下，啟動了影印出版 1949 年以前各類舊志的專案，做成了一部《中國地方志集成》。其中，雲南府、縣志輯於2009年3月出版。該叢書影印了新中國成立前雲南省的100多種府、縣、州、廳志，共83冊，5萬多頁。其中，府志13種，如《康熙雲南府志》《乾隆東川府志》；縣志48種，如《康熙平彝縣志》《光緒呈貢縣志》《民國宣威縣志稿》；州志28種，如《雍正雲龍州志》《光緒鶴慶州志》；鹽井志4種，如《康熙黑鹽井志》《雍正白鹽井志》；廳志4種，如《道光威遠廳志》《光緒騰越廳稿》《光緒續修永北直隸廳志》；市志1種，如《民國昆明市志》；特別區地志1種，如《民國新編麻栗坡特別區地志》等。2007年，由楊世鈺、趙寅松主編的《大理叢書·方志篇》出版，該書收錄了有關雲南及大理的珍貴方志文獻數十種，是研究雲南及大理民族歷史文化的重要史料。現存關於雲南近代方志材料輯錄和整理的叢書僅有兩部：一為丁世良、趙放主編的《中國地方志民俗資料彙編·西南卷》，該叢書收錄了雲南近代地方志中許多地方的歲時禮儀及婚喪嫁娶類民俗資料，為研究雲南民俗文化提供了豐富的資料，但不夠全面。二為雲南省編輯組編錄的《雲南方志民族民俗資料瑣編》，此書匯入了雲南近代方志中的雲南少數民族生產生活及民風民俗類資料，是研究雲南少數民族語言及民俗文化的重要材料。

　　雲南近代地方志的研究是隨着雲南近代地方志的編纂出版而逐漸興起的，就目前研究來看，成果不夠豐富，內容也較為單一，主要集中在以下幾方面：

　　（1）從方志學角度對雲南地方志的編纂歷史、編纂內容、編纂體例及文本價值等作了研究。如李碩《民國時期雲南編修方志考略》對民國時期雲南編修方志的歷史作了梳理。陳昊琳《論民國時期雲南地方志》介紹了民國時期地方志編纂的基本情況，着重分析了雲南民國時期的方志學理論。黃燕生《元代的地方志》論述了元代地方志的編修及取得的成就。宋永平《民國時期雲南怒江地區的三部方志》對民國時期雲南怒江地區的《纂修雲南上帕沿邊志》《瀘水志》《徵集菖蒲桶沿邊志》三部方志進行了分析。吳靜《漫話雲南地方志》對雲南地方志的發展歷史、編排體例及內容種類作了介紹。周瓊《明清滇志體例類目與雲南社會環境變遷初探》對明清時期雲南方志體例類目的模式及變遷作了探討。趙芳《陳一得與雲南地方志》講述了陳一得主持編纂《鹽津縣志》、參纂《新纂雲南通志》所作出的貢獻。李和《明景泰〈雲南圖經志書〉與天啟〈滇志〉異同說》對明代雲南兩部志書的内容及體例進行了比較研究。另外，張秀華《雲南方志的價值及其開發利用》，舒習龍《〈雲南通志稿〉的編纂與成就》，黃金東《明代方志〈滇略〉述論》，楊天虎《咸豐〈南寧縣志〉介紹及其價值》，古永繼《劉文征及天啟〈滇志〉的史料價值》，宗玉梅《雲南地方志山川類目的文獻價值》，鄧芬、孫博、張麗《從文本内容略論〈滇考〉的價值》等均對雲南近代部分地方志的價值作了研究。

（2）從歷史學角度對雲南地方志涉及的相關問題作了研究。如張麗劍、賴智娟的《天一閣藏書關涉雲南方志考》對天一閣藏書“名同實異”的現象作了辨析。陸韌的《雲南地方的古代歷史記載與史學》對雲南古代地方史學發展情況作了分析。肖雄的《明代雲南書院考析——以明清雲南方志為中心》以明清雲南方志為依據，對雲南書院的歷史作了研究。方國瑜的《明修九種雲南省志概說》對明修九種雲南省志作了介紹，並對各版本淵源與流傳進行了考證。李大海《明清雲南定邊縣與康熙〈定邊縣志〉考》對有關國家圖書館藏康熙《定邊縣志》的纂修時間和古今行政歸屬進行了初步的考辨和訂正。

（3）從文獻學角度對雲南地方志作了校勘與整理。如蔡正發《〈滇志〉校勘拾遺》、王雲《滇志校考》。

從上面分析可以看出，目前學界對於雲南地方志的研究，幾乎未涉及語言研究領域。而國内其他地方志在涉及語言研究這一課題時，基本也都是從方志編纂這個角度來討論的，並未過多涉及語源考釋領域，由此可見，學界從語言學角度對地方志的關注是不夠的。

對於雲南方言而言，學界早在20世紀80年代便有研究，成果也頗為豐厚，專著如姜亮夫的《昭通方言疏證》、張映庚的《昆明方言的文化内涵》、涂良軍的《雲南方言詞彙比較研究》、張華文的《昆明方言詞源斷代考辨》等。另外，有上百篇學術論文亦涉及這一主題，如張士儒的《雲南方言考釋》，彭發興的《談談研究雲南方言的意義》《試論雲南方言詞語的幾個特點》，毛玉玲的《〈說文解字〉中所見的雲南方言詞——兼談方言詞在訓詁方面的作用》《雲南方言的語法特點》，吳積才的《曲靖方言的調類和調值》，鄭祖榮《雲南方言稱叔為“耶”探

考》，張茀、張世進《新平方言志》，羅常培、群一《雲南之語言》，吳
積才、顏曉雲《雲南方音概況》，張茀、羅常培《〈玉溪方言〉考補》
等。值得一提的是，雲南方言與文化的關係問題，目前在學界已受到極
大的重視。從近幾年的研究情況看，成果湧現較多，研究範圍廣泛分佈
於各地，研究領域也較廣，多涉及方言與地理、方言與飲食、方言與服
飾以及方言與稱謂等領域。從這個意義上說，雲南方言研究已取得不凡
成就。但是，研究的局限性亦同時存在。如對方言詞彙的研究範圍主要
局限于文學名著或各地日常生活中常見的方言俗語，較少涉及地方歷史
文獻語言，特別是雲南近代方志語料。由於詞條收錄有限，相對于雲南
方言詞彙的全貌而言，這種探討是不夠的，不足以完整體現雲南方言詞
彙系統的特徵，展現新中國成立以前雲南語言的實際，充分反映漢語史
的發展演變規律。從方言俗語的研究情況看，研究者更多側重於從漢語
語音、語法和詞彙等語言層面對方言進行平面描寫，縱向拓展不夠深
入，故研究路子較窄。對于雲南少數民族語，研究者大多傾向于從共時
層面對其進行研究，歷時層面關注不夠。而對于雲南近代方志少數民族
詞彙，研究者幾乎未曾涉及，更少關注到古代雲南漢語同古代雲南少數
民族語的關係。雲南近代方志很大程度上反映了雲南近代的語言文化特
色，系統研究雲南近代方志詞彙系統，是以雲南近代方志為切口，全面
研究雲南方言和民俗文化的一條重要途徑。

第二節　雲南近代方志詞彙研究的選題
　　　　緣由及研究方法

一　雲南近代方志詞彙研究的選題緣由

以《雲南近代方志詞彙研究》作為選題的原因有三。

第一，雲南近代方志具備專書研究的語料價值。

雲南近代方志的語料價值是由其語料特點決定的。首先，它具有真
實性。雲南方志起源較早，但早期方志基本未能保留下來，只能在《史
記》《漢書》《後漢書》《新唐書》等歷史文獻中找到部分記載。現存
方志除明代有少量著述外，基本都為清代或民國時期的著述，其來源大

致為①：（1）公文檔冊、金石碑刻、譜牒家傳等檔案文獻；（2）實地調查與採訪；（3）信劄、筆記及詩文集。由于雲南方志多為當時當地政府官員或文人墨客所修，因而材料真實可靠。其次，它具有參考性。岑志堅先生認為：“地方志是通過對大量的地情資料進行綜合、分析和研究，經過整理、加工而成的一種樸實的、嚴謹的、科學的資料彙編。“一部方志精品，本身就是一部具有學術性的科學文獻”“地方志具有一般文獻無法替代的歷史價值、實用價值、學術價值和保存價值。其‘存史、資政、勵志’的作用是其他類型的文獻無可取代的”②。黎錦熙先生亦提出：“今修方志，不分史地，勿泥體裁，時代所需，須呈四用。”③ “四用”即方志的四個價值：可作為“科學資料”，可作為“地方年鑒”，可作為鄉土“教學材料”，可提供“旅行指導”。另外，與其他地方志相同，雲南近代方志具有獨特性。雲南近代方志全面反映了雲南獨特的地域歷史與文化風貌，它非一時一地一人之作，亦非文學作品，與一般文書檔案有諸多不同，但它的功能却是一般史書和文書所無法替代的，故以它作為研究對象，也較有新意。此外，雲南近代方志數量充足。就目前掌握的國家圖書館及雲南省圖書館館藏雲南近代方志來看，其種類丰富，體例較為完備，大致包括四類：（1）通志；（2）府、廳、州、縣志；（3）鄉土志；（4）山水志。僅雲南省圖書館館藏雲南近代方志的數量總計便有三百一十四種，四百七十三部，加上相關記載雲南歷史、修志史料及地方志性質的典籍，總量大概高達五六百部之多。因此，從這個意義上說，語料量是非常充足的。

第二，雲南近代方志詞彙系統的研究亟待加強。

新中國成立以前的雲南方志，内容非常豐富，不僅廣泛涉及政治、經濟、歷史、地理，更涉及文學、藝術以及文化，因此堪稱雲南地方百科全書。其中，豐富的物產記載，為我們瞭解地域文化、探尋歷史淵源、比勘現實作品奠定了基礎。有關風俗的記載真實地再現了雲南各地

---

① 張秀華：《雲南方志的價值及其開發利用》，《雲南民族大學學報》（哲學社會科學版）2003 年第 4 期。

② 岑志堅：《地方志文獻的特徵、價值及開發》，《科技情報開發與經濟》2009 年第 4 期。

③ 黎錦熙、甘鵬雲：《方志學兩種·序》，嶽麓書社 1984 年版，第 22 頁。

的風俗習慣與風土人情，這無疑是我們瞭解雲南民俗、剖析歷史詞源的最佳材料。有關方言的記載亦為我們考據詞源、縱橫對比、釐清脈絡創造了有利條件。關於疆域、山川、沿革、人口及社會產業等的記載還是我們瞭解地理人文狀況、還原社會生活的歷史依據。儘管雲南近代方志詞彙具有極大的研究空間，但正如前所述，國內學界對其研究却相對薄弱，一方面是研究學者較少，另一方面是研究方嚮較為單一。方國瑜堪稱雲南方志整理與研究的一代宗師，他的《雲南史料目錄》一書對雲南近代方志目錄進行了整理和編撰，並輔以精當的評論以及詳細的點校，為圖書目錄學奠定了堅實的基礎，亦為後世有志於研究方志的學者提供了具體的參考和明確的方向，但他的研究多從歷史學層面展開，較少關注方志語言。另外，雖然後世也曾湧現出一批致力於雲南方言與雲南文化研究的學者，並且在論及雲南方言與雲南文化的問題時，偶爾也關注到了雲南近代方志，但僅局限於零星的引用，對其進行系統的研究尚未形成趨勢。故雲南近代方志詞彙與文化系統的研究亟待加強，這將有利於考察新中國成立以前雲南方言與文化的實際，亦將有助于辭書的編撰與漢語史的發展。

　　第三，雲南近代方志詞彙研究具有重要的理論意義。

　　語言是一種社會現象，亦是一種文化現象，語言與文化互為表裏，聯繫非常緊密。語言是文化的載體，文化要靠語言來傳承。誠如羅常培先生在《中國人與中國文》中所説："語言文字是一個民族的文化結晶。這個民族的過去的文化靠它來流傳，未來的文化也仗着它來推進。"[1] 羅先生在其《語言與文化》一書中亦指出："語言學的研究不能抱殘守缺地局限在語言本身的資料以內，必須要擴大研究範圍，讓語言現象跟其他社會現象和意識聯繫起來，才能格外發揮語言的功能，闡揚語言學的原理。"[2] 語言的產生、發展和演變，固然有其自身的內部規律可循，但在很大程度上却是由眾多外部因素形成的，其中一個非常重要的因素便是文化。正是在這個意義上，我們可以説，語言的研究不能局限於語言本身，而應該同與之密切相關的文化相聯繫。方言與地域文

---

① 轉引自常敬宇《漢語詞彙與文化·緒論》，北京大學出版社 1995 年版。
② 羅常培：《語言與文化》，語文出版社 1989 年版，第 89 頁。

化的關係，正如語言與文化現象的關係一樣，互為表裏，密不可分。一方面，方言是地域文化的載體，透過方言，可以瞭解到地域文化的歷史內涵。另一方面，地域文化是方言的源流，通過地域文化，可以尋訪方言形成的理據。

我國古代學者很早就注意到了方言與民俗文化的關係。西漢揚雄的《方言》是一部方言集大成之作，該書撰寫稱："考八方之風雅，通九州之異同，主海內之音韻，使人主居高堂，知天下風俗也。"可見，揚雄編撰《方言》的一個主要目的就是通過採集方言考察地方民俗。北齊顏之推的《顏氏家訓》也曾從地理環境的角度對方言作過分析："南北水土和柔，其音清舉而切詣，失在浮淺，其辭多鄙俗。北方山川深厚，其音沈着而鈍鈍，得其質直，其辭多古語。"亦從風俗文化角度對方言作出了解釋："古今言語，時俗不同，著述之人，楚夏各異。"從方言與民俗文化的角度來研究方言，是一項非常有意義的工作，然而，迄今為止，關於這一課題系統的研究成果還不夠豐富，針對方志來進行這一課題研究的更可謂鳳毛麟角。因而，對雲南近代方志的詞彙與文化進行研究，具有重大的意義。

第四，雲南近代方志詞彙研究具有重要的現實意義。

雲南近代方志作為一種綜合性地方歷史文獻，系統、全面地記載了當時當地的自然情況和人文情況，見證了新中國成立以前雲南生活的實際。研究雲南近代方志不僅是我們校勘文獻、考據詞源的需要，亦是我們光大傳統、傳承文化的需要。故本書旨在對雲南近代方志詞彙進行全面描寫和系統研究，以展現雲南近代方志詞彙系統特色，為還原雲南歷史真實，體現語言文化奠定基礎，亦為語言學、文化學和歷史學的深入開展創造條件。因而，對雲南近代方志的詞彙系統進行研究，具有重大的現實意義。具體來說，其學術價值有五。

其一，便於正確認識雲南近代方志在理論和現實中的地位和作用。

其二，為科學解讀雲南近代方志詞彙與文化提供充分的依據。

其三，為深入研究雲南地方方言、民俗文化的歷史淵源等提供丰富的例證和材料。

其四，能彌補學界對雲南方言與民俗文化研究的不足。

其五，有助于民俗學、語言學、民族學、歷史學這些交叉學科的繁榮和發展。

具體而言，選擇雲南近代方志的詞彙系統進行研究，重點考察其物產資源類詞、基礎產業類詞、民俗文化類詞、口語方言類詞及少數民族詞彙，希望達到三大目的。

其一，立足於民俗文化本身，考察雲南近代方志物產資源類詞、基礎產業類詞、民俗文化類詞、口語方言類詞及少數民族詞彙的文化歷史淵源、發展脈絡，為雲南地方文化研究作出貢獻。

其二，從語言學的角度，探討雲南近代方志物產資源類詞、基礎產業類詞、民俗文化類詞、口語方言類詞及少數民族詞彙的語音、語義及字形、字義的嬗變，進一步完善方言研究。

其三，彌補學界對雲南近代方志研究中方向單一、形式簡單的不足，為雲南近代方志的深入研究掃除語言障礙，拓展和完善方志學研究領域。

二 雲南近代方志詞彙研究的研究對象與研究方法

(一) 研究對象

本書立足於雲南近代方志材料本身，關注其詞語運用特色，重點研究探討雲南近代方志詞彙系統中的物產資源類詞、基礎產業類詞、民俗文化類詞、口語方言類詞及少數民族詞彙，以完整呈現雲南近代方志詞彙系統特色，為雲南近代方志詞彙史的構建提供充足的語料支持。

(二) 研究方法

1. 靜態研究與動態考察相結合

王力先生指出，"專書研究的基礎工作就是對漢語進行共時靜態描寫，只有描寫得具體、全面，結論才比較可靠，揭示規律才能夠深入"，"普通語言學還有這樣一個原理：語言的歷史也是系統的，從一個時代變到另一個時代，是一個新的系統代替一個舊的系統，它不是零零碎碎地變的，所以我們研究語言絕不能零打碎敲。而必須對整個語言系統進行全面審查。"① 因此，加強對雲南近代方志詞彙與文化系統的靜態描寫與動態考察，能為深入研究其歷史淵源打下堅實的基礎。

---

① 轉引自常敬宇《漢語詞彙與文化·緒論》，北京大學出版社1995年版。

2. 共時分析與歷時考據相結合

黃尚軍認為：“方言是古代漢語在歷史發展中的地方變體，這種變體或是融入了其他方言成分，或是受人文社會、地理環境等因素的制約，而使語言逐漸有了變化。”[①] 因此，在對雲南近代方志詞彙系統進行描寫的基礎上，應注意比勘同時語料，充分利用同時代文獻材料和現代方言資料進行佐證，通過共時分析、對比研究和分類整理，挖掘雲南近代方志詞彙系統特色，同時加强對雲南近代方志詞彙系統中析出詞彙歷史源流的考察，將共時分析與歷時考據結合起來。

第三節　雲南方言的形成

一　雲南方言的形成歷史

方言作為語言的地域變體，其形成有着深厚的歷史淵源和文化背景。但無論其形成的過程如何複雜，其中一個很重要的因素都可歸結為民族融合與語言接觸。雲南作為一個少數民族聚集大省，其方言的形成同樣與人口遷移、民族融合緊密相關。

雲南自古便是土著民族的聚居地，在古老的雲南土地上，生活着僰人、濮人、越人等部落群體，他們共同創造了以銅鼓文化為代表的古滇文化。戰國時期，莊蹻開滇，帶領其所屬隊伍進駐雲南，“變服，從其俗”，與土著部落相融合，在滇池地區建立了滇國，揭開了語言接觸與民族融合的序幕。自此以後，夷人的漢化與漢人的夷化便作為雲南方言形成的一條主綫貫穿其中。西漢初年，漢武帝“以兵臨滇”，征服雲南，在滇建立了益州郡和永昌郡，並有組織地向雲南輸送了大批內地居民。隨着移民的大量湧入，漢族形成了勢力頗大的“南中大姓”，漢文化在此基礎上得以廣泛傳播，漢語方言亦因此而初具雛形。與此同時，滇池、洱海地區的土著部落，特別是僰人，隨着與漢人交往的日益頻繁，而逐漸受到了漢語與漢文化的深刻影響，於此步入夷人的漢化時期。魏晉南北朝時期，由于中央政權頻繁更迭，爨氏家族乘

---

① 黃尚軍：《四川方言與民俗》，四川人民出版社 1996 年版，第 7 頁。

虛而奪取了南中大權，並掌控了滇中、滇東北及滇西的大部分地區。為了推行其政治，鞏固其統治，他們不得不加強與當地土著部落的聯繫。在這個過程中，土著部落的語言與文化亦滲透到漢族當中，故這一時期漢人的夷化傾向非常明顯。對於語言融合的現象，晉常璩在《華陽國志·南中志》中曾作過這樣的描述："夷中有桀黠能言議屈服種人者，謂之耆老，便為主。論議好譬喻物，謂之夷經。今南人言論，雖學者亦半引夷經。"到了唐代，雲南先後建立了南詔國和大理國，其政權延續了唐宋兩個朝代。在這一歷史時期，主體為漢族移民後裔的白族的勢力逐漸擴大，且與漢人交往密切，漢語漢文化因此而與白語白文化相融合，彝語亦滲透到滇東北廣大地區，故唐樊綽《蠻書》語云："言語音，白蠻最正，蒙舍蠻次之，諸部落不如也。但名物或與漢不同，及四聲訛重，大事多不與面言，必使人往來達其詞意，以此取定，謂之行諾。"元代忽必烈率兵征討雲南，滅大理國，把持中央政權，在雲南推行屯田制度。由於屯田地點較多，漢族移民的數量隨之大增，此外，亦有大批蒙古人、色目人湧入，故這一時期漢族與少數民族語言融合的現象較為突出。當然，這一時期移民的數量與明代相比，還有很大差距。明代，朱元璋派傅友德、沐英等率大軍攻克雲南，推行了三項重要的制度，即衛所制、流官制和屯田制，這些制度掀起了規模空前的移民高潮，為雲南方言的形成奠定了堅實的基礎。由于漢族人口在總人口中占絕對優勢，故漢語便成為雲南方言的主體，而土著居民亦成為少數民族的主體。

二　雲南方言的歷史來源

明代是雲南方言形成的重要歷史時期，由於明代的政治中心最初在南京，而移民的主體亦多為南京人，故南京官話對雲南方言的形成影響最大。對於雲南移民的情況，明謝肇淛在《滇略》中曾這樣描述："高皇帝既定滇中，盡徙江左良家閭右以實之，及有皐竄戍者，咸盡室以行。故其人土著者少，寄籍者多，衣冠、禮法、言語、習尚，大率類建業。二百年來，薰陶漸染，彬彬文獻，與中州埒矣。"對于雲南方言，《滇略》也曾有過記載："方言夷玀則侏僑不可曉，漢人多江南遷徙者，其言音絕似金陵。"雲南方言以南京官話為底本，又因移民來自大江南北，受移民方言影響，與官話有異，並呈現出各地不同音的局面。具體而言，雲南漢語方言主要有以下幾個來源。

（一）源于移民方言

幺

子女稱么兒、么哥。外人子女統稱么哥。（1986影印本《鎮雄縣志・民間語言・方言》）

按：么，為"幺"之誤。明李實《蜀語》："小兒女曰幺。幺，音腰，凡幽幼字從此為聲。俗作么，誤。"

喜子

七月七日，婦女結彩縷，對月穿針，陳瓜果於庭中乞巧。以喜子貯盒內，視結網之疏密以為符應。（民國九年《續修建水縣志稿・歲時民俗》）

按：清張慎儀《方言別錄》卷下之二引《程瑤田釋蟲小記》："歙人呼壁錢為喜子，嘉定土人亦呼壁喜，歙呼壁錢之大者曰壁鏡。"

有喜

婦人有娠曰有喜。（民國十三年《昆明市志・人情風俗及方言》）

按：清孫錦標《通俗常言疏證・婦女》："《通俗編》：'《番禺志》：廣州謂婦人娠者，曰有歡喜。'按：今江以南通為此言，但省去歡字不同耳。"

（二）源於古代漢語

歘

六月六，是日，將衣物、書籍置日光下暴曬，以滅蟲蛀。有的曬雞蛋，小孩煮吃。相傳暑天小孩"歘六月"，吃曬雞蛋可免。

（1986 影印本《鎮雄縣志·歲時民俗》）

按：歉，《説文·欠部》："歉，食不滿。"《六書故·人一》："歉，苦簟切，氣餒也。引之則凡不滿者皆曰歉。"

瘞

至每年十一月初旬，凡私人之家，始詣墳所，拾灰爐餘物，裹以松枝瘞之，復請刀巴念夷語徹夜，再祭以牛羊，名曰葬骨。（清乾隆八年《麗江府志略·風俗》）

按：瘞，掩埋，埋藏。《玉篇·土部》："瘞，猗厲切，幽也，藏也，薶也。《爾雅》曰祭地曰瘞薶。"《龍龕手鑑·疒部》："瘞，正於例反，埋也，藏也。《玉篇》又於計反。"

燖

新婚，必燖湯於盆，合沐三日而寢。（民國二十七年《鎮雄縣志·禮儀民俗》）

按：燖，燒热，热。《説文·火部》："燖，火熱也。"陸德明曰："温也，又作黏。"《廣韻·覃韻》："燖，火熟。"《集韻·侵韻》："燖，火熟物，或作燖燅。"《古今通韻·鹽韻》："燖，炙也。又《禮記》：'燖湯'。注：'温也，通作燖。'"《礼记·内則》："五日則燖湯請浴。"鄭玄注："燖，温也。"唐卢全《客淮南病》诗："揚州蒸毒似燖湯，客病清枯鬢欲霜。"明田汝成《炎徼紀聞》卷四《蠻夷》："男子帽而長衫，婦人笄而短裩。將嫁，男家遣人徃迎。女家則率親戚篲楚迎者，謂之奪親。既歸，旦則進盥於姑舅，夕則燖湯請洗，三日而罷。"清蒲松齡《聊齋志異》卷七《仙人島》："芳雲朝拜已畢，燖湯請浴，進以錦裳，寢以香舍。"

罨

中元，祀先於家廟，無家廟者祀於中堂。先是十二日夕即迎神，俗曰接祖，設餅花，以雞冠、紅蓼，取新麥罨之，俾作芽長八九寸許，謂之麥秧，盛以盤。其他若石榴、葡萄、松子之屬稱是，皆果實之新成熟，以作供養者也。（清光緒二十七年《昆明縣志》卷二《風土》）

按：罨，即掩盖，覆盖。《廣韻·業韻》："罨，魚網。"《六書故·工事七》："罨，於檢、烏敢二切，覆掩也。"《廣異記·章仇兼瓊》："彭州刺史李先令洛陽尉馬某，送藥酒，罨藥兼起居。"北宋朱肱《北山酒經》卷中《蓮子麴》："糯米二斗淘淨，少時蒸飯攤了。先用面三斗，細切生薑半斤，如豆大，和麵微炒令黃，放冷，隔宿亦攤之。候飯溫拌，令勻。勿令作塊，放蘆席上，攤以蒿草，罨作黃子，勿令黃子黑，但白衣上即去草，番轉。"清屈大均《廣東新語》卷二十五《木語》："搗大蒜罨其蒂上，香更充溢。以汁浣葛紵，絕勝酸漿，一名飛穰。"丁惟汾《俚語証古》卷十一《鳥》："罨，掩也。覆車謂之罨（讀阿音）子，罨為掩（古意讀恩）之雙聲音轉。《方言》六：'掩，取也，襲取謂之掩，罨所以襲取鳥，故謂之掩也。'"

甃

按：甃，即用磚瓦等砌的井壁。《説文·瓦部》："甃，井甓也，从瓦秋聲。"《六書故·工事四》："甃，側救切，纍甎石以砌甃也。"《古今通韻·宥韻》："甃，甓也，又結砌也。"《庄子·秋水》："吾樂與，出跳梁乎井幹之上，入休乎缺甃之崖。"陆德明释文引李颐曰："如闌，以塼為之，着井底闌也。"《汉书·游侠传·陈遵》："為甓所轊。"颜師古注："甓，以磚為甃者也。"明瞿佑《歸田詩話》卷下《汴梁風土》："蓋街道無溝渠，又不用磚石甃，遇雨則行潦縱橫。而地迫黃河，風起則塵沙敝日，不可開目。"明《徐霞客游記》卷一上《游天臺山日記》："徑二里，俯見一突石，頗覺秀蔚。至則一髮僧結菴於前，恐風自洞來，以石甃塞之矣，大為嘆惋。"清屈大均《廣東新語》卷二《地語》："自英德南山寺，沿城西北行，一路清溪細流，隨人縈折。路皆青石甃砌，泉水浸之，人家各依小阜以居。茅屋周圍，有石筍千百叢，與古木長松相亂。”又卷五《石語》：“由西樵延亙至王借岡，其下多白石，可甃垣屋，然久而浥爛。”

（三）源於少數民族語

雲南地名多有來自少數民族語者，如以“矣”“哨”“者”“驛”等字冠名者，便很有代表性。明謝肇淛《滇略》卷四《俗略》：“其山川村落民多用語助字，如者樂甸矣、角塲矣、和山坡矣、落河矣、波海矣、邦池矣、部鳥泉者、鷗山者、島山者、察舖它矣、者哨矣、馬洞驛矣、白丁哨矣、能舖者矣、哨丘矣、哨母丈矣、舖者昌、舖瓦魯之長官司之類，不可殫記。方言耶？夷言耶？殊堪捧腹。”又如“版納”（“把那”之音轉），“版”在夷語裏指“千”，“納”在夷語裏指“田”，“版納”言千畝田之大地方。再如“猛臘”，“猛”在夷語裏指“地方”，“臘”則指“茶葉”，“猛臘”即以產茶出名的地方。

（四）源於外來語

雲南近代方志中記載了少量的外來語，如《中甸縣志稿》卷下：“氆氌為西藏織物，羢嘩嘰為歐洲毛織物，絲緞為江浙、川織物，鬼子呢、鬼子皮、燈草絨均為意、英兩國棉織物，最厚實。生絲綢為印度絲織物，毛布為本縣毛織物，金絲緞、銀絲緞為印度織物，亦有自蘇州、杭州製造者。”羢嘩嘰、鬼子呢、鬼子皮、燈草絨均為外來物，而名稱則是滇人以音譯兼意譯的方式創造而成，具有明顯的時代特色和口語特徵。

第二章

雲南近代方志物産資源類詞研究

　　雲南地處西南邊陲，地域廣闊，氣候宜人。優越的自然地理條件為豐富的物產資源提供了優厚的條件。而豐富的物產資源亦是我們考察地方方言的一個絕佳途徑。雲南近代方志中記載了大量物產資源詞，筆者通過對這些詞語的比勘整理，挑選出了部分詞彙作進一步研究。這些詞語大多為方志或大型辭書中界定不一的詞語，筆者希望通過對這部分詞語的研究，為方志與辭書的修纂提供參考。本章的研究內容主要包括：蔬屬、果屬、花屬、羽屬、鱗屬、蟲屬。

第一節　雲南近代方志植物類詞研究

一　蔬屬

鷄葼

　　鷄葼，各處皆有，生溫濕之地下，有窩蟲數百千，皆如蟻。夏秋間氣蒸初出，伏土中如尖錐，既出如張蓋，頂尖而邊裂，表面有黃、白二種，頂際皆略帶黑色，裹面有扁摺無數，柄紋如網形。間日或每日一出，每窩由一二本至四五本止，香味甚佳，鮮食、醃食均可。口肥者如盉如盤，若大至如盆如笠，其下必有毒蛇。日必一出，或再出，食之傷生，不可不慎。(民國十年《宜良縣志》卷四《食貨志・物產》)

　　舊志云："鷄以形言，葼者，飛而歛足之貌。"說本楊慎或作蟻堫，以其產處下皆蟻穴。《通雅》又作鷄堫，以六七月大雨後生沙土中或松間林下，鮮者香味甚美，土人鹹而脯之，經年可食。若熬液為油以代醬豉，其味尤美。出臨安、蒙自者佳。（康熙《雲南通志》卷二十七）

按：鷄葼，又作雞葼。葼，《方言》卷二：“木細枝謂之杪，江淮陳楚之内謂之蔑，青齊兗冀之間謂之葼。”《玉篇·艸部》：“葼，子公切，木細枝。”明《徐霞客游記》卷十二下《西南游日記二十二》：“又隨西而北半里，抵北門外，乃覓店而飯。先是予從途中見牧童手持一雞葼，甚巨而鮮潔，時雞葼已過時，蓋最後者獨出而大也。余市之，至是瀹湯為飯甚適。”

鷄葼，又作雞嵕。《康熙字典》卷五《丑集中·土部》：“嵕，《字彙》：‘咨容切，音蹤，土菌也。高腳纖頭，俗謂之雞嵕，出滇南。’”清田雯《古歡堂集》卷三十九《黔書下·雞嵕》：“負苞之族，肉芝之遠裔也。一名螘奪，所生之下多白螘，氣所蒸也。秋七月生淺草中，初奮地則如笠，漸如蓋，移晷則紛披如雞羽，故曰雞。以其從土出故曰嵕。”清檀萃《滇海虞衡志·志草木十一》：“滇南山高水密，臭朽所蒸，菌蕈之類無不有，而雞嵕之名獨聞於天下。即雞嵕亦無郡邑無之，而蒙自雞嵕之名，獨冠於全滇，且以雞嵕為油。諸生珍重而饋之，然鹹而不可入口，則名實之難也。”

鷄葼，一作雞塅。《類篇·土部》：“塅，祖叢切。《說文》：‘種也。’一曰内其中也，一曰不耕而種。”明楊慎《升菴集》卷七十九《雞菌》：“蔡氏《毛詩名物解》引莊子云：‘雞菌不知晦朔。’今本作朝菌。雞菌，菌如雞冠也。與莊子云‘丵生於突’義相葉，故雲南名佳菌曰雞塅。鳥飛而斂足，菌形如之，故以雞名有以也。”明方以智《通雅》卷四十二《植物·草》：“雲南有雞塅，或曰菌，或曰蕈，皆高腳纖頭也，邊上有榆，肉為最榆之瘦也。”

雞嵕，又作雞㝅。《玉篇·夊部》：“㝅，子公切，飛而斂足也，聚也，最也。”《類篇·夊部》：“㝅，子紅切，《說文》：‘斂足也，鵲鵙醜其飛也。’又作弄切，鳥斂足。”明張志淳《南園漫錄》卷九《雞㝅》：“菌類也。唯永昌所產為美且多，雲南亦有，頗粗。永昌以東至永平縣界尤多，但鎮守索之動百觔。夷人製之鹵莽，故通不可食。此物惟六月大雷後斯出於山中，或在松下，或在林間，不定也。出一日採者朵小而嫩，五六日即爛矣。"明謝肇淛《滇略》卷三《產略》："雞㙡，菌屬，以形似名。永平產者最佳。以六七月大雷雨後生沙土中，或在松下林間，鮮者多蟲，間有毒，出土一日即宜採，過五日即腐，採後過一日即香味俱盡，所以為珍。土人鹽而脯之，熬液為油，以代醬豉。"

綜上，㙡以名菌，㷇以繪形，故㙡、㷇皆應為雞菌之本字，而蕈、塅當為借字。至若"雞㙡"與"蟻㙡"，明張志淳《南園漫錄》卷九《雞㷇》："雞以其形言，㷇，飛而歛足貌，雞作蟻全誤，㷇作㙡以為菌亦通。"明謝肇淛《滇略》卷三《產略》："㷇者，鳥飛而縮其足之象，雞取其形。或作蟻，誤也。"兩書均認為"雞㙡"作"蟻㙡"有誤，實考之，"雞㙡"當以形言，而"蟻㙡"實以質論，二者的命名，實際上反映了兩種不同的造詞理據。因此，"蟻㙡"也可解。《授時通考》卷六十一《農餘·蔬三·菌》："雞㙡蕈，出雲南，生沙地間，丁蕈也，高腳繖頭，土人採烘以充方物。按：《通雅》作雞塅，《雲南志》謂之雞蕈，雞以形言，蕈者，飛而斂足之貌。說本楊慎或作蟻㙡，以其產處下皆蟻穴。《貴州志》云：'下有蟻，若蜂房狀，又名蟻奪。'"

茭瓜

茭白，一名雕胡，一名蔞菰，俗曰茭瓜。(民國八年《蒙化縣志稿》卷十四《物產》)

茭菰，菰字本作苽，古為六穀之一，其中心白薹，俗謂之瓜，瓜與苽，形音相近而誤也。(民國二十三年《宣威縣志》卷三《物產》)

按：茭瓜，本作茭菰，又稱彫苽，或訛為雕胡。雲南方言瓜、苽音近，故相習用也。茭，《說文·艸部》："乾芻。從艸交聲。一曰牛蘄艸。"苽，《說文·艸部》："雕胡，一名蔣。從艸瓜聲。"《玉篇·艸部》："苽，古胡切。《禮記》曰：'魚宜苽。'鄭玄曰：'彫胡也。'菰同苽。"宋羅願《爾雅翼·釋草》："苽者，蔣草也，生水中，葉如蔗荻，江南人呼為茭草，刈以飼馬，甚肥。其生兩浙下澤者，根既相結，歲久則併土浮於水上，土人謂之葑田。刈去其葉，便可耕植，其苗有莖梗者謂之菰。”又：“菰首者，菰蔣三年以上，心中生薹如藕，至秋如小兒臂大，謂之茭首，《本草》所謂菰根者也，可蒸煮，亦可生食。”明朱橚《救荒本草》卷四《草部・茭笋》：“《本草》有菰根，又名菰蔣草，江南人呼為茭草，俗又呼為茭白。生江東池澤水中及岸際，今在處水澤邊皆有之。苗高二三尺。葉似蔗荻，又似茭葉而長大濶厚，葉間擷葶，開花如葦。結實青子。根肥，剝取嫩白笋可噉。久根盤厚，生菌細嫩，亦可噉，名菰菜。三年已上，心中生葶如藕白軟，中有黑脈，甚堪噉，名菰首。味甘，性大寒，無毒。”明李時珍《本草綱目》卷十九《草八・菰》：“（釋名）茭草、蔣草。時珍曰：‘按許氏《説文》，菰本作苽，從瓜諧聲也。有米謂之彫菰。……江南人呼菰為茭，以其根交結也。’”又（集解）引蘇頌曰：“春末生白茅如笋，即菰菜也，又謂之茭白，生熟皆可啖，甜美。”又明李時珍《本草綱目》卷二十三《穀二・菰米》：“（釋名）茭米、彫蓬、彫苽、彫胡。時珍曰：‘菰，本作苽，茭草也。其中生菌如瓜形，可食，故謂之苽。其米須霜彫時採之，故謂之彫苽。或訛為雕胡。’”明文震亨《長物志》卷十一《蔬果・茭白》：“古稱雕胡，性尤宜水，逐年移之則心不黑，池塘中亦宜多植，以佐灌園所缺。”明周祈《名義考》卷九《物部・雕苽》：“《説文》：‘雕，一名蔣。今所食茭，苗米也，初生苗謂之茭白，中心生薹如藕，至秋如小兒臂，可蒸食，其中有黑點者謂之茭鬱，至後結實，可炊為飯，乃雕苽米也，《爾雅》䕲雕蓬是也。《西京雜記》作雕胡，《内則》注作彫胡，枚乘作安胡，《相如傳》作菰盧。’”《江南通志》卷八十六《食貨志》：“瓜之屬生於水者曰茭瓜，曰茭菜。”綜上，茭瓜，名瓜而非瓜，瓜之得名，應源於“苽”之音形之變。

玉麥

玉麥，一名包穀，一名包麥，有黃、白、紅三種。（民國八年《蒙化縣志稿》卷十一《物產志》）

玉麥，一名玉秋，一名玉高粱。（民國五年《黎縣舊志・物產》）

包穀，即玉蜀黍，其粒小而嫩，又早熟者宣人謂之玉麥，有紅、黃、白、烏、花數種，亦分秔、糯、早、晚。（民國二十三年

《宣威縣志》卷三《物產》)

　　包麥，亦曰烏麥，《通志》又謂之玉麥，類甘蔗而矮，節間生包，有絮有衣，實如黃豆大，其色黃、黑、紅不一，每株二三包不等，可飼豕，亦可釀酒。又：玉米即稷，有黑玉米、白玉米二種，高粱一種，稷之粘者可以釀酒。(民國三十七年《姚安縣志》卷四十四《物產志‧植物》)

　　按：玉麥，玉蜀黍之別名，一名玉高粱，一作禦麥。明李時珍《本草綱目》卷二十三《穀二‧玉蜀黍》："(釋名)玉高粱。時珍曰：'玉蜀黍，種出西土，種者亦罕，其苗葉俱似蜀黍而肥矮，亦似薏苡。苗高三四尺。六七月開花成穗如秕麥狀。苗心別出一苞，如椶魚形，苞上出白鬚垂垂。久則苞拆子出，顆顆攢簇。子亦大如椶子，黃、白色，可煠炒食之。炒拆白花，如炒拆糯穀之狀。'"《廣群芳譜》卷九《穀譜‧玉蜀黍》："(原作禦麥。按：禦麥乃別名，實蜀黍類也)，一名玉高粱，一名戎菽，一名禦麥(以其曾經進禦，故名。禦麥出西番，舊名番麥。按：《農政全書》又作玉米，玄扈先生曰：'玉米或稱玉麥，或稱玉蜀秫，從他方得種，其曰米、麥、秫，皆借名之')。"《熱河志》卷九十二《物產一》："玉蜀黍，一名禦米，亦作畨麥，故或附麥。《農政全書》又作玉米，今俗稱為包兒米，有黃、白、赤、黑斑數色，《群芳譜》但稱粒如茨，實大而瑩白，未足盡之。其粉可作糕，土人亦以為糜。"

　　玉麥，又作玉蜀粟，亦作玉蜀秫。明盧之頤《本草乘雅半偈》卷十："覼曰：'玉蜀粟，別名玉高粱，即今之禦粟也。種出西土，近所在亦有之矣。苗葉類蜀黍而肥，又似薏苡而長。六七月開花成穗，如秕豆狀，苗心出苞如椶魚狀，白鬚四垂，久則苞裂子出，攢簇如珠也。'"《授時通考》卷二十四《穀種‧蜀黍》："別有一種玉米，或稱玉麥，或稱玉蜀秫，蓋亦從他方得種，其曰米、麥、蜀秫，皆借名之也。"玉米，又名包穀、包麥，姜亮夫《昭通方言疏證‧釋博物》(1940)："包穀，昭人謂玉蜀黍為包穀，俗簡寫穀，東郊人或曰包米，曰玉麥。"

　　包穀、包麥均以其性質命名，故承前之說，《蒙化縣志稿》《黎縣舊志》《宣威縣志》所述極是。但《姚安縣志》認為"包麥，亦曰烏麥，《通志》又謂之玉麥"欠妥。包麥，據明李時珍《本草綱目》記載，應為蕎麥。《本草綱目》卷二十二《穀一·蕎麥》："（釋名）苃麥、烏麥、花蕎。時珍曰：'蕎麥之莖弱而翹然，易長易收，磨麵如麥，故曰蕎曰苃，而與麥同名也。俗亦呼為甜蕎，以別苦蕎。楊慎《丹鉛錄》指烏麥為燕麥，蓋未讀日用《本草》也。'"對於蕎麥，《群芳譜》亦作了詳細描述。《廣群芳譜》卷七《穀譜一·蕎麥》："一名苃麥，一名烏麥，一名花蕎，南北皆有之。立秋前後下種，密種則實多，稀則少。八九月熟，性㝡畏霜，宜早種，遲則少收。苗高一二尺，莖空而赤。葉綠如烏臼樹葉。開小白花，甚繁密。花落，結實三稜，嫩青，老則烏黑。"聯繫《姚安縣志》"類甘蔗而矮，節間生包，有絮有衣，實如黃豆大，其色黃、黑、紅不一，每株二三包不等"的描述，我們不難推測出，其所述實為玉麥，而非烏麥。另外，《姚安縣志》提及"玉米即稷，有黑玉米、白玉米二種，高粱一種"，亦不妥。對於稷，《漢語大詞典》是這樣解釋的："稷，一種食用作物。即粟。"並引《爾雅·釋草》、北魏賈思勰《齊民要術·種穀》《廣雅·釋草》王念孫疏證、《説文·禾部》、明李時珍《本草綱目·穀二·稷》的例子為證。而對於玉米，《漢語大詞典》認為玉米是玉蜀黍的俗名，並引證孫錦標《通俗常言疏證·植物》："《海門物志》……米之有甲者，一名蜀黍。蜀、粟音近，《本草》謂之玉蜀黍，今俗稱玉米。"通過以上分析，我們可以看出：稷并非專指玉米，而高粱亦不包含在玉米之内。應該指出的是，《漢語大詞典》描述玉麥，首引沙汀《煩惱》："玉麥剛才掛須不久。"書證過晚。

蓮花白

菘，俗名蓮花白。（民國二十六年《陸良縣志》卷一《土産》）

包白菜，即裹心白。（民國三十八年《鹽津縣志》卷四《物産》）

白菘，土名白菜。白菜，土名蓮花白，或包包白。（民國三十一年《巧家縣志·園蔬》）

蓮花白，形類蓮花，葉包極緊。（民國二十三年《宣威縣志》卷三《物産》）

　　按：卷心菜，因形似蓮花，俗呼蓮花白。又據其葉白或青，層層緊裹的特徵，滇人稱其為裹心白、包白菜，或包包白。白菘，曾出現於宋代詩句中，如蘇軾《雨後行菜》詩："芥藍如菌蕈，脆美牙頰響。白菘類羔豚，冒土出蹯掌。"吳則禮《再至山陽作》詩："楚州白菘大於臂，天乞吾曹作好春。北湖食來如食肉，塔裏僧伽不笑人。"關於菘或白菘，明李時珍《本草綱目》卷二十六《菜一·菘》是這樣解釋的："（集解）時珍曰：'菘，即今人呼為白菜者。有二種：一種莖圓厚微青，一種莖扁薄而白。其葉皆淡青白色。燕、趙、遼陽、揚州所種者，最肥大而厚，一本有重十餘斤者。南方之菘畦內過冬，北方者多入窖內。燕京圃人又以馬糞入窖壅培，不見風日，長出苗葉皆嫩黃色，脆美無滓，謂之黃芽菜，豪貴以為嘉品。'"又"（正誤）時珍曰：'白菘，即白菜也。牛肚菘，即最肥大者。紫菘，即蘆菔也，開紫花，故曰紫菘。藕恭謂白菘似蔓菁者，誤矣。根葉俱不同，而白菘根堅小，不可食。又言南北變種者，蓋指蔓菁、紫菘而言，紫菘根似蔓菁而葉不同，種類亦別。'"從以上詩句以及李時珍的描述中不難看出，菘或白菘根小葉長，並不具備層層包裹的特性，所指實為白菜。故菘、白菘與蓮花白應為二物。事實上，在現代雲南方言中，蓮花白、包包白、裹心白已成為卷心菜的俗稱，而白菜亦無"菘"之稱呼。

蒔蘿

　　蒔蘿，俗名芹菜，又名魚芛。（康熙《雲南府志》卷二《地理志·物產》）

　　按：蒔蘿，明李時珍《本草綱目》卷二十六《菜一·蒔蘿》："（釋名）慈謀勒、小茴香（時珍曰：'蒔蘿、慈謀勒，皆番言也'）。（集解）藏器曰：'蒔蘿生佛誓國，實如馬芹子，辛香。'珣曰：'按《廣州記》云生波斯國。馬芹，子色黑而重，蒔蘿子色褐而輕，以此為別。善滋食味，多食無損。即不可與阿魏同食，奪其味也。'頌曰：'今嶺南及近道皆有之。三月四月生苗，花實大類蛇牀而簇生，辛香，六七月採實。今人多用和五味，不聞入藥用。'時珍曰：'其子簇生，狀如蛇牀子而短，微黑，氣辛臭，不及茴香。'嘉謨曰：'俗呼蒔蘿椒，內有黑子，但皮薄，其色似褐不紅耳。'"《廣群芳譜》卷十三《蔬譜·蒔蘿》：
"《本草》：'蒔蘿，一名慈謀勒，一名小茴香。'蒔蘿初生佛誓國，今嶺
南及近道皆有之。三四月生苗開花，其子簇生，狀如蛇牀子而短，微
黑，芳辛不及茴香。"

芹菜，明李時珍《本草綱目》卷二十六《菜一·水靳》："（釋名）
芹菜、水英、楚葵。（集解）別錄曰：'水靳生南海池澤。'恭曰：'水
靳即芹菜也。有兩種：荻芹白色取根，赤芹取莖、葉。並堪作菹及生
菜。'保昇曰：'芹生水中，葉似芎藭，其花白色而無實，根亦白色。'
詵曰：'水芹生黑滑地，食之不如高田者宜人，置酒醬中香美。高田者
名曰芹，餘田者皆有蟲子在葉間，視之不見，食之令人為患。'弘景曰：
'又有渣芹，可以為生菜，亦可生啖。'時珍曰：'芹有水芹、旱芹。水
芹生江湖陂澤之涯，旱芹生平地，有赤、白二種。二月生苗，其葉對節
而生，似芎藭。其莖有節稜而中空，其氣芬芳。五月開細白花，如蛇牀
花。楚人採以濟飢，其利不小。'"明朱橚《救荒本草》卷八《菜部·
水靳》："俗作芹菜，一名水英，出南海池澤，今水邊多有之。根莖離
地二三寸，分生莖叉。其莖方，窊面四楞。對生葉似痢見菜葉而闊短，
邊有大鋸齒；又似薄荷葉而短。開白花，似蛇床子花。味甘、性平、
無毒。"

綜上，蒔蘿與芹菜當為二物。芹菜為蔬菜通名，莖直立，羽狀复
叶，花白色，果实扁圓形。莖、叶可食。魚芎不可解。

芹

芹，俗呼川芎。（清光緒十八年《鎮南州志略》卷之四《食貨
略·物産》）

按：芹，《爾雅·釋草》："芹，楚葵。"郭璞注："今水中芹菜。"
邢昺疏："郭云：'今水中芹菜。'案：《本草》云：'水芹，一名水
英。'陶注云：'二月三月作英時可作菹及瀹食之，又有渣。芹可為生
菜，亦可生啖。'別本注云：'芹有兩種：荻芹取根，白色；赤芹取莖，
葉立堪作菹及生菜是也。'"《廣群芳譜》卷十五《蔬譜三·芹》："古
作蘄（《本草》作蘄，從中從蘄，諧聲也，後省作芹。楚有蘄州、蘄

縣，俱音淇。羅願云地多産芹，故字從芹。蘄，亦音芹。徐鍇註《説文》，蘄字从中。蘄，諸書無蘄字，據此則蘄字亦當从靳作蘄字也）。一名水英，一名楚葵（《爾雅》云：'芹，楚葵。'注云：'今水中芹菜'）。有水芹、旱芹。水芹生江湖陂澤之涯，旱芹生平地，有赤、白二種（《爾雅翼》云：'白芹舒蘄多有之，土人呼為白芷'）。二月生苗，其葉對節而生，似芎藭。其莖有節稜而中空，其氣芬芳。五月開細白花，如蛇床花。又有一種馬芹，《爾雅》謂之茭，又名牛蘄。若野茴香，葉細銳可食，亦芹類也（《本草》李時珍云：'一名胡芹，一名野茴香，以其氣味、子形微似也。《金光明經》謂之葉婆你，與芹同類而異種）。一種黃花者，毛芹也，有毒殺人（此旱芹之一種）。"

　　川芎，明徐光啓《農政全書》卷四十六《草部·川芎》："一名芎藭，一名胡窮，一名香果。其苗葉名蘼蕪，一名微蕪，一名茳蘺。生武功川谷，斜谷，西嶺、雍州川澤及冤句，其關、陝、蜀、川、江東山中亦多有，以蜀川者為勝。今處處有之，人家園圃多種。苗葉似芹而葉微細窄，却有花叉，又似白芷葉亦細，又如園荽葉微壯。又有一種葉似蛇床子葉而亦粗壯，開白花。其芎人家種者形塊大重，實多脂潤，其裏色白，味辛甘，性溫無毒。山中出者瘦細，味苦辛，其節大，莖細，狀如馬銜，謂之馬銜芎。伏如腦者謂之雀腦芎，皆取有力。白芷為之，使畏黃連。其蘼蕪味辛香，性溫無毒。"明鮑山《野菜博錄》卷二《草部·川芎》："一名芎藭，一名胡窮，一名香果，一名蘼蕪，一名薇蕪，一名茳蘺。苗葉似芹葉微細，又似白芷葉亦細，又如園荽葉，又開白花。味辛甘，性溫，無毒。"《廣群芳譜》卷九十五《藥譜三·芎藭》："芎藭（《博雅》云：'苗曰江蘺，根曰芎藭'），一名香果（以氣香也），一名山鞠藭。《本草》：'芎藭，一名胡藭。'（以戎地者為佳，故名）古人因其根節狀如馬銜，謂之馬銜芎藭。後世因其狀如雀腦，謂之雀腦芎。其出關中者呼為京芎，亦曰西芎。出蜀中者為川芎，出天台者為台芎，出江南者為撫藭，皆因地而名也。《金光明經》謂之闍莫迦。"明周祈《名義考》卷九《物部·蘄》："郡志：'蘄，香草也，葉如蘼蕪，即今之芹菜。'此說非。蓋因《廣韻》'蘄，通作芹'之說而誤也。《廣韻》謂'古文作蘄，後通作芹，如云馬蘄。馬芹，非謂蘄，即芹也'。芹，楚葵，莖潔白，有節，其氣芬香可食。蘄，一名蒫，一名蘼蕪，

《爾雅》：'蘄，茝，蘼蕪。'郭璞云：'香草，葉小如萎狀。'《淮南子》云：'似蛇床。'邢昺云：'芎藭，苗也。'《本草》：'芎藭，其葉名蘼蕪。'《圖經》：'蘼蕪，一名蘄，即楚詞所謂江離也。'楚謂之蘺，晉謂之虈，齊謂之茝，諸説甚明，何得謂之芹也。"

綜上，芹葉似川芎，俗人誤為一物，但實為二物。芹，《漢語大字典》："芹，菜名。傘形科。有水芹和旱芹。"《漢語大詞典》釋芹為水芹，並引例《詩·小雅·採菽》："觱沸檻泉，言採其芹。"朱熹集傳："芹，水草，可食。"

芹應分水芹、旱芹兩種，《大詞典》釋義未及旱芹。

秦椒

秦椒，俗名辣子。（清乾隆四年《廣西府志》卷二十《物産》）

番椒，一名秦椒，俗名辣子。（民國五年《黎縣舊志·物産》）

秦椒，即花椒，俗作辣子誤。（民國十年《宜良縣志》卷四《食貨志·物産》）

按：《爾雅·釋木》："檓，大椒。"郭璞注："今椒樹叢生，實大者名為檓。"邢昺疏："檓者，大椒之別也。郭云：'今椒樹叢生，實大者名為檓。'《詩·唐風》云：'椒聊且。'陸璣疏云：'椒樹如茱萸，有針刺，葉堅而滑澤，蜀人作茶，吳人作茗，皆合亨其葉以為香。今成皋諸山間有椒，謂之竹葉椒，其樹亦如蜀椒，少毒熱，不中合藥也。可着飲食中，又用蒸雞豚，最佳香。東海諸島上亦有椒樹，枝葉皆相似，子長而不圓，甚香。其味似橘皮，島上獐鹿食此椒葉，其肉自然作椒橘香。'"鄭樵注："秦椒也。與蜀椒相似，稍大而香氣減焉，俗呼檓子。"明李時珍《本草綱目》卷三十二《果四·秦椒》："（釋名）大椒、檓、花椒。（集解）時珍曰：'秦椒，花椒也。始産於秦，今處處可種，最易蕃衍。其葉對生，尖而有刺。四月生細花，五月結實，生青熟紅，大於蜀椒，其目亦不及蜀椒目光黑也。'"《廣群芳譜》卷十三《蔬譜·椒》："一名花椒，一名大椒，一名檓，一名秦椒（以産自秦地故名，今北方秦椒，另有一種）。生秦嶺泰山瑯琊間，今處處有之。椒稟五行之精，葉青、皮紅、花黃、膜白、子黑、氣香，最易蕃衍。枝間有刺，扁而大。葉對生，形尖，有刺，堅而滑澤，蜀吳製作茶。四月開細花，五月結子，生青熟紅，大於蜀椒，其目亦不及蜀椒光黑。出隴西天水，粒細者善。"

番椒，即中醫藥學對辣椒的稱呼，實為辣椒之一種。《廣群芳譜》卷十三《蔬譜·椒》引《草花譜》："番椒，叢生，白花，子儼似禿筆頭，味辣色紅，甚可觀，子種。"清潘榮陛《帝京歲時紀勝·九月·時品》："新黃米包紅棗作煎糕，蕎麥麵和秦椒壓合酪。"辣子，為雲南方言對辣椒的俗稱，但決非秦椒。綜上，秦椒即花椒，非辣子也，《宜良縣志》所述極是。

食茱萸

食茱萸，一名薮，一名艾子，即辣子。形長者曰長辣，形圓小如紐者曰紐子辣，形圓而大者曰燈籠辣，菜辣味稍淡。(民國八年《蒙化縣志稿》卷十一《物産志》)

食茱萸，俗名辣子。邑中所植燈籠辣、牛角辣、甘露子辣。三月間可食，碩大且蕃，較鄰方為甚早而最著名。可以銷售遠方者，莫如細角辣。辣分紅、黃二種，春初布種，俟長至四五寸，移植於地。五、六月間開小白花，七、八月熟，紅黃滿枝。採取曝乾，蒂固末尖，子實滿中，形如羚角，又如解結錐。味辛而香，年約出産數十萬觔。(民國十年《宜良縣志》卷四《食貨志·物産》)

辣子，又名海椒，味辛辣，有牛角辣、燈籠辣二種。(民國十三年《昭通縣志》卷九《物産》)

按：明李時珍《本草綱目》卷三十二《果四·食茱萸》："（釋名）椴、薮、艾子、越椒、欓子、辣子。時珍曰：'此即欓子也。蜀人呼為艾子，楚人呼為辣子，古人謂之薮及椴子。因其辛辣，螫口慘腹，使人有殺毅戁然之狀，故有諸名。蘇恭謂茱萸之開口者為食茱萸，孟詵謂茱萸之閉口者為欓子。馬志謂粒大、色黃黑者為食茱萸，粒緊小、色青綠者為吳茱萸。陳藏器謂吳、食二茱萸是一物，入藥以吳地者為良，不當重出此條，只可言漢與吳，不可言食與不食。時珍竊謂數說皆因茱萸二字相混致誤耳，不知吳茱、食茱乃一類二種。"又："（集解）頌曰：

'食茱萸，南北皆有之，其木亦甚高大，有長及百尺者，枝莖青黃，上有小白點。葉類油麻，其花黃色。蜀人呼為艾子，《禮記》所謂藙者是也。藙、艾，聲相近也。宜人食羹中，能發辛香。'時珍曰：'食茱萸、欓子、辣子，一物也。高木長葉，黃花綠子，叢簇枝上。味辛而苦。土人八月採，搗濾取汁，入石灰攪成，名曰艾油，亦曰辣米油，始辛辣蜇口，入食物中用。周處《風土記》以椒、欓、薑為三香，則自古尚之矣，而今貴人罕用之。'"《臺灣通史》卷二十七《農業志》："辣椒，俗稱番薑，種出南洋。有兩種：曰雞心，粒小；曰羊角，粒長均以形名，味極辣。又有言椒粒大有棱，炒食甚美。"

食茱萸"高木長葉，黃花綠子，叢簇枝上，味辛而苦"，而《宜良縣志》所述辣子"分紅、黃二種，春初布種，……五、六月間開小白花，七、八月熟，紅黃滿枝。採取曝乾，蒂固末尖，子實滿中，形如羚角，又如解結錐。味辛而香"。據此，我們可推斷出食茱萸與《蒙化縣志稿》和《宜良縣志》裏的辣子非為一物。又據縣志中長辣、紐子辣、燈籠辣、菜辣、牛角辣、甘露子辣等分類可知，這裏所説的辣子實非食茱萸，而應為辣椒，即番椒。

薯蕷

芋，亦名薯蕷，俗呼為芋頭。(民國五年《寧州志·物產》)

薯蕷，即白苕、紅苕，即甘薯。(民國三十八年《鹽津縣志》卷四《物產》)

薯蕷，即山藥，一色白者曰白薯，一形凸凹如雲者曰雲版薯，一種野出者質細膩而白，尤佳。(民國八年《蒙化縣志稿》卷十一《物產志》)

按：薯蕷，宋高承《事物紀原》卷十《軍伍名額部五十一·山藥》："即《本草》所謂薯蕷者也。唐避代宗嫌名，故民間呼薯藥。至宋朝嘉祐八年四月，英宗即位，人避嫌諱，遂改曰山藥，自此全失其本稱矣。"明李時珍《本草綱目》卷二十七《菜二·薯蕷》："（釋名）藷薁、土藷、山藷、山芋、山藥、玉延。（集解）頌曰：'處處有，以北都、四明者為佳。春生苗，蔓延籬援。莖紫，葉青，有三尖，似白牽牛葉，更厚而光澤。夏開細白花，大類棗花。秋生實於葉間，狀如鈴。今人冬春採根，刮之，白色者為上，青黑者不堪。近汴洛人種之，極有息。春取宿根頭，以黃沙和牛糞作畦種之。苗生以竹稍作援，高一二尺。夏月頻溉之。當年可食，極肥美。南中一種生山中，根細如指，極緊實，刮磨入湯煮之，作塊不散，味更真美，云食之尤益人，過於家園種者。又江湖閩中一種，根如薑、芋之類，而皮紫極。有大者一枚可重數斤，削去皮，煎、煮食，俱美。'時珍曰：'薯蕷，入藥，野生者為勝；若供饌，則家種者為良。四月生苗延蔓，紫莖綠葉。葉有三尖，似白牽牛葉而更光潤。五六月開花成穗，淡紅色。結莢成簇，莢凡三稜合成，堅而無仁。其子別結於一旁，狀似雷九，大小不一，皮色土黃而肉白，煮食甘滑，與其根同。'"

甘薯，又作甘藷。東漢楊孚《異物志》："甘藷出交廣，南方民家以二月種，十月收之，其根似芋，亦有巨魁，大者如鵝卵，小者如雞鴨卵。剝去紫皮，肌肉正白如肪，南人當米穀果食，炙皆香美。初時甚甜，經久得風稍淡。"晉嵇含《南方草木狀》卷上："甘藷，蓋薯蕷之類，或曰芋之類，根葉不如芋，皮紫而肉白，蒸鬻食之。產珠崖之地，海中之人皆不業耕稼，惟掘地種甘藷。秋熟收之，蒸曬，切如米粒，倉圌貯之以充糧糗，是名藷糧。"《授時通考》卷六十《農餘·蔬二》："甘藷，一名朱藷，一名番藷，大者名玉枕藷。形圓而長，本末皆銳。肉紫皮白，質理膩潤。氣味甘平，無毒，補虛乏，益氣力，健脾胃，強腎陰。與薯蕷同功，久食益人。與芋及薯蕷自是各種。巨者如杯如拳，亦有大如甌者，氣香。生時似桂花，熟者似薔薇露，撲地傳生，一莖蔓延至數十百莖，節節生根。一畝種數十石，勝種穀二十倍。閩廣人以當米穀。有謂性冷者，非二三月及七八月俱可種，但卵有大小耳。卵八九月始生，冬至乃止，始生便可食。若未須者，勿頓掘，令居土中，日漸大，到冬至須盡掘出則不敗爛。"

芋，明朱橚《救荒本草》卷七《果部·芋苗》："《本草》：'一名土芝。'俗名芋頭。生田野中，今處處有之，人家多栽種。葉似小荷葉而偏長不圓，近蒂邊皆有一劂兒。根狀如雞彈大，皮色茶褐，其中白色。味辛，性平，有小毒，葉冷無毒。"明李時珍《本草綱目》卷二十七《菜二·芋》："（釋名）土芝、蹲鴟。（集解）引寇宗奭曰：'當心

出苗者為芋頭，四邊附之而生者為芋子。'"清陳元龍《格致鏡原》卷
六十三引《蔬譜》："吳郡所產，大者謂之芋頭，嘉定名之博羅，旁生
小者，謂之芋嬭。"

綜上，薯蕷即山藥，而芋與甘薯非為薯蕷。民間稱芋為芋頭，實即
芋芳。而甘薯即為紅苕、白苕的統稱。

胡荽

胡荽，即蒝荽，又名香荽。(民國八年《蒙化縣志稿》卷十四
《物產》)

按：荽，明李時珍《本草綱目》卷二十六《菜一·胡荽》："（釋名）
香荽、胡菜、蒝荽。時珍曰：'荽，許氏《説文》作葰，云薑屬，可以香
口也。其莖柔葉細，而根多鬚，綏綏然也。張騫使西域始得種歸，故名
胡荽。今俗呼為蒝荽，蒝乃莖葉布散之貌。俗作芫花之芫，非矣。'藏器
曰：'石勒諱胡，故並、汾人呼胡荽為香荽。'"明徐光啟《農政全書》卷
二十八《樹藝·蔬部》："蒝荽，《説文》：'葰。'註：'可以香口。'其莖
柔、葉細，而根多鬚，綏綏然也。一名胡荽，張騫使西域，始得種歸，
故名。一名香荽，并、汾之間，避石勒諱胡也。俗呼為蒝荽，蒝乃莖葉
布散之貌，俗作芫，非。又有一種名石胡荽，亦名鵝不食草，載在《本
草》，堪入藥，却非此種。"清陳元龍《格致鏡原》卷六十二《蔬類·
荽》："《韻略》：'荽，香菜也。'《蔬譜》：'根軟而白，多鬚，綏綏然，
故謂之荽。'《博物志》：'張騫使西域得胡荽，俗呼蒝荽。'《鄴中記》：
'石勒改胡荽為香荽，今呼為鹽荽。'《格物論》：'胡荽，根、苗、莖、葉
皆細，可作羹，冬蔬也。一種石胡荽，止堪入藥，非此。'《江南野録》：
'俗傳種胡荽，口誦猥語，則茂皇祐館閣中或談論則曰宜撒胡荽一巡。'"
《陝西通志》卷四十三《物產一》："蒝荽，張騫使西域始得種歸，故名胡
荽，今俗呼為蒝荽。柔莖圓葉，有岐根，軟而白。立夏後開細花成簇，
淡紫色，五月收子，如大麻子，辛香，一名胡荽。屠本峻曰：'臭如葷
草，味比菘薹，肉食者喜，藿食者諧。'"

葰，《説文·艸部》："薑屬，可目香口。"段玉裁注："《既夕禮》：
'實綏澤焉。'注：'綏，廉薑。澤，澤蘭也。皆取其香且禦溼。'按：

‘綏者，葰之叚借字。一名山辣，今藥中三柰也。《吴都賦》謂之薑彙。’”《玉篇·艸部》：“葰，相維切。《説文》曰：‘薑屬，可以香口。’”《集韻·東韻》：“葰荾荽芰，《説文》：‘薑屬，可以香口。’或作荾荽芰。”《康熙字典》卷二十五《申集上·艸部》：“葰，《唐韻》息遺切，音綏。……《博雅》：‘廉薑，葰也。’《儀禮註》通作綏。”

廉薑，《廣雅·釋草》：“廉薑，葰也。”明李時珍《本草綱目》卷十四《草三·廉薑》：“（釋名）薑彙、蔟葰。（集解）弘景曰：‘杜若苗似廉薑。’藏器曰：‘廉薑似薑，生嶺南、劍南，人多食之。’時珍曰：‘按《異物志》云：“生沙石中，似薑，大如蘧，氣猛近於臭。南人以為虀，其法削皮，以黑梅及鹽汁漬之，乃成也。”’又鄭樵云：‘廉薑，似山薑而根大。’”

綜上，胡荽與廉薑皆為薑屬，但胡荽“莖柔葉細，而根多鬚”，廉薑“似薑，大如蘧”，故二者非為一物。至於葰與廉薑的關係，《説文》只言葰，並未言明荽作葰，而段注認為綏為葰之叚借字，亦未指明荽、綏所指即為廉薑，故二者是否為一物還待考證。葰，《漢語大字典》收錄了三條解釋。第一條如下：“sui《廣韻》息遺切，平脂心。脂部。廉薑。薑類植物。《説文·艸部》：‘葰，薑屬，可以香口。’《廣雅·釋草》：‘廉薑，葰也。’”此條《大詞典》未收。

苦菜

青菜，即苦菜。一種高二尺許，葉圓，柄長，而色綠；一種較小，葉有毛刺，味微苦。（民國十三年《昭通縣志》卷九《物產》）

唐慎微《本草註》：“龍葵即苦菜，葉圓，花白，但堪煮食，不任生噉。”又曰：“龍葵，一曰雲葵，是己縣所產苦菜。其大有至二觔餘者。歲每十一二月間，人家各買菜若干把，滌而晾之，漬以鹽，閉置大盎中，曰醃菜。至次年春乃啓盎食之，味酸以洌。昔蘇易簡之稱‘金虀玉膾’豈是過哉?”慎微《本草注》以為不能生噉，誤矣。凡苦菜之煮食者，以臭豆腩煠而入之，其味為菜羹第一。（清光緒二十七年《昆明縣志》卷二《物產》）

按：苦菜，明蘭茂《滇南本草》：“青菜，一名苦菜。味苦，性大寒。"此與《昭通縣志》所述相符。滇人俗稱青菜為苦菜，但苦菜在文獻中多指苦蕒，與青菜不同。明李時珍《本草綱目》卷二十七《菜二·苦菜》："（集解）時珍曰：'苦菜即苦蕒也，家栽者呼為苦苣，實一物也。春初生苗，有赤莖、白莖二種。其莖中空而脆，折之有白汁。胼葉似花蘿蔔菜葉而色綠帶碧，上葉抱莖，梢葉似鶴嘴，每葉分叉，擴挺如穿葉狀。開黃花，如初綻野菊。一花結子一叢，如茼蒿子及鶴虱子，花罷則收歛，子上有白毛茸茸，隨風飄揚，落處即生。"《授時通考》卷五十九《農餘·蔬一》："苦菜，一名苦苣，一名苦蕒，一名編苣，一名游冬，一名天香菜。葉狹而綠帶碧，莖空，斷之有白汁，花黃如初綻野菊花。春夏旋開一花，結子一叢，如同蒿子。花罷則萼斂子上，有白毛茸茸隨風飄揚，落處即生，今處處有之。但在北方者至冬而凋，在南方者冬夏常青為少異耳。味苦寒，無毒，夏天宜食。"

另外，龍葵也可稱之為苦菜。北齊顏之推《顏氏家訓》卷下《書證篇十七》："江南別有苦菜，葉似酸漿，其花或紫或白，子大如珠，熟時或赤或黑，此菜可以釋勞。案：郭璞注《爾雅》，此乃蘵黃蕛也，今河北謂之龍葵。"明李時珍《本草綱目》卷十六《草五·龍葵》："（釋名）苦葵、苦菜、天茄子、水茄、天泡草、老鴉酸漿草、老鴉眼睛草。時珍曰：'龍葵言其性滑如葵也。苦以菜味名，茄以葉形名，天泡、老鴉眼睛皆以子形名也。與酸漿相類，故加老鴉以別之。'"又（集解）："時珍曰：'龍葵、龍珠，一類二種也，皆處處有之。四月生苗，嫩時可食，柔滑。漸高二三尺，莖大如筯，似燈籠草而無毛。葉似茄葉而小。五月以後，開小白花，五出，黃蕊。結子正圓，大如五味子，上有小蒂，數顆同綴，其味酸。中有細子，亦如茄子之子。但生青熟黑者為龍葵，生青熟赤者為龍珠，功用亦相仿佛，不甚遼遠。"

敗醬亦名苦菜。明李時珍《本草綱目》卷十六《草五·敗醬》："（釋名）苦菜、苦蘵、澤敗、鹿腸、鹿首、馬草。時珍曰：'南人採嫩者，暴蒸作菜食，味微苦而有陳醬氣，故又名苦菜，與苦蕒、龍葵同名。亦名苦蘵，與酸醬同名，苗形則不同也。'"

通過以上分析可知，苦蕒、龍葵、敗醬，雖然皆有苦菜之名，但均以味苦命名，三物實不同也。至於《昆明縣志》提及"龍葵，一曰雲葵"之說，揆諸文獻，均未找到佐證。雲葵，在相關文獻中有部分記載。明彭大翼《山堂肆考》卷十二《時令·烹菽》："《詩·豳風·七月》：'烹葵及菽。'注：'雲葵，菜名，菽豆也。'"明顧起元《説略》卷二十八引《爾雅翼》："雲葵為百菜之王，味尤甘滑，今人絕不食此，是以亦鮮種之，不知何故。"故"龍葵即雲葵"之説還有待商榷。雲葵、敗醬，《大詞典》未收。

大頭菜

芥菜，俗名青菜。（嘉慶《永善縣志略》上卷《物產》）

大頭菜，又名芥菜。（民國三十八年《鹽津縣志》卷四《物產》）

按：芥菜，明蘭茂《滇南本草》："芥菜，味辛，性溫，利九竅而開胃化痰。"元土禎《農書》卷八《百穀譜四·蔬屬》："芥字從艸從介，取其氣之辛辣而有剛介之性，故曰芥。古人所謂'菜重芥薑'者，其以是與？為種不一，葉似菘而有毛，味極辣者，青芥也；莖葉俱紫，為紫芥，作虀食之美；又有白芥，子粗大於他芥，色白，如粱米，味極辛美。宜入藥，利九竅，明耳目，通中。芥極多心。芥之嫩者為芥藍，極脆。"《授時通考》卷五十九《農餘·蔬一》："芥，一名辣菜，一名臘菜，一名水蘇，一名勞祖。性辛溫，無毒，溫中下氣，豁痰利膈，處處有之。種類不一，有青芥、紫芥、白芥。他如南芥、刺芥、旋芥、馬芥、花芥、石芥、皺葉芥之類，皆菜之美者。三月開黃花，結莢一二寸，子如蘇子大。色紫味辛、芥心嫩者為芥藍，極脆。"

《漢語大詞典》收錄"芥菜"詞條，釋義為："芥菜有葉用芥菜（如雪裏紅）、莖用芥菜（如榨菜）和根用芥菜（如大頭菜）三類。醃制後有特殊的鮮味和香味。種子有辣味，可榨油或制芥末。"此説極是。滇人呼芥菜葉為青菜，根為大頭菜，又因芥菜種子有辣味，俗稱辣菜，皆以性質命名。

沖菜

芥，俗稱沖菜，性熱氣辛，宜人用作冷碟，以供食用。（民國二十三年《宣威縣志》卷三《物產》）

芥，俗謂沖菜，又名辣菜，氣味辛烈，子研末可作藥。（民國十三年《昭通縣志》卷九《物産》）

《昭通縣志》把芥菜稱為沖菜，而事實上，在雲南，民間一般是把經過製作的油菜薹、芥菜薹或苦菜薹稱為沖菜的。其製作過程大致如下：先把油菜薹或苦菜薹洗淨，放在沸水裏汆一下，然後趁熱閉置於容器內，過兩三日取出備用。因其具有特殊刺鼻氣味，故稱沖菜。沖菜可作為冷盤，亦可作為炒菜。當然，菜農們亦有直接把油菜薹、芥菜薹或苦菜薹稱作沖菜的，但從語言學命名的角度看，這種稱呼是不夠確切的。

1989《永勝縣志》第二章《詞彙》："油菜的嫩藤用開水燙後密閉冷卻，即可切細炒吃，因其味沖鼻子，故名。"1997《馬龍縣志》第四章《方言》："沖菜，用芥菜等做成的一種小菜，氣味辛辣刺鼻。"

苤藍

苤藍，即《詞源》所謂甘藍，北人呼為擘藍。又稱球莖甘藍者，葉闊厚而花繁，莖圓大如蔓菁，葉供膳饈。曲靖人製韭菜花，以苤藍絲曝乾，加入味，甚佳。（民國二十三年《宣威縣志》卷三《物産》）

按：苤藍，明蘭茂《滇南本草》："苤藍，味辛、澀。"又："苤藍，別名掰藍、甘藍、球莖甘藍。"

甘藍，明李時珍《本草綱目》卷十六《草五·甘藍》："（釋名）藍菜。（集解）藏器曰：'此是西土藍也。葉濶可食。'時珍曰：'此亦大葉冬藍之類也。'按：胡洽居士云：'河東、隴西羌胡多種食之，漢地少有。'其葉長大而厚，煮食甘美，經冬不死。春亦有英。其花黃，生結子。其功與藍相近也。"

擘藍，《廣群芳譜》卷八十九《卉譜·擘藍》："一名芥藍，葉色如藍，芥屬也。南方謂之芥藍，葉可擘食，故北方謂之擘藍。葉大於菘，根大於芥，薹苗大於白芥，子大於蔓菁。花淡黃色，三月花，四月實，每畝可收三四石。葉可作菹或作乾菜，又可作靛染帛，勝福青。"

芥藍，《授時通考》卷五十九《農餘·蔬一》："芥藍，芥屬也，葉色如藍，故南人謂之芥藍。仍可擘取食，故北人謂之擘藍。其葉大於菘，根大於芥薹，苗大於白芥，子大於蔓菁。淡黃色，其苗、葉、根、心俱任為蔬。子可壓油，亦四時可種，四時可食，大略如蔓菁也。但食根之菜如芥、蘆菔、蔓菁之屬，魁皆在土中，此則魁在土上，為異耳。收根者須四五月種，少長擘食，其葉漸擘，魁漸大，八九月並根葉取之。葉作菹或作乾菜，根剝去皮，或煮食或糟藏醬豉。"《陝西通志》卷四十三《物產一》："芥藍，葉似藍靛，結實葉下根上，味甜脆，葉如藍草而肥厚。種之畦塍，根圓大類葵，露出土外，開黃花，或謂之撇藍，能去煤毒。"

　　芥藍與擘藍，在《廣群芳譜》與《授時通考》等文獻裏為一物，而事實上在滇卻為兩種植物。擘藍為球莖狀物，即莖藍。芥藍為莖葉類植物，這在其他文獻中亦有論及。明盧之頤《本草乘雅半偈》卷八《別錄上品·芥莖葉》："覈曰：'南地多芥，相傳嶺南無蕪菁，土人移種，種之盡變為芥，地土使然耳。今北地亦多芥，南地亦有蕪菁矣。八月布種，冬茂者曰冬芥，春茂者曰春芥，夏尤可食者曰夏芥，春末抽薹謂之芥藍。瀹食脆美，頃則作花，正黃，四出。莢長一二寸，子粒如蘇子，色紫褐，味極辛。研調作漿，以侑蔬品，香辣爽人。'"清屈大均《廣東新語》卷二十七《草語》："一曰芥藍，葉如芥而綠，花黃花，比葉尤甘。葉有鉛，不宜多食。以微藍故，又名芥藍。"清吳其濬《植物名實圖考》卷六《蔬類六·芥藍》："芥藍，嶺南及寧都多種之，一作芥蘭。《南越筆記》記謂其有鉛，不宜多食。按：此是烹食，其葉亦擘取之。肥厚，冬生，土人嗜之。其根細小，與北地撇藍迥別。自來紀述家多並為一種，蓋北人知撇藍，不見芥藍，閩廣知芥藍，不見撇藍，但取呼名相類耳。"從文獻記載看，甘藍與芥藍、擘藍有別，而在雲南方言中，甘藍俗稱球莖甘藍，又可稱為莖藍。另一方面，因甘、芥音近，故甘藍、芥藍亦常混稱，而所指即為芥藍。從命名理據看，掰藍、擘藍、撇藍當為擘取動作之命名，而芥藍實為植物造詞之命名。

　　《漢語大詞典》釋"擘藍"為："十字花科植物。二年生草本。葉長卵圓形，藍綠色，莖膨大為球形，外皮綠白、綠或紫色，可鮮食或醃制。"另釋"芥藍"為："芥藍菜。葉柄長，葉片短而闊，花白色或黃色。嫩花莖和嫩葉供食用。"此說與雲南所稱相符，故擘藍與芥藍當為兩物。甘藍，《大詞典》未收。

綽菜

綽菜，味辛辣如火焊，人故名。多生幽澗間。（民國八年《蒙化縣志稿》卷十一《物産志》）

按：綽菜，晉嵇含《南方草木狀》卷上："綽菜夏生於池沼間，葉類茨菰，根如藕條。南海人食之，云令人思睡，呼為瞑菜。"明李時珍《本草綱目》卷二十八《菜四·睡菜》："（釋名）瞑菜、綽菜、醉草、嬾婦箴。氣味甘，微苦，寒，無毒。"明方以智《通雅》卷四十四："按《花木考》言點蒼山有高河菜，萊州之龍鬚菜，嵇含所言綽菜、優殿菜，廣州之雞侯菜，東坡之藤葉，即今之滑菜也。考亭之蔛菜，即蔛菜也。建武山澗亦有罕菜可食。"

綜上，綽菜，"氣味甘，微苦，寒"，而《蒙化縣志稿》所述綽菜"味辛辣如火焊"，可知非為一物。細考之，"味辛辣如火焊"的當為蔛菜。明李時珍《本草綱目》卷二十六《菜一·蔛菜》："（釋名）時珍曰：'蔛味辛辣，如火焊人，故名。'（集解）時珍曰：'三月開細花，黃色，結細角，長一二分，角內有細子。野人連根葉拔而食之，味極辛辣，呼為辣米菜。'"明宋詡《竹嶼山房雜部》卷十一《樹畜部三·蔛菜》："形似水芹，味辛，故名。雲南大理府高河泉出一菜，莖紅葉青，味甚辛辣。"《授時通考》卷五十九《農餘·蔬一》："蔛菜，一名蔛菜，一名辣米菜，生南方田園小草也。冬月布地叢生，長二三寸，柔梗細葉。三月開細花，黃色。結細角，長一二分，角內有細子，味極辛辣，沙地生者尤伶仃。"此詞《大詞典》未收。

茼蒿

茼蒿，形氣同於蓬蒿，故名。（民國八年《蒙化縣志稿》卷十一《物産志》）

按：茼蒿，又作同蒿。元王禎《農書》卷八《百穀譜五·蔬屬》："同蒿者，葉綠而細，莖稍白，味甘脆。春二月種，可為常食。秋社前十日種，可為秋菜。如欲出種，春菜食不盡者，可為子。俱是畦種。其葉又可湯泡，以配茶茗。實菜中之有異味者。"明朱橚《救荒本草》卷八《菜部·同蒿》：“處處有之，人家園圃中多種。苗高三尺，葉類葫蘿蔔葉而肥大。開黃花，似菊花，味辛，性平。”明李時珍《本草綱目》卷二十六《菜一·同蒿》：“（釋名）蓬蒿。時珍曰：‘形氣同乎蓬蒿，故名。’（集解）時珍曰：‘茼蒿八九月下種，冬春採食肥莖。花、葉微似白蒿，其味辛甘，作蒿氣。四月起薹，高二尺餘，開深黃色花，狀如單瓣菊花，一花結子近百成毬，如地菘及苦蕒子，最易繁茂。’”《廣群芳譜》卷十四《蔬譜二·同蒿》：“莖肥，葉綠，有刻缺，微似白蒿，甘脆滑膩。四月起薹，高二尺餘。開花深黃色，狀如單瓣菊花，一花結子近百成毬，如地菘及苦蕒子，最易繁茂。以佐日用，最為佳品。主安氣養脾胃，消水飲多食，動風氣，熏心令氣滿。”清吳其濬《植物名實圖考》卷四《蔬類四·茼蒿》：“茼蒿，嘉祐《本草》始著錄。開花如菊，俗呼菊花菜。汪機不識茼蒿，殆未窺園，李時珍斥之固當。但茼蒿究無蓬蒿之名，蓬、茼音近義不能通。《千金方》以茼蒿入菜類，蓬蒿野生，細如水藻，可茹，而非園蔬。若大蓬蒿則即白蒿，與此別種。此菜葉如青蒿輩，氣亦相近而黃花散金。自春徂暑，老圃榮華，增其繡麗，可為晚節先導。”

《漢語大詞典》釋“茼蒿”為：“即蓬蒿。一年生或二年生草本植物，葉互生，長形羽狀分裂，頭狀花序，花黃色或白色，瘦果有棱。嫩莖和葉有特殊香氣，可作食用，並有祛痰作用。”引明李時珍《本草綱目·菜一·茼蒿》為證。另釋“白蒿”為：“草本植物名。一名艾蒿，俗呼蓬蒿。”引《詩·召南·採蘩》陸璣疏與明李時珍《本草綱目·菜一·白蒿》為證。

白蒿，宋吳仁傑《離騷草木疏》卷二《蒿》：“‘吳酸蒿蔞。’王逸註：‘蒿，蘩草也。’《爾雅》：‘蘩，皤蒿。’邢昺疏云：‘皤猶白也。’《詩》：‘于以採蘩，于沼於沚。’孔穎達正義引孫炎曰：‘白蒿也。’然則非水菜，言沼沚者，謂於其傍採之也。《本草》唐本白蒿註云：‘此蒿葉麤於青蒿，從初生至枯，白於衆蒿。欲似艾者，所在有之。’又云：‘葉似艾，上有白毛，麤澀，俗蓬蒿掌。’”明李時珍《本草綱目》卷十五《草四·白蒿》：“（釋名）蘩、由胡、蔞蒿、菣。時珍曰：‘白蒿，處處有之，有水、陸二種。《本草》所用，蓋取水生者，故曰生中山川澤，不曰山谷平地也。二種形狀相似，但陸生辛薰，不及水生者香美

爾。……蔞蒿生陂澤中，二月發苗，葉似嫩艾而岐細，面青背白。其莖
或赤或白，其根白脆。採其根莖，生熟菹曝皆可食，蓋嘉疏也。'"由
此可知，蓬蒿與白蒿非為一物。

至於艾蒿，宋吳仁傑《離騷草木疏》卷四《艾》："'戶服艾以盈要
兮，謂幽蘭其不可佩。'王逸註：'艾，白蒿也，言楚國戶服白蒿以為芬
芳，反謂幽蘭臭惡不可佩，以言君愛眤讒佞，憎遠忠直而不肯進也。'仁
傑按：《王度記》：'大夫罋酒以蘭芝，庶人以艾。'則蘭艾之分尚矣。《爾
雅》：'艾，一名冰臺。'郭璞註：'即今蒿艾也。'逸以艾為白蒿。按：艾
蒿與白蒿不同。白蒿，《詩》所謂'蘩'也，《詩》有'採蘩'，有'採
艾'。《本草》有'白蒿'條，又別出'艾葉'條。嘉祐《圖經》云：
'初春布地生苗，類蒿而葉皆白。'又云：'葉上有白毛，從初生至枯，白
於眾蒿，頗似細艾。'按：蒿與白蒿相似耳，便以艾為白蒿則誤矣。"明
李時珍《本草綱目》卷十五《草四·艾》："（釋名）冰臺、醫草、黃草、
艾蒿。（集解）時珍曰：'艾葉，《本草》不著土產，但云生田野。……此
草多生山原。二月宿根生苗成叢，其莖直生，白色，高四五尺。其葉四
布，狀如蒿，分為五尖，椏上復有小尖，面青背白，有茸而柔厚。七八
月葉間出穗，如車前穗，細花，結實累累盈枝，中有細子，霜後始枯。
皆以五月五日連莖刈取，暴乾收葉。'"據此又可知白蒿與艾蒿實為二物。

藜蒿

藜蒿芽，產田地中，藝菜蔬者取其莖，以沙壓之。冬春之間，
新芽苗生可食。(民國二十三年《宣威縣志》卷三《物產》)

青蒿，一曰藜蒿。（清光緒二十七年《昆明縣志》卷二《物
產》)

藜蒿，白蒿根未出土者。（民國八年《蒙化縣志稿》卷十一
《物產志》)

按：藜蒿，即蔞蒿，有嫩芽。宋蘇軾《惠崇春江晚景》詩："蔞蒿
滿地蘆芽短，正是河豚欲上時。"元喬吉《滿庭芳·漁父詞》曲："蔞
蒿香脆蘆芽嫩，爛煮河豚。"

蔞蒿，即薔。《爾雅·釋草》："購，蔏蔞。"郭璞注："蔏蔞，蔞蒿

也。生下田，初出可啖，江東用羹魚。”宋羅願《爾雅翼·釋草》：
“蔞，蔞蒿也。《說文》曰：‘蔞可以烹魚。’其葉似艾，白色，長數寸，
高丈餘，好生水邊及澤中。正月根牙生，旁莖正白。生食之，香而脆
美，又可蒸為茹，江東用羹魚。”宋王質《紹陶錄》卷下：“蔞蒿莖青，
近山多赤葉，亦青杪。冬發土取啖多土氣，初春抽莖，清脆可食，盛夏
成蒿，能辟蚊。”

蔞蒿，又名白蒿，《廣群芳譜》卷十四《蔬譜二·蔞蒿》：“一名白
蒿，一名繁，一名蘠，一名由胡，一名旁勃。有水、陸二種（《爾雅》
通謂之繁，曰：‘繁，皤蒿。’即今陸生艾蒿也。辛熏不美。曰：‘繁，
由胡。’即今水生蔞蒿也。又曰：‘繁之醜秋為蒿。’則通指水、陸二種
而言。謂其春時各有種名，至秋老則皆呼為蒿矣）。形狀相似，但水生
者辛香而美。生陂澤中，二月發苗，葉似嫩艾而岐細，面青背白。其葉
或赤或白，其根白脆。採其根莖，生熟菹曝皆可食，蓋嘉蔬也。”

青蒿，宋沈括《夢溪筆談》卷二十六《藥議》：“青蒿一類自有兩種：
有黃色者，有青色者。《本草》謂之青蒿，亦恐有別也。陝西綏銀之間有
青蒿，在蒿叢之間時有一兩株迥然青色，土人謂之香蒿。莖華與常蒿悉
同，但常蒿色綠而此蒿色青翠，一如松檜之色至深。餘蒿並黃，此蒿獨
青，氣稍芬芳，恐古人所用以此為勝。”明李時珍《本草綱目》卷十五
《草四·青蒿》：“（釋名）草蒿、方潰、菣、犱蒿、香蒿。（集解）別錄
曰：‘青蒿生華陰川澤。’弘景曰：‘處處有之，即今青蒿，人亦取雜香菜
食之。’保昇曰：‘嫩時醋淹為菹，自然香。葉似茵蔯蒿而背不白，高四
尺許。四月、五月採，日乾入藥。《詩》云：‘呦呦鹿鳴，食野之蒿。’即
此蒿也。’頌曰：‘青蒿春生苗，葉極細，可食。至夏高四五尺。秋後開
細淡黃花，花下便結子，如粟米大，八九月採子陰乾，根、莖、子、葉
並入藥用，乾炙作飲，香尤佳。’宗奭曰：‘青蒿得春最早，人剔以為蔬，
根赤葉香。’時珍曰：‘青蒿二月生苗，莖粗如指而肥軟，莖葉色並深青。
其葉微似茵蔯，而面背俱青。其根白硬，七八月間開細黃花，頗香。結
實大如麻子，中有細子。’”青蒿，明蘭茂《滇南本草》：“青蒿，形似蒿，
開黃花，生子如粟米大。氣味苦，無毒。”

《爾雅·釋草》：“繁，皤蒿。”郭璞注：“白蒿。”又：“蒿，菣。”
郭璞注：“今人呼青蒿，香中炙啖者為菣。”又：“蔚，牡菣。”郭璞注：

"無子者。"明李時珍《本草綱目》卷十五《草四·白蒿》："（釋名）
蘩、由胡、蔓蒿、蔚。時珍曰：'白蒿有水、陸二種，《爾雅》通謂之
蘩，以其易蘩衍也。曰："蘩，皤蒿。"即今陸生艾蒿也，辛薰不美。
曰："蘩，由胡。"即今水生蔓蒿也，辛香而美。曰："蘩之醜秋為蒿。"
則通指水、陸二種而言，謂其春時各有種名，至秋老則皆呼為蒿矣。曰
藾，曰蕭，曰荻，皆老蒿之通名，象秋氣蕭賴之氣。'"宋羅願《爾雅
翼·釋草》："《釋草》曰：'蘩之醜秋為蒿。'此大略之言也。又曰：
'蘩，皤蒿。'此一物之言也。故予以水草之蘩為莪，而皤蒿則此別說
之。皤蒿蓋今之白蒿也，比青蒿而麤，從初生至枯，白於眾蒿，春始
生，及秋香美，可生食，又可蒸以為菹，甚益人。"

　　據此可知，青蒿與白蒿非為一物。蔓蒿與青蒿有別，但與白蒿
相類。

苦瓜

　　苦瓜，即菜瓜。（清光緒二十七年《昆明縣志》卷二《物產》）

　　按：昆明人俗呼苦瓜為菜瓜，有文獻可據。《授時通考》卷六十一
《農餘·蔬三》："菜瓜，北方名苦瓜，蔓葉俱如甜瓜，生時色青質脆，
可生食。間有苦者，亦可作豉醃菹，故名菜瓜。熟亦微甜，生秋月，大
小不一，止可醃以備冬月之用。"

　　但菜瓜並非皆指苦瓜，《廣群芳譜》卷十七引《學圃餘疏》："瓜之
不堪生噉而堪醬食者名曰菜瓜。圓者如甜瓜，長者如王瓜，皆一類也。"
由此可見，菜瓜不僅可指苦瓜，亦可作為"不堪生噉而堪醬食"的一
類瓜的統稱。

　　菜瓜在許多文獻中亦可指稍瓜。《廣群芳譜》卷十七《蔬譜五·稍
瓜》："蔓生，較黃瓜頗麤，色綠而黑，縱有白紋界之，微凹，體光而
滑膚，實而韌味。甘寒利腸，去煩熱，止渴，利小便，解酒熱，宣洩熱
氣，不益小兒，不可與乳酥鮓同食，宜忌大略與黃瓜同。"又引《本
草》："稍瓜，一名越瓜，一名菜瓜，南北皆有。二三月下種生苗，就
地生蔓，青葉黃花，並如冬瓜花葉而小。夏秋之間結瓜，有青、白二
色，大如瓠子。一種長者至二尺許，俗呼羊角瓜，子狀如胡瓜子，大如

麥粒。”

　　《漢語大詞典》對“菜瓜”的解釋如下：“瓜名。又叫生瓜、越瓜、甜瓜、梢瓜。可以生吃或醃作醬菜。”引元王禎《農書》卷八和明李時珍《本草綱目·菜三·越瓜》的例子為證，釋義不夠全面。

莧菜

　　莧菜，一名商陸，有二種：一葉似米粟，一即馬齒莧菜。（民國八年《蒙化縣志稿》卷十一《物產志》）

　　按：莧菜，分為數色。赤色莧，《爾雅》作蕢。《爾雅·釋草》：“蕢，赤莧。”郭璞注：“赤莧，一名蕢，今莧菜之赤莖者。”《廣群芳譜》卷十四《蔬譜·莧》：“莧凡五種：赤莧一名蕢，白莧、人莧、紫莧、五色莧。諸莧皆二月種，葉如藍莖葉，皆高大易見，故名莧。開細花成穗，穗中細子扁而光黑，與青箱子、雞冠子無別，老則抽莖甚高。六月以後不堪食，子霜後始熟，九月收。”《廣群芳譜》卷十四《蔬譜·馬齒莧》：“一名馬莧，一名五行草，一名五方草，一名長命菜，一名九頭獅子草。《本草》：‘馬齒莧，一名馬齒龍牙。’處處有之，柔莖布地，葉對生比，並圓整如馬齒，故名。六七月開細花，結小尖實，實中細子如葶藶子狀，苗煠熟曬乾可為蔬。有二種：葉大者名独耳草，不堪用；小葉者又名鼠齒莧，節葉間有水銀。每十觔可得八兩或十兩。氣味酸寒，無毒。”明蘭茂《滇南本草》：“莧菜，家園種，有赤、白二種。味鹹，性微溫。白者入氣，赤者入血。”注解：“別名小米菜、白莧菜、紅莧菜。一年生草本，高1—2米，主根長圓錐形，外面白紅色，內面白色，具少數支根和鬚根。莖直立，單一或分枝，綠色，近圓柱形，具鈍棱，被白色短柔毛。”

　　商陸，明李時珍《本草綱目》卷十七《草六·商陸》：“（釋名）蔫募、當陸、章柳、白昌、馬尾、夜呼（《本經》：時珍曰：‘此物能逐蕩水氣，故曰蔫募。訛為商陸，又訛為當陸，北音訛為章柳。或云枝枝相值，葉葉相當，故曰當陸。或云多當陸路而生也’）。（集解）別錄曰：“商陸生咸陽川谷，如人形者有神。’恭曰：‘此有赤、白二種。白者入藥，用赤者見鬼神，甚有毒。’保昇曰：‘所在有之。葉大如牛舌而厚脆，赤花者根赤，白花者根白。二月、八月採根，日乾。'頌曰：
'俗名章柳根，多生於人家園圃中。春生苗，高三四尺，青葉如牛舌而
長。莖青赤，至柔脆。夏秋開紅紫花，作朵。根如蘿蔔而長，八九月採
之。《爾雅》謂之蓫薚，《廣雅》謂之馬尾，《易經》謂之莧陸。'"明蘭
茂《滇南本草》："商陸，俗名大藥。味辛、微苦，性微寒，有小毒。"
注解："商陸，別名山蘿蔔、見腫消、菾羊菜、大藥、章柳根。多年生
高大草本，高 1.5—2 米，全體光滑無毛。根粗壯，圓錐形，入土甚深，
外皮淡黃色，具明顯突出橫紋及多數側根。鮮時肉質肥厚，莖直立，圓
形或稍具棱角，綠色或紅紫色，多分枝，肉質多汁。"

　　宋史繩祖《學齋佔畢》卷四："《易·夬》之九五：'莧陸夬夬。'
古注云：'莧陸，草之柔脆者也。'決之至易，故曰夬夬，則以莧、陸
為一草。至馬、鄭云：'莧陸，商陸也。'則以莧、陸為一物。宋衷云：
'莧，莧菜也。陸，商陸也。'虞云：'莧，賣也。陸，商也。'然後別
而為二。至注疏正義乃引子夏傳云：'莧陸，木根草莖，剛下柔上。'
馬融、鄭玄、王肅皆云：'莧陸，一名商陸。'皆以莧、陸為一。惟董
遇云：'莧，人莧也。陸，商陸也'。以莧、陸為二，終不訂其或一或
二異名之説。余因謂釋經莫若《爾雅》為正，且祖因證之。《爾雅疏·
草部》云：'蕡，赤莧。'釋曰：'赤莧，一名蕡，今莧菜之赤莖者也。
又曰蓫薚。'釋曰：'藥草，薚陸也，一名當陸。'初無'莧陸，一名商
陸'之説，則莧自莧，陸自陸，莧為菜，陸為草，其為二物明甚。"

　　由此可見，莧菜與商陸非為一物。

二　果屬

猩猩果

　　按：明謝肇淛《滇略》卷三《產略》："猩猩果，曲靖、大理俱有
之。高數丈，春花秋實，狀如彈丸，色如血，故名。味酸可食。"明陳
耀文《天中記》卷五十三《雜果》："猩猩果，雲南大理府、鄧川縣有，
猩猩果高數丈，春花秋實，果如彈丸，色如血，故名。味酸可食。（出
《雲南志》）"《清一統志》卷三百八十一《順寧府》："猩猩果，色紅味
酸，子即酸棗仁。"此詞蓋以顏色命名，《大詞典》未收。

黃果

橙,黃果。(民國三十八年《鹽津縣志》卷四《物產》)

　　按:滇人通常把柑橘、橙子一類水果通稱為黃果。黃果蓋是以顏色性質來命名的。清王士禎《居易錄》卷六:"雲南產黃果,似海棠果而稍大,香如佛手甘,脆如哀梨,多津液。蜀中多黃果樹而不結實,其皮類川槿,亦能愈癬,疑非一種。"清檀萃《滇海虞衡志·志果十》:"黃果出迤西,橘、柚之類也,滇人名之黃果。"

酸角

酸角,形似牙皂,味甘酸。(康熙《雲南通志》卷二十七)

　　按:雲南盛產酸角。酸角是一種形似牙皂,味酸如醋的食品。民間多用以製造果脯,其味甘美異常。明李時珍《本草綱目》卷三十二《果四·鹽麩子》:"(附錄)酸角,雲南臨安諸處有之。狀如豬牙皂莢,浸水和羹,酸美如醋。"《廣群芳譜》卷一百《藥譜·酸角》:"臨安府出酸角,如皂角而小,味酸。"此詞蓋以形狀、味道命名,《大詞典》未收。

鷄嗉果

無花果,俗名鷄嗉果。(《墨江縣志·物產》)

　　按:鷄嗉,又作鷄素、雞嗉、雞素,即雞的食囊。嗉,《爾雅·釋鳥》:"亢,鳥嚨,其粻,嗉。"郭璞注:"嗉者,受食之處,別名嗉。今江東呼粻。"雞嗉,亦可形似荷包。明方以智《通雅》卷四十九《諺原》:"鷄素本鷄斯。文長曰:'鷄斯之制以約髮,近小荷包,云雞素,相沿誤也。智按:雞斯即笄縰,或因其名而改,亦未可知。然或是鷄嗉,鷄以嗉盛食,此以盛物。'"清阮葵生《茶餘客話》卷十八:"吾淮呼小荷包亦名鷄素。或云鷄嗉,像形也。"姜亮夫《昭通方言疏證·釋博物》(2032):"昭人謂雞鴨食囊曰嗉子。"無花果形似雞嗉,故稱雞嗉果。

黄苞（瑣梅）

覆盆子，俗名紫黄苞。（《墨江縣志·物産》）

紫覆盆，俗呼泡耳，味甘色紫。黄覆盆，又稱黄瑣梅，味甘色黄。（民國十三年《昭通縣志》卷九《物産》）

菟絲子，即黄鎖梅。覆盆子，即紅鎖梅。（清光緒二十七年《昆明縣志》卷二《物産》）

按：明蘭茂《滇南本草》："覆盆子，俗呼瑣梅。又名鑽地風，又名疏風草。味甘、酸。分黄、黑二種。能鎖玉關，故呼瑣梅。"清檀萃《農部瑣錄》："鎖梅，蔓生如何首烏。葉如錢大，有刺，實如黄豆大，味酸甜。"清吳其浚《植物名實圖考》卷二十二《蔓草·覆盆子》："覆盆子……滇南有黑瑣梅、黄瑣梅、紅瑣梅、白瑣梅，皆三、四月熟，兒童摘食以為果。梅即莓，瑣者，其子細瑣也。《志書》多以黑瑣梅為覆盆。"

滇人呼瑣梅為黄苞或泡耳。苞，《説文·艸部》："艸也。"段玉裁注："《曲禮》：'苞屨不入公門。'注：'苞，藨也，齊衰藨蒯之菲也。'《子虛賦》：'葴析苞荔。'張揖曰：'苞，藨也。'玉裁按：當是'藨'是正字，'苞'是叚借，故《喪服》作'藨蒯之菲'，《曲禮》作苞屨。《南都賦》説'艸有藨'，即《子虛》之'苞'也。《斯干》《生民傳》曰：'苞，本也。'此'苞'字之本義。凡《詩》云'苞櫟''苞棣'，《書》云'艸木蔪苞者'皆此字，段借為包裹。凡《詩》言'白茅苞之'，《書》言'厥苞橘柚'，《禮》言'苞苴'，《易》言'苞蒙''苞荒''苞承''苞羞''苞桑''苞瓜'，《春秋傳》言'苞茅不入'，皆用此字。近時經典凡訓包裹者皆徑改為'包'字，郭忠恕之説誤之也。許君立文當云：'苞，本也。從艸，包聲。'若不謂為叚借，則當云：'苞，藨也。'下文即云：'藨，蒯屬。'使讀者知《曲禮》之'苞'即《喪服》之'藨'。蓋艸木既難多識，文字古今屢變，雖曰至精，豈能無誤。善學古者不泥於古可也。南陽目為蘲履。蘲，各本不從艸，誤。蘲，艸履也，見後。從艸包聲，布交切，古音在三部。按：《曲禮》音義曰：'苞，白表反，為欲讀同藨耳。'"藨，《爾雅·釋草》："藨，麃。"郭璞注："麃即莓也，今江東呼為藨莓子。似覆盆而大，赤，酢甜可啖。”《説文·艸部》：“薦，鹿藿也。”段玉裁注：“前苖篆訓‘鹿藿之實’，此薦訓‘鹿藿’，則當類處。徐鍇曰：‘《釋艸》：蔰，鹿藿，薦麃。二者各物，疑字形之誤，以薦麃為鹿藿也。’玉裁按：蓋‘麃’誤為‘鹿’，淺人因妄增‘藿’字耳。从艸麃聲，讀若剽。平表切，二部。一曰菽之屬。此字義別説也。《南都賦》：‘其艸則薦、芋、蘋、莞。’《廣韵》曰：‘可為席。’或作扻、苞。”苞，《集韻·爻韻》：“苞，蒲交切。”音如泡，故瑣梅有黃苞、泡耳之稱。

拐棗

枳椇子，俗名枴棗，形曲如弓。（民國十年《宜良縣志》卷四《食貨志·物産》）

拐棗，有枝杈，果如贅疣，味甘，能解宿酒。（民國十三年《昭通縣志》卷九《物産》）

按：拐棗，又作枴棗，当以外形、性质命名。明朱橚《救荒本草》卷六《木部·拐棗》：“生密縣梁家衝山谷中。葉似楮葉，而無花叉，卻更尖鑯。面多紋脈，邊有細鋸齒。開淡黃花。結實伏似生薑，拐叉而細短，深茶褐色，故名拐棗。味甜。”明蘭茂《滇南本草》：“枴棗，又名天藤。味甘微寒，治一切左癱右瘓、風濕痲木，疏筋骨，解酒毒，泡酒多效。”明方以智《物理小識》卷九《草木類·木蜜》：“名枳椇木，不宜近酒室，使酒味薄。材作枕，醉者易醒，語曰‘厲漢指頭’，中州呼拐棗，一名槤構。”《廣群芳譜》卷五十七《果譜·枳椇》：“《古今注》：‘枳椇子，一名樹蜜，一名木餳，一名白石，一名白實，一名木石，一名木實。’《本草》：‘枳椇，一名蜜榏樴，一名蜜屈律，一名木蜜，一名木珊瑚，一名雞距子，一名雞爪子，一名金鈎木，一名枅棋，一名交加枝。’木高三四丈，葉圓大如桑柘，夏月開花，枝頭結實如雞爪，形長寸許，紐曲開作兩三岐，儼若雞之足距。嫩時青色，經霜乃黃，嚼之味甘如蜜。每開岐盡處結一二小子，狀如蔓荆子，內有扁核，赤色，如酸棗仁形。按：今山西甚多，俗名拐棗。”《陝西通志》卷四十三《物産》：“枳椇子，秦中呼為拐棗。其實拳曲如老人杖，核在肉外，味甘與棗同。按：華州有萬壽菓，葉如楸，實稍細于箸頭，兩頭橫拐，一名拐棗。紫紅色，九月成熟，蓋即枳椇子也。"清檀萃《滇海虞衡志·志果十》："枳椇子，滇人呼為拐棗，此皆為山果之瑣碎，雜橡、栗而羅生者。"

抹猛果

羊桃，《章潢圖書集成》："夷稱抹猛果，其味酸甜。"（清光緒三十年《續順寧府志稿》卷十三《食貨志·物產》）

按：明謝肇淛《滇略》卷三《產略》："抹猛果也，形如小豬。夷語果曰抹，豬曰猛。又謂之抹母，樹高大，葉長如掌，實與芭蕉相類而差短，夏月熟，味酸。《滇程記》曰：'色類櫻桃，形如橄欖也。'"《廣群芳譜》卷六十七《果譜十四·抹猛果》引《雲南志》："抹猛果，樹高丈餘，大如掌，熟於夏月，味甘，出元江府。"民國十一年《元江縣志稿》卷七《食貨志·物產》："抹猛果，《臺陽隨筆》：'樹大合圍，其葉尖長而硬，花作細點形，春花夏實，略如雞卵而長，皮色深綠，熟則微黃。瓤作杏黃色，味亦香美，惟核大而瓤少耳。抹讀如罵，夷語謂果為抹，故曰抹猛。'"

餘甘子

餘甘子，俗呼橄欖誤。（清光緒十八年《鎮南州志略》卷之四《食貨略·物產》）

本名餘甘子，土人謂之橄欖，味亦如之。（民國五年《黎縣舊志·物產》）

袁滋《雲南記》："瀘水南岸，有餘甘子樹，子大如彈丸許，色微黃，味酸苦，核有五棱，其樹枝如柘，樹葉如小夜合葉。"（民國三十七年《姚安縣志》卷四十四《物產志·植物》）

按：餘甘子，明李時珍《本草綱目》卷三十一《果三·菴摩勒》："（釋名）餘甘子、菴摩落迦果。藏器曰：'梵書名菴摩勒，又名摩勒落迦果。其味初食苦澀，良久更甘，故曰餘甘。'（集解）恭曰：'菴摩勒生嶺南交、廣、愛等州。樹葉細似合昏，其花黃。實似李柰，青黃色，核圓有稜，或六或七，其中仁亦入藥用。'珣曰：'生西國者大小如枳橘子狀。'頌曰：'餘甘子，今二廣諸郡及西川、戎、瀘、蠻界山谷皆有之。木高一二丈，枝條甚軟。葉青細密，朝開暮斂如夜合，而葉微小，春生冬彫。三月有花，著條而生，如粟粒，微黃。隨即結實作莄，每條三兩子，至冬而熟，如李子狀，青白色，連核作五六瓣，乾即並核皆裂，俗作果子啖之。'時珍曰：'餘甘，泉州山中亦有之，狀如川楝子，味類橄欖，亦可蜜漬、鹽藏。其木可製器物。'按：陳祈暢《異物志》云：'餘甘樹葉如夜合及槐葉，其枝如柘，其花黃，其子圓，大如彈丸，色微黃，有文理如定陶瓜，核有五六稜，初入口苦澀，良久飲水更甘，鹽而蒸之尤美。'其說與兩蘇所言相合。而《臨海異物志》云：'餘甘子如梭形，大如梅子，其核兩頭銳，與橄欖一物異名也。'然橄欖形長尖，餘甘形圓，稍有不同，葉形亦異，蓋二物也。"明張萱《疑耀》卷三《餘甘子》："虞允文與人書有云：'南詔餘甘子一桶。'王元美《宛委餘篇》載餘柑子（見《臨海異物志》），謂與橄欖同一果。及閱《異物志》，謂'大小如彈子，丸理如定陶。瓜瓣初入口苦，咽中甘，與橄欖同味，乃知正余里中所呼油柑子也。元美未見，遂云今天下饒橄欖，絕無餘甘。物之難博如此弟，柑當作甘，不宜從木，允文當不誤或傳寫誤耳。"

橄欖，晉嵇含《南方草木狀》卷下："橄欖，樹身聳枝皆高數丈，其子深秋方熟，味雅苦澀，咀之芬馥，勝含雞舌香。吳時歲貢以賜近侍，本朝自泰康後亦如之。"明李時珍《本草綱目》卷三十一《果三·橄欖》："（釋名）青果、忠果、諫果。時珍曰：'橄欖名義未詳。此果雖熟，其色亦青，故俗呼青果。其有色黃者不堪，病物也。'王禎云：'其味苦澀，久之方回甘味。'王元之作詩，比之忠言逆耳，世亂乃思之，故人名為諫果。（集解）志曰：'橄欖生嶺南，樹似木槵子樹而高，端直可愛，結子形如生訶子，無稜瓣，八月九月採之。又有一種波斯橄欖，生邕州，色類相似，但核作兩瓣，蜜漬食之。'詵曰：'其樹大數圍，實長寸許，先生者向下，後生者漸高，熟時生食味酢，蜜漬極甜。'珣曰：'按《南州異物志》云：'閩廣諸郡及緣海浦嶼間皆有之。樹高丈餘，葉似櫸柳，二月開花，八月成實，狀如長棗，兩頭尖，青色，核亦兩頭尖而有稜，核內有三竅，竅中有仁，可食。'"

從以上文獻中，我們知道：餘甘子"子圓大如彈丸，色微黃，有文理，如定陶瓜，核有五六稜"，而橄欖"狀如長棗，兩頭尖，青色，核亦兩頭尖而有稜，核內有三竅，竅中有仁可食"。兩相對比，再聯繫李時珍《本草綱目》中餘甘子與橄欖分條陳述，且未互訓的現象，以及其他相關陳述，可明確推斷出二者當為二物。需要指出的是，《漢語大詞典》和《滇南本草》在解釋餘甘子時，也認為餘甘子即為橄欖，當改正。

都念子

都念子，倒捻子也。樹高丈或二三丈，葉如白楊，枝柯長細，子如小棗，柚如軟柿，頭上有四葉，如柿蒂。捻其蒂而食，謂倒捻子，譌為都念。外紫內赤，無核，土人呼為軟棗。（清光緒二十七年《昆明縣志》卷二《物產》）

都念子，即軟棗。（民國六年《路南縣志》卷一《地理·物產》）

軟柿，一名軟棗。（民國五年《黎縣舊志·物產》）

軟棗，如柿而小，味甘美異常。（民國十三年《昭通縣志》卷九《物產》）

按：都念子，又稱倒捻子、都捻子。隋杜寶《大業拾遺錄》："南海郡送都念子樹一百株，敕付西苑十六院內種此樹。高一丈許，葉如白楊，枝柯長細，花心金色，花葉正赤，似蜀葵而大。其子小於柿子，甘酸至美，蜜漬為粽，益佳。"唐劉恂《嶺表錄異》卷中："倒捻子，窠叢不大，葉如苦李，花似蜀葵，小而深紫。南中婦女得以染色。有子，如軟柿，頭上有四葉，如柿蒂。食者必捻其蒂，故謂之倒捻子，或呼謂都捻子，蓋語訛也。"明李時珍《本草綱目》卷三十一《果三·都念子》："（釋名）倒捻子。"清屈大均《廣東新語》卷二十五《木語》："（都捻子）子汁可染若胭脂，花可為酒，葉可麯，皮漬之得膠，以代柿……取子研濾為膏，餌之又止腸滑。以其為用甚衆，食治皆需，故又名都捻。"《廣群芳譜》卷六十七引東坡《雜記》："吾謫居南海，以五月出陸至滕州。自滕至儋，野花夾道，如芍藥而小，紅鮮可愛，樸樕叢生，土人云倒粘子花也。至儋則已結子，爛紫可食，殊甘美，中有細核，嚼之瑟瑟有聲，亦頗苦澀。童兒食之使大便難，野人夏秋痢下，食葉輒已。海南無柿，剝浸揉搁之，以代柿油，蓋愈於柿也，因名之曰海漆。"

　　軟棗，古作"梬"。《說文·木部》："梬，梬棗也。"段玉裁注："梬棗，果名，非今俗所食棗也。《南都賦》曰：'梬棗若留。'張揖注《子虛》曰：'梬，梬棗也。'李善引《說文》亦云：'梬棗似柿。'於此可以訂刪複字者之非矣。"又："从柿而小，一曰㮕"。段玉裁注："按：梬即《釋木》之云：'遵，羊棗'也。郭云：'實小而圓，紫黑色，今俗呼之為羊矢棗。'引《孟子》：'曾晳嗜羊棗。'何氏焯曰：'羊棗非棗也，乃柿之小者。初生色黃，熟則黑，似羊矢。其樹再椄即成柿矣。余客臨沂始覩之。亦呼牛妳柿，亦呼㮕棗，此尤可證以柿得棗名。孟子正義不得其解。'玉裁謂：凡物必得諸目驗，而折中古籍，乃為可信。昔在西苑萬善殿庭中，曾見其樹，葉似柿而不似棗，其實似柿而小如指頭。內監告余：用此樹椄之，便成柿。《古今注》曰：'㮕棗，實似柿而小，味亦甘美。'師古曰：'梬棗，即今之㮕棗也。'㮕與遵音相近，㮕即遵字也。'一曰㮕'者，一名㮕也。本作'一曰'，李善改為'名曰'，以便於文也。許無㮕篆，蓋俗字不列也。《內則》'芝栭'，賀氏云：'芝，木椹。栭，軟棗。'釋文云：'栭，本又作檽。'檽者，㮕之誤。賀氏作㮕，許不妨作奭也。梬棗者，柿屬。故受之以柿篆。'"宋羅願《爾雅翼·釋木》："梬，今之㮕棗也。結實似柿而極小，其蔕四出，枝、葉、皮、核皆似柿。秋晚而紅，乾之則紫黑如葡萄，其大小亦然，今人謂之丁香柿，又謂之牛乳柿。"明李時珍《本草綱目》卷三十《果之二·君遷子》："（釋名）㮕棗（《千金》作軟棗）、梬棗、牛奶柿、丁香柿、紅藍棗。時珍曰：'君遷子名始見於左思《吳都賦》，而著其狀於劉欣期《交州記》，名義莫詳。㮕棗，其形似棗而軟也。司馬光名苑云：'君遷子似馬奶，即今牛奶柿也，以形得名。'崔豹《古今注》云：'牛奶柿即㮕棗，葉如柿，子亦如柿而小。唐宋諸家不知君遷、㮕棗、牛奶柿皆一物，故詳證之。'（集解）藏器曰：'君遷子生海南，樹高丈餘，子中有汁，如乳汁甜美。《吳都賦》"平仲君遷"是也。'時珍曰：'君遷即㮕棗，其木類柿而葉長，但結實小而長，狀如牛奶，乾熟則紫黑色。'"明朱橚《救荒本草》卷七《果部·軟棗》："一名丁香柿，又名牛乳柿，又呼羊矢棗。《爾雅》謂之梬，舊不載所出州土，今北土多有之。其樹枝、葉、條、幹皆類柿，而結實甚小，乾熟則紫黑色。"明楊慎《升菴集》卷八十《橪棗》："俗作軟棗，一名牛妳柿，一名丁香柿，文選《蜀都賦》所謂梬也。蜀中製扇以此果，榨油染紙為之。"丁惟汾《俚語証古》卷十《木》："㮕棗，羊棗也，梬棗也。柿之別種，實小如棗者，謂之楔棗。楔為羊之雙聲音轉。《孟子·盡心》篇：'曾晳嗜羊棗。'趙注：'羊棗，棗名也。'按：羊讀釀柔之釀。是果釀柔，大小如棗。羊雙聲音轉為梬。《文選·司馬相如·田獵賦》：'楟棗梬栗。'李善引《説文》曰：'梬棗，似柿而小，名曰楔。'師古曰：'梬棗，今之楔棗也。梬為柔之同聲假借，柔亦㮕也。'《古今注》：'楔棗，實似柿而小，味亦甘美。'"

《漢語大詞典》在解釋"軟棗"時，羅列了兩個條目：（1）柿的一種。引明李時珍《本草綱目·果二·柿》和清潘榮陛《帝京歲時紀勝·七月·時品》為證。（2）棗的一種。引清高士奇《天禄識餘·橪棗》為證。但在解釋梬棗時，又明確梬棗也叫軟棗，果木名，為柿子的原始栽培種。故《大詞典》對於軟棗的歸屬問題，界定不夠清晰。

芭蕉

芭蕉，有象牙、鳳尾二種。象牙芭蕉葉黃綠色，實長大，形似象牙，成熟後味極香甜。鳳尾芭蕉深綠色。（民國八年《蒙化縣志稿》卷十一《物產志》）

芭蕉，又曰芭苴，一名甘蕉。

按：東漢楊孚《異物志》曰："芭蕉，葉大如筵席，其莖如芋，取鑊煑之，則如絲，可紡績。女工以為絺綌，則今交趾葛也。其内心如蒜，鵠頭生，大如合拌，因為實房，著其心齊，一房有數拾枚。其實皮赤，如火剖之，中黑。剝其皮，食其肉，如飴蜜，甚美。食之四五枚，可飽，而餘滋味猶在齒牙間，一名甘蕉。"晉嵇含《南方草木狀》卷上："甘蕉望之如樹，株大者一圍餘。葉長一丈或七八尺，廣尺餘二尺許。花大如酒杯，形色如芙蓉，著莖末百餘。子大，名為房，相連累，甜美，亦可蜜藏。根如芋魁，大者如車轂，實隨華，每華一闔，各有六子，先後相次，子不俱生，花不俱落，一名芭蕉，或曰芭苴。剝其子，上皮色黃白，味似蒲萄，甜而脆，亦療飢。此有三種：子大如拇指，長而銳，有類羊角，名羊角蕉，味最甘好；一種子大如鷄卵，有類牛乳，名牛乳蕉，味微減羊角；一種大如藕子，長六七寸，形正方，少甘，最下也。"北魏賈思勰《齊民要術》卷十《果蓏·芭蕉》："《廣志》曰：'芭蕉，一曰芭菹，或曰甘蕉。莖如荷芋，重皮相裹，大如盂升。子有角，子長六七寸，有蒂三四寸。角著蒂生，為行列，兩兩共對，若相抱形。剝其上皮，色黃白，味似葡萄，甜而脆，亦飽人。其根大如芋魁，大一石，青色。其莖解散，如絲，織以為葛，謂之蕉葛。雖脆，而好，色黃白，不如葛色。出交阯建安。'"《廣群芳譜》卷八十九《卉譜·芭蕉》："一名甘蕉，一名芭苴，一名天苴，一名綠天，一名扇。仙草類也。葉青色，最長大，首尾稍尖。菊不落花，蕉不落葉。一葉生一葉焦，故謂之芭蕉。其莖軟，重皮相裹，外微青，裏白。三年以上即著花，自心中抽出一莖。初生大蕚似倒垂菡萏，有十數層，層皆作瓣。漸大則花出瓣中，極繁盛，大者一圍餘。葉長丈許，廣一尺至二尺，望之如樹。生中土者花苞中積水如蜜，名甘露。侵晨取食，甚香甘，止渴延齡，不結實。生閩廣者，結蕉子凡三種，未熟時苦澀，熟時皆甜而脆。"

《漢語大詞典》："芭蕉，多年生草本植物。葉長而寬大，花白色，果實跟香蕉相似，但不能食用。原產日本琉球群島和我國臺灣。秦嶺、淮河以南常栽培供觀賞。"綜上，芭蕉果實可以食用，《大詞典》當改之。

山林果

山楂，縣人呼山楂曰山林果，楂餞曰山林紅，亦曰元紅。（民國十年《宜良縣志》卷四《食貨志·物產》）

山楂，屬薔薇科。或云沙櫨果、山裏紅，又或名楂子。莖高數尺，生滇山野間，性適寒地，曲溪產者佳。葉廣卵形，五月開花，色白，或淡紅。入秋結圓果，頂腳俱凹。入十月果熟，色黃而紅。果肉酸澀，不適生食，蜜漬糖漬較佳，木材亦可供用。（《新纂雲南通志·物產考》）

按：山楂，又作山樝，亦稱山裏紅、山林果。《說文·木部》："樝果似棃而酢。"段玉裁注："《內則》：'柤，棃。'注曰：'柤，棃之不臧者。'《爾雅》郭注、《山海經》郭傳皆云：'樝似棃而酢澀。'按：即今棃之肉粗味酸者也。張揖注《子虛賦》云：'樝似棃而甘。'乃以同類而互易其名耳。陶隱居譏鄭公不識樝，恐誤。從木虘聲。"明朱橚《救荒本草》卷六《木部·山裏果兒》："一名山裏紅，又名映山紅果，生新鄭縣山野中。枝莖似初生桑條，上多小刺。葉似菊花葉，稍團。又似花桑葉，亦團。開白花，結紅果，大如櫻桃，味甜。"明徐光啟《農政全書》卷三十《樹藝·果部下》："山樝，《爾雅》曰：'朹子，檕梅（又名赤瓜子、鼠樝、猴樝、芽樝、羊棣、棠棣子、山裏果。此物生於田原茅林中，猴鼠喜食之，故有諸名也）。'"《廣群芳譜》卷五十七《果譜四·山樝》："其類有二種，皆生山中。一種小者，樹高數尺，多枝柯，葉有五尖，色青背白，椏間有刺。三月開小白花，五出。實有赤、黃二色。九月熟。其核狀如牽牛子，色微白，映紅甚堅。一種大者，樹高丈餘，花葉皆同，但實稍大而色黃綠，皮澀肉虛，初甚酸澀，經霜乃紅可食。出滁州、青州者佳，為消滯要藥。語云：'山樝有爛肉之功，小者為棠朹子、茅樝、猴樝，堪入藥。肥大者為羊朹子，可作果食。'"清檀萃《滇海虞衡志·志果十》："查巨亦甲天下，樹高大如柞櫟，查餞查膏尤佳。"《熱河志》卷九十三《物產二》："山樝，土人稱為山裏紅，味酸澀。"《畿輔通志》卷五十六《土產》："山樝，俗呼山裏紅。"姜亮夫《昭通方言疏證·釋博物》（1945）："昭人謂山楂果曰山靈果，山讀如沙。"

山楂，又名朹，此說最早出自《爾雅》。《爾雅·釋木》："朹，檕梅。"郭璞注："朹樹狀似梅，子如指頭，赤色，似小柰，可食。"明李時珍《本草綱目》卷三十《果二·山樝》："（釋名）赤瓜子、鼠樝、猴樝、茅樝、朹子、檕梅、羊棣、棠棣子、山裏果。時珍曰：'山樝，味似樝子，故亦名樝。世俗皆作查字，誤矣。查，音槎，乃水中浮木，與樝何關？'郭璞註《爾雅》云：'朹，音求，樹如梅，其子大如指頭，赤色，似小柰，可食。'此即山樝也，世俗作棣字，亦誤矣。棣乃櫟實，於朹何關？樝、朹之名見於《爾雅》。自晉宋以來，不知其原，但用查、棣耳。此物生於山原茅林中，猴鼠喜食之，故又有諸名也。《唐本草》赤爪木當作赤棗，蓋棗、爪音訛也。楂狀似赤棗故爾。范成大《虞衡志》有赤棗子。王璆百《一選方》云：‘山裏紅果，俗名酸棗，又名鼻涕團。’正合此義矣。”

　　楂，《漢語大字典》釋為“山楂”。《漢語大詞典》釋為“山楂”“楊梅”。楊梅，《本草綱目》卷三十《果二·楊梅》：“（釋名）楂子。時珍曰：‘其形如水楊子而味似梅，故名。’（集解）時珍曰：‘楊梅樹葉如龍眼及紫瑞香，冬月不凋，二月開花結實，形如楮實子，五月熟，有紅、白、紫三種，紅勝於白，紫勝於紅，顆大而核細，鹽藏、蜜漬、餹收皆佳。’”《本草綱目》釋山楂與楊梅均作楂子，但據《爾雅》及其注疏的解釋看，楂，又名檕梅，山楂亦名檕梅，故楂與山楂應為一物。又據郭璞所注，楂“赤色，似小奈”的特徵看，楊梅初綠不赤，且與奈有異，故不應視為楂。

頻婆果

　　奈，即頻婆果。林檎，即花紅。（清光緒二十七年《昆明縣志》卷二《物產》）

　　奈，俗名花紅。（《墨江縣志·物產》）

　　林檎，即蘋果也，果蒼白色，味美。花紅，形類蘋果，色紅，甘美可食。（民國二十三年《宣威縣志》卷三《物產》）

　　林檎，形較小，皮色白綠，質較蘋果堅密，味純同。（民國三十七年《姚安縣志》卷四十四《物產志·植物》）

　　花紅，形類蘋果而小，色紅，味極香美。林檎，與花紅同類，味甘而稍大。（民國十三年《昭通縣志》卷九《物產》）

　　文林果，俗名花紅。（民國二十二年《新平縣志》第十四《物產》）

　　林禽，一名文林郎果，蒙人謂之花紅，似蘋果而小。（民國八年《蒙化縣志稿》卷十一《物產志》）

　　按：一直以來，對於奈、頻婆果、花紅與林檎的歸屬問題，人們往往意見不一。有持“四者為一”説的，如明文震亨《長物志·蔬果》：“花紅，西北稱奈，家以為脯，即今之蘋婆果也。……吳中稱花紅，即名林檎，又名來禽，似柰而小，花亦可觀。”亦有持“四者為二為三為四”說的。從雲南近代方志反映的材料看，著述者對這四個概念的界定也存有很大的爭議。故本書希望對此做一個粗略的討論。

奈，明李時珍《本草綱目》卷三十《果二·柰》：“（釋名）頻婆。（集解）弘景曰：‘柰，江南雖有，而北國最豐。作脯食之，不宜人。林檎相似而小，俱不益人。’士良曰：‘此有三種：大而長者為柰，圓者為林檎，皆夏熟；小者味澀為梣，秋熟，一名楸子。’時珍曰：‘柰與林檎，一類二種也。樹、實皆似林檎而大，西土最多，可栽可壓。有白、赤、青三色。白者為素柰，赤者為丹柰，亦曰朱柰，青者為綠柰，皆夏熟。涼州有冬柰，冬熟，子帶碧色。’”清吳其濬《植物名實圖考·果類·柰》：“柰，即頻果。”從李時珍與吳其濬的材料看，柰即為頻婆。頻婆，又作蘋婆果，即蘋果。明方以智《物理小識》卷九《草木類·頻婆果》：“似花紅而大，燕地如拳，可留至夏。”明周祈《名義考》卷九《物部·頻婆》：“北方有果，六七月熟，似林檎而大，色通碧。注：以丹名頻婆。按：《華嚴經》‘脣口丹潔如頻婆果。’注：頻婆，果名。此果似北方林檎，極鮮好者也。又西域有頻婆帳、頻婆香，蓋頻婆梵音，猶華言色相端好也。此果鮮赤端好，得頻婆名，故西域種，不知何時入中國。帳與香色似此果，故亦謂之頻婆。”《廣群芳譜》卷五十七引《學圃餘疏》：“北土之頻婆，即花紅一種之變也。吳地素無，近亦有移植之者。”清檀萃《滇海虞衡志·志果十》：“蘋婆果，南中最少，而滇出盈街。”《續通志》卷一百七十七《昆蟲草木略四·果類》：“蘋果樹，似林檎而大，果如梨而圓滑，光潔可愛，香聞數步。味甘鬆，梵人亦謂之頻婆果。”丁惟汾《俚語証古》卷十《木》：“蘋薄，萍果也。柰之大者謂之蘋薄。蘋薄為萍果之音轉。《孔子家語》：‘楚王渡江得萍實。大如斗，赤如日，剖而食之甘如蜜。’柰子形味皆如萍實，故又有萍果之名。”綜上，柰應為頻婆，而頻婆與林檎、花紅屬於一類二種，頻婆果實比林檎、花紅稍大。

林檎，明李時珍《本草綱目》卷三十《果二·林檎》：“（釋名）來禽、文林郎果。藏器曰：‘文林郎生渤海間。云其樹從河中浮來，有文林郎拾得種之，因以為名。’珣曰：‘文林郎，南人呼為榅桲是矣。’時珍曰：‘案：洪玉父云：“此果味甘，能來眾禽於林，故有林禽、來禽之名。又唐高宗時，紀王李謹得五色林檎，似朱奈，以貢。帝大悅，賜謹為文林郎，人因呼林檎為文林郎果。'又《述征記》云：'林檎實佳美。其楄樗微大而狀醜，有毛而香，關輔乃有，江南甚希。據此，則林檎是文林郎，非楄樗矣。'（集解）志曰：'林檎在處有之。樹似奈，皆二月開粉紅花。子亦如奈而差圓，六月、七月熟。'時珍曰：'林檎即奈之小而圓者。其味酢者即楸子也。其類有金林檎、紅林檎、水林檎、蜜林檎、黑林檎，皆以色味立名。黑者色似紫奈。有冬月再實者。'"《廣群芳譜》卷五十七引《學圃餘疏》："花紅，即古林檎。"清吳其浚《植物名實圖考》卷三十一《果類·林檎》："林檎，即沙果。李時珍以為文林郎果即此。"清孫錦標《通俗常言疏證·植物》："《事物紺珠》：'林檎，俗名花紅，大者名沙果。'"《新纂雲南通志》卷六十二《物產考五·花紅》："日本謂林檎為蘋果，滇中則以花紅為林檎。……是即滇中之花紅，非蘋果也。其味酢者曰楸子，當是小林檎一類，俗稱小花紅，酸不可食。"關於沙果，明朱橚《救荒本草》卷七《果部·沙果子樹》："一名花紅，南北皆有，今中牟崗野中亦有之，人家園圃亦多栽種。樹高丈餘，葉似櫻桃葉而色深綠，又似急蘩子葉而大。開粉紅花，似桃花，瓣微長不尖。結實似李，而甚大。味甘，微酸。"據此可知，林檎，一名文林郎果，又稱沙果。花紅亦有沙果之稱，故二者應為一物。

錐栗

栗，俗呼板栗。（民國三十八年《鹽津縣志》卷四《物產》）

錐栗，檀萃《農部瑣錄》："樹不高，葉如栗而小，實如豆大，味甘。"（清光緒三十年《續順寧府志稿》卷十三《食貨志·物產》）

栗，俗稱板栗。榛，俗稱錐栗。（民國五年《黎縣舊志·物產》）

按：錐栗，明李時珍《本草綱目》卷二十九《果一·栗》："（集解）恭曰：'板栗、錐栗，二樹皆大。'宗奭曰：'湖北一種旋栗，頂圓末尖，即榛栗，象榛子形也。'時珍曰：'栗，但可種成，不可移栽。'

按：《事類合璧》云：'栗木高二三丈，苞生，多刺如蝟毛，每枝不下
四五個苞，有青、黃、赤三色。中子或單或雙，或三或四。其殼生黃熟
紫，殼内有膜裹仁，九月霜降乃熟。其苞自裂而子墜者，乃可久藏，苞
未裂者易腐也。其花作條，大如筯頭，長三四寸，可以點燈。栗之大者
爲板栗。中心扁子爲栗楔。稍小者爲山栗。山栗之圓而末尖者爲錐栗。
圓小如橡子者爲莘栗。小如指頂者爲茅栗，即《爾雅》所謂栭栗也，
一名栵栗，可炒食之。'"清吳其濬《植物名實圖考》卷三十二《果
類・錐栗》："錐栗，長沙山岡多有之。大樹葉細而厚，面綠有光，背
黃白而澀。結實作梂，數十梂攢聚，一枝一梂一實，似栗而圓，大如芡
實。内仁兩瓣，味淡微澀。按：《本草拾遺》：'鉤栗生江南山谷，大木
數圍，冬月不凋。其子似栗而圓小，又有雀子，相似而圓黑，久食不
飢。'蓋即此種，與栗相類，非櫧類也。葉擣汁可成膠，油雨傘者用之。
又一種栗大如橡栗，味甘，爝食尤美，蓋即鉤栗。其小如芡實者當即雀
子，湖南通呼錐栗，一類有大小耳。"據以上材料可知，板栗和錐栗雖
然均屬栗屬，但有差别，板栗大，錐栗小，圓而末尖，故應視爲二物。
錐栗，《大詞典》未收。

土瓜

　　桂馥《札樸》："土瓜，形似蘆菔之扁者，色正白，食之脆
美。"按：即《爾雅》："黃莬瓜。"音譌爲土瓜。味甘平，一本數
枝，葉似葫蘆，無花，根下結瓜，分紅、白二色。(民國十年《宜
良縣志》卷四《食貨志・物産》)

　　按：黃，《爾雅・釋草》："黃，莬瓜。"晉郭璞注："莬瓜似土瓜。"
邢昺疏："莬瓜，一名黃，苗及實似土瓜，土瓜者即王瓜也，《月令》
'王瓜生'是也。"《説文・艸部》："黃，兔瓜也。"明郎瑛《七修類
稿》卷三《天地類・氣候集解》："'王瓜生。'《圖經》云：'王瓜處處
有之，生平野、田宅及牆垣，葉似栝樓，烏藥，圓無丫缺，有毛如刺，
蔓生。五月開黃花，花下結子如彈丸，生青熟赤。根似葛，細而多穈。
又名土瓜，一名落鴉瓜，今藥中所用也。'"明馮復京《六家詩名物疏》
卷二十九："《爾雅》曰：'黃，莬瓜。'郭璞云：'似土瓜。'而土瓜自

謂之鉤藈姑，蓋菟瓜別是一種也。予謂《本草》明言王瓜，一名土瓜，則二物小異，實一種耳。"《廣群芳譜》卷九十八《藥譜·王瓜》："一名土瓜，一名野甜瓜，一名馬爬瓜，一名赤雹子，一名老鴉瓜，一名師姑草，俚人名公公鬚，一名鉤瓜（《爾雅》云：'鉤，藈姑。'註云：'鉤瓜也，一名王瓜。'《本草》注云：'王瓜即今土瓜。'鄭玄注：'《月令》"王瓜生"，以為拔葜，殊謬。'《圖經本草》云：'《月令》"王瓜生"即此。均房間人呼為老鴉瓜，亦曰菟瓜。'按：《爾雅》曰：'黃，菟瓜。'郭璞注云：'似土瓜。'又曰：'芴，菲。'亦謂之土瓜，皆別是一物，非此土瓜也。《本草綱目》云：'土瓜，其根作土氣，其實似瓜也。或云根味如瓜，故名。瓜似雹子，熟則色赤，鴉喜食之，故俗名赤雹子、老鴉瓜。一葉之下一鬚，故俚人呼為公公鬚。'王瓜不知何義，按《兼明書》以栝樓為王瓜，謂其大於土瓜，故以王字別之誤也）。四月生苗，其蔓多鬚，嫩時可茹。葉圓如馬蹄而有尖，面青背淡，澀而不光。五六月開小黃花成簇，花下結子纍纍如彈丸，其殼徑寸長二寸許，上微圓，下尖長，生青，七八月熟。赤紅色皮，麤澀，根如栝樓根之小者。"

　　由以上分析可知，土瓜亦稱王瓜，但與菟瓜非為一類。至於《宜良縣志》所述之土瓜，與桂馥《札樸》所述相符，但非為菟瓜。桂馥《札樸》所稱土瓜，實為滇之白土瓜也。《滇南本草》："白土瓜，味甘，性平。"注解："別名土瓜、地瓜。纏繞、草質藤本。長可達 3—6 米，稍有毛，基部木質化。塊根肉質肥大，紡錘形或扁球形。根皮淡黃色，纖維多，易剝去。肉白色，味甜多汁。"植物以"土瓜"為名，往往隨俗而異，所指實非一種。據蘭茂《滇南本草》記載，土瓜一名可指稱幾物，如山土瓜、番薯均稱土瓜。另外，與土瓜同名的植物還有菲。《爾雅·釋草》："菲，芴。"晉郭璞注："即土瓜也。"清郝懿行義疏："即菲也，芴也，蒠菜也，土瓜也，宿菜也。五者一物也。……《本草》王瓜亦名土瓜，非此也。"菟瓜，《大詞典》未收。

沙棠果

　　沙棠果，色黑，味甘，其圓若珠，可以泡酒。（民國十三年《昭通縣志》卷九《物產》）

　　沙棠果，即唐棣也，其花或白或赤，六七月間成實，大若李，色紫味甘，初熟帶脆性，久則沙，故謂之沙棠果，亦曰海棠果。《呂氏春秋》"果之美者，沙棠之實"即此詞源。（民國二十三年《宣威縣志》卷三《物産》）

按：沙棠果，明李時珍《本草綱目》卷三十一《果三·沙棠果》："（集解）時珍曰：'按《呂氏春秋》云："果之美者，沙棠之實。"今嶺外寧鄉、瀧水、羅浮山中皆有之。木狀如棠，黃花赤實，其味如李而無核。實氣味甘平，無毒，主治食之卻水病。'"

海棠果，《聖祖仁皇帝禦製文集》第四集卷三十："又有海棠果，《通志》謂之海紅，而關西有楸子，有楅梓，亦皆柰類。蓋李之與柰，其枝、葉、花、實固區以別，而其子、核之異尤最易辨。堅而獨者，李類；柔小而四五粒者，柰類。草木諸書皆以林檎附於柰内，其亦未嘗體認物性矣。"

海紅，明李時珍《本草綱目》卷三十《果二·海紅》："（釋名）海棠梨。（集解）時珍曰：'《飲膳正要》："果類有海紅，不知出處。此即海棠梨之實也。狀如木瓜而小，二月開紅花，實至八月乃熟。"'鄭樵《通志》云：'海棠子，名海紅，即《爾雅》赤棠也。'沈立《海棠譜》云：'棠有甘棠、沙棠、棠梨，皆非海棠也。海棠盛於蜀中。其出江南者名南海棠，大抵相類，而花差小。棠性多類梨。其核生者長慢，數十年乃花。以枝接梨及木瓜者易茂。其根色黃而盤勁，且木堅而多節，外白中赤。其枝柔密而條暢。其葉類杜，大者縹綠色，小者淺紫色。二月開花五出，初如臙肢點點然，開則漸成纈暈，落則有若宿妝淡粉。其蒂長寸餘，淡紫色，或三蕚、五蕚成叢。其蕋如金栗，中有紫鬚。其實狀如梨，大如櫻桃，至秋可食，味甘酸。大抵海棠花以紫綿色者為正，餘皆棠梨耳。海棠花無香，惟蜀之嘉州者有香而木大。有黃海棠，花黃。貼幹海棠，花小而鮮。垂絲海棠，花粉紅向下。皆無子，非真海棠也。'"清吳其濬《植物名實圖考》卷三十一《果類·海紅》："即海棠花實，《本草綱目》始收入果部，京師以糖裹食之。"

唐棣，唐丘光庭《兼明書》卷三《春秋·唐棣》："'唐棣之華，偏其反而。'孔安國曰：'唐棣，棣也。'明曰：'《爾雅·釋木》云："唐棣，栘。"'郭璞注曰：'白栘似白楊樹，江東呼為扶栘也，又云常棣。'

棣，郭璞曰：'今山中有棣樹，子如櫻桃可啗，則唐棣是栘，非棣也，常棣是棣。'"明李時珍《本草綱目》卷三十五《木二·扶栘》："（釋名）栘楊、唐棣、高飛、獨搖。（集解）藏器曰：'扶栘，木生江南山谷。樹大十數圍，無風葉動，花反而後合。《詩》云："唐棣之華，偏其反而"是也。'時珍曰：'栘楊與白楊是同類二種，今南人通呼為白楊，故俚人有"白楊葉，有風掣，無風掣"之語，其入藥之功大抵相近。'"明周祈《名義考》卷九《物部·唐棣》："唐棣，《爾雅》：'唐棣，栘。'注：'似白楊，江東呼夫栘。'陸璣疏云：'唐棣，奧李也，一名雀梅。'陸佃云：'唐棣，一名栘，其華反而後合。凡木之華皆先合而後開，惟此華先開而後合，故曰偏其反而。'"

綜上，沙棠果為"沙棠之實，木狀如棠，黃花赤實，其味如李而無核"，海棠果為"海棠花實，二月開紅花，其實狀如梨，大如櫻桃"，而唐棣"樹大十數圍，無風葉動，花反而後合，子如櫻桃可啗"，三者非為一物。沙棠果，《大詞典》未收。

三　花屬

金雀花

金雀花，花小而色黃，形類雀，故名。（民國八年《蒙化縣志稿》卷十一《物產志》）

按：金雀花，以形似命名。明高濂《遵生八牋》卷十二《飲饌服食牋中·家蔬類》："金雀花，春初開黃花，甚可愛，儼狀飛雀，且可採。以滾湯著鹽焯過，作茶供一品。"《廣群芳譜》卷四十二《花譜·金雀花》："叢生，莖褐色，高數尺，有柔刺，一簇數葉。花生葉傍，色黃形尖，旁開兩瓣，勢如飛雀，甚可愛。春初即開採之，滾湯入，少鹽微焯，可作茶品，清供春間，分栽最易繁衍。"此詞《大詞典》未收。

鸚哥花

赤桐，一名蒼梧，樹高數丈，花開丹紅，形如鸚嘴，故又名鸚

哥花。(清光緒二十七年《昆明縣志》卷二《物產》)

按：鸚哥花，即刺桐，又作頹栒。明李時珍《本草綱目》卷三十五《木二·海桐》："（釋名）刺桐。（集解）珣曰：'生南海山谷中，樹似桐而皮黃白色，有刺，故以名之。'頌曰：'海桐生南海及雷州，近海州郡亦有之。葉大如手，作三花尖。皮若梓白皮，而堅韌可作繩，入水不爛。不拘時月採之。'又云：'嶺南有刺桐，葉如梧桐。其花附幹而生，側敷如掌，形若金鳳，枝幹有刺，花色深紅。江南有頹桐，紅花無實。'時珍曰：'海桐皮有巨刺，如鼉甲之刺，或云即刺桐皮也。'"明謝肇淛《滇略》卷三《產略》："刺桐，一名蒼梧花，正赤色，發密葉中，傍照他物皆朱殷然，如是者竟歲。土人以其形似，名曰鸚哥花。又有蔬亦名刺桐，肥潤若芝，志謂鮮可膩肉，菹可經年。"《廣群芳譜》卷七十三《木譜·刺桐》："葉如梧桐，其花附幹而生，側敷如掌形，若金鳳枝幹，有刺，花色深紅。"清桂馥《札樸》卷十《滇游續筆》："永昌順寧有木，高數丈，葉如桐，多刺，花色似紅蕉，土人謂之鸚哥花。按：即刺桐也。形似鸚哥嘴，故名。亦謂之頹桐。"頹桐，晉嵇含《南方草木狀》卷上："頹桐，花連枝萼皆深紅之極者，俗呼貞桐花。頹音之譌是也。折其枝，插地即生。"

龍爪花

龍爪花，根葉均如蒜，一莖直起，花黃色，如龍爪。(民國八年《蒙化縣志稿》卷十一《物產志》)

按：清王士禎《香祖筆記》卷九："蜀道有花，名龍爪花，色殷紅，秋日開林薄間，甚艷。"《漢語大詞典》收錄"龍爪花"一詞，釋義為："龍爪花，石蒜。多年生草本，地下有球形鱗莖，外包暗褐色膜質鱗被。秋季先葉開花。"

石蒜，明李時珍《本草綱目》卷十三《草二·石蒜》："（釋名）烏蒜、老鴉蒜、蒜頭草、淒淒酸、一枝箭、水麻。（集解）時珍曰：'石蒜，處處下濕地有之。古謂之烏蒜，俗謂之老鴉蒜、一枝箭是也。春初生葉，如蒜秧及山慈姑葉，背有劍脊，四散佈地。七月苗枯，乃於平地抽出一莖如箭簳，長尺許，莖端開花四五朵，六出，紅色，如山丹花狀而瓣長，黃蕊長鬚。其根狀如蒜，皮色紫赤，肉白色。此有小毒，而《救荒本草》言其可炸熟水浸過食，蓋為救荒爾。一種葉如大韭，四五月抽莖，開花如小萱花黃白色者，謂之鐵色箭，功與此同。二物並抽莖開花，後乃生葉，葉花不相見，與金燈同。'"《浙江通志》卷一百三《物産》："石蒜，《普陀山志》：'根似蒜，一莖數葩，狀如龍爪而小。'"

龍爪花概以其形狀似龍爪而命名，從文獻記載來看，龍爪花与石蒜均一莖直起，但《蒙化縣志稿》所述龍爪花"花黃色"，《大詞典》所述龍爪花"秋季先葉開花"，未言及顏色，而《本草綱目》中所述石蒜"花紅色，並抽莖開花，後乃生葉，葉花不相見"，又論及鐵色箭"如小萱花黃白色"，故縣志所述与文獻所述恐為一類二種。石蒜，《大詞典》未收。

水紅花

蓼花，多生水岸，即水紅花。（民國八年《蒙化縣志稿》卷十一《物産志》）

按：水紅花，亦作水葒花。《爾雅·釋草》："紅，蘢古。其大者，蘬。"郭璞注："俗呼紅草為蘢鼓，語轉耳。"邢昺疏："舍人曰：'紅名蘢古，其大者名蘬。'《詩·鄭風》云：'隰有游龍。'毛云：'龍，紅草也。'陸璣云：'一名馬蓼，葉大而赤白色，生水澤中，高丈餘。'"《六書故·植物四》："葒，蓼節、蓼華而枝葉高大，俗謂紅蓼，又謂水紅。"明李時珍《本草綱目》卷十六《草五·葒草》："（釋名）鴻䕵、蘢古、遊龍、石龍、天蓼、大蓼。（集解）時珍曰：'此蓼甚大而花亦繁紅，故曰葒。曰鴻，鴻亦大也。'陳藏器解云：'天蓼，即水葒，一名遊龍，一名大蓼。'"明高濂《遵生八牋》卷十六《燕間清賞牋下·蓼花》："花開蓓蕾而細，長二寸，枝枝下垂，色粉紅可觀，惟水邊更多，故俗名水紅花也。花葉用以煎汁洗腳瘋癢。"《廣群芳譜》卷四十七《花譜二十六·蓼花》："其類甚多。有青蓼、香蓼，葉小狹而薄；紫蓼、赤蓼，葉相似而厚；馬蓼、水蓼，葉濶大，上有黑點；木蓼，一名天蓼，蔓生，葉似柘六蓼，花皆紅白，子皆大如胡麻，赤黑而尖扁，惟木蓼花黃白子，皮生青熟黑。人所堪食者三種：一青蓼，葉有圓有尖，圓者勝。一紫蓼，相似而色紫。一香蓼，相似而香，並不甚辛，可食。諸蓼春苗夏茂，秋始花，花開蓓蕾而細長，二枝，枝下垂，色粉紅可觀，水邊甚多，故又名水葒花。"

花上花

《古今圖書集成》："順寧府産花上花，葉如山桑，花如杜鵑，有臺，花心內復生一朵，若層臺然。嚴冬時盛開，三序亦常有之，即扶桑花。"（清光緒三十年《續順寧府志稿》卷十三《食貨志・物産》）

花上花，有黃、紅、粉三種，一種有重臺，名為花上花，一種形如馬纓，俗謂抽心花，一種瓣複而大，謂之將軍盔。（民國八年《蒙化縣志稿》卷十一《物産志》）

按：花上花，即扶桑花，蓋以外形層疊命名。明李時珍《本草綱目》卷三十六《木三・扶桑》："（釋名）佛桑、朱槿、赤槿、日及。（集解）時珍曰：'扶桑産南方，乃木槿別種。其枝柯柔弱，葉深綠，微澀如桑。其花有紅、黃、白三色，紅者尤貴，呼為朱槿。'"明徐應秋《玉芝堂談薈》卷三十五《蘋陽花》："閩書佛桑，即扶桑。東海日出處有扶桑，此花光燄照日，其葉似桑，因以比之，後人訛為佛桑也。一名照殿紅，乃朱槿別種，有紅、白、黃三種，紅者尤貴。楊用修曰佛桑花，出黎州蠻嶺，蓋朱槿之紅鮮重臺者，永昌名花上花。"明《徐霞客游記》卷十一上《西南游日記十九》："余因先抄續録，且乘雨折庭中花上花，挿木毽腰孔間輒活，莛亦吐花。"自注："花上花者，葉與枝似吾地木槿而花正紅，一朵四瓣，從心中抽出，疊其上，殷紅而開甚久，自春至秋猶開。"《廣群芳譜》卷三十九引晉稽含《南方草木狀》："扶桑出南涼郡，花深紅色，五出，大如蜀。重敷柔澤，有蕊一條，長如花葉，上綴金屑，日光所爍，疑若熻生，一叢之上日開數百朵，朝開暮落，自五月始至中冬乃歇，挿樹即活。"清王士禛《香祖筆記》卷一："京師鬻花者以豐臺芍藥為最。南中所産，惟梅、桂、建蘭、茉莉、梔子之屬，近日亦有佛桑、榕樹。榕在閩廣，其大有蔭一畝者。今乃小株，僅供盆盎之玩。佛桑重臺者，永昌名花上花。"

辛夷

木筆，即辛夷，俗名木蘭花，似玉蘭而紫。（民國八年《蒙化縣志稿》卷十一《物產志》）

辛夷，花初出時，尖銳如筆，故又謂之木筆。有紫、白二色，香味馥鬱。木蘭，一名杜蘭花，有紅、黃、白數色。（民國二十三年《宣威縣志》卷三《物產》）

按：辛夷，明李時珍《本草綱目》卷三十四《木一·辛夷》："辛夷，（釋名）辛雉、侯桃、房木、木筆、迎春。（集解）時珍曰：'辛夷花，初出枝頭，苞長半寸，而尖銳儼如筆頭，重重有青黃茸毛順鋪，長半分許。及開則似蓮花而小如盞，紫苞紅熠，作蓮及蘭花香。亦有白色者，人呼為玉蘭。又有千葉者，諸家言苞似小桃者，比類欠當。'"《廣群芳譜》卷三十八《花譜·辛夷》："一名辛雉，一名侯桃，一名木筆，一名迎春，一名房木。生漢中魏興梁州川谷，樹似杜仲，高丈餘，大連合抱。葉似柿葉而微長，花落始出。正二月花開初出枝頭，苞長半寸，而尖銳儼如筆頭，重重有青黃茸毛順鋪，長半分許。及開似蓮花而小如盞，紫苞紅熠，作蓮及蘭花香。有桃紅及紫二色，又有鮮紅似杜鵑，俗稱紅石薔是也。"

木蘭，元陶宗儀《說郛》卷一百四下《雜花》八十二品："木蘭，似木筆，但木高丈餘，開花與牡丹同時發。木筆，似木蘭，但木極大乃有花，花正月初發。"《廣群芳譜》卷三十八《花譜·木蘭》："一名木蓮，一名黃心，一名林蘭，一名杜蘭（其香如蘭，其花如蓮，其心黃色），一名廣心樹。似楠，高五六丈，枝葉扶疏，葉似菌桂，厚大無脊，有三道縱紋。皮似板桂，有縱橫紋。花似辛夷，內白外紫，四月初開，二十日即謝。不結實，亦有四季開者，又有紅、黃、白數色。其木肌理細膩，梓人所重。十一二月採皮陰乾，出蜀韶春州者各異。"綜上，木筆、辛夷同為一物，但與木蘭有異。

十姊妹

七姊妹，紫紅色，一莖十餘朵，莖有刺，無香。（民國十三年
《昭通縣志》卷九《物産》）

月季，俗呼十姊妹。（清宣統二年《楚雄縣志》卷四《物産》）

紛團，花微似玫瑰而無香，其一莖十餘朵花，紫紅者謂之為十
姊妹，四季開者謂之四季粉團，月一開者謂之月月紅，一名月季
花。（民國八年《蒙化縣志稿》卷十一《物産志》）

按：十姊妹，明高濂《遵生八牋》卷十六《燕間清賞牋下・十姊
妹》："花小而一蓓十花，故名。其色自一蓓中分紅、紫、白、淡紫四
色，或云色因開久而變。有七朵一蓓者名七姊妹，云花甚可觀，開在春
盡。"明楊基《詠七姊妹花》："紅羅鬥結同心小，七蕊參差弄春曉。盡
是東風兒女魂，蛾眉一樣青螺掃。三姊娉婷四妹嬌，綠窗虛度可憐宵。
八姨秦國休相妒，腸斷江東大小喬。"清陳元龍《格致鏡原》卷七十三
引《藝花譜》："十姊妹，其色自一蓓中分紅、紫、白、淡紫四色。有
七朵一蓓者，名七姊妹，云花小而一蓓十花，故名。"清鄒一桂《小山
畫譜》卷上《薔薇》："一種名十姊妹，花小而五色俱備，并有花心，
內復生蕊者亦叢生於枝末而有刺。"清吳其濬《植物名實圖考・蔓草
類・十姊妹》引《花鏡》："十姊妹，又名七姊妹，花似薔薇而小，千
葉磐口。一蓓十花或七花，故有此二名。色有紅、白、紫、淡四樣。正
月移栽，或八九月扡插，未有不活者。"

月季，明李時珍《本草綱目》卷十八上《草七・月季花》："（釋
名）月月紅、勝春、瘦客、鬥雪紅。（集解）時珍曰：'處處人家多栽
插之，亦薔薇類也。青莖長蔓硬刺，葉小於薔薇，而花深紅，千葉厚
瓣，逐月開放，不結子也。'"《廣群芳譜》卷四十三《花譜・月季花》：
"一名長春花，一名月月紅，一名鬥雪紅，一名勝春，一名瘦客。灌生，
處處有人家多栽插之。青莖長蔓，葉小於薔薇，莖與葉俱有刺，花有
紅、白及淡紅三色。白者須植不見日處，見日則變而紅。逐月一開，四
時不絕。花千葉厚瓣，亦薔薇之類也。"《山東通志》卷二十四《花木
屬》："月季，一名月月紅，又名鬥雪紅，四時能開。又有七姊妹花，
似月季而不能再開。"清鄒一桂《小山畫譜》卷上《月月紅》："花似薔

薇，葉五出，著花處或三出。花色粉紅，每月花開，又謂月季花。又有深紅者為月桂，白者為月白。"

綜上，十姊妹，"花小而一蓓十花，其色自一蓓中分紅、紫、白、淡紫四色"，與七姊妹"體態相類"，而月季"青莖長蔓，葉小於薔薇，莖與葉俱有刺，花有紅、白及淡紅三色"，故十姊妹與七姊妹相類，但二者卻與月季有異，故月季與十姊妹恐非為一物。

粉團

薔薇，俗名粉團花，有紅、白二種。（清光緒十一年《思茅廳志》卷八《物產》）

粉團，花小，有白色與粉紅色二種。（民國二十三年《宣威縣志》卷三《物產》）

按：粉團，明高濂《遵生八牋》卷十六《燕間清賞牋下·粉團花二種》："麻葉，花開小而色邊紫者為最，其白粉團即繡毬花也。宜種牡丹臺處，與牡丹同開，用為襯色甚佳。俱用八僊花種於盆內，削去半邊，架起就接。"《廣群芳譜》卷四十八《花譜·粉團》："此品與諸菊絕異。含蕊時色淺黃帶微青，花瓣成箭排，豎生於蕚上，其中央初看一似無心，狀如橙菊，盛開則變作一團，純白色，形甚圓，香甚烈。至白瓣凋謝，方見瓣下有如心者，甚大，白瓣皆匼匝出於上，經霜則變，紫色尤佳，綠葉甚麤，其梗柔弱。"清吳其濬《植物名實圖考》卷二十六《群芳·粉團》："《花鏡》：'粉團，一名繡毬。樹皮體皴，葉青而微黑，有大、小二種。麻葉，小花，一蒂而眾花攢簇。圓白如流蘇，初青後白，儼然一毬，七花邊有紫暈者為最。俗以大者為粉團，小者為繡毬。閩中有一種，但與粉團之名不相侔耳。蔴毬、海桐俱可接繡毬。'按：粉團出於閩，故俗呼洋繡毬，其花初青後粉紅，又有變為碧藍色者，末復變青。一花可經數月，見日即萎，遇麝即隕。置陰濕穢溷，則花大且久。登之盆盎，違其性也。"

繡毬，明宋詡《竹嶼山房雜部》卷十《樹畜部二·種花卉法》："繡毬花，大葉，皴體屈折，一花五瓣，百花成叢，一叢如毬，其毬滿樹。"《續通志》卷一百七十六《昆蟲草木略三·繡毬花》："有紅、白二種，宜寄枝用，聚八仙花體，白者名雪毬，小者名玉團，紫繡毬惟蜀中有之。"清鄒一桂《小山畫譜》卷上《繡毬》："白花，四月開，樹高一二丈，葉肥大鋸齒，花如千朵梅結成一毬，圓徑五六寸，開於枝末，經露下垂。"《廣群芳譜》卷三十八《花譜・繡毬》："木本皺體，葉青色，微帶黑而澀，春月開花五瓣，百花成朵，團圓如毬，其毬滿樹，花有紅、白二種，宜寄枝用八仙花體。"

薔薇，明李時珍《本草綱目》卷十八《草七・營實牆蘼》："（釋名）薔薇、山棘、牛棘、牛勒、刺花。（釋名）薔薇、山棘、牛棘、牛勒、刺花。時珍曰：'此草蔓柔靡，依牆援而生，故名牆蘼。其莖多棘刺勒人，牛喜食之，故有山刺、牛勒諸名。其子成簇而生，如營星然，故謂之營實。'（集解）時珍曰：'薔薇，野生林塹間，春抽嫩蕻，小兒掐去皮刺食之。既長則成叢似蔓，而莖硬多刺。小葉尖薄有細齒，四五月開花，四出，黃心，有白色、粉紅二者。結子成簇，生青熟紅。其核有白毛，如金櫻子核，八月採之。根採無時。人家栽玩者，莖粗葉大，延長數丈。花亦厚大，有白、黃、紅、紫數色。花最大者名佛見笑，小者名木香，皆香艷可人，不入藥用。南番有薔薇露，云是此花之露水，香馥異常。'"《廣群芳譜》卷四十二《花譜二十一・薔薇》："一名刺紅，一名山棘，一名牛勒，一名牛棘，一名買笑。藤身叢生，莖青多刺，喜肥，但不可多花。單而白者更香，結子名營實，堪入藥。"

綜上，粉團與繡毬，花小，有紅、白二色，可結成一毬，可視為一物，然而，薔薇花厚大，莖硬多刺，與紛團、繡毬迥異，故不相類。粉團，《大詞典》未收。

虞美人

虞美人，一名麗春，花色深紅，四瓣，有紫、白等色，甚美麗，與罌粟同類異種。（民國二十三年《宣威縣志》卷三《物産》）

按：虞美人，清王士禎《居易錄》卷二十一："虞美人，即罌粟花，俗名米囊，有千瓣五色，又名滿園春。"《廣群芳譜》卷四十六《花譜二五・虞美人》："虞美人草，獨莖三葉，葉如決明，一葉在莖端，兩葉在莖之半，相對而生。人或近之，抵掌謳曲，葉動如舞，故又名舞草。”又引《花鏡》：“江浙最多，叢生，花葉類罌粟而小，一本有數十花，莖細而有毛，發蕊頭朝下。花開始直，單瓣叢心，五色俱備，姿態葱秀，因風飛舞，儼如蝶翅扇動，亦花中妙品。”清鄒一桂《小山畫譜》卷上《虞美人》：“草本，類罌粟而小，一本數花，長柄有毛，花藥下垂，開時始直，苞兩片，頂出花頭，五色俱備，葉多尖叉形，亦五出，瓶心如蓮房，鬚環其外，千葉者不見心。相傳此花出虞姬塚上，四月開。”

麗春，《廣群芳譜》卷四十六《花譜二五·麗春》：“麗春，罌粟別種也（《本草》云：‘其花變態不常，艷麗可愛，故曰麗春，又曰賽牡丹，又曰錦被花’）。叢生，柔幹，多葉，有刺。根苗止一類而具數色，有紅者、白者、紫者、傅粉之紅者、間青之黃者。而紅復數品，有微紅者、半紅者、白膚絳唇者、丹衣而素純者、殷紅如染茜者。姿狀葱秀，色澤鮮明，頗堪娛目，草花中妙品也。江浙皆有，金陵更佳。”明高濂《遵生八牋》卷十六《燕間清賞牋下·麗春花》：“罌粟類也。其花單瓣，瓣嘗飛舞，儼如蝶翅扇動，亦草花中之妙品也。”明彭大翼《山堂肆考》卷二百一引《格物總論》：“麗春花，鶯粟花別種也。叢生，柔幹，多葉，有刺，有紅、紫、白三色。而三色之中紅色者又多變態。惟金陵產者獨勝他處耳。”

虞美人與麗春，特點相異，外形有別，在《廣群芳譜》裏分列兩條陳述，實應視為兩物。

珍珠蘭

珍珠蘭，俗名魚子蘭。（清光緒十一年《思茅廳志》卷八《物產》）

珍珠蘭，形似靛葉，有軟枝、硬枝二種，花白如珍珠，形香清遠。魚子蘭，形似珍珠蘭，葉稍小而枝似藤，花色黃如魚子。（民國八年《蒙化縣志稿》卷十一《物產志》）

按：珍珠蘭，亦作真珠蘭。明高濂《遵生八牋》卷十六《燕間清賞牋下·真珠蘭》：“色紫，蓓蕾如珠，花開成篝，其香甚濃。以之蒸牙香、棒香，名曰蘭香者，非此不可。廣中極盛，攜至南方，則不花矣。又名魚子蘭。"《廣群芳譜》卷四十四《花譜·真珠蘭》："一名魚子蘭。色紫，蓓藟如珠。花開成穗，其香甚濃。四月内節邊斷二寸，插之即活。喜肥忌糞，以魚腥水澆之則茂。十月半收無風處，以盆覆土封之，水澆勿令乾，來年愈茂。花戴之髻，香聞甚遠，以蒸牙香、棒香，名蘭香，非此不可。廣中甚盛，葉能斷腸。"清鄒一桂《小山畫譜》卷上《珍珠蘭》：'此花絶不似蘭，而香酷似之。葉青黑而圓，微尖，破節，頂著花。杈枒如雞腳，故俗名雞腳蘭。其花如小米，粒粒綴於青枝，色嫩黄，宜盆植，六月開。"《御製詩集》三集卷五十八《珍珠蘭》："垂垂黄穗擬珠珎，薰茗烹湯香滿脣。花譜卻稱色正紫，從知記載信誰真。"《浙江通志》卷一百六《物産六》："珍珠蘭，《東陽續志》亦名賽蘭。本非蘭種，以其香氣似蘭而鬱也。花金色，亦名金粟蘭。形如魚子，名魚子蘭。開時如貫珠，故名。莖以棕絲繫之，又名弔蘭。用以貯茶，香味俱勝，名蘭茶。"

魚子蘭，明方以智《物理小識》卷九《草木類·蘭》："魚子蘭，木本也，長條細莚如粟。"明顧起元《客座贅語·花木》："蘭花……又有魚子蘭，似樹蘭而幹柔可架，其花亦類之。"明《徐霞客游記》卷十一上《西南游日記十九》："又以杜鵑、魚子蘭（蘭如真珠蘭而無蔓，莖短，葉圓有光，抽穗細黄子叢其上，如魚子，不開而落，幽韻同蘭）、小山茶分植其孔，無不活者。"清吳綺《嶺南風物記》："樹蘭出廣府，一名魚子蘭。六七月作花，纍纍如金粟，芳烈異常。土人多用作香，併入茶中。"

《漢語大詞典》未收"珍珠蘭"，收錄"魚子蘭"一詞。對於魚子蘭，解釋如下："花卉名。即真珠蘭，又名米蘭。花形似珠，色黄，又像米粒和魚子，故名。可供盆栽觀賞，又可薰制花茶和提取芳香油。"《群芳譜》與《遵生八牋》裏所述真珠蘭"色紫，蓓藟如珠，花開成穗"，而在其他文獻裏，珍珠蘭"色黄，形如魚子"或"如小米粒"，蓋珍珠蘭與魚子蘭當為兩物。至於《漢語大詞典》提到的"魚子蘭即珍珠蘭，又名米蘭"的説法恐不確，米蘭花黄似米粟，蓋為魚子蘭，而非珍珠蘭。

瑞香

瑞香，一名睡香，俗呼為夜來香，其味芳烈。（民國八年《蒙

化縣志稿》卷十一《物産志》）

　　按：瑞香，宋陶穀《清異錄》卷上："廬山瑞香花，始緣一比丘晝寢盤石上，夢中聞花香烈，酷不可名。既覺，尋香求之，因名睡香。四方奇之，謂乃花中祥瑞，遂以'瑞'易'睡'。"明李時珍《本草綱目》卷十四《草三·瑞香》："（集解）時珍曰：'南上處處山中有之。枝幹婆娑，柔條厚葉，四時不凋。冬春之交開花成簇，長三四分，如丁香狀，有黃、白、紫三色。'《格古論》云：'瑞香高者三四尺，有數種：有枇杷葉者，楊梅葉者，柯葉者，毬子者，攣枝者。惟攣枝者花紫香烈，枇杷葉者結子。其始出於廬山，宋時人家栽之，始著名。攣枝者，其節攣曲，如斷折之狀也，其根綿軟而香。'"《廣群芳譜》卷四十一《花譜二十·瑞香》："一名露甲，一名蓬萊紫，一名風流樹。高者三四尺許，枝幹婆娑，柔條厚葉，四時長青。葉深綠色，有楊梅葉、枇杷葉、荷葉、攣枝。冬春之交開花成簇，長三四分，如丁香狀，共數種，有黃花、紫花、白花、粉紅花、二色花、梅子花、串子花，皆有香，惟攣枝花紫者更香烈。枇杷葉者結子，其始出於廬山，宋時人家種之始著名。攣枝者其節攣曲如斷折之狀，其根綿頓而香。葉光潤似橘，葉邊有黃色者，名金邊瑞香。枝頭甚繁，體幹柔韌，性畏寒，冬月須收暖室或窖內，夏月置之陰處，勿見日。此花名麝囊，能損花，宜另種。"

　　夜來香，清鄒一桂《小山畫譜》卷上《夜來香》："藤本，植必用架，蔓延環繞。葉長而末圓，花一叢百朵，五出，色綠微黃。蒂託管有柄，開亦下垂。日落則香氣襲人。六七月開。"《御製詩集》四集卷十三《夜來香》："綴叢百朵似縫紉，傍晚吹風香氣勻。莫訝人工無此巧，花神本自是鍼神。"

　　瑞香，"冬春之交開花成簇，長三四分，如丁香狀。有黃、白、紫三色"。夜來香，"六七月開，葉長而末圓，花一叢百朵，五出，色綠微黃，蒂託管有柄，開亦下垂"，據此描述可知，瑞香與夜來香非為一物。

錦葵

　　錦葵，花開向日，色黃，中結餅，子有黑、白二種，俗謂之朝

陽餅。(民國八年《蒙化縣志稿》卷十一《物産志》)

　　錦葵，花恒向日，子可茹，俗名曰朝陽子，酒席上可用作乾碟。(民國二十三年《宣威縣志》卷三《物産》)

　　按：錦葵，《爾雅·釋草》："荍，蚍衃。"郭璞注："今荆葵也，似葵，紫色。謝氏云：'小草，多華少葉，葉又翹起。'"邢昺疏："舍人云：'荍，一名蚍衃。'郭云：'今荆葵也，似葵，紫色。'謝氏云：'小草，多華少葉，葉又翹起。'《詩·陳風》云：'視爾如荍。'毛傳云：'芘芣也。'陸璣云：'芘芣，一名荆葵，似蕪菁，華紫綠色，可食，微苦，'是也。"《陝西通志》卷四十四《物産二》："錦葵，叢低，葉微厚，花如小錢，文彩可觀，色深紅、淺紅、淡紫，皆單葉。種多，嫩葉可茹。"《廣群芳譜》卷四十六《花譜·錦葵》："一名荍，一名芘芣。叢低，葉微厚，花如小錢，文彩可觀，又名錢葵。色深紅、淺紅、淡紫，皆單葉開，亦耐久。《詩·陳風》'視爾如荍'即此種，同蜀葵。"清鄒一桂《小山畫譜》卷上《錦葵》："葉圓，微有缺，花小如錢，五出，紫色，瓣上赤紋如石竹，黃心，類蜀葵而小，蕊繁，叢生葉間，高四五尺，單瓣。"

　　《漢語大詞典》收錄"錦葵"一詞，釋義為："蜀葵之一种。二年生或多年生草本植物。叶子肾脏形，夏天开花，紫红色。供观赏。"并引明李时珍《本草纲目》卷十六《草五·蜀葵》為證。蜀葵，《爾雅·釋草》："菺，戎葵。"郭璞注："今蜀葵也，似葵華，如木槿華。"邢昺疏："菺，一名戎葵。郭云：'今蜀葵也，似葵華，如木槿華。'戎蜀蓋其所自也，因以名之。"明李時珍《本草綱目》卷十六《草五·蜀葵》："(釋名)戎葵、吳葵。(集解)頌曰：'蜀葵，似葵，花如木槿花，有五色。小花者名錦葵，功用更強。'時珍曰：'蜀葵，處處人家植之。春初種子，冬月宿根亦自生苗，嫩時亦可茹食。葉似葵菜而大，亦似絲瓜葉，有岐叉。過小滿後長莖，高五六尺。花似木槿而大，有深紅、淺紅、紫黑、白色，單葉、千葉之異。昔人謂其疎莖密葉、翠蕚艷花、金粉檀心者，頗善狀之。惟紅、白二色入藥。其實大如脂頭，皮薄而扁，內仁如馬兜鈴仁及蕪荑仁，輕虛易種，其楷剝皮，可緝布作繩。一種小者名錦葵，即荆葵也。《爾雅》謂之荍，音喬，其花大如五銖錢，粉紅色，有紫縷文掌。禹錫補注《本草》，謂此即戎葵，非矣。然功用亦相似。'"清鄒一桂《小山畫譜》卷上《蜀葵》："草本，高可盈丈。花五出，千葉者貴。色有大紅、桃紅、粉紅、純白、牙色、墨色、碧色。瓣圓鋸不一，苞、蒂、蘂如槿。花有柄，開於葉間。結子圓砌如磨，苞裹之。葉大如芙蓉而五出，鋸齒筋密。花如碗大，黄心叢毯，頂白鬚數莖。"

蜀葵与錦葵，在《爾雅》《爾雅翼》及《小山畫譜》同一章節中均分條陳述，説明二者本不為同物。宋羅願《爾雅翼》亦對二者作了區分。卷八《釋草》："菟，荊葵也，蓋戎葵之類，比戎葵葉俱小。故謝氏曰：'菟，小草，多華又翹起也。'花似五銖錢大，色粉紅，有紫文縷之，一名錦葵，大抵似蘆菔華，故陸氏云'似蕪菁，花紫綠色，可食，微苦'是也。亦其文採相錯，故《陳風》男子悦女比之曰'視爾如菟'。言如戎葵之葉小而可愛也，此与戎葵異類，故《釋草》：'菺，戎葵。'郭氏曰：'今蜀葵也，似葵，華如木槿。'又曰：'菟，芘芣。'郭氏曰：'今荊葵也，似葵，紫色。'則戎葵与蜀葵、菟与荊葵其所來各不同。《本草·蜀葵》中云'小花者，名錦葵，一名戎葵，功用更強'，則是以此雜之蜀葵中而又反戎葵之名矣。崔豹《古今注》又云：'荊葵，一名戎葵，一名芘芣，似木槿而光色奪目，有紅，有紫，有青，有白，有黄，莖葉不殊，但花色有異耳，一曰蜀葵。'其説戎葵、蜀葵之狀可也，混荊葵、芘芣之名於内者，非也。然今人亦通呼此為錦蜀葵，則從其類比附之爾。"明文震亨《長物志》卷二《花木·葵花》："種類莫定，初夏花繁葉茂，最為可觀。一曰戎葵，奇態百出，宜種曠廡。一曰錦葵，其小如錢，文採可玩，宜種堦除。一曰向日，別名西番蓮，最惡。秋時一種，葉如龍爪，花作鵝黄者，名秋葵，最佳。"

從以上材料的描述可看出，錦葵"花小如錢，五出，色紅或紫"，而《蒙化縣志稿》与《宣威縣志》所描述的錦葵"花向日，黄色，子可茹"，故二者非為一物。關於蜀葵是否向陽一説，尚有文獻可證，如《熱河志》卷八《天章八·御製詩》錄《蜀葵》詩一首："蜀葵亦有向陽名，紫蕚娉婷且自榮。不置階前照曦影，誰知二物假和誠。"注："蜀葵不向陽，而韓琦、許衡輩謂之向日，故戲及之。"兩部縣志所述之物，並非為錦葵，而當為向日葵。向日葵，雲南方言俗稱朝陽餅或朝陽子，蓋以性狀命名也。明方以智《通雅》卷四十四《植物·穀蔬》："大黃葵，獨花，心大如餅，向日葵也。"《廣群芳譜》卷四十六《花譜·西番葵》："莖如竹，高丈餘，葉似蜀葵而大，花托圓二三尺，如蓮房而扁，花黃色，子如蓖麻子而扁。"

萱草

萱，一名忘憂，又名宜男，即露葱是也。（民國十三年《昭通縣志》卷九《物産》）

按：萱草，《漢語大字典》釋為："萱草，百合科。多年生草本。葉條形。花桔紅色，供食用，即黃花菜。根入藥。"《漢語大詞典》釋為："植物名。俗稱金針菜、黃花菜，多年生宿根草本，其根肥大。葉叢生，狹長，背面有棱脊。花漏斗狀，橘黃色或桔紅色，無香氣，可作蔬菜，或供觀賞。根可入藥。古人以為種植此草，可以使人忘憂，因稱忘憂草。"明李時珍《本草綱目》卷十六《草五·萱草》："（釋名）忘憂、療愁、丹棘、鹿葱、鹿劍、妓女、宜男。（集解）時珍曰：'萱下濕地，冬月叢生。葉如蒲、蒜輩而柔弱，新舊相代，四時青翠。五月抽莖開花，六出四垂，朝開暮蔫，至秋深乃盡。其花有紅、黃、紫三色。結實三角，內有子，大如梧子，黑而光澤。其根與麥門冬相似，最易繁衍。《南方草木狀》言廣中一種水葱，狀如鹿葱，其花或紫或黃，蓋亦此類也。或言鹿葱花有斑文，與萱花不同時者，謬也。肥土所生，則花厚色深，有斑文，起重臺，開有數月；瘠土所生，則花薄而色淡，開亦不久。嵇含宜男《花序》亦云：荊楚之土號為鹿葱，可以薦菹，尤可憑據。今東人採其花跗，乾而貨之，名為黃花菜。"明張介賓《景岳全書》卷四十八《山草部·萱草》："一名忘憂，一名宜男，一名鹿葱。萱草者，詩作諼草，凡樹此玩此者，可解憂思，故名忘憂。烹食其苗，氣味如葱，而鹿喜食之，故名鹿葱。婦人佩其花，則生男，故名宜男。"明徐光啟《農政全書》卷四十六《荒政·草部》："萱草花，俗名川草花。《本草》一名鹿葱，謂生山野。花名宜男，《風土記》云'懷妊婦人佩其花生男'故也。人家園圃中多種。其葉就地叢生，兩邊分垂，葉似菖蒲葉而柔弱，又似粉條兒菜葉而肥大，葉間擸葶，開金黃花。味甘無毒，根涼亦無毒，葉味甘。”

《大字典》與《大詞典》所述萱草均指黃花菜，但文獻中卻較少提及。另外，《大字典》中萱草“花橘紅色，供食用”，而《大詞典》中的萱草“花漏斗狀，橘黃色或橘紅色，無香氣，可作蔬菜，或供觀賞”。這與李時珍《本草綱目》中“開花六出四垂，朝開暮蔫，至秋深乃盡。其花有紅、黃、紫三色”的萱草有很大出入。清陳大章《詩傳名物集覽》卷八：“鹿葱似萱，無香，各自一種。萱綠葉尖長，鹿葱葉團而翠；萱花葉俱茂，鹿葱葉枯而後花；萱一莖實心，鹿葱一莖虛心而花並開於頂；萱六瓣，鹿葱七八瓣。《本草》謂萱即今之鹿葱，誤矣。又萱亦與黃花菜相似而味勝，彼山萱也，今人多謬為一物。又萱有三種：單瓣者可食，千葉者食之殺人。按：《古今注》：‘合歡樹似梧桐，與萱全別。’又《博物志》：‘合驩蠲忿，萱草忘憂。所謂中藥養性也。’明是二物，或疑朱傳諼草合歡之誤，不知朱子因諼草連引合歡作一句讀，非以合歡解諼草也。”清吳其濬《植物名實圖解》卷十四《蔓草類·萱草》：“萱草，《詩經》作諼，嘉祐《本草》始著錄。有單、重瓣，兗州、亳州種以為菜。皋蘇蠲忿，萱草忘憂，《爾雅翼》以焉得諼草，謂安得善忘之草，世豈有此物哉？萱、諼同音，遂以命名。但《說文》：‘藼，令人忘憂。’萱草，引《詩》作藼，又作諼，則忘憂之名其來已古。《南方草木狀》：‘水葱，花葉皆如鹿葱，出始興。婦人佩其花，生男，非鹿葱也，則所謂宜男者又他屬矣。萱與鹿葱一類，晏文獻云鹿葱花中有鹿斑，又與萱小同大異，則是以層多有點者為鹿葱，單瓣者為萱。《群芳譜》有黃、白、紅、紫、麝香數種，然皆以黃色分淺深。蜜萱色如蜜，淺黃色，黃紫則深黃而近赤。至謂鹿葱，葉枯而後花，花五六朵，並開於頂，得毋以石蒜之黃花者為鹿葱耶？忘憂、宜男，鄉曲托興，何容刻舟膠柱，世但知呼萱草，摘花作蔬，惟滇南婦稚皆指多層者為鹿葱，邊地人質其名宜有所自。’”據此可知，萱草與鹿葱、黃花菜實不相同。

夜落金錢

按：夜落金錢，即金錢花，亦稱子午花。《畿輔通志》卷五十六《土產》：“一名子午花，俗呼夜落金錢。”唐段成式《酉陽雜俎》卷十九《廣動植物之四·草篇》：“金錢花，一云本出外國。梁大同二年，進來中土。梁時荊州掾屬雙陸賭金錢，錢盡，以金錢花相足，魚洪謂得花勝得錢。"《廣群芳譜》卷四十七《花譜二六·金錢》："金錢花，一名子午花（《格物叢話》云：'花以金錢，名言其形之似也，惟欠稜廓耳。'《花史》云：'午開子落，故名子午花'），一名夜落金錢花。予改為金榜及第花。花秋開黃色，朵如錢，綠葉柔枝，嫿娟可愛。《園林草木疏》云：'梁大同中進自外國，今在處有之。栽磁盆中，副以小竹架，亦書室中雅翫也。又有銀錢一種，七月開，以子種。'"

《漢語大詞典》收錄"金錢花"一詞，釋義為"金錢花，草名，即旋覆花"。旋覆花，《爾雅·釋草》："蕧，盜庚。"郭璞注："旋蕧似菊。"邢昺疏："蕧，一名盜庚。郭云：'旋蕧似菊。'《本草》：'旋蕧，一名戴椹，一名金沸草，一名盛椹。'陶注云'出近道下濕地，似菊花而大'是也。"《通志》卷七十五《昆蟲草木略一·草類》："旋花，曰鼓子花，曰篲根花，曰金沸，曰美草，曰肫腸草。蔓生，花不作瓣，故謂之旋也。此草一名金沸，而旋覆花亦名金沸，旋花正謂之菖旋，旋覆正謂之旋復，易相紊也。然方家所用者，菖旋用根，旋復用花。"明李時珍《本草綱目》卷十五《草四·旋覆花》："（釋名）金沸草、金錢花、滴滴金、盜庚、夏菊、戴椹。（集解）保昇曰：'葉似水蘇，黃花如菊，六月至九月採花。'頌曰：'今所在皆有。二月以後生苗，多近水旁，大似紅藍而無刺，長一二尺以來，葉似柳，莖細。六月開花如菊花，小銅錢大，深黃色，上黨田野人呼為金錢花。七八月採花。今近道人家圈圃所蒔金錢花，花葉並同，極易繁盛，恐即旋覆也。'宗奭曰：'旋覆，葉如大菊，又如艾蒿。秋開花，大如梧桐子，花淡黃色，其香過于菊。別有旋花，乃鼓子花，非此花也。'時珍曰：'花狀如金錢菊。水澤邊生者，花小瓣單；人家栽者，花大蕊簇。蓋壤瘠使然。其根細白。俗傳露水滴下即生，故易繁，蓋亦不然。'"《廣群芳譜》卷四十七《花譜·滴滴金》："一名夏菊，一名艾菊，一名旋覆花（《本草》云：'花圓而覆下，故名'），一名疊羅金。莖青而香，葉青而長，尖而無椏，高僅二三尺，花色金黃，千瓣最細，凡二三層明黃色心，乃深黃中有一點微綠者，巧小如錢。亦有大如折二錢者，所產之地不同也。自六月開至八月，苗初生自陳根出，既則徧地生苗，緣花梢頭露滴入土即生新根，故名滴滴金。"

　　《群芳譜》所述金錢花"花秋開，黃色，朵如錢，綠葉柔枝"，《本草綱目》所述旋覆花"葉似柳莖細，六月開花如菊花，小銅錢大，深黃色"，故二花有異。另外，據《植物名實圖考》所繪之金錢花與旋覆花的圖譜看，二者完全不同，故實應視為二物。

第二節　雲南近代方志動物類詞研究

一　羽屬

水老娃

　　水老娃，鴉之屬，形類小烏，泅水敏捷，以其鳴似娃之啼也，故名。產水澤，獲之可治氣吼病。(民國十三年《昭通縣志稿》卷九《物產》)

　　鸕鷀，一名烏鬼，形似鴉而黑，額下有小喉囊，嘴長，末端稍曲，善潛水取魚，俗稱水老鴉。(民國八年《蒙化縣志稿》卷十四《物產》)

　　按：水老鴉、水老娃，皆指鸕鷀而言。清檀萃《滇海虞衡志·志禽六》："滇南多山河，人畜鸕鷀以捕之。雖不致家家養烏鬼，亦到處有之。養鷹以捕雉、兔，養鸕鷀以捕魚，此禽之聽命於人而效所用者也。一名水老鴉，能合眾以捕大魚，或啄眼，或啄其翅，或啄其尾與鬐。魚為所困，而並舁以出水，主人取之，可謂智也。"滇人呼烏鴉為老烏，烏，上古音為影紐魚韻平聲，《廣韻·模韻》："烏，哀都切，安也，語辭也。《說文》：'孝鳥。'"姜亮夫《昭通方言疏證·釋博物》(1973)："烏，今昭俗語曰烏鴉曰老烏，烏音如窪，《漢書·西域傳》'烏秅國'注烏音'二加反'，則昭俗音乃古音也。魚麻古通讀。"從以上分析可知，水老娃之讀音蓋因襲古音而得。

秧雞

　　按：秧，此處所指即為秧田，秧雞即以所生環境命名。宋王質《紹陶錄》卷下："秧雞，身全黑，觜足皆黑，似雞而小，聲清微，水滿秧

生則多集。"明謝肇淛《滇略》卷三《産略》："百夷雞，産永昌諸蠻
地，視家雞足短而善鳴，晝夜無時，音穉若鷦鴟，然雌者亦鳴。又夏秋
之交生秧田中者曰秧雞，小而黠，不可捕。其五色俱備，日中吐綬者曰
錦雞。"明李時珍《本草綱目》卷四十八《禽之二·秧雞》："（集解）
時珍曰：'秧雞，大如小雞，白頰，長嘴，短尾，背有白斑。多居田澤
畔。夏至後夜鳴達旦，秋後即止。一種鸎（音鄧）雞，亦秧雞之類也。
大如雞，而長腳紅冠。雄者大而色褐，雌者稍小而色斑。秋月即無，其
聲甚大，人益食之。'"明方以智《通雅》卷四十五《動物·鳥》："秧
鷄，鸎鷄也，食物。《本草》有秧雞，又有鸎雞，未考也。夏至後夜鳴
達旦，秋後即止，皆其類也，書之以察物候。"秧鷄，《大詞典》未收。

拖白練

　　白鷳，名拖白練。（民國五年《黎縣舊志·物産》）

　　按：白鷳，晉張華《禽經》："白鷳，似山雞而色白，行止閑雅。"
明李時珍《本草綱目》卷四十八《禽二·白鷳》："（釋名）白韓、閑
客。（集解）頌曰：'白鷳出江南，雉類也。白色而背有細黑文。可畜，
彼人亦食之。'穎曰：'即白雉也。'時珍曰：'鷳似山鷄而色白，有黑
文，如漣漪，尾長三四尺，體備冠距，紅頰、赤嘴、丹爪，其性耿介。
李太白言其卵可以鷄伏。'"清光緒三十年《續順寧府志稿》卷十三
《食貨志·物産》引《秋坪新語》："白鷳，狀類家雞，尾禿，首小而
銳，毛色微黃如乳鵝，飲水啄粒無異常畜。及長，長頸修翎，烏喙丹
趾，首翹朱冠，目熒金彈，徧身白質，鮮潔如雪而黑章，作水縐紋蹴
縮。然尾長數尺，若曳匹練，墨紋層疊，宛若微波因風而瀠洄。鳴則咻
咻如索鬥狀，時飛鳴於巨樹，暮則棲樹杪不去。"
　　拖白練，宋王質《紹陶錄》卷下："拖白練，身全白，觜微紅，尾
長，尤鮮白，聲清簡。又有拖紅練，通體深紅。"明李時珍《本草綱
目》卷四十九《禽三·練鵲》："（集解）時珍曰：'練鵲，其尾鵒長，
白毛如練帶者是也。'《禽經》云：'冠鳥性勇，纓鳥性樂，帶鳥性仁。'
張華云：'帶鳥，練鵲之類是也。今俗呼為拖白練。'"清陳大章《詩傳
名物集覽》卷一："練鵲，白毛如練，俗謂之拖白練。"清陳元龍《格

致鏡原》卷七十九引《事物紺珠》："練鵲似鵲而小，尾長色白，又名拖白練。"又引《禽經》："練鵲，一名帶鳥，俗名壽帶鳥。似山鵲而小，頭上披一帶，雌者短尾，雄者長尾。"《續通志》卷一百八十《昆蟲草木略七·禽類》："練鵲，一名帶鳥，一名拖白練，似山鵲而小，頭上披一帶，尾長色白，雌者短尾，雄者長尾。"

綜上，白鷳似雉而拖白練似鵲，白鷳"白色而背有細黑文"，拖白練"頭上披一帶，尾長色白"，二者在《本草綱目》中分條陳述，證明其非為一物，故應屬不同物種。拖白練，《大詞典》未收。

箐雞

錦雞，又名箐雞。(《墨江縣志·物產》)

按：錦雞，宋范成大《桂海虞衡志·志禽》："錦雞，又名金雞，形如小雉，湖南北亦有之。"明李時珍《本草綱目》卷四十八《禽二·鷩雉》："（釋名）山雞、錦雞、金雞、採雞、鵕鷫。（集解）時珍曰：'山雞出南越諸山中，湖南、湖北亦有之。狀如小雞，其冠亦小，背有黃赤文，綠項，紅腹，紅嘴，利距善鬥，以家雞鬥之，即可獲。此乃《爾雅》所謂'鷩，山雞者'也。《逸周書》謂之採雞。錦雞則小於鷩，而背文揚赤，膺前五色，炫燿如孔雀羽，此乃《爾雅》所謂'鶾，大雞者'也。《逸周書》謂之大鶾（音汗）。二種大祇同類，而錦雞文尤燦爛如錦，或云錦雞乃其雄者，亦通。'"明謝肇淛《滇略》卷三《產略》："又夏秋之交生秧田中者曰秧雞，小而點，不可捕。其五色俱備，日中吐綬者曰錦雞。"明周祈《名義考》卷十《物部·雉》："鷩，即今錦雞。鶾，即今野雞。鷮，即今白鷳鷩。《尚書》所謂華蟲。《廣韻》：'鷩，即今鵕鷫也。'《南越志》'鵕鷫，山雞也。今錦雞冠背黃，腹赤，項綠，為山雞無疑'曰似誤也。華蟲，唐虞以為十二章。鷩，周以為冕。鵕鷫，漢以為侍中冠。錦雞，今以為一品服。是知錦雞、山雞、鵕鷫、華蟲、鷩一也。"清陳元龍《格致鏡原》卷七十七《鳥類·錦雞》："《禽經》：'首有彩毛曰山雞。'注：山雉長尾尤珍，護之林木之森。鬱者不入，恐觸其尾也。雨則避於巖石之下，恐濡濕也。久雨亦不出而求食，死者甚衆。《禽經》：'腹有採文曰錦雞。'注：狀如鳩鴿，膺前五色如孔雀羽，出南詔越山中。歲採捕之，為王者冠服之飾。《格物總論》：‘山雞，一名錦雞。’”

　　雲南山高林密，溝箐極多，箐雞的命名即源於棲息地。清桂馥《札樸》卷十《滇游續筆》：“雉，白質五採者，滇人謂之箐雞；青質五採者，謂之翟雞。馥案：白質即鷩也，褘衣畫之；青質即搖也，榆狄畫之。馴者蓄於庭，喜食花。”清檀萃《滇海虞衡志·志禽六》：“箐雞生長於箐，滇南多箐，故箐雞為多，即白雉、白鷴之類也。”清王士禎《池北偶談》卷二十四：“箐雞産水西，長尾白羽，羽之周遭，黑文緣之，如濡墨所畫。或畜之，見人輒避去，終不馴擾。”

　　綜上，錦雞與箐雞雖然皆可歸屬於雉類，然而外形與習性卻不相同，故不應視為一物。

恨虎

　　鴟鵂，一名鵂鶹，俗名恨鶹。（民國五年《黎縣舊志·物産》）

　　鴟鵂，俗名恨虎。（民國十三年《昭通縣志》卷九《物産》）

　　鵂鶹，即鴟鵂，鷙鳥也。大如鷹，頭似貓，有毛角如兩耳，故人稱為貓頭鷹。晝伏夜出，鳴則若哭若笑，聲音哀楚，人皆以為不祥。嗜捕鳥而食，並食其母。（民國八年《蒙化縣志稿》卷十一《物産志》）

　　鵂鶹，身小而眼圓大，亦稱貓頭鷹。（民國二十三年《宣威縣志》卷三《物産·禽屬》）

　　鴟，耳邊有長毛，似角，全身褐色，有白斑，頭略似貓，眼圓大，帶赤黃色。視力甚強，暗中能覩物，但晝間反不能視，俗稱貓頭鷹。（民國二十三年《宣威縣志》卷三《物産·禽屬》）

　　按：恨虎，亦名很虎。清桂馥《札樸》卷十《滇游續筆》：“順寧有鳥夜鳴，其聲骨鹿，蒼黑色，大如拳，貍首有角，俗呼很虎，即兔鴟也。《釋鳥》：‘萑，老鵵。’郭注：‘木兔也，似鴟鵂而小，兔頭有角，毛腳，夜飛，好食雞。’”

　　鵂鶹，《爾雅·釋鳥》：“鶹，鴟鵂。”郭璞注：“今江東呼鵂鶹為鴟鵂，亦謂之鴝鵅。”唐劉恂《嶺表錄異》卷下：“鵂鶹，即鴟也，為圖，可以聚諸鳥。䲭鵂晝日目無所見，夜則飛撮蚊虻。䲭鵂乃鬼車之屬也，皆夜飛晝藏，或好食人爪甲，則知吉凶。凶者輒鳴于屋上，其將有咎耳。故人除指甲埋之戶內，蓋忌此也。亦名夜行遊女，與嬰兒作祟，故嬰孩之衣不可置星露下，畏其祟耳。又名鬼車，春夏之間稍遇陰晦，則飛鳴而過。嶺外尤多，愛入人家爍人魂氣。或云九首曾，為犬嚙其一，常滴血，血滴之家則有凶咎。"宋曾慥《類説》卷十三《樹萱錄·䲭鵂》："晝一物無見，夜則目甚明。人截手爪棄露地，鳥夜至人家，拾取視之，則知有吉凶。凶者輒受其殃也。陳藏器引《五行書》：'除手爪埋戶內，恐為此鳥所得。'䲭鵂，即姑獲、鬼車之類。"明陳耀文《天中記》卷五十九引《博物志》："䲭鵂，一名鴟鵂。晝日無所見，夜則目至明，人截爪甲棄露地，此鳥夜至人家拾取爪，分別視之，則知有吉凶。凶者輒便鳴於屋上，其家有殃。"清陳元龍《格致鏡原》卷八十一引《正字通》："鴟鵂，怪鳥，大如鷹，黃黑斑色，頭目如貓，有毛角兩耳。晝伏夜出，鳴則雌雄相喚，聲如老人。初若呼，後若笑，所至多不詳。一名鉤鵒，蜀人呼轂轆鳥，楚人名為呼哷鷹，皆因其聲似也，或又謂鉤鵒為鬼各哥。又一種大如雛鵒，毛色似鴟頭，目亦似貓，鳴則後竅應之，其聲連嘲，如休留休留，故名䲭鵂。江東呼車載板，蜀人呼春哥兒。"

貓頭鷹，明彭大翼《山堂肆考》卷二百三十八《補遺·總鳥獸魚蟲·貓頭鷹》："此鳥八九月間自海外來，身尾俱短，毛羽褐色，眼圓睛黃，頭酷似貓頭，兩旁有毛豎起，似兩耳，足爪似鷹，故名貓頭鷹。"

鴟鴞，吳陸璣《毛詩草木鳥獸蟲魚疏》卷下："鴟鴞，似黃雀而小，其喙尖如錐。取茅莠為巢，以麻紩之，如刺襪，然縣著樹枝，或一房或二房。幽州人謂之鸋鴂，或曰巧婦，或曰女匠。關東謂之工雀，或謂之過蠃。關西謂之桑飛，或謂之襪雀，或曰巧女。"宋蔡卞《毛詩名物解》卷六："鴞，鴟鴞，性陰伏而好淩物者也。陰伏以時發者，必有以定之內；畜志以淩物者，必有以決乎外。故謂之鴟鴞。然其害物也，能竊伏而不著鷹隼之勢，故鴟鴞以喻管蔡之暴亂。"明周祈《名義考》卷十《物部·鴟鴞》："《爾雅》：'鴟鴞，鸋鴂。'按：鴟鴞，惡鳥；鸋鴂，小鳥，即鷦鷯也。二鳥本不同，蓋誤也。正名曰：'鴟鴞分言之或曰鴟，或曰鴞，又或作梟。有三種：一種茅鴟，似鷹而白，有冠。一名鴟，一名鵅，今未知為何鳥。一種恠鴟，又分二種，一似鷹，性嗜鼠，俗名夜食鷹。頭圓而有耳，俗又名貓兒頭，即鵂鶹也。曰角鴟，曰鶆鴟，曰鴝鵅，曰訓狐，曰姑獲，皆其名也。一似黃鶹，背有文如鋤，雄鳴扛，雌鳴孔，俗名快。扛即鵬也。曰鴞，曰鵬離，曰鬼車，曰車截板，曰九頭鳥，皆其名也。二鳥晝伏夜見，鳴則凶。一種梟鴟，又名土梟，少好長醜，大則食其母。日至捕磔之，以頭掛木上，因謂掛首為梟，亦未詳其形，似或云即鵂鶹也。'"明馮復京《六家詩名物疏》卷三十："鴟鴞，名寧鴂、巧婦，亦名鷦鴂，故先儒多誤以鴟鴞為巧婦。其實，鴟鴞是鴞類耳。《衛風》'流離之子'，此土梟也。《陳風》'有鴞萃止'，此《爾雅》之梟鴟也，並非此鴟鴞。朱傳以為鵂鶹則又誤。鵂鶹，《爾雅》謂之'鴟，鵅鴟'。又云'怪鴟不得為鴟鴞也'。若巧婦，乃《周頌》之桃蟲耳。據《本草》則鵅鴟、鵂鶹又是二物，及鄭氏云'鷦鷯生題肩與鴞'亦無所出，難以管見定其然否。"

關於鴟鴞，《漢語大詞典》是這樣解釋的："鳥名。俗稱貓頭鷹。常用以比喻貪惡之人。一說，指鷦鷯。又稱桃蟲鳥。"而《漢語大字典》的解釋如下："鴟鴞，又名鷦鴂，鳥名。"

鷦鴂，漢焦贛《易林·噬嗑之漸》："鷦鴂鴟鴞，治成禦災，周公勤勞，綏德安家。"注："鷦鴂，鳥名。一名飛桑，又名巧婦。"《文選·陳琳〈檄吳將校部曲文〉》："鷦鴂之鳥，巢於葦苕。"李善注引《廣雅》："鷦鴂，工雀也。"

鷦鷯，宋唐慎微《證類本草》卷十九《禽部·巧婦鳥》："主婦人巧吞其卵。小於雀，在林藪間為窠，窠如小囊袋。亦取其窠燒，女人多以燻手令巧。《爾雅》云：'桃蟲，鷦。'注云：'桃雀也，俗呼為巧婦鳥也。'"明李時珍《本草綱目》卷四十八《禽二·巧婦鳥》："（釋名）鷦鷯、桃蟲、蒙鳩、女匠、黃脰草。（集解）時珍曰：'鷦鷯，處處有之。生蒿木之間，居藩籬之上。狀似黃雀而小，灰色有斑，聲如吹噓，喙如利錐。取茅葦、毛毳為窠，大如雞卵，而繫之以麻髮，至為精密。懸於樹上，或一房、二房，故曰巢林不過一枝。每食不過數粒。小人畜馴，教其作戲也。又一種鷦鷯，《爾雅》謂之剖葦。似雀而青灰斑色，長尾，好食葦蠹，亦鷦類也。'"

綜上，鵂鶹，"大如鷹或大如雛鵝、頭目如貓、晝伏夜出"，鴟鴞，可分幾類，亦有類似鵂鶹者，但與鵂鶹还有一些細微区別，二者恐為一類二種。而鸋鳩與鵙鶋為工鳥，體型較小，故與鵂鶹、鴟鴞應分屬兩個不同的類別。貓頭鷹在民間多指鴟鴞而言，其命名理據當据外形而生。

二　鱗屬

蟂蜋魚

蟂蜋魚，出玉筍山下撫仙湖中。其魚形似鰍，有鱗而無膽，骨少而脆，其味頗美，常隱於淵。夏秋則依岸浮於水面，澹然若雲，漁者捕而得之。俗云食此魚可以禦瘴，凡往廣西、元江者備之以行。（明景泰《雲南圖經志·澂江府·土產》）

按：蟂蜋魚，亦作㝩㝗魚，因其乾而中空，故名。《玉篇·穴部》："㝩，苦郎切，空也。㝗，力唐切，穴也。"《集韻·蕩韻》："㝩，㝩㝗，空也。"清張慎儀《方言別錄》卷上之二引《字彙》："澂江有魚，滇人呼為㝩㝗魚，以其幹而中空也。"明楊慎又作"㴔㝗魚"。《升菴集》卷八十一《㴔㝗魚》："方言㴔之為言空也。注：㴔㝗，空貌，亦丘墟之空無也。莊子'曷胡視其㝗'，亦指墟墓，言可証。今澂江有魚，滇人呼為㴔㝗魚，其魚亦乾而中空。"

公魚

公魚，似鯽，細鱗而長，不滿尺。無間大小，皆有子。其味肥甘，產於上下二關之湧泉傍。一云江魚，土人呼江為公，故名公魚。（明景泰《雲南圖經志·大理府·土產》）

按：公魚，又作工魚。明張志淳《南園漫錄》卷二《工魚》："大理出魚，細鱗而纖長，長不盈尺，多腹腴而味美，名曰工魚。《雲南志》載之，謂土人不識江字，因誤為工，其說非矣。蓋古韻江有工音，如陶淵明《停雲》詩'時雨濛濛，平陸成江'，李翱《別灊山神文》'我亦何功，路沿大江'。大理自昔曉文義，故用古韻，豈昧一江字乎？茲非土人不識字，乃修志者不識字耳。當時閣老陳公文為雲南布政使，實捄裁之，顧亦不察。"清桂馥《札樸》卷十《滇游續筆》："吳才老謂滇語呼江為公，故名江魚為公魚。案：'公'當為'工'，'江'從'工'得聲也。西洱河所出六、七寸之小魚，今猶呼工魚。"清檀萃《滇海虞衡志·志蟲魚八》："工魚，出大理，長三四寸，滿腹子，可充鮝，燉肉而陳之。祿勸易龍河亦出此魚。工或作弓。《南園錄》謂應作工，工為江，江魚也。此亦牽強，蠻名無正字，工、弓隨用耳。"

麵腸魚

麵腸魚，形圓扁，類荷包，無肉，腹中僅有腸一條，色白，盤曲如麵，煮食之，味香美。（民國八年《蒙化縣志稿》卷十一《物産志》）

按：麵腸魚，又作麵條鯽，以形似命名。清檀萃《滇海虞衡志·志蟲魚八》："麵條鯽，出東川，巨者重一二斤。滿腹如切面細條，盤之無腸，麵條即腸也。治魚出其腸，亦蠢蠢動如寄居蟲。烹之，麵條亦可食，此水族從來未見者。曰麵條鯽，一曰麵腸魚。"

鯰魚

鯰魚，俗稱江鰌。（民國二十二年《新平縣志》第十四《物産》）

按：鯰魚，又作鮎魚。《爾雅·釋魚》："鮎。"郭璞注："別名鯷，江東通呼鮎為鮧。"邢昺疏："郭氏云：'別名鯷，江東通呼鮎為鮧。'案：此經鯉、鱣、鰋、鮎，舍人曰：'鯉，一名鱣。'孫炎曰：'鰋，一名鮎'。則是舍人以鯉、鱣為一魚，孫炎以鰋、鮎為一魚。郭氏以為四魚者，如陸璣之言。又以時語驗之，則鯉、鱣、鰋、鮎皆異魚也，故郭氏云，先儒及毛詩訓傳皆謂此魚有兩名，今此魚種類形狀有殊，無緣強合之為一物，是郭氏所以異也。'"《爾雅翼·釋魚》："鮧魚，偃額，兩目上陳，頭大尾小，身滑無鱗，謂之鮎魚，言其黏滑也。"《宋史·五行志一下》："乾道六年，行都北關有鮎魚，色黑，腹下出人手，於兩傍各具五指。"明李時珍《本草綱目》卷四十四《鱗三·鮧魚》："（釋名）鯷魚、鯀魚、鮎魚。（集解）時珍曰：‘鮎乃無鱗之魚，大首偃額，大口大腹，鮠身體尾，有齒有胃有鬚。生流水者，色青白；生止水者，色青黃。大者亦至三四十觔，俱是大口大腹，並無口小者。’”明徐光啟《農政全書》卷四十一《牧養‧六畜》：“鮎魚者，鯰魚也，即鯷魚也。大首方口，背青黑而無鱗，是多涎。”清劉獻廷《廣陽雜記》卷三：“聖元曰：‘時有魚自下逆水而上，乘水勢沿石壁而登其巔，不知其為水往也，此為雨兆；若自上順流而下，雖久雨必晴矣。’余曰：‘必鮎魚也。’”徐珂《清稗類鈔‧動物‧鮎》：“鮎，俗稱鯰魚。體圓長，頭大尾扁，無鱗，多黏質。口曲而闊，兩顎生細齒，有鬚。背蒼黑色，腹白，長尺餘，產於淡水。”

江鰌，明李時珍《本草綱目》卷四十四《鱗四‧鰌魚》：“（集解）時珍曰：‘海鰌生海中，極大。江鰌生江中，長七八寸。泥鰌生湖池，最小，長三四寸，沈於泥中。狀微似鱣而小，銳首肉身，青黑色。無鱗，以涎自染，滑疾難握，與他魚牝牡。’”

根據以上材料可知，鯰魚屬魚類，“大首偃額，大口大腹”，而江鰌屬鰌類，“似鱣而小，銳首肉身，青黑色”，二者非為一物。

三　蟲屬

脆蛇

　　脆蛇，見人則斷，人去復續，取而乾之，可治腫毒。（康熙《雲南通志》卷二十七）

　　按：明謝肇淛《滇略》卷三《產略》：“脆蛇，一名片蛇，產順寧大候山中。長二尺許，遇人輒自斷為三四，人去復續。乾之治惡疽，腰以上用首，以下用尾。又治大麻風及痢。”清田雯《古歡堂集》卷三十九《黔書下‧脆蛇》：“長尺許，圍如錢，背黑腹白，暗鱗斑斑可翫也。生黔地，伏草澤間，出入往來恒有度。捕之者置竹筒於其徑，則入其中。急持之方可完，少緩則自碎，故名脆。暴之使乾，已風去癘。視其身之上中下，以治人之頂、腹、脛、足，罔不驗。”《清一統志》卷三百九十一《貴陽府》：“脆蛇，生草澤間，長尺許，圍如錢，首尖尾禿，

背黑腹白。捕以竹筒急持之，稍緩則自碎。性能已風去屬。”脆蛇，
《大詞典》未收。

竈馬

竈雞，一名竈馬，穴竈而居，狀如促織。(民國八年《蒙化縣
志稿》卷十一《物産志》)

按：竈馬，又稱竈雞，即蟑螂。唐段成式《酉陽雜俎》卷十七
《廣動植之二·蟲篇》：“竈馬，狀如促織，稍大，腳長，好穴於竈側。
俗言竈有馬，足食之兆。”明李時珍《本草綱目》卷四十一《蟲三·竈
馬》：“(集解) 時珍曰：‘竈馬處處有之，穴竈而居。’”明彭大翼《山
堂肆考》卷二百二十八《昆蟲·竈雞》：“竈蟲。好穴於竈側，一名竈
馬，一名竈雞。形類促織而身軟長鬚，兩股能跳，食鍋中餘沫。促織則
有翼而黑色，性剛善鬥；竈雞則無翼而褐色，身弱而易死，其聲亦曰織
織。”姜亮夫《昭通方言疏證·釋博物》(2021)：“昭人謂蟋蟀曰蛣蛣，
音如其。又昭人謂廚中蟑螂曰竈蛣蛣，或曰竈螞子。蟋蟀為長言，短言
曰蛣，加竈者言其在竈間也，言螞子者蛣形速也。”

曲蟮

蚓，一名曲蟮，又曰地龍，體圓而細長，有環節，甚多為蠕形
動物。(民國八年《蒙化縣志稿》卷十一《物産志》)

按：蚓，《爾雅·釋蟲》：“螼蚓，蜸蚕。”郭璞注：“即蚯蟮也，江
東呼寒蚓。”邢昺疏：“螼蚓，一名蜸蚕，即蚯蟮也。《廣雅》云：‘蚯
蟮，蚯蚓也。’《月令》‘四月蚯蚓出，十一月蚯蚓結’是也。江東呼寒
蚓。郭云：‘蚯蚓，土精，無心之蟲，與蠆螽交者也。’”《六書故·動
物四》：“蟮，宛蟮，長而宛曲也。”晉崔豹《古今注·魚蟲》：“蚯蚓，
一名婉蟮，一名曲蟮，善長吟於地中。”明李時珍《本草綱目》卷四十
二《蟲四·蚯蚓》：“(釋名) 螼螾、胸朒、堅蠶、蚯蟮、曲蟮、土蟮、
土龍、地龍子、寒蟪、寒蚓、歌女。(集解) 時珍曰：‘蚓之行也，引
而後申，其塿如丘，故名蚯蚓。《爾雅》謂之螼螾，巴人謂之胸朒，皆

方音之轉也。蝺蟺、曲蟺象其狀也。'"

曲蟺,又作曲蟮、曲鱔。明徐光啓《農政全書》卷十一《農事·占候》:"蚯蚓,俗名曲蟮,朝出晴,暮出雨。"清張慎儀《方言別錄》卷下之二引朱駿聲《説文通訓定聲·坤部》:"螾,或作蚓,側行蟲,蘇俗謂之曲鱔。"

馬蟥

蟥,俗名馬蝗。(清光緒十一年《思茅廳志》卷八《物産》)

水蛭,一名馬蛭,俗稱馬蟥。多産深溝溜水中,體黄褐色,有黑綫,形略似蚯蚓,有輪紋。甚多吸附人畜肌膚而吮其血。雖斷之寸,寸得水復活。(民國八年《蒙化縣志稿》卷十一《物産志》)

按:馬蟥,即蛭,又作馬蝗,一名馬蛭。《爾雅·釋魚》:"蛭,蟣。"郭璞注:"今江東呼水中蛭蟲入人肉者為蟣。"邢昺疏:"此水中蟲,喜入人肉者,江東呼為蟣,《本草》謂之水蛭,一名馬蜞,一名馬耆,即楚王食寒菹,得而吞之,能去結積者是也。"明李時珍《本草綱目》卷四十《蟲二·水蛭》:"(釋名)蚑。至掌大者名馬蜞、馬蛭、馬蟥、馬鼈。(集解)時珍曰:'方音訛蛭為癡,故俗有水癡、草癡之稱。'宗奭曰:'汴人謂大者為馬鼈,腹黄者為馬蟥。'"明彭大翼《山堂肆考》卷二百二十八《昆蟲·馬蟥》:"《本草》:'蛭,一名蚑,一名至掌。畏石灰,生水中者名小蛭,亦名馬蟥;生石中者名石蛭;生草中及泥中者名草蛭、泥蛭。竝能著人及牛馬身上,齧咂其血,甚者入肉中,産育為害。大者長尺餘,人呼為牛馬蟥,人觸之縮如拳,頃之引伸而縱如蚯蚓也。此物極難死,火灸後經年得水猶能活。'"清張慎儀《方言別錄》卷下之二引朱駿聲《説文通訓定聲·履部》:"蟣,蘇俗謂之馬黄,蓋黄色而大之蛭也。"《陝西通志》卷四十四《物産二》:"水蛭,一名螞蟥,一名螞蛭。"

蟥,同"蟓"。《説文·虫部》:"蟓,蠶蟓也。"段玉裁注:"俗作蚍蜉,非是。今正。蟲部曰:'蠶蟓,大蟓也。'析言之也。渾言之則凡蟓皆曰蠶蟓。《爾雅》:'蚍蜉,大蟓。小者蟓。'亦是析言。"《爾雅·釋蟲》:"蚍蜉,大蟓。"郭璞注:"俗呼為馬蚍蜉。"又:"小者蠰。”郭璞注：“齊人呼蠰為蚚。”邢昺疏：“此辨衆蠰及其子名也。蠰，通名也。其大者別名蚍蜉，俗呼馬蚍蜉。小者即名蠰，齊人呼蠰蚚。《方言》云‘蚍蜉，齊魯之間謂之蚼蟓，西南梁益之間謂之玄蚼，燕謂之蛾蚚，其場謂之坻，或謂之垤。’是也。其大而赤色斑駁者名蠹，一名杜蠰。有翅而飛者名蟻，即飛蠰也。其子在卵者名蚳。可以作醢。”

由以上分析可知，蠰与蛭不同，當為兩類動物。

楊辣子

蛅蟖，又名楊辣子。（清光緒十一年《思茅廳志》卷八《物産》）

蛅蟖，即毛蟲，種類甚多，處處有之。大者毛身三棱，有黃、綠、紅、褐等色，人咸惡之。（民國十三年《昭通縣志》卷九《物産》）

按：《爾雅·釋蟲》：“蟔，蛅蟴。”郭璞注：“蛓屬也，今青州人呼蛓為蛅蟴。”《説文·蟲部》：“蛅斯，墨也。”段玉裁注：“此乃食木葉之蟲，非木中之蠹。”桂馥義證：“《本草》陶（陶弘景）云：‘蛅蟴，蠔蟲也。其背毛螫人，生卵形如雞子，大如巴豆。’陳藏器云：‘蠔蟲好在果樹上，大小如蠶，身面背上有五色斑文，毛有毒，能螫人。欲老者口吐白汁，凝聚如雀卵。其蟲以甕為繭，在中成蛹，夏月羽化而蛾生於葉間，如蠶子。’”《爾雅翼·釋蟲一》：“蛅嘶，蛓蟲也。身扁綠色，似蠶而短，背有毒毛，能螫人，今俗呼楊瘌蟲。《説文》：‘楚人謂藥毒曰痛瘌，一曰傷也。音如辛辣之辣。’”明李時珍《本草綱目》卷三十九《蟲一·雀甕》：“（集解）弘景曰：‘蛅蟖，背毛螫人，故名蠔音，刺與蛓同。’時珍曰：‘俗呼毛蟲，又名楊瘌子，因有毛蟲毒也。此蟲多生石榴樹上，故名天漿。天漿乃甜榴之名也。’”明馮時可《雨航雜錄》卷下：“蛓者，螫人蟲也。身扁、綠色，似蠶而短，無足有毛。《楚辭》以喻讒人，《九思》所謂‘蛓緣兮我裳’是也。常在林間花葉背，不知者輒為所刺。一名林蛓，蟲之最惡者也。老則吐汁自裹，久漸堅凝如巴豆大，就其中作蛹，謂之蛅蟖。”清桂馥《札樸》卷十《滇游續筆》：“毛蟲螫人者，俗稱毛辣子。”《通志》卷七十六《昆蟲草木略第二·蟲魚類》：“載蟲曰蛅，其毛能螫人，故《爾雅》曰蛅毛蟲，又曰蟔蛅蟖者，黑毛蟲也，其毛皆能射人。”

癩咯寶

蝦蟆，居陂澤中，體暗褐色，背有黑點，俗稱癩咯寶，可治病。（民國二十三年《昭通縣志》卷九《物產》）

蛙，色青者曰青蛙，一名青約。色黃而有斑紋者曰金綫蛙，體有癩者曰蟾蜍，俗謂之癩蝦蟇。有斑紋者曰蝦蟇，腹大而脊青者曰黽。（民國八年《蒙化縣志稿》卷十一《物產志》）

蟾蜍，俗稱癩漿包。（民國二十二年《新平縣志》第十四《物產》）

蟾蜍，又名癩蛤蟆。（清光緒十一年《思茅廳志》卷八《物產》）

按：蟾蜍，又作蟾諸、詹諸、瞻諸。《六書故·動物四》：“蟾蜍，黽屬也。古單作詹，諸又作蠩。”明方以智《通雅》卷四十七《動物·蟲》：“蟾蜍，一作瞻諸、詹諸。蟾蜍之蜍又作儲，古蟬作詹諸。”

癩蛤蟆，一作癩蝦蟇，又作癩蛤蟇，因其皮上多痱磊，雲南人据外形繫聯，又將其稱為癩咯寶、癩格寶、癩漿包等。癩咯寶，姜亮夫《昭通方言疏證·釋博物》（2020）：“癩格寶，昭人謂蛙之有瘰癧者曰癩格寶，即癩蝦蟇之聲變，惟格寶乃言其形體脹鼓如疙瘩，則依聲而以俗言，語義之字易專名者也。”

蟾蜍與癩蛤蟆，在諸多文獻與民間意識中皆為一物。如宋唐慎微《證類本草》卷二十二《蟲部·蝦蟇》：“味辛寒，有毒，主邪氣，破癥堅血，癰腫陰瘡，服之不患熱病，療陰蝕、疽癘、惡瘡、猘犬傷瘡，能合玉，一名蟾蜍，一名䗸，一名去甫，一名苦蠪，生江湖池澤。”方志亦多持這樣的觀點。

然而，蝦蟇與蟾蜍不同，這在多部文獻中皆可找到依據。如《本草綱目》對蟾蜍與蝦蟇是明確區分、分別陳述的。《本草綱目》卷四十二《蟲四·蝦蟇》：“（釋名）螫蟇。（集解）藏器曰：‘《別錄》：“蝦蟇，一名蟾蜍。”誤矣。蝦蟇、蟾蜍，二物各別。陶氏以蟾蜍註蝦蟇，遂致混然無別。今藥家亦以蟾蜍當蝦蟇矣。蝦蟇在陂澤中，背有黑點，身小，能跳接百蟲，解作呷呷聲，舉動極急。蟾蜍在人家濕處，身大，背黑無點，多痱癗，不能跳，不解作聲，行動遲緩。'"明李時珍《本草綱目》卷四十二《蟲四‧蟾蜍》："（釋名）䗓蠩、䗘鼀、蜠䗓、苦蠪、蚵蚾、癩蝦蟇。（集解）頌曰：'今處處有之。《別錄》謂蝦蟇一名蟾蜍，以為一物，非也。'按：《爾雅》'鼀䗓，蟾蠩'也。郭璞云'似蝦蟇，居陸地'，則非一物明矣。蟾蜍多在人家下濕處。形大，背上多痱磊，行極遲緩，不能跳躍，亦不解鳴。蝦蟇多在陂澤間，形小，皮上多黑斑點，能跳接百蟲，舉動極急。二物雖為一類，而功用小別，亦當分而用之。"其他文獻亦有論述。《爾雅‧釋魚》："鼀䗓，蟾諸。"郭璞注："似蝦蟇，居陸地，淮南謂之去蚊。"又："在水者黽。"郭璞注："耿黽也，似青蛙，大腹，一名土鴨。"邢昺疏："此有多種。鼀䗓，一名蟾諸。郭云：'似蝦蟇，居陸地，淮南謂之去蚊。'然蟾諸非蝦蟇，但相似耳。案：《本草》蝦蟇，陶注云：'此是腹大，皮上多痱磊者也。'蟾諸亦類此。《抱朴子》曰：'蟾諸壽三千歲者，頭上有角，頷下有丹書八字。'《玄中記》云'蟾諸生角者，食之壽千歲'是也。其居水者名黽，一名耿黽，一名土鴨，狀似青蛙而腹大為異。陶注《本草》云：'大而青脊者，俗名土鴨，其鳴甚壯。'即此黽也。陶又云：'一種小形善鳴、喚名為蛙者，即郭云青蛙者也。'"宋陸佃《埤雅‧釋魚》："蟾蜍，吐生，腹大背黑，皮上多痱磊，跳行舒遲。其肪塗玉則軟，刻削如蠟。《本草》所謂'能合玉石'者也。又曰蝦蟇，一名蟾蜍，蓋蝦蟇背有黑點，身小能跳接百蟲，善鳴，與蟾蜍不類。故《淮南子》以為釋大道而任小數，無以異於使蛣捕鼠，蟾蜍捕蚤，不足以禁姦塞邪也。"明屠本畯《閩中海錯疏》卷中："蝦蟇，大如拇指，微黃腹白，生草澤間，其鳴呷呷。蟾蜍，皮皺，色黑，頭腹大而腳細，好伏牆陰下。"

　　《漢語大詞典》收錄"蛤蟇"一詞，釋義為："青蛙和蟾蜍的統稱。"並引《史記‧龜策列傳》與北魏酈道元《水經注‧谷水》和明楊珽《龍膏記‧脫難》例子為證。從以上分析可以看出，蝦蟇似乎與蟾蜍不同，但民間及部分文獻多把二者視為一物，這或許是認知差異、方言差別的反映。但二者與青蛙有本質區別，因此，蝦蟇為"青蛙和蟾蜍的統稱"的說法不夠確切。

第三章

雲南近代方志基礎產業類詞研究

本章重點關注雲南近代方志中的基礎產業類詞，研究内容共分為三個部分：一為農業類詞，該部分詞彙所占比例較大，主要以農具、農田的考辨、溯源、解釋為主。二為工業類詞。三為商業類詞。後兩部分内容較少，亦以解析、考證為主要研究方法。

第一節　雲南近代方志農業類詞研究

一　雲南近代方志農田類詞彙釋

雷鳴田

滇俗高田為雷鳴田，謂雷鳴雨沛始得播種也。（清康熙四十四年《平彝縣志》卷三《地理·風俗》）

山田曰雷響田，謂雷雨交作，而後可以灌溉也。（民國三十七年《姚安縣志》卷五十四《禮俗志·方言》）

按：雷鳴田，又稱雷響田，即山田，因須待雷雨過後才可耕種，故名。雷鳴田亦稱𤲸田。宋葉廷珪《海錄碎事》卷十七《農田部·農門》："果州、合州等處無平田，農人於山隴起伏間為防瀦雨水，用植秔秫稻，謂之𤲸田，俗名雷鳴田，蓋言待雷而後有水也，戎州亦有之。"

𤲸田，即雨田，待雨水蓄積方能播種。《玉篇·田部》："𤲸，子等切，水田名。"明曹學佺《蜀中廣記》卷八《名勝記第八·川西道·簡州》："成都文類益部十縣多引江水溉田，咸為沃壤，惟靈池疏決不到，須候天雨，俗謂之雷鳴田。"《雲南通志》卷二十九引張允隨《福山泉碑記》："福山泉，廣通舊乾海資也。崇山圍之，有田二千餘畝，地以乾名，志無水也。既無水何以田？曰耕以雨，栽以雨，苗而秀且實，亦以雨，蓋不徒恃地而尤恃天也。雨偶愆可若何？則曰無如何也。滇之田類是者皆呼曰雷鳴田，不獨廣邑一乾海資矣。"雷鳴田、雷響田、嚳田，《大詞典》未收。

畬田

畬田數十里如約而集，酒食餚餉，鼓噪而作，援桴者有勉勵督課之語。(康熙五十六年《師宗州志》卷上《物產》)

按：畬田，即一種刀耕火燒的耕田方式。畬，初指開墾三年的田地，《說文·田部》："畬，三歲治田也。"《周易·無妄》："六二，不耕穫，不菑畬，則利有攸往。"《爾雅·釋地》："田一歲曰菑田，二歲曰新田，三歲曰畬田。"《玉篇·田部》："畬，與居切，田三歲曰畬，亦作畭。"劉禹錫《畬田行》詩："何處好畬田，團團縵山腹。鑽龜得兩卦，上山燒臥木。下種暖灰中，乘陽坼牙蘗。蒼蒼一雨後，苕穎如雲發。"南宋范成大《勞畬耕》："畬田，峽中刀耕火種之地也。春初斫山，衆木盡蹶。至當種時，伺有雨候，則前一夕火之，藉其灰以糞。明日雨作，乘熱土下種，即苗盛倍收。無雨反是。"宋朱胜非《紺珠集》卷十一《畬田》："江南人多畬田，先縱火，謂之燒爐，俟經雨下種，歷三歲，土脈竭不可種，復生草木。宋西陽王子尚云山湖之俗，燒山封水以種，名畲田，即謂此也。"

從以上文獻可知，畬田，又作畲田。畲，《說文·田部》："畲，燒種也。"段玉裁注："焚其草木而下種，蓋治山田之法為然。"畲田，宋葉廷珪《海錄碎事》卷十七《農田部·農門》："洞庭霜橘畲田粟，歲計猶堪比徹侯。畲，力周切，田不耕，燒種也。"明王世貞《弇州四部稿》卷一百六十九《說部》："畲田，燒田而種也。"清吳景旭《歷代詩話》卷四十九《庚集中之上·唐詩》："《談苑》：'江南人多畬田，先燒爐（燒音饒）。燒，縱火燒草也。爐，火燒山界也。俟經雨乃下種，歷三歲土脈竭不可復種藝，但生草木，復燒旁山。'《詞林海錯》云：

'燒田而種曰畩，故野燒曰畩火（畩音留）。宋西陽王子尚所部鄞縣有畩田，子尚言山湖之俗燒山封水澤，山須燒爐後種。'"故田與畩田皆為刀耕火種之田，實為一類。

《漢語大詞典》釋"畩田"為"水灌田"。引例為：《晉書·段浩傳》："既而以淮南太守陳逵、兗州刺史蔡裔為前鋒，安西將軍謝尚、北中郎將荀羨為督統，開江西畩田千餘頃，以為軍儲。"何超音義："《説文》：'畩，燒種也。'音流。案，通溝溉田亦為畩。"《宋書·豫章王子尚傳》："時東土大旱，鄞縣多畩田，世祖使子尚上表至鄞縣勸農。"此釋義不確切，當改正。

海簿

《周禮·三農》謂山農、澤農、平地農也。注：山農，南方之刀耕火種，巴蜀滇南之雷鳴田也。澤農，江南之葑田，廣東之海簿，諺所謂"斥水插秧、撐船割稻者"也。若平地農，只可以言中原，不可該邊甸也乎？（清康熙四十四年《平彝縣志》卷三《地理·風俗》）

按：海簿、葑田，即水上浮田。近年來，國內不少媒體都曾報道過一些關於水上種植蔬菜的新聞，如南京農民利用漂浮物在通濟門橋旁的秦淮河上構架農田，種植芹菜和空心菜，划船摘取蔬菜；雲南昆明滇池工人變廢為寶，利用漂浮於水面的水葫蘆構架農田，種植蔬菜。蔬菜味道鮮美，供不應求；臺灣日月潭工人用竹排或膠筒作材料，編成大片的浮臺，在臺上種植薑花之類的花草，成為當地一大景觀等。其實，這種水田利用方式在我國古代早已有之，當時人們稱之為葑田或架田。

葑田在現代的再現曾引起人們的極大關注，很多學者對此都作過討論。如石聲漢在《以"盜天地之時利"為目標的農書——陳旉〈農書〉的總結分析》一文中曾寫道："江南'澤農'，最突出的一點，是農田水利的措施。……（葑田）這種作法，目前西江下游，即珠江三角洲裏，還有人用來栽培蔬菜。最早提到葑田的，也許是蘇軾。他在《請開杭之西湖狀》中，説到'水涸草生，漸成葑田'；可見北宋時就已開始。王禎《農書》説：'江東有葑田，又淮東二廣皆有之'；現在江東淮東，恐怕已不多見到了。"① 張澤咸《漢晉唐時期農業》一書也曾這樣描述葑田："葑田是水鄉民以木架於水面，以葑泥種植，宋、元人對它已有定論，或稱為架田。殊不知唐代鏡湖水面已有葑田。……江南葑田很可能不局限於會稽郡内。"② 劉樹友先生《葑田考釋》一文，認為："葑田、架田，同屬五代以來尤其是宋代地狹人稠的江南水鄉農民立足實地、因地制宜開發的兩種情況不同的耕地資源。元代以來學者對葑田的理解出現偏差，或者將葑田與架田混同為一。"③ 在引用陳旉、王禎《農書》中關於葑田、架田的解釋並作具體分析時，劉先生認為，王禎將葑田、架田等同的説法是不對的，"葑田是漂浮在水面上"的，而架田是"另一種耕地資源，與葑田的根本不同在於它是用木樁將有限的耕地固定在水中，高出水面一定距離，不可移動"。這些討論或多或少都涉及了葑田產生的時代、流行範圍以及葑田與架田的關係等，然而，揆諸文獻，步步求證，筆者認為以上諸多提法還有不夠準確之處，有待商榷。

（一）葑田產生的時代

葑田的歷史，可上溯到先秦時代。《周禮·天官·大宰》："以九職任萬民，一曰三農，生九穀；二曰園圃，毓草木；三曰虞衡，作山澤之材。"鄭司農注："三農，平地、山、澤也。"鄭玄箋："三農，原、隰及平地。"又《周禮·地官·稻人》："澤草所生，種之芒種。"這裏雖未言及葑田，但"三農"和"芒種"兩個概念的出現，表明早在上古時代中國便有了在洇竭的澤草地上種植水稻的經驗，這也從理論層面為葑田的起源提供了參證。元王禎《農書》云："葑田……《周禮》所謂'澤草所生，種之芒種'是也。芒種有二義，鄭玄謂'有芒之種'，若今黃穋穀是也。一謂待芒種節過乃種。今人占侯，夏至、小滿至芒種節，則大水已過，然後以黃穋谷種之於湖田。然則'有芒之種'與'芒種飾侯'二義可並用也。"明楊慎《丹鉛總錄》卷九："《周禮》'三農'有兩訓，先鄭云'山農、澤農、平地農'也，後鄭云'原與隰

---

① 石聲漢：《石聲漢農史論文集》，中華書局 2008 年版，第 27—28 頁。

② 張澤咸：《漢晉唐時期農業》（第三章之六），中國社會科學出版社 2003 年版，第 329 頁。

③ 劉樹友：《西北農林科技大學學報》（社會科學版）2009 年第 6 期。

及平地'，余謂先鄭之説為是。山農，南方之刀耕火種，巴蜀之雷鳴田也；澤農，廣東之葑田，雲南之海蓱，諺所謂'戽水插秧、乘船割穀者'也。若原、隰、平地只可言中原，不可該邊甸也。"清吳景旭《歷代詩話》卷五十五："澤農即種下隰及葑田者也。"由以上材料可知，澤農所指即為葑田。時至晉代，郭璞在其名著《江賦》裏對葑田曾作過如是描述："標之以翠藶，泛之以遊菰。播匪藝之芒種，挺自然之嘉蔬。鱗被菱荷，攢布水蓏。翹莖漢蕊，濯穎散裹。隨風猗委，與波潭洿。流光潛映，景炎霞火。"這裏雖仍未直接提及"葑田"的概念，然而，體會其蘊義，我們不難發現這裏所描寫的正是葑田，詩中"遊菰"指的是葑泥所鋪的木筏，"芒種"與"嘉蔬"則是稻的代稱，所述實為葑田在水面上和菱、荷等水生植物隨着水波和微風飄浮的景象。這首詩膾炙人口，成為後世諸多學者考證葑田的重要依據。明楊慎《丹鉛續錄》卷三之《澤草芒種》："《周禮》'澤草所生，種之芒種'，注者不知其解。……東坡《請開杭之西湖狀》謂'水涸草生，漸成葑田'是也。其田隨水上下西東，故南方有盜田。然王氏謂'葑田即《周禮》之澤草芒種'未有據，猶切疑之。後讀郭璞《江賦》云：'播匪藝之芒種，挺自然之嘉蔬'，賦江而云芒種嘉蔬，又曰匪藝，又曰自然，非葑田而何哉？《周禮》之説因此可解。"明方以智《通雅》卷十七《地輿·釋地》："元美言吳有門曰葑，廣湖邊田，今呼為葑。《江賦》所指即此。"

　　通過對以上材料的分析，我們不難看出，葑田至遲應在晉代以前便已產生。至於架田，產生的確切時代尚缺乏明確依據，故葑田產生於唐代或北宋、葑田與架田"同屬五代以來……耕地資源"的説法恐不妥。另外，通過對《周禮》及其名家的解讀，我們知道葑田屬於"三農"中的"澤農"，即一種特殊的水田，與耕地有着明顯的差異，故能否把葑田與架田理解為兩種情況不同的耕地資源值得商榷。

　　(二)　葑田的流行範圍

　　中國自古就是一個農業大國，人口眾多，土地資源非常有限，當有限的土地資源不能滿足人們基本需要的時候，人們必然要尋求其他形式的種植資源。葑田的出現實際上正是古代勞動人民勞作形式由與山爭地向與水爭地過渡的一種具體反映。從使用區域看，它不僅僅廣布於灘多地少的江南水鄉，應該説其他很多有水利資源的地方都可採用，如雲南昆明的滇池便有大量關於葑田的歷史記載。滇池是雲貴高原上最大的淡水湖，周圍土地平坦、雨量充沛、氣候溫和、水草豐美，這一切都為早期農業的發展提供了優厚便利的自然條件。《史記·西南夷列傳》曾記載了戰國中葉"莊蹻入滇"時滇池地區的情況："蹻至滇池，地（池）方三百里，旁平地，肥饒數千里。"居民"耕田，有邑聚"。《蠻書》卷七："從曲靖州已南，滇池已西，土俗唯業水田。種麻、豆、黍、稷不過町疃。水田每年一熟，從八月獲稻，至十一月十二月之交，便於稻田種大麥，三月四月即熟。"《後漢書·西南夷列傳》記載地方官文齊在益州"造起坡池，開通灌溉，墾田二千餘頃"。《新唐書·南蠻傳》："自曲靖州至滇池，人水耕。"水田技術在滇池地區歷史悠久，且非常發達，葑田的利用和改造正是勞動人民集體智慧和力量的集中體現。《周官義疏》卷十六："（葑田）江淮以南有之，滇南昆明池中亦有。葑田，名曰海簰。"《雲南通志》卷二十九："遂伐木於山，採竹於林，取海簰於水，成鐵具於冶，攻器物於肆。"明楊慎《丹鉛續錄》卷三："葑田，滇南亦有之，名曰海簰。"海，所指即為滇池，明楊慎《升庵集》卷二十五《高嶢曉發過滇》詩云："碧雞關頭月上霞，高嶢海色分人家。"清阮元《揅經室詩錄》卷四《登西台》云："登臺終日見昆華，恰好樓臺住一家。"自注："滇人稱滇池曰海，或曰昆海，並太華山則稱曰昆華。"簰，即筏，指用竹木編織的水上交通工具。《陳書·陳寶應傳》："昭達深溝高壘，不與戰，但命軍士伐木為簰。俄而水盛，乘流放之。"太平天國李秀成《太平天國始末》："那時知家弟李世賢尚在樂平，不知退下常山，是以由樟樹那邊河而下，河中用木簰而行，欲到江西會隊。"海簰所指即為漂浮於滇池之上的大筏，這與葑田的性質和特徵十分相似，屬隱喻的再現。又如明王世貞《弇州四部稿》卷一百六十一："余以癸酉之楚江行，過黃州，睹有浮而編竹木筏者連十餘家，雞犬相望，亦有豆棚、架之屬，取陸務觀《江行記》考之，當時筏猶大鋪，以土可種菜，今不爾也。聞洞庭湖中大者尚可種菜。"記載了作者遊歷途中經湖北黃州所見之葑田。南宋詩人陸游在攜家赴四川的《入蜀記》中也曾提到他在湖北省東南的富池附近江面上看見一個木筏："十四日曉，雨，過一小石山，自頂直削去半，與余姚江濱之蜀山絕相類。拋大江，遇一木筏，廣十餘丈，長五十餘丈。上有三四十家，妻子、雞犬、臼碓皆具，中為阡陌相往來。亦有神祠，素所未覩也。舟人云，此尚其小者耳，大者於筏上鋪土作蔬圃，或作酒肆，皆不復能入峽，但行大江而已。”這顯然是關於架田的一段描寫，由此，我們可以看出，葑田與架田的流行範圍較廣，並不僅限於江南水鄉。

（三）葑田與架田的關係

葑田作為一種澤田形式，起源較早，而其概念的出現卻稍晚。根據現有文獻的記載，直至唐代，葑田的概念才在一些詩作中出現，如鮑防《狀江南·孟春》：“江南孟春天，荇葉大如錢。白雪裝梅樹，青袍似葑田。”秦系《題鏡湖野老所居》：“湖裏尋君去，樵風往返吹。樹喧巢鳥出，路細葑田移。”從這兩首詩中我們可以體會到：葑田可在水面隨風飄浮，在葑田上還可種植莊稼。北宋末年，蔡居厚在《蔡寬夫詩話》中對葑田作了如是描述：“吳中陂湖間，茭蒲所積，歲久，根為水所沖蕩，不復與土相著，遂浮水面，動輒數十丈，厚亦數尺，遂可施種植耕鑿，人據其上，如木筏然，可撐以往來，所謂葑田是也。”南宋陳尃《農書》對葑田的解釋則更為詳盡：“若深水藪澤，則有葑田。以木縛為田坵，浮系水面，以葑泥附木架上而種藝之，其木架田坵隨水高下浮泛，自不淹溺。《周禮》所謂‘澤草所生，種之芒種’是也。”此論一出，後世學者紛紛引用，如元代王禎在其《農書》中對葑田亦作了如下描述：“架田，架猶筏也，亦名葑田。《集韻》云：‘葑，菰根也。葑亦作䒷。江東有葑田，又淮東、二廣皆有之。’東坡《請開杭之西湖狀》謂：‘水涸草生，漸成葑田。’考之《農書》云：‘若深水藪澤……自不淹浸。’”王禎《農書》基本沿用了陳尃《農書》中關於葑田文字的引述，不同之處僅在於更改了“溺”字，即把“溺”改為“浸”。但較之陳尃，王禎的一個更大的創新是首次提及架田，且認為架田即葑田，這一觀點也得到了後世的學者如徐光啟、楊慎、方以智、吳景旭等的廣泛認同。

那麼，葑田究竟是否等於架田？二者具有什麼樣的關係呢？我們且先從“葑”和“架”的本義上去考探一下。《廣韻·用韻》：“葑，菰根也，今江東有葑田。芳用切，亦作䒷。”《六書故·植物四》：“葑，去聲。苽根盤結，久則並土浮水上，謂之葑。故水草泥濘之地皆謂之葑，南方葑有廣袤頃畝者，又其苗葉，可以種稻，謂之葑田，別作澍。”
《類篇·桶部》：“架，居迓切，杙也，所以舉物。”《洪武正韻·禡韻》：
“架，屋架、衣架，亦作枷。又起屋也，又棚也，又以架物也。”通過
對“葑“和“架”字本義的分析，我們不難看出：葑田是以種植資源
（即葑泥）來命名的，而架田是以種植方式（即以木或其他資源作筏或
架）來命名的。結合陳旉《農書》論及葑田“以木縛為田坵，浮繫水
面，以葑泥附木架上而種藝之”的描述，我們可看出這裏的葑田和蔡居
厚所說的葑田有一些差異：蔡居厚筆下的葑田是自然形成的，即漂浮於
水面上的葑泥，人們可直接在其上播種耕作，因此，這樣的水田當屬自
然葑田；而陳旉所述的葑田需借助人力，即將木材加工製成框架，讓其
浮于水上，然後在木架裏填滿帶泥的菰根，讓其生長糾結填滿框架，最
後在框架裏播種，這顯然屬於人造葑田。由於陳旉所處時代還未提及架
田這一概念，而從種植資源來看，葑田與架田所用都為葑泥，故陳旉便
把二者統稱為葑田。關於架田與葑田的關係，範文瀾、蔡美彪等所編的
《中國通史》也曾論及：“葑田為水鄉江南大湖中有菱、蒲等，年久，
根從土中沖出，浮於水面，厚數尺，可延長幾十丈，在上面施種，即可
生長，稱為‘葑田’。後來，農民進一步作木排，在上面鋪泥，種植莊
稼，稱為‘架田’。”[1] 這無疑也為準確理解葑田與架田的內涵及科學定
位二者的關係提供了參考。

　　為了證明葑田與架田是“兩種情況不同的耕地資源”，劉樹友先生
在文中曾複製了王禎《農書》和明末徐光啟《農政全書》中的兩幅架
田圖：

　　對於圖3－2，劉先生解釋道，“徐光啟在插圖中增加了一條較粗的
繩索，將葑田用繩索系於水池岸邊的一棵大樹身上。這就表明在作者徐
光啟看來架田也是可以移動的。在此，作者徐光啟一方面贊同王禎將葑
田等同于架田的說法，一方面又承認架田可以移動，顯然將二者混為一
談了”。這裏也有待商榷，架田在陳旉《農書》裏已有所反映，只是沒
有作為概念出現，而元王禎的《農書》首次提及架田，說明他已注意
到二者的細微差別，只是在他看來這些細微的差別並不影響葑田和架田

　　① 範文瀾、蔡美彪等：《中國通史》（第五冊），人民出版社1994年版，第63頁。

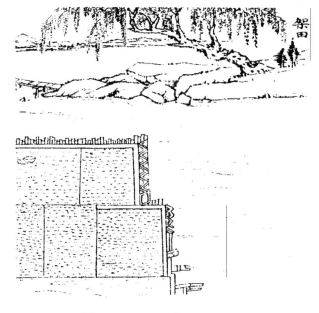

圖 3 – 1　架田（陳尃《農書》）

在類別和性質方面的相同，因而可視為同類。元代以來學者多持王禎的觀點，不能説明他們對葑田的理解出現了偏差，而只能説明他們在理論上同意並沿襲了王禎的觀點。葑田起源較早，發展至明代應該已經相當成熟，而要説到歷史的真實，無疑當時人們的敍述或描畫應該説是最具代表性和説服力的。從這個意義上説，這兩幅圖所反映的應該就是當時歷史的真實。且兩幅圖均標明“架田”二字，而未標注“葑田”字樣，這説明當時人們在思想意識上對葑田和架田是有所區分的，而非把二者混為一談。其實，結合葑田和架田的概念和特徵，再仔細看這兩幅圖，我們不難發現，圖中所示的田呈規則的格子形狀，四周有木條痕跡，這顯然不是自然而然形成的自然葑田，而應該是加入了人力因素的人造葑田，即架田，因為僅憑自然之力很難做到如此整齊劃一。兩幅圖出自不同的時代，而内容卻大致相當，不同的是圖 3 – 2 多了一根繩索。那麼，為什麼要系一根繩索呢？顯然，繩索的目的是為了固定，這也恰恰解釋了架田可以移動的特性。

需要説明的是，架田的“架”與木樁的“樁”，二者在語義上並不完全等同。架，在這裏所指，可以是以木作架的形式，也可以指以葦或

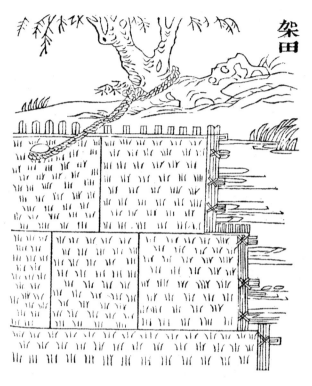

圖 3－2　架田（徐光啟《農政全書》）

笩等作筏，在其上種植莊稼的形式，未強調固定的問題；而樁，主要是指楔入地裏或水中的木樁，強調固定。但揆諸文獻，均未發現架田是"用木樁將有限的耕地固定在水中，高出水面一定距離，不可移動"這一結論，相反，卻能找到一些架田"不固定，漂浮在水面，可以移動"的證明材料，如晉代嵇含《南方草木狀》："蕹菜如落葵而小，性冷味甘。南人編葦為筏，作小孔，浮于水上，種子於中，則如萍根浮水面，及長，莖葉皆出於葦筏孔中，隨水上下，南方之奇蔬也。"清屈大均《廣東新語》卷二十三《介語》："故曰南海有浮沉之田。浮田者，蕹簰是也。沉田者，種蠔種白蜆之所也。"又卷二十七《草語》："廣州西郊，為南漢芳華苑地，故名西園。土沃美宜蔬，多池塘之利，每池塘十區，種魚三之，種菱、蓮、茨菇三之，其四為蕹田。蕹無田，以笩為之。隨水上下，是曰浮田。予詩：'上有浮田下有魚，浮田片片似空虛。撐舟直上浮田去，為採仙人綠玉蔬。'浮田一名架田，亦曰葑。"又，葑田，《漢語大詞典》有兩個義項：①湖澤中葑菱積聚處，年久腐化變為泥土，水涸成田，是謂"葑田"；②將湖澤中葑泥移附木架上，浮於木架上，成為可以移動的農田，叫葑田，也叫架田。此説極是。另外，北宋林逋有兩首詩，一為《葑田》："淤泥肥黑稻秧青，闊蓋深流旋旋生。擬倩湖君書版籍，水仙今佃老農耕。"二為《孤山寺端上人房寫望》："底處憑闌思眇然，孤山塔後閣西偏。陰沉畫軸林間寺，零落棋枰葑上田。"仔細體味，我們會發現，這裏所寫的葑田，其實不是自然葑田，而應為人造葑田，即架田。因為"版籍"與"棋枰"兩個詞給了我們大量的啟示：像版圖和棋的格子一樣被均勻分割漂浮於水面的葑田，難道會出於自然之力嗎？既然能漂浮於水面，顯然推導不出"固定在水中，高出水面一定距離，不可移動"這一結論。

二 雲南近代方志農具類詞彙釋

摜桶

摜桶穀多產於第一區，熟時，農家舁木，制五尺見長、四尺見寬、三尺見高之方桶，入田中，隨將割取之穀，用手持其根部，以谷穗向桶中狂摜，穀粒即脱穗落入桶中。（民國三十一年《巧家縣志》卷六《農政》）

按：摜稻，即緊握稻穀在容器裏摔打，使穀粒脱落。元王禎《農書》卷十五《農器圖譜八·蓧蕢門·摜稻簟》："摜，抖擻也。簟，承所遺稻也。農家禾有早晚，次第收穫，即欲隨手得糧，故用廣簟展布，置木物或石於上，各舉稻把摜之，子粒隨落積於簟上。非唯免污泥沙，抑且不致耗失，又可曬穀物，或捲作笓笓，誠為多便。南方農種之家，率皆制此。詩云：'摜稻當憑廣簟中，聲如風雨露寒蓬。誰知舒卷皆能用，就貯精糧保歲豐。'"摜桶，與摜稻簟相似，為摜稻之容器。摜桶、摜稻、摜稻簟，《大詞典》未收。

篩子

篩子，浪篩用以篩泥，廣篩用以篩米，粗細篩用以篩麵，羅篩

系馬尾織成，用以篩粉及藥末。（民國三十六年《大關縣志》卷九《農業志·農具》）

　　按：篩子指用竹絲或金屬絲等編織的、可以濾物的網狀器具。篩，古作籭。漢史游《急就篇》卷三：“籭，所以籮去麤細者也，今謂之篩。大者曰籭，小者曰籅，其字從卑。”顏師古注：“卑下之卑，必彌反。黃氏曰：‘籭，竹籮。’”《説文·竹部》：“籭，籭籅，竹器也。”朱駿聲《説文通訓定聲·竹部》：“籭，與籭略同。字亦作篩，今俗謂之篩，可以取粗去細。”宋蔡元定《律呂新書》卷二《律呂證辨·造律一》：“昔胡先生定樂，取羊頭山黍，用三等篩子篩之，取中等者，特未定也。”元大司農司《農桑輯要》卷四《下蛾》：“蛾生既齊，取新葉用快利刀切極細（須下蛾時旋切，則葉查上有津；若鈍刀預切下，則查乾無津），用篩子篩於中箔蓐紙上，務要勻薄（須用篩子乃能勻，不勻則食偏。篩用竹編，葦子亦可，秫、黍、藋亦可。如小椀大，篩底方眼，可穿過一小指也）。”明韓邦奇《苑洛志樂》卷二：“用羊頭山黍，以篩子篩之。去其大者、小者而用，中者若管既定，則隨大小之宜而實，其數尤為至當。”姜亮夫《昭通方言疏證·釋器用》（1822）：“篩，昭人編竹以下物，去麤取細者曰篩子。《漢書·賈山傳》：‘篩土築阿房之宮’，則其字起於漢矣。惟《廣韻》音疏夷切。今昭人音如士皆切，音稍变也，或以籮為之，則曰籮篩。”《大詞典》收錄“篩子”一詞，首引《人民文學》1981年第5期：“我想改用大篩子，就像連鳥那樣。”書證過晚。

爬子

　　農具種類繁多，新邑常用者有：耒、耜、鋤頭、犁耙、灣單、犂花、爬子、畬、畚、笠、蓑衣、鐮刀、丁爬、手龍、連蓋、杵、臼、斗、揪刀、簸箕、篩子、囤子、篇子、穀籃、竹籮、水車、風箱、罐盆、水碾、旱碾。（民國二十二年《新平縣志》卷十一《農政》）

　　耙子，用以平田。（民國三十六年《大關縣志》卷九《農業志·農具》）

按：爬子，又稱耙子，碎土平地的農具。爬即耙。元王禎《農書》卷十二《農器圖譜二·耒耜門·耙》："耙，又作爬，今作耰，通用。宋魏之間呼為渠挐，又謂渠疏。陸龜蒙曰：'凡耕而後有耙，所以散墢去芟，渠疏之義也。'"又《農書》卷二《農桑通訣二·墾耕篇四》："凡治田之法，犂耕既畢，則有耙、勞。耙有渠疏之義，勞有蓋磨之功。今人呼耙曰渠疏，勞曰蓋磨，皆因其用以名之，所以散撥、去芟、平土壤也。"《小五義》第二百四十八回："于奢出世以來，沒吃過這樣苦頭，把兩隻手虎口震裂，前手實拿不住鎧杆，就剩一隻手，拉着鎧往回里就跑，那鎧就像耙子一般，把地耙了兩道大溝。"《大詞典》收錄"耙"，首引清郝懿行《證俗文》卷三："《農政全書》，耙制有方耙，有人字耙，如犂，亦用牛駕。但橫闊多齒，犂後用之。蓋犂以起土，惟深為功，耙以破塊，惟細為功。"書證過晚。

海簸

農人刈稻畢，曬穗於畦塍及田間。用大斗，可容數石，名曰海簸。四人環立，持穗而擊稻，遂落於簸中，人日可得石餘。（清光緒三十年《續修順寧府志》卷五《風俗》）

按：海簸，即特大的簸箕，用於揚米去糠。海，通"閜"。閜，《說文·門部》："閜，大開也。"《玉篇·門部》："閜，呼雅切，大也。"簸，《說文·箕部》："簸，揚米去糠也。"箕，《說文·竹部》："箕，簸也。"北魏賈思勰《齊民要術》卷五《種槐、柳、楸、梓、梧、柞五十》："種箕柳法：山澗、河旁及下田不得五穀之處，水盡乾時，熟耕數徧。至春凍釋，於山陂河坎之旁，刈取箕柳，三寸絕之，漫散，即勞。勞訖，引水停之。至秋，任為簸箕。"元王禎《農書》卷十五《農器圖譜八·蓧蕢門·箕》："簸箕也。《說文》云：'簸，揚米去糠也。'《莊子》曰'箕之簸物，雖去粗留精，然要其終，皆有所除'是也。然北人用柳，南人用竹，其制不同，用則一也。"明李實《蜀語》："揚米器曰簸箕。《詩》曰：'維南有箕，不可以簸揚。'"姜亮夫《昭通方言疏證·釋器物》（1819）："簸箕，今昭人言簸箕，則箕之供簸也。"海簸，《大詞典》未收。

犁耙

境內所用農具純係舊式，耕畜以水牛為主，黃牛次之。馬則用以馱糞草及糧食等。整地器駕牛則有擔軛、犁耙等。（民國三十四年《嵩明縣志》卷十三《農政·農具》）

按：犁耙，覆土犁田的農具，又作犂耙。宋孫應時《燭湖集》卷十一《行狀》："築圩週五十里，水門八，為屋大小四千間，畜牛千三百頭。耰鋤、犁耙、水車、碌碡、刈刀、畚鍤、鍋釜之屬二萬餘事。"明方以智《物理小識》卷二《地類》："粵近海田，淄泥不用犂耙。"清黃叔璥《臺海使槎錄》卷五《器用》："耕種如牛車、犂耙，與漢人同，厝內器皿各殊。"《授時通考》卷三十三《功作·耙勞》："田家五行種稻，須犁耙三四徧。"又卷四十二《勸課·彙考》："大凡秋間收成之後，須趁冬月以前，便將戶下所有田段一例犁翻，凍令酥脆。至正月以後，更多著徧數節，次犁耙，然後布種，自然田泥深熟，土肉肥厚。"《皇輿西域圖志》卷四十二《服物二·回部》："庫爾縶克，犁耙也。其鐵頭向內形似鏟，柄稍斜，以棗木為之，播種之後用以覆土。"犁耙，《大詞典》未收。

篾笆

遠村亦曬穗于田，以篾笆鋪於地上，推穗於笆，以足揉之，稻隨以落，日亦揉獲石餘。（清光緒三十年《續修順寧府志》卷五《風俗》）

按：篾笆，即用竹皮或篾條編織而成的席墊。明曹學佺《蜀中廣記》卷十四《名勝記第十四·上川南道·雅州》："餘者屈垂向下，轆轤絞束，復橫以木梯，布以篾笆，周以欄索，其高低闊狹，視江為度。"姜亮夫《昭通方言疏證·釋器用》（1912）："篾笆，昭人謂竹皮或竹心編織而成者曰篾笆，此複合詞也。《書·顧命》：'敷重篾席。'《傳》以為桃枝竹，疏以為斷竹之次青者。《正韻》以為竹皮。以《書》疏為最允。笆者，本竹有刺之名，然《史記》索隱云：'江南為葦籬曰笆籬。'則亦以笆為平面物之通稱。昭人亦偶有言笆籬者。按：《史記·張儀傳》：‘苴蜀相攻擊。’徐廣引譙周曰：‘益州天苴讀苞黎之苞，音與巴相近。’錢氏《恒言錄》曰：‘按：苞黎即織木茸，所以為茅籬也，今江南亦謂葦籬為笆籬。’《廣韻》：‘笆，有刺竹籬也。’則笆籬合成一詞實較籬笆為早。”此詞《大詞典》未收。

篋篗

各村夷人又以篋篗為量具，名曰揩，每揩約合城市二斗，其不同如此。（民國十一年《元江縣志稿》卷十一《通俗教育》）

按：篋篗即以細竹條編織而成的盛物器。篋，《玉篇·竹部》：“篋，亡結切，竹皮也。”篗，《方言》卷十三：“篝、篗、籅、籡，籅也。江沔之間謂之籅，趙代之間謂之籡，淇衛之間謂之牛筐。籅，其通語也。籅小者，南楚謂之篗，自關而西秦晉之間謂之篝。”《說文·竹部》：“篗，竹籠也。”《廣雅·釋器》：“篗，籅也。”漢史游《急就篇》卷三：“篗者，疏目之籠。亦言其孔樓樓然也。”顏師古注：“黃氏曰：‘篗，竹籠。’”唐彥謙《蟹》：“湖田十月清霜墮，晚稻初香蟹如虎。板罾拖網取賽多，篋篗挑將水邊貨。”《儒林外史》第五回：“拿燭去看，原來那瘟貓，把床頂上的板跳蹋一塊，上面吊下一個大篋篗子來。近前看時，只見一地黑棗拌在酒裏，篋篗橫睡着。兩個人才扳過來，棗子底下，一封一封桑皮紙包着。打開看時，共五百兩銀子。”

揩，當為“篝”，即“籅”或“筥”之類，本為竹製容器，後引申為容量單位。《玉篇·竹部》：“篝，江東呼小籠為篝。”《廣雅·釋器》：“篝、篗、籅、籡，籅也。”王念孫疏證：“此上諸筥，異用而同名，皆筐之圓者也。”籅，《說文·竹部》：“籅，食牛筐也。”段玉裁注：“食，各本作飲，誤。《韻會》作飯。按：萋下曰食牛，餗下曰食馬。今正作食。匚部曰：‘匩，飯器，筥也。’籅，匩之圓者，飯牛用之。今字通作筥。許虖與筥別。”又：“方曰筐，圜曰籅。”段玉裁注：“《召南》傳：‘方曰筐，圓曰筥。筥當作籅。’《月令》：‘具曲植籅筐。’或譌作篷。”元王禎《農書》卷十五《農器圖譜八·蓧蕢門·筥》：“亦作籅，竹器之圓者。注曰：‘筥，圓而長，但可實物而已。’《三禮圖》曰：‘筥受五升，盛饔飧之米，致於賓館。’《良耜》詩曰：‘載筐及筥。’

《左傳》：'筐、筥、錡、釜之器。'《字説》云：'筐、筥一器，特方圓之異云耳。'江沔之間謂之籅，趙岱之間謂之筥，淇衛之間謂之牛筐，小者南楚謂之簍，自關而西秦晉之間謂之箪。筥，其通語也。"

桔橰

水至高下注，醒水為碓，激水為磑，而灌漑田畝，無事桔橰之勞。(民國五年《大理縣志稿》卷六《社交部》)

按：桔橰，作桔橰，亦作桔皋，井上汲水的工具。《莊子·天運》："且子獨不見夫桔橰者乎？引之則俯，舍之則仰。"又《莊子·天地》："有械於此，鑿木為機，前重後輕，挈水若抽，其名為橰。"元王禎《農書》卷十八《農器圖譜十三·灌漑門·桔橰》："挈水械也。《通俗文》曰：'桔橰，機汲水也。'《説文》曰：'桔，結也，所以固屬。橰，皋也，所以利轉。'又曰：'皋，緩也，一俯一仰，有數存焉，不可速也。然則桔，其植者，而橰，其俯仰者與？'《莊子》曰：'子貢過漢陰，見一丈人，方將為圃畦，鑿隧而入井，抱甕而出灌，搰搰然用力甚多，而見功寡。'子貢曰：'有械於此，一日浸百畦。鑿木為機，後重前輕，挈水若抽，數如沃湯，其名為橰。'又曰：'獨不見夫桔橰者乎？引之則俯，舍之則仰。彼人之所引，非引人者也，故俯仰不得罪於人。'今瀕水灌園之家多置之。實古今通用之器，用力少而見功多者。"明陸容《菽園雜記》卷十二："夫桔橰，隨處有之。或運以手，或運以足，或運以牛，機器之巧無踰此矣。山中深溪高岸，桔橰之巧，莫能施矣於是乎，有水輪之制焉。"清西厓《談徵·物部·桔橰》："今人就有水處立木其上，交午如十字，一頭繫甕，一頭繫以重物，人得隨其勢而低昂之，以汲水灌田，俗名秤竿，師古所桔橰也。"《紅樓夢》第十七回："籬外山坡之下，有一土井，旁有桔橰、轆轤之屬。"

竹竜

犁田相沿用牛，除草以鋤，收穫以鎌，水源高者以溝引之，低者以橰戽之。近有借用竈家以取滷撒淡水之法，即用竹竜拉水以灌高原，是亦可謂之特別農器矣。(民國十三年《鹽豐縣志》卷四

《物産》)

　　按：竜，同"龍"。《集韻·鐘韻》："籠，古作竜。"竹龍，即連接在一起的引水竹筒，因似龍而得名。元王禎《農書》卷十八《農器圖譜十三·灌溉門·水轉高車》："遇有流水岸側，欲用高水，可用此車。其車亦高轉筒輪之制，但於下輪軸端別作竪輪，傍用臥輪撥之，與水轉翻車無異。水輪既轉，則筒索挽水，循槽而上。餘如前例。又須水力相稱，如打輾磨之重，然後可行。日夜不息，絶勝人牛所轉。此誠秘術，今表暴之，以諭來者。詩云：'通渠激浪走轟雷，激轉筒車幾萬回。水械就攜多水上，天池還瀉半天來。竹龍解吐無雲雨（前人有"象龍喚不應，竹龍起行雨"之句），旱魃潛消此地災。'"宋周煇《游天竺觀激水》："拳石耆姿色雨青，竹龍驅水轉山鳴。夜深不見跳珠碎，疑是簷間滴雨聲。"宋陳郁《藏一話腴》外編卷下："慈谿縣西北有慶安寺，寺前有古松夾道，縣亙數里，望之蒼蒼。然其一最巨而奇，蜿蜒若龍，飛偃如蓋，臨池之上。寺後有泉，出於深谷，僧以巨竹連筒引行數里，支分於松下石池，溢入於溪。舒龍圖亶有詩云：'門前屏障遶潺湲，付與林僧夜定還。松蓋作雲遮十里，竹龍行雨山丁山。'"竹竜，《大詞典》未收。

犁壁、犁鑱

　　冶具亦用鎚、砧子、剪鉗等，此外尚有屬於鐵工範圍之鑄犁壁、犁鑱等工作。其鑄法：先將鑄鐵放於鍋内，用風箱抽送，使爐中加大火力，俟其鎔化，去其雜質，然後倒於模型内，冷後即成。犁壁、犁鑱為農家耕田必需之具。（民國三十四年《嵩明縣志》卷十四《工業·鎔鍊冶具》)

　　按：犁鑱即犁鏵，犁壁即犁鏵的金屬部件。元王禎《農書》卷十二《農器圖譜二·耒耜門·犁》："墾田器。《釋名》曰：'犁，利也。利則發土，絶草根也。利從牛，故曰犁。'《山海經》曰：'後稷之孫叔均，始教牛耕。'注云：'用牛犁也。後改名耒耜曰犁。'陸龜蒙《耒耜經》曰：'農之言曰耒耜，民之習，通謂之犁。冶金而為之，曰犁鑱，曰犁壁。斲木而為之，曰犁底，曰壓鑱，曰策領，曰犁箭，曰犁轅，曰犁梢，曰犁評，曰犁建，曰犁槃。木金凡十有一事。耕之土曰墢，墢，猶塊也。起其墢者，鑱也。覆其墢者，壁也。故鑱引而居下，壁偃而居上。……鑱長一尺四寸，廣六寸。壁，廣長皆尺，微橢。底長四尺，廣四寸。'"元王禎《農書》卷十三《農器圖譜三·钁鍤門·鑱》："犁之金也。《集韻》注：'銳也。'吳人云鐵犁。長尺有四寸，廣六寸。陸龜蒙《耒耜經》曰：'冶金而為之者曰犁鑱，起其墢者也。'"明林希元《易經存疑》卷十一《繫辭下傳》："蓋曲木在上，俗名犁衡，即是耒。今云犁王，此合於揉木使曲之象。斲削二片，俗呼犁壁，則是耜。必如是，方能起土。"

水碓

農具有用牛耕者，名犁架、犁灣霜。人工用具分條鋤、板鋤、丁鈀、鐮刀、斧子、刀子等。瀘水有碾二盤，旱碾無。磨分人工手磨、水磨二種。碓分人工碓，用腳舂；水碓，用水沖。此外無何項農器。（民國二十一年《瀘水志》第十一章《農政·農具》）

按：水碓，即借助水力舂米的器械。《釋名·釋水》："魚梁，水碓之謂也。"《三國志·魏志·張既傳》："既假三郡人為將吏者休課，使治屋宅，作水碓，民心遂安。"《資治通鑑》卷七十八景元三年："初，舒少時遲鈍，不為鄉親所重，從叔父吏部郎衡有名當世，亦不知之，使守水碓。"胡三省注："為碓水側實輪，碓後以橫木貫輪。橫木之兩頭，復以木長二尺許交午貫之，正直碓尾木，激水灌輪，輪轉則交午木，戞擊碓尾木而自舂，不煩人力，謂之水碓。"元王禎《農書》卷十九《農器圖譜十四·利用門·機碓》："水搗器也。《通俗文》云：'水碓曰翻車碓。'杜預作連機碓。孔融《論》：'水碓之巧，勝於聖人斲木掘地。'則翻車之類，愈出於後世之機巧。王隱《晉書》曰：'石崇有水碓三十區。'今人造作水輪，輪軸長可數尺，列貫橫木，相交如滾槍之制。水激輪轉，則軸間橫木，間打所排碓梢，一起一落舂之，即連機碓也。凡在流水岸傍，俱可設置。須度水勢高下為之。"《授時通考》卷四十《功作·攻治》："凡水碓，山國之人居河濱者之所為也。"《大詞典》收錄"水碓"一詞，首引《三國志·魏志·張既傳》為例，書證過晚。

畚箕

按：一種用竹篾或柳條編成的用於簸糧或盛物的器具。《説岳全傳》第三回："（岳飛）即去取了一個畚箕，走出門來。"《石點頭》第六回："揀了一日子，便好過門，這方是田莊小家禮數，有何不可。正是：花對花，柳對柳，破畚箕，對折茹帚。"姜亮夫《昭通方言疏證·釋器用》（1816）："昭人言竹編器以箕與籮為通名，糞箕即吳人所謂畚，昭人以為除糞用者，其實畚乃後起專字。"

芟刀

按：即鐮刀。芟，《説文·艸部》："芟，刈草也。"《詩·周頌·載芟》："載芟載柞，其耕澤澤。"毛傳："除草曰芟，除木曰柞。"《國語·齊語》："耒耜枷芟。"韋昭注："芟，大鐮，所以芟草也。"《資治通鑑》卷二百五十二咸通十一年："甲午，與慶復遇，慶復大破蠻軍，殺二千餘人。蜀民數千人爭操芟刀、白桰以助官軍，呼聲震野。"芟刀，《大詞典》未收。

板鋤

挖鋤，又名板鋤，縣境上游用者鋤口狹而短，為條鋤。下游用者鋤闊且長，即板鋤，鋂制木柄，用以翻土、鬆土。（民國三十八年《鹽津縣志》卷八《農業》）

按：板鋤，指的是用以鬆土除草的形狀寬平的農具。姜亮夫《昭通方言疏證·釋器用》（1833）："板鋤，挖田用鐵器，與條鋤相對為用，其形寬平，大者約七寸見方，小者約三寸見方，不甚厚，用時輕快，與條鋤異；條鋤仄而厚，長七八寸，寬二三尺，易使力，用以挖墢子，或即《説文》之甌字。"板鋤，《大詞典》未收。

圍包

圍包，一名棧囤。（民國三十八年《鹽津縣志》卷八《農業》）

按：圍包，即用竹篾、荊條等編織而成的貯糧器具，此以形製命

名。棧囤即囤。囤,《釋名·釋宮室》:"囤,屯也,屯聚之也。"《六書
故·工事二》:"囤,徒本切,困類,織竹規以貯穀也。"囤,亦作笸。
元王禎《農書》卷十五《農器圖譜八·蓧蕢門·笸》:"《集韻》云:
'盛穀器。或作囤。又蘆也。'北方以荊、柳或蒿卉,製成圓樣;南方
判竹、編草,或用篷簍,空洞作圍,各用貯穀。南北通呼曰笸,兼篅、
䉛而言也。然笸多露置,可用貯糧。篅、䉛在室,可用盛種。皆農家收
穀所先具者,故併次之。"清孫錦標《通俗常言疏證·什物》:"《説
文》:'笸,篅也。'段注:'《廣韻》:"笸,篷也。"按:今謂盛穀高大
之器曰土篷,又作囤。'"《兒女英雄傳》第三三回:"高粱桿兒就是秫
稭,剝下皮兒來就織席作囤。"《新元史·河渠志三·諸路水利》:"大
德八年,涇水暴漲,渠堰壞,屯田總管府夾谷伯顔帖木兒與涇源尹王琚
疏導之。編荊作囤,貯之以石,復填以草,疊為堰,歲時修築,未嘗
廢圮。"

舂

按:舂,指春搗穀物使其去皮的農具。《説文·臼部》:"舂,春去
麥皮也。"段玉裁注:"示部櫐下曰:'讀若春麥為櫐之櫐。'舂、櫐,古
今字也。許於説解中用今字耳。《周禮·廩人》:'大祭祀則共其接盛。'
接即舂之叚借,凡穀皆得云舂也,引伸為凡刺入之偁,如農器刺地者曰
鏊舂。"《廣雅·釋詁四》:"舂,春也。"姜亮夫《昭通方言疏證·釋器
用》(1842):"昭人謂去皮曰舂。"《大詞典》收錄"舂",但未及
此義。

鍬

鍬,即鴛鴦斧,起土伐薪並用。(民國三十八年《鹽津縣志》
卷八《農業》)

按:鍬,古作鍫,一種掘土的工具。《爾雅·釋宮》:"斪謂之斸。"
郭璞注:"皆古鍬插字。"《説文·斗部》:"斛,斛旁有庣也。"段玉裁
注:"庣,各本作斠,今正。斛旁有庣,謂斛中有寬於方尺之處。若作
有斠,是斛外有物名斠矣。"《説文·畱部》:"斸,斪也。古田器也。"

段玉裁注：“斛者，斛旁有庛也。由之類。故其字从由。此上當有‘一曰’二字。斛下亦引《爾雅》‘斛謂之疀’。古田器也。此別一義。叚斛疀為銚臿也。許書金部作銚臿，乃其正字。今之鏊也。”《釋名·釋器用》：“鍤，插也，插地起土也。或曰銷，銷，削也，能有所穿削也。或曰鏵，鏵，刲也，刲地為坎也，其板曰葉，象木葉也。”元王禎《農書》卷十三《農器圖譜三·钁鍤門·鍤》：“顏師古曰：‘鍫也，所以開渠也。’‘或曰削，有所穿也。’《唐韻》：‘作疀，俗函。’函同作臿。《爾雅》曰：‘𣂁謂之疀。’《方言》云：‘臿，燕之東北，朝鮮洌水之間謂之斛，宋魏之間謂之鏵，或謂之鏵，江淮南楚之間謂之臿，趙魏之間謂之桌。’皆謂鍫也。鍤、銚、𣂁音同。銚、𣂁，《唐韻》又‘叶彫反’，亦謂‘銤鍫’，然多謂之鍤。蓋古謂鍤，今謂鍫，一器二名，宜通用。”

滾子

糖榨及榨時情狀：榨以木滾或石滾二個，約直徑一尺七八寸，上安齒輪，彼此相扣如鐘錶輪，然上置牛抬杆二架，駕二牛，其端牛周圍行走，滾子以齒輪相扣，關係亦依牛行之方轉動無已。（民國三十一年《巧家縣志》卷六之三《農政·甘蔗》）

按：滾子，即石制或木制的用于碾压谷物的工具。姜亮夫《昭通方言疏證·釋器用》（1825）：“昭人言碾石曰滾子，即骨朵之急言，亦即輪音變，又曰碾砣。”《大詞典》收錄“滾子”一詞，釋義為“轮子”，引郭沫若《海涛集·涂家埠》：“手摇车是一种正方形的木板车，下面四个滚子放在铁轨上。”未及此義。

梘水槽

按：梘水槽，又作筧水槽，即通水的竹槽。《玉篇·竹部》：“筧，古典切，以竹通水也。”明李實《蜀語》：“通水槽曰筧。筧音簡，梘仝。”明方以智《通雅》卷四十九《諺原》：“筧，吉典切，續竹通水也，古單作建，所謂建瓴也。亦作梘，今屋前合卷棚必以梘去窗流水曰梘溝，深山取水曰筧水，各處至今呼之。延平有水老筧水，以給一城人家。”姜亮夫《昭通方言疏證·釋宮室》（1790）：“筧，今昭人謂通水小竹瓦曰筧。……按昭人別有卷槽則去窗者也。”

三　雲南近代方志其他農業類詞彙釋

雙

田五畝為一雙，土性堅，耕用兩牛。（清光緒十一年《永昌府志》卷八《風俗》）

按：古時滇人把計算田地的單位稱為雙，雙蓋是以人力來界定的。明謝肇淛《五雜俎》卷三《地部一》："佛地以二畝為雙。皇華老人詩'招客先開四十雙'是也。"明謝肇淛《滇略》卷四《俗略》："田四畝謂之一雙，蓋西域語。如卷之為丗云。金王庭筠詩：'寺僧乞與山前地，招客先開四十雙。'滇西近天竺，故其方言云爾。《唐書·南詔傳》云五畝為一雙，則四十雙二百畝也，似是。"明周祈《名義考》卷四《地部·四十雙》："金黃花老人詩：'招客先開四十雙。'《雲南雜志》：'夷人耕者，三人使二牛，前牽中壓而後驅之。犁一日為一雙，約有中原四畝地。'蓋一日二牛謂之雙，地則四畝。今粵西計田以工，二工言一人可耕耘也，大率三工為一畝。"清西厓《談徵·言部·稱地為雙》："嘗讀金黃花老人詩有'招客先開四十雙'之句，殊不可曉。近讀《雲南雜志》曰：'夷有田皆種，其佃作三人二牛，前牽中壓而後驅之。犁一日為一雙，以二乏為已，二已為角，四角為雙，約有中原四畝地。'則老人之詩意見矣。今人計田以工，一工言一人可耕耘也，大率三工為一畝。又謂犁一日為一償，償者，雙之訛也。"民國五年《續修馬龍縣志》卷三《地理·風俗》引《雲南雜志》曰："夸耕田，三人使二牛，前牽中壓後驅，犁一日為一雙。其法以二乏為已，二已為角，四角為雙。注云：約有中原四畝地。乏者，徧也，犁二徧曰已，已即乏也，乏與已皆竭盡之義，但角為雙不知何義。二乏為已，則二已當是四徧，四角當是十六徧，總二已其是二十徧也。一日耕四畝二十徧，謂之雙，一雙計四畝四十雙，則百六十畝也。"

甬

田以分計，一分者猶言一區，不論多寡，水田收穀多以爾計。

一爾當斗量二十五升，謂之甬，四甬謂之爾。（清乾隆五十六年
《蒙自縣志》卷二《風俗》）

按：甬，為古量器名。《玉篇·马部》："甬，餘隴切，鍾柄也，又
斛也。"《正字通·马部》："甬，與桶同。"《禮記·月令》："（仲春之
月）日夜分，則同度量，鈞衡石，角斗甬，正權概。"鄭玄注："甬，
今斛也。"按：《呂氏春秋·仲春》作"角斗桶"。高誘注："角，平。
斗桶，量器也。"

油枯

油渣，凡菜子、胡桃之類，榨其油質者皆為渣，俗名油枯。
（民國二十三年《宣威縣志》卷七《農業》）

植物質肥料有綠肥、油粕、草木灰三種，……油粕有菜油餅、
胡桃油餅、桐油餅、麻油餅、花生油餅等五種，以菜油餅、桐油餅
用作肥料者最多。（民國三十一年《巧家縣志》卷六之三《農政·
肥料》）

按：油枯，亦稱油粕、麻枯，指用植物油渣製作的農肥。宋陳旉
《農書》卷上《善其根苗篇》："今夫種穀，必先修治秧田。於秋冬即再
三深耕之。俾霜雪凍沍，土壤蘇碎，又積腐槁敗葉，剗薙枯朽根荄，徧
鋪燒治，即土暖且爽。於始春又再三耕耙，轉以糞壅之。若用麻枯尤
善，但麻枯難使，須細杵碎，和火糞窖，罨如作麴樣。"元王禎《農
書·雜錄·法製灰泥》："用磚屑為末，白善泥、桐油枯、莩炭、石灰、
糯米膠。以前五件等分為末，將糯米膠調和得所，地面為磚，則用磚模
脫出，趂濕于良平地面上，用泥墁成一片。"油枯、油粕，《大詞典》
未收。

窖糞

縣屬無論城鄉，俱重農事，無論貧富，均備有厠坑，以為儲糞
之用。大小便混置於坑中，糞汁和土灰而澆之，名曰窖糞。（民國
二十三年《宣威縣志》卷七《農業》）

按：窖糞，即儲糞於窖，以作農肥。明李時珍《本草綱目》卷三十三《果五·沙糖》："（主治）臘月，瓶封窖糞坑中，患天行熱狂者絞汁服甚良。"《授時通考》卷三十五《功作·淤陰》："窖糞者，南方皆積糞於窖，愛惜如金。北方惟不收，故街道不淨，地氣多穢，井水多鹹，使人清氣日微而濁氣日盛。須當照江南之例，各家皆置糞廁，濫則出而窖之家中。不能立窖者，田首亦可置窖，拾亂磚砌之，藏糞於中，窖熟而後用甚美。"此詞《大詞典》未收。

壅

油餅以八區出產為最多，年約三萬斤，多運售於城區附近，作壅甘蔗之肥料。（民國三十一年《巧家縣志》卷六之三《農政·肥料》）

按：壅，即在農作物根部培育施肥。《廣雅·釋詁》："壅，蔽障也。"《釋名·釋用器》："鏽，溝也。既割去壟上草，又辟其土以壅苗根，使壟下為溝受水潦也。"《篇海類編·地理類·土部》："壅，培也。"《管子·輕重甲》："次日大雨且至，趣芸壅培。"明李實《蜀語》："培根曰壅。壅讀平聲。"明宋詡《竹嶼山房雜部》卷九《樹畜部一·樹類》："枇杷不接者壽，接者結實核少。接於本體，宜水淋淡草灰，以壅於根側，糞穢非其所便。"明徐光啓《農政全書》卷三十二《蠶桑·栽桑法》："望海之桑，種之術與白桑同。是皆臘月開塘而加糞，即壅之以土泥，或二或三。六、七月之間，乃去其蟲。開塘加糞，壅土宜遲。"《授時通考》卷五十九《農餘·蔬一》："燕京圃人又以馬糞入窖壅培，不見風日，長出苗葉皆嫩黃，色脆美無滓，謂之黃芽菜，乃白菜別種。"

第二節　雲南近代方志商業類詞彙釋

欄櫃

按：欄櫃，即商店裏的櫃臺。《濟公全傳》第八十九回："進了村口，來到十字街，往東一拐，只見路南里一座大大鐵鋪子，字型大小

'舞嶽齋'。三間門面。西邊是欄櫃，東邊是八卦爐。"《三俠劍》第二回："在北街座西有兩間門臉，一家門面上懸着黑地金字匾一塊，上面寫着'聚興成老鐵鋪'，學買賣的在門外掃地，同事的夥計在掌櫃內，用雞毛撣子撣欄櫃。"《大詞典》收錄"欄櫃"一詞，未引例。

睗

銀錢睗會，法律名詞曰社，吳楚之間曰會，吾邑俗名曰睗。《説文》："睗，南蠻賦也。"《漢書·南蠻傳》："歲令大人輸布一疋，小口二丈，謂之睗布。"是吾滇命會為睗有自來矣。其名目有歲二納，或四納，或月納，又有太保睗、梭睗等。此類習慣各邑皆有，倘能始終維持信用，誠於社會金融，上有存儲自然生息之便利也。此外有穀睗、肉睗，至於秧睗則不過農作換工而已。"（民國五年《大理縣志稿》卷六《社交部·社會》）

元俗釀錢作會，名曰上睗。其會實含有儲蓄之性質，大要以多數人湊資於一人，由一人挨次遞還多數人，先得者行利，後得者獲利。在一人有整收零還之便，在多數人有零儲整收之益。（民國十一年《元江志稿》卷十一《教育志》）

按：睗，本指賦稅，滇人多稱民間集金組織。睗，同賨。《説文·貝部》："賨，南蠻賦也。從貝宗聲。"《廣雅·釋詁二》："睗，稅也。"王念孫疏證："賨，與睗同。"

賨，有賨布之説。《後漢書·南夷傳》："秦昭王使白起伐楚，略取蠻夷，始置黔中郡。漢興，改為武陵。歲令大人輸布一匹，小口二丈，是謂賨布。"明曹學佺《蜀中廣記》卷一百一《詩話記一》："漢女輸橦布。李周翰曰：'漢女，蜀之美女也。'《漢書》曰：'秦置黔中郡。漢興，令大人輸布一疋，小口二丈，是謂賨布。即今橦花布也。'"

賨，亦有賨錢之稱。《後漢書·板楯蠻夷傳》："至高祖為漢王，發夷人還伐三秦。秦地既定，乃遣還巴中，復其渠帥羅、樸、督、鄂、度、夕、龔七姓，不輸租賦，餘戶乃歲入賨錢，口四十。"賨為巴人對賦稅的稱呼，故巴人亦可稱賨人。《晉書·李特載記》："秦並天下，以為黔中郡。薄賦斂之，口歲出錢四十。巴人呼賦為賨，因謂之賨人焉。"

《魏書·竇李雄傳》："竇李雄，字仲儁，蓋廩君之苗裔也。其先居於巴西宕渠。秦並天下，為黔中郡，薄賦其民，口出錢三十，巴人謂賦為'竇'，因為名焉。"

竇，源於巴人對賦的稱呼，最初的賦稅僅為竇布，但後來竇的範圍慢慢擴大，凡有價值之物，如錢、糧、牲畜等皆可納入其中。發展到近代，民間的一些集金儲蓄的活動亦冠以竇名，因而竇的内涵更加豐富。雲南的賒會歷史悠久，至今在民間仍較為盛行，且範圍廣闊，幾乎徧及全省。舊時的竇包含竇物、竇錢等，形式多樣，而現今的賒會，一般是以集金為主。

民國二十三年《宣威縣志》卷八之四《歲時瑣記》："因事缺用之家恒邀集親友共為銀會，名之曰賒。此風盛行，其會期四季六季，或按月為之不等。份金多至數十元，少或三元五元。按：銀利息以二分至三分為率。有餘者樂權子母，待用者仰濟燃眉。雖亦通財之義，兩有所便，然或因信用不昭，往往發生訟事。"又："市村各分地段於包穀抽穗之期，殺牲聚會，公訂條約，名曰牛賒。其初意原為禁止牛羊之踐踏也，既而人事益繁，則猶注意於之打撈。"民國二十二年《新平縣志》第十七《禮俗》："牛賒會，每年舊曆十月，農人聚飲一日，其宗旨有二：一互相查拿，使盜牛者不易出境；一集資共買牯子一條餵養，凡會中人所養之母牛，均得就牯子傳種，不收費，于農家大有便利。"又："集金賒會，舊時多上七錢賒會，友十一人。民國以還改上集金賒會，友共十六人，賒銀五百元，賒期七月一次，除三首賒認定接外，以下搖骰，僅點多者接。凡接賒者，須以實據作押，放零收整，合有儲蓄性質。每月辦賒者，不下數十家，頗為發達。"民國三十四年《嵩明縣志》卷十九《方俗》："積賒會，積賒者數十人或數百人，各出錢若干，或米若干，以湊給個人作為正當之用，再由個人陸續退出，遞償衆人。其出錢米者名曰上賒，收錢米者名曰接賒。一年之中或四上，或六上，或每月一上不等，由賒首與賒友會議酌定。已收者為空賒，未收者為飽賒，空賒應納利息二分或三分，遞次連本退還，在飽賒可獲相當之利息，在空賒分為數十次零星退還，亦不困難。衆人各分次，所納者為少數，一人一度收賒，所得者為多數，遇婚喪等事急需用款者甚屬方便，然亦間有約人不慎，不能維持到底者。苟能慎於約人，確守信用，可無斯虞，此積睬之辦法也，斯二者實當保存之善法也。"

肥

　　昔多用貝，俗名曰肥子，一枚曰莊，四莊曰手，四手曰苗，五
苗曰索。(康熙《雲南通志》卷八)

　　按：古時滇人稱貝為肥。明張志淳《南園漫錄》卷三《貝原》：
"雲南用肥不用錢，肥，即古之貝也。今士夫以為夷俗，殊不知自是前
古之制，至周始用錢，故貨貝每見於古書。《穀梁傳》：'貝玉曰貪。'
《貨殖傳》載之不一。東方朔曰：'齒如編貝。'文中子曰：'蘇威好鍾
鼎珪璽錢，貝皆謂此也。又制字者如財、貨、寶、賂、賄、賈、貢、
貴、賢、貨、貺、資、賓、賦、質、賚、賞、贈、貽、賛、貸、贍、
贓、贅、購、買、賣之類，不可盡舉，無不用此。則貝為寶貨，固始上
古禮，含用貝玉，其重尤可見。而顧以用肥不用錢為譏誚，不亦異乎?"
明謝肇淛《滇略》卷四《俗略》："海內貿易皆用銀錢，而滇中獨用貝。
貝又用小者，產於閩廣，近則老撾等海中不遠數千里而捆致之，俗名曰
肥。其用以一枚為一粧，四粧為一手，四手為一緍，亦謂之苗，五緍為
一卉。卉即索也，一索僅值銀六釐耳，而市小物可得數十種，故其民便
之。按：上古之制，以貝為貨，含用貝玉。許氏《說文》曰：'古者貨
貝而寶龜，至周而有泉，秦乃廢貝行泉。'《漢書》曰：'王莽時大貝四
寸八分以上，二枚為一朋，直二百十六；牡貝三寸六分以上，一朋直五
十；公貝二寸四分以上，一朋直三十；小貝寸二分以上，一朋直十，不
盈寸二分不得為朋，每枚直錢三，是為貨貝。'以是觀之，漢時錢貝尚
並行，貝貴而錢賤也。《貨殖傳》曰：'貝五種：大貝、牡貝、公貝、
小貝、不成貝。'今之所用者皆小貝及不成貝耳，且無選擇，無完缺，
纍纍數之，入手即行，故尤便於夷玀村氓無機械變詐者。郭璞《貝贊》
云：'先民有作，龜貝為貨，貴以文採，賈以小大，簡易則資，犯而不過。
今之用者文採小大，又俱不論矣。'秦滅六國時，莊蹻王滇自若，雖使
常頞通道頗置吏焉，然竟未嘗奉秦朔也，故廢貝行泉之令獨格於滇，至
今不改耳。'"明顧炎武《肇域志》："貝，俗肥，本南海甲蟲，滇人用
以代銀。其數一顆為一粧，四粧為一手，四手為一苗，五苗為一索，九

索折銀一錢。凡市井皆用之，甚便。"注："夷以為飾，故曰粧。夷屈大拇指數之，故曰手。總以穿之，故曰索。"清檀萃《滇海虞衡志·志蟲魚八》："介蟲龜為長，范志不著龜而著貝，滇南舊用貝，謂之海肥。肥者，貝之薄而穎也，本出金江，後則市于海南。一貝曰莊，五莊曰手，四手曰苗，五苗曰索，以索貫之，則八十貝。一索之貝，準錢二百四十，故勝國以前文契及碑志，尚稱海肥若干索。"

街子

市肆，以十二支所屬為率，如會城，則寅為虎，午為馬之類，俗呼街子。遇寅為虎街也。日中而聚，日夕而罷。（天啟《滇志》卷八《風俗》）

日中為市，名曰街子，以十二支所屬分為各處街期，如子日名鼠街，丑日名牛街之類。街期各處錯設，以便貿遷。（道光八年《尋甸州志》卷八《風俗》）

按：雲南人稱街為街子，街子日以十二生肖名之，其俗由來已久。元李京《雲南志略·諸夷風俗》："市井謂之街子，午前聚集，抵暮而罷。"明謝肇淛《滇略》卷四《俗略》："市肆嶺南謂之墟，齊趙謂之集，蜀謂之亥，滇謂之街子，以其日支名之，如辰日則曰龍街，戌日則曰狗街之類。至期則四遠之物畢至，日午而聚，日入而罷，惟大理之喜洲市則以辰戌日夜集。古者日中為市，海內皆同，夜集獨見此耳。"《徐霞客游記》卷八上《西南游日記十三》："初六日早，雲氣少霽，諸蜀僧始欲游街子，俟下午渡溪而宿，明晨隨街子歸。"又卷六下《西南游日記十》："幸羊街子居廬頗聚，又有牛街子在果馬溪西大山下，與羊街子俱夾水之市，皆木密所分屯於此者。蓋花箐而南，至此始傍水為塍耳。時方下午，問前途所宿，必狗街子。"

日中為市之俗，蓋取古意。《周易》系辭下："日中為市。致天下之民。聚天下之貨。交易而退。各得其所。蓋取諸噬嗑。"清李光庭《鄉言解頤》卷二《地部·市集》："古者日中為市，蓋以日中為齊集之時。集者，言人與物相聚會也。路遠者，披星帶月，陸騎水舟。路近者，冒日衝風，肩挑背負。迨交易而退，則夕陽在山，人影散亂矣。馮讕語孟嘗曰：'君獨不見夫朝趨市者乎？明旦側肩爭門而入，日暮之後，過市朝者掉背而不顧，非好朝而惡暮，所期物亡其中也。'市朝，朝字音潮，言市之行列有如朝位也。"雲南稱市為街，稱街之貿易為趕街。街市皆以日支名之，因而十二生肖之街期在雲南較為普徧。時至今日，許多地方地名的命名亦保留了該傳統，如景東的鼠街、南華的兔街、宜良的狗街、曲靖的豬街、昆明的馬街等。

索

　　交易昔多用貝，俗名肥（𧴪）子，一枚曰莊，四莊曰手，四手曰苗，五苗曰索，值錢一兩。（清康熙四十四年《平彝縣志》卷三《風俗》）

　　按：索，量詞，計算錢幣的單位。《說文・市部》："索，艸有莖葉可作繩索。"古代用繩索穿錢，故錢以索為計算單位。宋朱弁《曲洧舊聞》卷十："王將明當國時，公然受賄賂，賣官鬻爵，至有定價。故當時為之諺曰：'三千索，直秘閣；五百貫，擢通判。'"清谷應泰《明史紀事本末》卷五十五《沿海倭亂》："二十五年，倭寇寧台自罷市船。後凡番貨至，輒主商家，商率為奸利負其責，多者萬金，少不下數千索。"

第三節　雲南近代方志工業類詞彙釋

板瓦、筒瓦

　　覆屋各省專用板瓦，滇中兼用筒瓦。相傳滇南多風，前明特勑許用。（民國十二年《景東縣志稿》卷二《風俗》）

　　按：板瓦、筒瓦，皆為瓦的一個種類。板，古作瓪。瓪，《玉篇・瓦部》："瓪，伯限切，牝瓦也。"元王士點《禁扁》卷五《釋十五》："瓦展以鋪曰瓪。"宋李誠《營造法式》卷二《總釋下・瓦》："牝瓦謂之瓪，瓪謂之㼭。"姜亮夫《昭通方言疏證・釋宮室》（1779）："㼭，屋牡瓦也。屋瓦下載者戾，《昌邑王傳》之‘版瓦’也，戶關切。今昭人以圓而覆者曰瓵瓦，下曰戾瓦，亦曰版瓦。”筒，古作瓺。瓺，《玉篇·瓦部》：“瓺，徒公切，牡瓦也。”《六書故·工事四》：“瓺，徒東切，小牡瓦如筒者也。”元王士點《禁扁》卷五《釋十五》：“瓦隆以側曰瓺。”姜亮夫《昭通方言疏證·釋宮室》（1780）：“瓺，昭人謂瓦之半圓如箭者曰瓺瓦。《廣韻》一東有瓺字，又作瓺，今昭俗以筒為之，亦通瓵，瓵、筒皆後起分別文也。”

尖

硐門謂之礄，平進曰平推，稍斜曰牛吃水，直下曰釣井，上謂之天蓬，下謂之底板，槌鑿處謂之尖，土謂之堍，石謂之硖。尖中搬堍、運硖及輸送所獲，利用四輪小車以童子匐匐引而出之，尖狹而低故也。（民國二十三年《宣威縣志》卷七《礦業建設》）

按：尖，古作“鐵”。鐵，本作鐵器，《説文·金部》：“鐵，鐵器也。”段玉裁注：“蓋銳利之器。”引申為尖銳，《廣雅·釋詁》：“鐵，銳也。”王念孫疏證：“今俗作尖。”《正字通·金部》：“鐵，尖本字，鋒芒銳也。”採礦之法，須以銳利之鐵器鑿壁而使洞壁慢慢深入，因洞壁狹小、低矮、尖銳，形似鐵，故謂之尖。

土基

火法，以土基砌成長形，名一條龍，中隔成倉，置器其中，兩旁有孔，以柴火燒之。熟一倉又燒一倉，燒至尾倉止。（民國二十二年《新平縣志》卷十一《農政》）

泥木工各區均有之，但其藝技僅能為裁土基、砌牆垷等工作。（民國三十四年《嵩明縣志》卷十四《工業·泥木工》）

按：土基，即磚塊或土坯，亦作土墼。墼，漢史游《急就篇》卷三：“墼者，抑泥土為之，令其堅激也。”《説文·土部》：“墼，未燒也。”。《廣韻·錫韻》：“墼，土墼。”《玉篇·土部》：“墼，居的切，《説文》云瓴適也，一曰未燒者。”《太平廣記》卷一一四《釋僧護》：

"忽有異僧，以瓦木土墼壘而圍之，尋失僧所在。"清紀昀《閲微草堂筆記》卷十三《槐西雜志三》："吉木薩有唐北庭都護故城，則李衞公所築也。週四十里，皆以土墼壘成。每墼厚一尺，闊一尺五六寸，長二尺七八寸。舊瓦亦廣尺餘，長一尺五六寸。"姜亮夫《昭通方言疏證·釋宮室》(1791)："土墼，昭人謂以土築之成長形塊狀如磚而厚者曰土墼。……字本作墼，或作墼。又《廣韻》有堅字，音才句切，引《説文》'土積也'。亦墼之形變，土積亦土墼爾。民俗或又以'基'為之，其實皆同一語根也。基，本墻基，古築牆以墼，故得引申為墼耳。作墼者專別字，從墼聲亦從擊義，土墼必搗築乃成也。"

鏮

　　工器用錘、鉗、斧、鋸、鑿、鏮、曲尺、燒鍋、泥刀、織機、縫機、剪子、錐子，商器用架子、欄櫃、算盤、尺、稱、戥、升、斗、洋燈、舟車。(民國二十二年《新平縣志》卷十七《禮俗》)

　　按：鏮，亦作鉋。鉋，《玉篇·金部》："鉋，蒲茅切，平木器。"《正字通·金部》："鉋，平木器，鐵刃。狀如鏟，衡木匡中，不令轉動。木匡有孔，旁兩小柄，以手反覆推之，木片從孔出，用捷於鏟。通作刨。"明李實《蜀語》："平木器曰鉋子。鉋音報。"明方以智《通雅》卷四十九《諺原》："鉋，木工平木之器曰推鉋，音暴，一曰鉋子，與圉人刷馬之鉋字同，器異。《釋名》曰：'鉋，鏽音。斯言鏽，彌之使平也。'"章炳麟《新方言·釋言》："今人謂以鐵器刮木為暴。其器曰暴子。俗字作鏮。亦謂刮削木皮暴樂而下爾。"

第四章

雲南近代方志民俗文化類詞研究

　　雲南近代方志中記載了大量地方民俗文化，這部分內容是我們進行方言與民俗文化研究的核心材料。在通讀文獻、實際考察的基礎上，筆者經過比較、歸納、分析和總結，選擇了一部分較有地域特色，較有研究價值，仍需作進一步考釋的詞彙進行研究，以釐清禮俗文化的歷史脈絡，補充雲南近代方志本身及大型辭書編纂的不足。本章內容主要由三部分組成：一是歲時禮俗類詞研究，這部分的研究範圍為雲南近代方志中記載的歲時民俗及一般禮俗文化。二是婚喪嫁娶類詞研究，這部分重點關註雲南近代方志中記載的較有研究意義的婚娶、喪葬類詞彙。三是衣食住行類詞研究，這部分重點考察雲南近代方志風俗部分所述關於飲食、居住及形貌類的詞彙。

第一節　云南近代方志歲時禮俗類詞研究

一　雲南近代方志歲時禮俗類詞彙釋

打醋炭

　　除夕祀先，購酒肉，蔬果之屬必具。易桃符、門丞。煨鑪取樺木、皂莢爇之，熾炭於盆，淬以醋，謂可除惡。（清光緒二十七年《昆明縣志》卷二《風土》）

　　除夕，祭天地、宗祖。祭時先燒拳石三，加熾炭，藉以松針、柏葉、皂莢之屬，灑香末，沃清油，燒符其上，以水（醋）淬之，曰"打醋炭"，謂可辟邪除穢。（民國二十三年《宣威縣志稿》卷

八《歲時瑣記》)

按：打醋炭指的是民間一種燒火淬醋，用以驅邪的活動。這種活動在近代較為盛行，至今在滇仍然保留。《警世通言》第六卷：“上皇便揭開簾兒，卻待入去，只見酒保告：‘解元，不可入去，這惇兒不順溜！今日主人家便要打醋炭了。待打過醋炭，卻教客人吃酒。’”《兒女英雄傳》第六回：“果然這樣，那點蘇合丸、聞通關散、熏草紙、打醋炭這些方法都用不着，倘然遇着個背了氣的人，只敲打一陣銅鑷子就好了。”《醒世姻緣傳》第八十二回：“但這劉振白刁歪低潑，人有偶然撞見他的，若不打個醋炭，便要頭疼腦熱，誰敢合他成得交易？”清屈大均《廣東新語》卷六《神語》：“又編茅葦為長鞭，黃冠一人執之，擇童子年十歲以上十二以下十二人，或二十四人，皆赤幘執桃木而噪，入各人家室逐疫，鳴鞭而出，各家或用醋炭以送疫。”

百索

五月初五日，為端陽節，又曰天中節。懸艾虎門側，兒童皆繫百索，酌菖蒲酒，以角黍相饋。(民國十年《宜良縣志》卷二《風俗》)

按：百索，亦稱百鎖，是用五色彩絲繩或彩絨編織的飾物，民間常於端午節繫於小兒臂，據説可以驅邪，亦可延壽。南朝梁宗懍《荊楚歲時記》：“以五綵絲繫臂，名曰辟兵，令人不病瘟。又有條達等織組，雜物以相贈遺。取鴝鵒教之語。”《藝文類聚》卷四引《風俗通》曰：“五月五日以五綵絲繫臂者，辟兵及鬼，令人不病溫。亦因屈原，又曰五月五日續命縷，俗説以益人命。”唐徐堅《初學記》卷四引周處《風土記》曰：“仲夏端午烹鶩角黍，一名角黍，造百索繫臂，一名長命縷，一名續命縷，一名辟兵繒，一名五色縷，一名五色絲，一名朱索，又有條達等織組雜物以相贈遺。”《太平禦覽》卷三十一引《續齊諧記》曰：“屈原五月五日投汨羅而死，楚人哀之。每至此日，竹筒貯米投水祭之。漢建武中，長沙歐回見人自稱三閭大夫，謂回曰：‘嘗見祭甚善，但常患蛟龍所竊，今若有惠，可以楝樹葉塞其上，以五彩絲約之，此二物蛟龍所憚也。'回依言，後乃復見感之。今人五日作糭子、五色絲及楝葉，皆是汨羅之遺風也。"唐韓鄂《歲華紀麗·端午》："百索繞臂，五彩纏筒。"原注："以五綵縷造百索繫臂，一名長命縷。"又《太平禦覽》卷二十三《時序部八·夏至》："《風俗通》曰：'夏至著五綵辟兵，題曰遊光厲鬼，知其名者無溫疾。五綵，辟五兵也。'按：人取新斷織繫戶，亦此類也。謹按：織取始斷二三寸帛，綴著衣衿，以已織維告成於諸姑也。後世彌久，易以五綵。又永建中京師大疫，云厲鬼字野重遊光，亦但流言，無指見之者。其後歲歲有病，人情愁怖，復增題之，冀以脫禍。今家人織新縑，皆取著後縑絹二寸許繫戶上，此其驗也。"宋高承《事物紀原》卷八《舟車帷幄部四十·百索》："百索，《續漢書》曰：'夏至陰氣萌作，恐物不成，以朱索連以桃印文施門戶，故漢五月五日以朱索五色印為門戶飾，以禁止惡氣。'今有百索，即朱索之遺事也，蓋始於漢，本以飾門戶，而今人以約臂，相承之誤也。又以綵絲結紐而成者為百索紐，以約股者名五絲云。"明陳士元《俚言解》卷一《端午百鎖》："端午以彩絨為索，又結為鎖形，繫嬰兒項臂，俗謂之百鎖。按：《續漢書》：'五月五日，朱索五色為門戶飾，以禳除惡氣。'《抱樸子》謂之長命縷，李肇《翰林志》謂之壽索，《唐六典》：'五月五日進百索，俗言百鎖，其百索之訛邪？'"清沈自南《藝林彙考·服飾篇》卷六《佩帶類》："《雷青日劄》：'小兒周歲項帶五色彩絲繩，名曰百索，不知何義。'按：宋淳熙中，剃削童髮，必留大錢許於頂心，左右偏頂或留之，頂前束以綵繒，宛若博焦之狀，曰鵓角。則知今小兒以色絲飾髮蓋自宋已然，或言起於北魏。又《東宮舊事》中有六色罽綟，云象水中苦藻以飾綎帶者。《太平禦覽》及陶宗儀《說郛》所載俱如此，此風不知起於何時也。"《大詞典》收錄"百索"詞條，首引唐韓鄂《歲華紀麗·端午》為證，書證過晚。

角觗之戲

六月二十四日，土人以為節祀祖……諸彝人或相撲為角觗之戲，曰星回節，亦曰火把節。（清乾隆五十六年《蒙自縣志》卷之二《風俗》）

按：角觚之戲為民間一種以力相搏的遊戲活動。《太平禦覽》卷四百五十二《人事部九十三·諫諍二》："禹乃進諫曰：'今關東諸道禾稼不稔，江淮浙右人民流離，父子不保。願陛下蠲賦稅常貢，減太官之食，去角觚諸戲。'"宋李新《跨鼇集》卷二十九《碑文》："復迎神幸其邑，旌旗亙野，簫吹鉦鼓沸路，雲竿、角觚、魚龍曼衍之戲雜陳於前。"金元好問《續夷堅志》卷一《王增壽外力》："秀容東南雙堡王增壽，號為外力，善角觚，人莫能敵。"角觚之戲，《大詞典》未收。

放盒子

就中以板橋、左所等處設清醮（醮）、放盒子為最繁費。其期均以元夕為定。（民國二十三年《宣威縣志稿》卷八《歲時瑣記》）

按：放盒子，即放煙花之戲，因煙花裝於盒子裏燃放，故稱放盒子。放煙花之戲，蓋起於宋代，周密《武林舊事》卷二《元夕》："宮漏既深，始宣放煙火百餘架，於是樂聲四起，燭影縱橫，而駕始還矣。"明劉侗、于奕正所撰《帝京景物略》詳細記載了以盒子燃放煙花的情景："煙火施放。煙火則以架以盒，架高且丈，盒層至五，其所藏械：壽帶葡萄架、珍珠簾、長明塔等。於斯時也，絲竹肉聲不辨拍煞，光影五色照人無妍，煙冒塵籠，月不得明，露不得下。"《紅樓復夢》第九十七回："祝母笑道：'真叫我為難。又看放盒子，又要看燈戲，一個人那兒分得兩處。這樣罷，今晚上來看燈的親友過多，燈戲未免熱鬧，我竟白日裏領孩子們的情罷。不用點燈，演幾出兒就算了。晚間領寶姑娘的罷。'"放盒子，《大詞典》未收。

請水

十六日，取舊年春對及門丞之換下者，與新年內業經用過之紙紮廢物焚而化之。在燈會謂之燒燈，在普通人家謂之燒門丞紙。是晚初更，送付清流，遂取其泉用備湯沐，名曰請水。（民國二十三年《宣威縣志》卷八之四《歲時瑣記》）

按：雲南民間舊俗常於除夕夜焚燒門丞紙，投諸河流，并取河水沐浴，謂之請水。該俗意在拔除不祥。事實上，請水活動在全國各地也皆有記載，但更多用於祈雨。宋洪邁《夷堅志》丁卷二《龍溪巨蟹》："福州長溪之東二百里，有湫淵曰龍溪，與溫州平陽接境，上為龍井山，其下有大井，相傳神龍居之。淳熙初年七八月之交，不雨五十日，民間焦熬不聊生，罄其禱請，皆莫應。士人劉盈之者，一鄉稱善良，急義好施。倡率道士僧巫，具旗皷幡鐃，農俗三百輩，用鷄初鳴時詣井投牒請水。到彼處，天已曉。僧道方四環誦經咒，將掬水於潭。"《景定嚴州續志》卷九《祠廟》："紫龍王廟在縣西南十五里，乃紫龍山之神山，有三池，歲旱請水祈禱，以水中得生物為雨讖。"《山西通志》卷二百三《藝文·英濟侯感應記》："或説若時亢旱，則吏民祈禱，無不感應。加以隣道之人，亢陽愆歲，則不遠千里，扶老攜幼，奉香火，修禮義，俯伏祠下，恭虔請水。起之時，到之日，無不雨足。"《大詞典》收錄"請水"詞條，釋義為"舊時的一種迷信活動。由巫師裝神弄鬼，替病家祈求治病的神水"。引《元典章·刑部十四·詐》為例，未及上義。

飲春酒

正月內，互置酒筵，宴尊長族鄰親友，名曰飲春酒。（民國十二年《景東縣志稿》卷二《地理志·風俗》）

按：飲春酒，即春節期間邀請親朋好友一同宴飲，此俗亦稱請春酒。《明珠緣》第十五回："次日元旦，進忠起來各處拜了年，同七官終日到城隍廟看戲。劉道士加倍奉承。人見進忠慷慨爽利，與他交接的頻多，逐日各家請春酒。"《儒林外史》第十一回："新年正月，公子回家拜祖父、母親的年回來。正月十二時，婁府兩公子請吃春酒。"《官場現形記》第二十一回："齊巧正月有些外府州、縣實缺人員上省賀歲。這些老爺們，平時刮地皮，都是發財發足的了。有些候補同寅新年無事，便借請春酒為名，請了這些實缺老爺們來家，吃過一頓飯，不是搖攤，便是牌九，縱然不能贏錢，弄他們兩個頭錢，貼補貼補候補之用也是好的。"《二十年目睹之怪現狀》第二十五回："到了新年上，方才空點，繼之老太太又起了忙頭，要請春酒。請了不算，還叫繼之夫人又做東請了一回，又要叫繼之再請。我母親、嬸娘，也分着請過。"

送歲

（除夕）燃爆竹，掛五色紙錢，灑漿飯於門外，謂之送歲。
（1961 年影印本《續修蒙自縣志》卷三《風俗》）

按：送歲，又作送祟。該俗至今在雲南民間仍然盛行。除夕之夜，人們常焚燒紙錢，潑灑漿飯，以示除惡迎新。《太平御覽》卷八百五十引《時鏡新書》曰："歲暮，家家具有餚敉，謂為宿歲之儲，以入新年也。相聚酣歌，名為送歲。"

漿飯

漿飯，即祭奠所用水飯。元無名氏《隨何賺風魔蒯通》第二折："我為甚的灑一碗漿飯水，燒一陌紙錢灰？則為咱行軍數載不相離，曾與你刎頸為交契。"《西遊記》第四十六回："正是天下官員也管着天下百姓，陛下若教臣死，臣豈敢不死？只望寬恩，賜我半盞涼漿水飯，三張紙馬，容到油鍋邊，燒此一陌紙，也表我師徒一念，那時再領罪也。"《紅樓夢》第七十八回："世上凡該死之人閻王勾取了過去，是差些小鬼來捉人魂魄。若要遲延一時半刻，不過燒些紙錢澆些漿飯，那鬼只顧搶錢去了，該死的人就可多待些個工夫。"《漢語大詞典》收錄"漿飯"詞條，釋義為："粥，稀飯。"引例為：《韓非子·外儲說右上》："子路以其私秩粟為漿飯，要作溝者於五父之衢而飱之。"未及此義。

演春

清代立春之前二日，謂之演春，前一日謂之立春，立春日謂之打春，於今廢止。（民國二十一年《馬關縣志》卷二《風俗》）

按：打春，即舊時州縣於立春日鞭打土牛以祈盼豐年的習俗，又稱鞭春，該俗早在唐代便有記載。唐元稹《生春》诗之七："鞭牛縣門外，爭土蓋鸝叢。"唐盧肇《謫連州書春牛榜子》詩："陽和未解逐民憂，雪滿群山對白頭。不得職田飢欲死，兒儂何事打春牛。"宋孟元老《東京夢華錄》卷六《立春》："立春前一日，開封府進春牛入禁中鞭春。開封、祥符兩縣置春牛於府前。至日絕早，府僚打春，如方州儀。府前左右百姓賣小春牛。"宋周密《武林舊事》卷二《立春》："前一日，臨安府進大春牛，設之福寧殿庭。及駕臨幸，内官皆用五色絲綵杖鞭牛。御藥院例取牛睛以充眼藥，餘属直閤婆掌管。預造小春牛數十，飾綵旛雪柳，分送殿閣巨璫，各隨以金銀錢彩段為酬。"明田汝成《西湖遊覽志餘》卷二十《熙朝樂事》："至日（立春日）郡守率僚属往迎，前列社夥，殿以春牛，士女縱觀，闐塞市街，競以麻麥米豆抛打春牛。"清顧禄《清嘉録·正月·打春》："立春日，太守集府堂，鞭牛碎之，謂之打春。農民競以麻麥米豆抛打春牛，里胥以春毬相餽貽，預兆豐稔。"清顧張思《土風録》卷一："漢晉時無打春之事，《隋書·禮儀志》始有綵仗擊牛之文。"

演春

舊時春節前後戲班演戲，稱為演春。明田汝成《西湖遊覽志餘》卷二十《熙朝樂事》："立春之儀，附、郭兩縣輪年遞辦。仁和縣於仙林寺，錢唐縣於靈芝寺，前期十日，縣官督委坊甲整辦什物，選集優人、戲子、小妓裝扮社夥，如《昭君出塞》《學士登瀛》《張仙打彈》《西施採蓮》之類，種種變態，競巧爭華，教習數日，謂之演春。"《聊齋志異》卷一《偷桃》："童時赴郡試，值春節。舊例，先一日，各行商賈，彩樓鼓吹赴藩司，名曰'演春'。"演春，《大詞典》未收。

走百病

五月端陽節，家懸蒲劍、艾虎，以五色絲為縷，纏小兒臂，飲雄黄酒，食梅、杏、角黍、饅頭及祛暑避惡之藥，以榴花醮水洗眼，午後出遊諸名勝地，曰走百病。（民國五年《大理縣志稿》卷六《社交》）

按：舊俗，人們在端午節或正月十六日夜晚相率出遊，以祛除百病。此俗早在南朝便有記載。南朝梁宗懍《荆楚歲時記》："燕城正月十六夜，婦女群遊。其前一人持香辟人，名辟人香。凡有橋處，相率以過，名走百病。又暗摸前門釘，中者兆吉宜子。"明王士性《廣志繹》卷二《兩都》："都人好遊，婦女尤甚。每歲，元旦則拜節。十六過橋走百病，燈光徹夜。"明劉侗、于奕正《帝京景物略》："上元時婦女相率宵行，以消疾病，曰走百病，又曰走橋。"清徐釚《詞苑叢談》卷七

《紀事四》："京師舊俗，婦女多以元宵夜出遊，摸正陽門釘以祓除不祥，名走百病。"清姚之駰《元明事類鈔》卷三《歲時門》："走橋，明張宿《走百病》詩：'白綾衫照月光殊，走過橋來百病無。再過前門釘觸手，一行直得一年娛。'"《日下舊聞考》卷一百四十七引《宛署雜記》："（正月十六）其夜婦女群游，祈免災咎。前一人持香辟人，名曰走百病。凡有橋處，三五相率以過，謂之度厄。"

《漢語大詞典》收錄"走百病"詞條，釋義為："明代北方民俗，婦女在元宵或正月十六日夜相率出遊，以祛除百病。"並引明謝肇淛《五雜俎・天部二》與清徐《詞苑叢談》卷七的例子為證。走百病在南朝梁宗懍《荊楚歲時記》中已有記載，且不獨盛行於北方，故"明代北方風俗"的説法不夠確切。

鬥百草

　　五月端陽節，包角黍，飲蒲酒。知醫藥者採藥，小兒鬥百草。
（清光緒三十年《續順寧府志稿》卷五《地理志・風俗》）

　　按：鬥百草是古代端午節盛行的一種競賽採花草的遊戲。該俗蓋起於吳。南朝梁宗懍《荊楚歲時記》："五月五日謂之浴蘭節，四民並踏百草之戲。採艾以為人，懸門戶上，以禳毒氣。以菖蒲或鏤或屑以泛酒。按：《大戴禮》曰：'五月五日蓄蘭為沐浴。'《楚辭》曰：'浴蘭湯兮，沐芳華。'今謂之浴蘭節，又謂之端午。踏百草即今人有鬥百草之戲也。宗則字文度，常以五月五日雞未鳴時採艾，見似人處，攬而取之，用灸有驗。師曠占曰：'歲多病則病草先生。'艾是也，今人以艾為虎形，或剪綵為小虎，粘艾葉以戴之。"宋李昉《太平廣記》卷四百五引《國史纂纂》："晉謝靈運鬚美，臨刑，施於南海祇寺，為維摩詰須。寺人寶惜，初不虧損。中宗安樂公主，五月鬥百草，欲廣其物色，令馳取之。又恐他人所得，因剪棄其餘。今遂絕。"明方以智《通雅》卷三十五《戲具》："鬥草之戲自古已然。申公詩説曰：'苿苣童兒鬥草。'嬉戲歌謠之詞賦也。據此則周時有之，至安樂鬥百草，翦康樂所舍南海祇洹維摩鬚，亦此戲極變矣。"明郎瑛《七修類稿》續稿卷四《辯證類・鬥百草》："風俗鬥百草之戲，獨盛於吳，故《荊楚記》有端午四民鬥百草之言，未知其始也。昨讀劉禹錫詩曰：‘若共吳王鬥百草，不如應是欠西施。’則知起于吳王與西施也。”明高濂《遵生八牋》卷四《四時調攝牋下·夏時逸事·鬥草浴蘭》：“五日踏百草，又作鬥百草之戲。章詩云：‘今朝鬥草得宜男，五日蓄蘭以為浴。’楚騷曰：‘浴蘭湯兮，沐芳華。’章詩云：‘蘭芽翠釜湯。’”《紅樓夢》第十一回：“黛玉道：‘鬥草原是午日之戲，當日唐朝安樂公主，午日鬥百草，欲廣其物，曾遣人馳驛南海祇洹寺，剪維摩詰像上謝靈運之鬚，總不過是以稀罕為貴罷了。’”

獻烏飯

四月八日，浴佛，獻烏飯。（天啟《滇志》卷三《地理志·風俗》）

按：烏飯即以南燭草液汁或楊桐葉、烏柏葉等液汁染黑的飯，又名青精飯。民間以四月八日為浴佛會，時獻烏飯供佛。唐陸龜蒙《四月十五日道室書事寄襲美》詩：“烏飯新炊芼臛香，道家齋日以為常。月苗杯舉存三洞，雲蕊函開叩九章。”明李時珍《本草綱目》卷二十五《穀之四·青精乾石餶飯》：“（集解）藏器曰：‘烏飯法，取南燭莖葉搗碎，清汁浸粳米，九浸九蒸九曝。米粒緊小，黑如堅珠，袋盛可以適遠方也。’時珍曰：‘此飯乃仙家服食之法，而今之釋家多於四月八日造之，以供佛耳。造者又入枇葉、白楊葉數十枝，以助色。’”明高濂《遵生八牋》卷三《四時調攝牋·青精飯》：“青精飯，用楊桐葉並細葉冬青葉，遇寒食採其葉染飯，色青而有光，食之資陽氣，道家謂之青精乾食飯。今俗以夾麥青草搗汁，和糯米作青粉團，烏柏葉染烏飯作糕是此遺意。”明董斯張《吳興備志》卷二十六《方物徵二十三》：“夏至日，以南燭草染糯作烏飯，僧道尤尚此食。南燭草即今黑飯草也。今俗四月八日多造以供佛，因相餽送。”《別雅》卷二：“青餶飯，青精飯也。吳曾曰：‘《神仙王褒傳》太極真人乙太極青精飯方授之，褒鍊服五年，色如少女。’杜詩：‘惜無青精飯，使我顏色好。’蘇頌曰：‘陶隱居《登真隱訣》有青餶飯，即青精飯，今釋家四月八日所作之，烏飯是也。’”

飲菊花酒

重陽，九月初九日，登高，飲菊花酒。（明嘉靖二十九年《尋甸府志·風俗》）

按：菊花酒，又作菊華酒。舊俗九月九日飲菊花酒。該俗蓋起於漢代。漢劉歆《西京雜記》卷三："九月九日佩茱萸，食蓬餌，飲菊華酒，令人長壽。菊華舒時，並採莖葉，雜黍米釀之。至來年九月九日始熟，就飲焉，故謂之菊華酒。"南朝梁宗懍《荊楚歲時記》："九月九日，四民並藉野飲宴。按：杜公瞻云：'九月九日宴會，未知起於何代，然自漢至宋未改。今北人亦重此節。佩茱萸，食餌，飲菊花酒，云令人長壽。近代皆設宴於臺榭。'"《續齊諧記》："汝南桓景隨費長房遊學累年，長房謂曰：'九月九日，汝家中當有災，宜急去，令家人各作絳囊，盛茱萸以繫臂，登高飲菊花酒，此禍可除。'景如言，齊家登山。夕還，見雞犬牛羊一時暴死。長房聞之，曰：'此可代也。'今世人九日登高飲酒，婦人帶茱萸囊，蓋始於此。"宋葉廷珪《海錄碎事》卷二《天部下·歲曆門》："菊酒，漢俗九月九日佩茱萸房，食蓬餌，飲菊花酒，云令人長壽。其法採花雜黍米釀酒，密封置室中，至來歲重陽日開，謂之菊酒。"

吞黑豆（吞赤豆）

端陽，飲菖蒲雄黃酒，繫續命縷，懸艾拳，吞黑豆七枚，云可除疾。（民國二十二年《宣威縣志》卷八《風俗·歲時瑣記》）

立秋日，先以布袋盛紅豆入井底，及時取出，男婦老幼各吞數粒，飲生水一盞，以為不患痢癥。（乾隆四十九年《鎮雄州志·風俗》）

長至，相賀，飲赤豆羹。（天啟《滇志》卷三《地理志·風俗》）

按：雲南民間有吞黑豆或吞赤豆的習俗，據說此俗可以袪病禳災。傳說該俗源於共工氏不才之子的故事，後世之人相襲成俗。南朝梁宗懍《荊楚歲時記》："冬至日量日影，作赤豆粥以禳疫。按：共工氏有不才之子，以冬至死，為疫鬼，畏赤小豆，故冬至日作赤豆粥以禳之。"明謝肇淛《滇略》卷四《俗略》："元旦、清明、端午、七夕、長至，人家咸作赤豆羹噉之，互以相遺。按：《初學記》云：'共工氏有不才子七人，死而為厲，性畏赤豆，故作羹以祛之，是其遺法也。'"《月令輯要》卷五引《風土記》："元日服赤小豆二七粒，面東，以薑汁下，即一年無疾病。"清桂馥《札樸》卷九《鄉里舊聞》："鄉俗每冬春之際，令小兒食赤豆。余兒時不欲食，但飲其汁，亦不解食之何意。《初學記》引《歲時記》云：'共工氏有不才子，以冬至日死，為人癘，畏赤豆，故作粥以禳之。'《雜陰陽書》：'正月七日，男吞赤小豆七顆，女吞十四枚，令疫病不相染。'乃知鄉俗本此。"

替身馬子

　　除夕飲後，家中人各帶替身馬子一個於首上，帶後取下，用香紙全五聖馬子送於門外，復用水飯、爆竹，名曰送聖。(同治六年《越州古志》卷二《風俗》)

　　按：雲南民間多有燒替身馬子之俗，以此來求得神的保佑或禳除災難。所謂馬子，即紙馬，雲南民間又稱甲馬，指祭祀活動中用於焚燒的紙版繪畫印刷品。《六書故·植物一》："古者祭祀用牲幣，秦俗牲用馬。淫祀浸繁，始用芻馬。唐明皇瀆於鬼神，王璵始鏨紙為錢以代幣，至於今便之。凡禱祠必用紙錢，加以畫馬，楮不足繼以橐稭。"清趙翼《陔餘叢考·紙馬》："後世刻板以五色紙印神佛像出售，焚之神前者，名曰紙馬。或謂昔時畫神於紙，皆畫馬其上，以為乘騎之用，故稱紙馬。"清虞兆漋《天香樓偶得·馬字寓用》："俗於紙上畫神佛像，塗以紅黃彩色，而祭賽之。畢即焚化，謂之甲馬。以此紙為神佛之所憑依，似乎馬也。"

　　紙馬最早源於繪畫，以繪畫手段進行祭祀活動的記載較早出現於晉常璩的《華陽國志·南中志》："諸葛亮乃為夷作圖譜。先畫天地、日月、君長、城府；次畫神龍，龍生夷及牛、馬、羊；後畫部主吏乘馬幡蓋、巡行安邮；又畫牽牛負酒、齎金寶詣之之象，以賜夷。夷甚重之，許致生口直。"唐代亦有手繪紙馬的記載。唐李冗《獨異志》："閑居之際，忽有一人朱衣玄冠而至。乾問曰："何得及此?"對曰："我鬼使也，聞君善圖良馬，願賜一匹。"乾立畫焚之。數日因出，有人揖而問之："蒙君惠駿足，免為山川跋涉之勞，亦有以酬効。"明日，友人送素縑百疋，不知其來，乾収而用之。"唐代文獻已有"甲馬""紙馬"記載。敦煌伯三八一〇寫卷："用甲馬兩個，上用硃砂寫'白雲上升'四字，飛符二道，祭六甲壇下。"唐戴神子《博異志·王昌齡》："見舟人言，乃命使費酒脯、紙馬獻於大王。"宋代有紙馬鋪記錄。宋孟元老《東京夢華錄》卷七《清明節》："士庶闐塞諸門，紙馬鋪皆於當街用紙袞疊成樓閣之狀。"宋吳自牧《夢粱錄》卷六《十二月》："元夕歲旦，在邇鋪席有貨畫門神、桃符、迎春牌兒，紙馬鋪印鍾馗、財馬、廻頭馬等，饋與主顧。"明清時期，"紙馬""甲馬"記錄較多。《西遊記》第四八回："（陳澄等）祝罷，燒了紙馬，各回本宅不題。"《水浒传》第三八回："原來這戴院長……把兩個甲馬拴在兩隻腿上，作起神行法來，一日能行五百里。"《儒林外史》第二八回："小的送這三牲紙馬，到墳上燒紙去。"《兒女英雄傳》第二三回："一進二門，當院裏早預備下香燭，吉祥紙馬。"清袁枚《续新齐谐·天后》："有甲馬三：一畫冕旒秉圭，一畫常服，一畫披髮跣足仗劍而立。每遇危急，焚冕旒者輒應。"

　　雲南甲馬大約於明代由中原傳入。雲南各地紙馬中有相當數量的替身。替身源於古代的殺生祭祀活動，一般在請神、送神、謝神、獻神、招魂等場合廣汎使用。替身紙馬一般劃上下兩排，上排站滿許多男女，下排羅列六禽家畜。清孫錦標《通俗常言疏證·鬼神》："替身，《因話錄》：'紙畫代人，未知起何時，今世禱禳者用之。版刻印染，有男女之形而無口。北方之俗，於臘月二十日夜，佩之於身，除夕焚之。'按：即今之替身是也。"《紅樓夢》第十七回："因自幼多病，買了許多替身，皆不中用，到底這姑娘入了空門，方才好了，所以帶髮修行。"

利市

　　除夕，換春聯、門丞，用色紙印就之種種號碼，曰大利市，上刻利市仙官名號，黏之楣曰腰門。（民國二十三年《宣威縣志》卷八之四《歲時瑣記》）

　　按："利市"一詞，産生很早，早在上古文獻中就可見及。最初為"財物""好買賣"之義。《周易·説卦》："巽為木、為風、為長女、為繩直、為工、為白、為長、為高、為進退、為不果、為臭。其於人也，為寡髮、為廣顙、為多白眼、為近利市三倍，其究為躁。"孔穎達疏："為近利取其躁，人之情多近於利也，市三倍，取其木生，蕃盛於市，則三倍之宜利也。"《左傳·昭公十四年》："爾無我叛，我無强，賈毋或匄奪。爾有利市寶賄我，勿與知。"此義一直沿用至後世。明陳士元《俚言解》卷三《利市》："百工起手，或畢工，主人於工價之外賞給財物，謂之利市，此亦古語。"《今古奇觀》第七十二卷："强得利一來白白裏得了這兩錠大銀，心中歡喜，二來感謝眾人幫襯，三來討了客人的便宜，又賴了眾人一股利市，心上也未免有些不安。"

　　利市，在滇多指用紙或布製作的挂於門楣的吉貼，該義在文獻中亦多見及。宋孟元老《东京梦华录》卷五《娶妇》："新人門額用綵一段碎裂其下，橫抹掛之。婿入房即眾爭搶小片而去，謂之利市。繳門紅婿於床前請新婦出，二家各出綵段綰一同心，謂之牽巾。男掛於笏，女搭於手。"宋吳自牧《夢粱錄》卷二十《嫁娶》："止用妓樂花燭迎引入房，房門前先以綵一段橫挂於楣上，碎裂其下。壻入門，眾手爭扯而去，謂之利市，繳門爭求利市也。"《警世通言》第十三卷："張媒道：'就今日好日，討一個利市團圓吉帖。'押司娘道：'卻不曾買在家裏。'李媒道：'老媳婦這裏有。'便從抹胸内取出一幅五男二女花箋紙來，正是：雪隱鷺鷥飛始見，柳藏鸚鵡語方知。"《明珠緣》第二回："是日正是新春，家家俱放爆竹燒利市。魏雲卿走來走去，又不好進店去問。"

　　《大詞典》收錄"利市"一詞，釋義為：（1）好買賣。（2）吉利；好運氣。（3）節日、喜慶所賞的喜錢。釋義未及上義。

二　雲南近代方志一般禮俗類詞彙釋

木刻

　　其州僰、羅羅處而羅羅尤多，不識文字。凡有交易借貸，輒以片木刻其物品、日期、多寡之數於上，析而分之，彼此各藏其半以取信，亦上古之遺風。（明景泰《雲南圖經志》卷二《馬龍州·

風俗》)

　　按：木刻，即古代一種以木片作為契符的習俗，蓋起於上古的書契。但早期書契主要指契刻文字。《周易·繫辭下》："上古結繩而治，後世聖人易之以書契。"《尚書序》："古者伏犧氏之王天下也，始畫八卦，造書契，以代結繩之政，由是文籍生焉。" 後來才指書於木片的契約憑證。《周禮·地官·質人》："稽市之書契，同其度量，壹其淳制，巡而玫之，犯禁者舉而罰之。" 鄭玄注："稽，猶考也，治也。書契，取予市物之券也，其券之象書兩札刻其側。"《周礼·天官·小宰》："六曰聽取予以書契。" 孫诒让正義："凡以文書為要約，或書於符券，或載於簿書，並謂之書契。" 戰國文獻中時有"左契""右契"的記載，亦是契刻的明證。如《老子》中有"是以聖人執左契，不責於人"。《禮記·曲禮》中有"獻粟者執右契"，《戰國策·韓策》中有"操左契，而為公責德於秦、魏之主"等。更有文獻提到券契的齒，例如《管子·輕重甲》："與之定其券契之齒，金鐲之數，不得為侈弇焉。"《列子·説符》："宋人有遊於道得人遺契者，歸而藏之，密數其齒。告鄰人曰：'吾富可待矣。'"

　　唐代的雲南有木夾之制的記載，木夾所指亦為木刻。明楊慎《升菴集》卷六十六《木夾》："唐僖宗乾符六年，嶺南節度使率譙遣徐雲虔使於南詔。南詔驃信待雲虔甚厚，授以木夾遣還。《通鑑》《釋文》及《綱目》《集覽》皆不解木夾之義。予按：《宣和書譜》云章孝規嘗為路魯瞻，書雲南木夾。木夾，彼方所謂木契，蠻夷之俗，古禮未廢，故其徃復移文猶馳木夾。" 明謝肇淛《滇略》卷四《俗略》："唐西南夷多用木夾。徐雲虔使南詔，南詔待之甚厚，授以木夾遣還。宋宣和間，高泰運貽木夾書於邊，將以求貢。其製用兩漆板夾文書而刻字其上以為信，五嶺邕管之間皆然。今夷人交易尚用木刻，多在神前呪誓，故不敢叛也。" 又卷九："近城有沙山不毛地，亦與波斯婆羅門接，距西舍利城二十日，行西舍利者，中天竺也。一切借貸賒傭、通財期約，諸事不知文字，惟以木刻為符，各執其半，如約酬償，毫髮無爽。"

水禮

行聘，首飾用銀，不用金，亦不用鍍。衣服二件或四件六件，水禮四色（鷄、豬、魚、羊），不用活羊、活豬，其餘包餅、割截之類一概禁用。（民國五年《大理縣志稿》卷六《社交部》）

按：舊時送禮分干禮與水禮兩種，干禮為現金之類，水禮為酒食之類。因酒食相對於貴重禮物而言，價格低廉，故稱水禮。《歧路燈》第六十八回："張正心遵命，命老僕拿兩千錢，不多一時，賃了一架盒子，水禮已備。"《施公案》第三十四回："話説施忠辦買八色水禮，開禮單，寫手本。"《曾國藩文集·從政篇·徐兄欲與吾共商進退之法》："鄭小山於正月二十八日出來拜客一日，二十九日拜折後即行起程。干禮水禮一概不收，一清徹骨。"又《曾國藩文集·理財篇·寄銀三十兩賀岳母壽》："爾外祖母于九月十八日壽辰，茲寄去銀三拾兩，家中配水禮送去。"《二十年目睹之怪現狀》第四三回："次日我便出去，配了兩件衣料回來，又配了些燭、酒、麵之類，送了過去。卻只受了壽屏、水禮，其餘都退了回來。"

關煞

三月二十日，三霄誕。祈嗣者禳花童，關煞者咸赴會進香，請道士諷經獻幡。　（民國十二年《景東縣志稿》卷二《地理志·風俗》）

按：關煞，即舊時星象家所稱的命中註定的災難，現在多特指小兒未出童關之前所遇到的神煞。唐楊筠松《天玉經》外編："五行逢衰為關，又忌五般水形，金圓、木直、水曲、火斜、土橫方。水城出口處犯前項關煞，主少亡。"南唐何溥《靈城精義》卷下："乘氣則從，丙丁庚辛作分，金亦不犯沖，中之煞而一切空亡，關煞可無患矣。"明萬民英《星學大成》卷八："小兒要論關煞，定直頭。須不應前是太陰後是煞，小限中間夾。"又卷十："小兒關煞，莫若三六九十二之煞為是，士夫功名便以天馬運行為準，男人無婦皆緣身命坐孤神。"明萬民英《三命通會》卷七《論小兒》："小兒之命，當論時辰為正。先看關煞，次看格局。日主強財官旺，有關無煞；日主弱財官少，常病易養；日干弱財官多，有煞有關，難養。夫關者何也？即偏官為關，偏財為煞。專以日干為主，取生成之數斷之。關者，譬如今之關隘，乃險阻之地。人至關，非明文不敢私渡，違者必致其禍。小兒命犯此關，則為不利。柱中日干強健，制伏純粹，印綬無傷。如有明文之類，通達順遂，易養長壽。反之則否。"《今古奇觀》卷五十二："若還獨自一個坐在中宮，合不着半點夫星，倒犯了幾重關煞。就是壽算極長，也過不到二十之外。"《飛龍全傳》第二十六回："看官們有所不知，蓋因這孩子本有根器，托生人間，他的命裏該有這一遭關煞大難，所以閻君特差鬼卒前來降禍，雖無性命之憂，終有淹染之苦。"關煞，《大詞典》未收。

葉子戲

設局誘賭，敗壞良家子弟，抑自命活潑者，流良朋師弟之過從者，葉子戲、麻雀牌，非此不了甚。(民國五年《大理縣志稿》卷六《社交部》)

按：葉子戲，蓋源於葉子格，即古時博弈之戲。宋歐陽修《歸田錄》卷下："葉子格者，自唐中世以後有之。說者云因人有姓葉，號葉子青者撰此格，因以為名。此說非也，唐人藏書皆作卷軸，其後有葉子，其制似今策子。凡文字有備檢用者，卷軸難數，卷舒故以葉子寫之，如吳彩鸞唐韻、李郃彩選之類是也。骰子格本備檢用，故亦以葉子寫之，因以為名爾。唐世士人宴聚，盛行葉子格，五代國初猶然，後漸廢不傳。今其格，世或有之，而無人知者。"宋王闢之《澠水燕談錄》卷十《雜錄》："唐太宗問一行世數。禪師製葉子格進之。'葉子'言二十世李也，當時士大夫宴集皆為之，其後有柴氏、趙氏，其格不一。蜀人以紅鶴格為貴，禁中則以花蟲為宗。"明楊慎《丹鉛續錄》卷九《六赤打葉子》："葉子如今之紙牌酒令，鄭氏書目有《南唐李後主妃周氏徧金葉子格》，此戲今少傳。"清顧張思《土風錄》卷五："(葉子)又有馬弔之名，陳確庵《頑潭詩話》謂即戳戲，始明萬曆中年，崇禎間尤盛。京師搢紳入朝歸，袍笏未除，毯列已具。"清孫錦標《通俗常言疏證·戲玩》："汪師韓《談書錄》：'紙牌之戲，前人以為起自唐之葉子格、宋之鶴格、小葉子格。然葉格戲，似兼用骰子，蓋與今之馬弔、遊湖異矣。世人多謂馬弔之後，變為遊湖，二者一時並有，特馬弔先得名耳。馬弔本為馬掉腳，後又改掉為弔也。遊湖，廣三十葉為六十，其名自康熙間始有。然前人用三十葉，其曰看虎，一曰鬭虎，又曰扯三章、扯五章者，即遊湖也。'"

花幣

每會試，上年八月內，知州於新舊舉人投啓各一通。公所設宴，送花幣、贐儀。至起行日，餞化龍橋。（清乾隆二十四年《石屏縣志》卷六《風土》）

按：花幣，即朝廷犒賞官員的錢物。明范景文《文忠集》卷二《奏疏撫豫稿》："故凡安家行糧，犒賞器甲，一照往例，毫不少減，而仍捐俸，備花幣、牛酒勞之，以宣佈朝廷德意，人人踴躍而前。"明徐應秋《玉芝堂談薈》卷九《遣使鬼魂》："洪武四年十二月，有司誤謂弼有異術，貢于朝，太祖賜以花幣遣還。"明于慎行《穀山筆麈》卷十《明刑》："乃至勳臣持節冊封親王，索至千金不已。文臣為副使，杯盤花幣亦皆不受，相懸如此。"《明臣奏議》卷三十五《請敕臺臣查勘遼事疏》："犒以牛酒，勞以燒割，給以紗羅，獎以花幣，而將帥知感激，亦無不人人盡心整頓，圖一結局以歸鄉里也。"花幣，《大詞典》未收。

下醬

初八日，食臘八粥，釀甜酒，下醬。（民國十三年《昭通縣志》卷十一《風俗》）

按：下醬即製醬。明方以智《物理小識》卷六《飲食類・醬》："諺曰：伏水宜醬，臘水宜酒。小蕪黃醃醬，山榆仁也，能殺蟲。又曰伏中合醬麴，不生蟲。日未出，汲水下醬，不引蠅子。"明宋詡《竹嶼山房雜部》卷十七《尊生部五・醬部》："然後下醬，先用水逐旋入白鹽，多留些蓋面上。和訖，以時蘿撒醬面上，復以翎蘸好香油，抹醬面及鋼。"下醬，《大詞典》未收。

儺禮

清明日插柳於門，老幼偕往祭墓。擇日行古儺禮，延僧道設醮，紮龍船，裝方相以逐疫。（咸豐元年《普洱府志》卷九《風俗》）

按：儺禮，即民間一種驅邪儀式。此禮來源較早，早在先秦時代便有記錄。《周禮·春官·占夢》："遂令始難毆疫。"鄭玄注："令，令方相氏也。難，謂執兵以有難卻也。方相氏掌蒙熊皮，黃金四目，玄衣朱裳，執戈揚盾，帥百隸為之毆疫厲鬼也。故書'難'或為'儺'。杜子春'難'讀為'難問'之'難'，其字當作'儺'。《月令》：'季春之月，命國難，九門磔攘，以畢春氣。仲秋之月，天子乃難，以達秋氣。季冬之月，命有司大難，旁磔，出土牛，以送寒氣。'"宋曾慥《類說》卷十六《松窗雜錄·驅儺》："用方相四，戴冠及面具，黃金為四目，衣熊裘，執戈揚盾，口作儺儺之聲，似除也。侲子五百小兒為之，朱褶青襦，戴面具，晦日於紫宸殿前儺，張宮懸樂。"宋高承《事物紀原》卷八《舟車帷幄部四十·驅儺》："按：周禮有大儺，漢儀有侲子。要之，雖原始於黃帝，而大抵周之舊制也。周官歲終命方相氏率百獸索室驅疫以逐之，則驅儺之始也。"明彭大翼《山堂肆考》卷十四《時令·驅儺》："《東漢後紀》：'歲除大儺，選中黃門子弟，十歲以上十二歲以下，百二十人為侲子，皆赤幘皂衣，執鞉而行。'又《禮樂志》：'儺逐，鬼疫也。陰陽之氣不節癘鬼，從而為禍，故天子使方相氏黃金為四目，熊皮為帽，口作儺儺之聲，以驅鬼疫，一年三度為之。'故《禮·月令》：'季春命國儺，季秋天子乃儺，季冬命有司大儺，旁磔以送寒氣。'薛綜注：'侲之為言善也，善男幼子也，《西京賦》侲子善童。'"明黃佐《泰泉鄉禮》卷五："凡鬼有所歸乃不為厲。每社內立厲壇一所，以祭無祀鬼神。每歲三祭，皆先一日告於社，約正主祭，遵制，以里長僉名于祝。春用清明，秋用七月十五日，冬用十月一日，俱行儺禮。或十月不儺而移於臘月，謂之大儺。"清昭槤《嘯亭續錄·喜起慶隆二舞》："又於庭外丹陛間，作虎豹異獸形，扮八大人騎禺馬作逐射狀，頗沿古人儺禮之意，謂之《喜起舞》。"《續通志》卷一百十七《禮略·賓禮·時儺》："宋志不載儺禮。《東京夢華錄》云：'除日，禁中呈大儺儀，並用皇城親事官。請班直戴假面，繡畫色衣，執金鎗龍旗，裝將軍、門神、判官、鍾馗、小妹、土地、竈神之類，共千餘人，自禁中驅出，南薰門外轉龍灣，謂之埋祟而罷，此則儺禮之行於汴京者也。'《乾淳歲時記》云：'禁中臘月三十日呈女童驅儺，裝六丁六甲六神之類，此則儺禮之行於南渡者也。'"

《漢語大詞典》收錄"儺禮"一詞，釋義為"大儺之禮。古代在臘月舉行的驅除疫鬼的儀式"。首引清昭槤《嘯亭續錄·喜起慶隆二舞》的例子為證，書證過晚。另據上，儺禮可在春、秋、冬三季舉行，故《大詞典》所述"臘月舉行"不夠準確。

走無常

獨是淫祀甚多，愚民惑焉，且有延巫覡祈禱，走無常、觀亡魂者。(民國十年《宜良縣志》卷二《地理志·風俗》)

按：舊時的迷信，活动。謂活人到陰間當差，事畢得以返陽的經歷或活人的通陰之術。明祝允明《語怪·重書走無常》："酆都走無常事……彼中以此為常。或人行道路間，或負擔任物，忽擲跳數四，便僕於地，冥然如死。途人家屬，但聚觀以伺之，或六時或竟日，甚或越宿，必自甦，不復驚異救治也。比其甦，扣之，則多以勾攝。蓋冥府追逮繁冗時，鬼吏不足，則取諸人間，令攝鬼卒，承牒行事，事訖即還。或有搬運負載之役亦然，皆名走無常。"《元明事類鈔》卷二十《神鬼門·神靈·酆都獄》："祝允明語怪，酆都觀香火甚盛。永樂間江西尤和，為令意欲除之。一日門子忽倚其靴而僵，越二日始甦，云方走無常始回耳。問其所攝，則即令之弟也，扣其室廬，相貌無不合者。命人訊於家弟，果凶。乃入觀醮謝，紀其事而鑱之石。"《聊齋志異》卷二《張誠》："父恐其亦死，時就榻少哺之，牛輒詬責，訥遂不食，三日而斃。村中有巫走無常者，訥途遇之，緬訴曩苦。因詢弟所，巫言不聞，遂反身導訥去。"《聊齋志異》卷十二《李檀斯》："長山李檀斯，國學生也。其村中有嫗走無常，謂人曰：'今夜與一人舁檀老，投生淄川柏家莊一新門中，身軀重贅，幾被壓死。'時李方與客歡飲，悉以嫗言為妄。至夜，無疾而卒。天明，如所言往問之，則其家夜生女矣。"清紀昀《閱微草堂筆記》卷二《灤陽消夏錄》："里有老嫗，能入冥，所謂走無常者是也。"《大詞典》收錄"走無常"一詞，釋義為："舊時迷信，謂活人到陰間當差，事訖放還。"事實上，民間走無常多由巫師發起，凡活人入冥之舉，皆可稱為走無常，故並不一定需要拘役活人當差。

呷酒

燕賓於曠野，多用呷酒，灌水槽粕，罐中歃竹管，曰"酒竿"。列坐而吸，味盡乃止。　　（清乾隆四十九年《鎮雄州志·風俗》）

按：呷酒，亦稱呷竿酒，是雲南少數民族待客的重要習俗。明景泰《雲南圖經志》卷二《澂江府·風俗》："俗以米麥釀酒，既熱，凡燕待賓親之貴重者，具果饌，設架於庭，置酒罇其上，泡之以水，務令罇滿為度。少頃，置中通之竹筒於內，必探其底乃與客為揖，讓禮而呷之。別以盃酌水候客，既呷而注於罇，視水之盈縮以驗所呷之多寡。若水溢而罇不能容，則復勸呷之，以此為愛敬之重者。遇寒月則置火於罇下，欲其熱也。雖富貴之家，亦用之，蓋亦有所視效歟？"清乾隆八年《麗江府志略·風俗》："俗以大麥釀酒，凡宴待賓客，先設架置酒壜於上，貯以涼水，插竿於內。客至，主人先呷，以示先嘗之意，客次之。呷時盛水，候呷畢而注於壜，視水之盈縮，以驗所飲之多寡。不及，則請再行。寒夜置火於壜下，取其熱也。"

呷酒的製造技術早在北魏賈思勰《齊民要術》中便有記載，但當時未具呷酒之名，而是以爐酒來命名的。爐酒，即為爐飲之酒，後世誤為蘆酒。《齊民要術》卷七《笨麴餅酒六十六》："作粟米爐酒法：五月、六月、七月中作之倍美。受兩石以下甕子，以石子二三升蔽甕底。夜炊粟米飯，即攤之令冷，夜得露氣，雞鳴乃和之。大率米一石殺麴米一斗，春酒糟末一斗，粟米飯五斗。麴殺若多，少計須減飯。和法：痛挼令相雜，填滿甕為限。以紙蓋口，搏押上，勿泥之，恐大傷熱。五六日後，以手內甕中，看令無熱氣，便熟矣。酒停亦得二十許。日以冷水澆，筒飲之，醋出者歇而不美。"唐沈佺期《三日獨坐驩州思憶舊遊》

詩：“無人對爐酒，寧緩去鄉憂。”

“咂酒”在宋代文獻中已出現，又作嚃酒。宋莊綽《鷄肋編》卷中：“羌人造嚃酒，以荻管吸於瓶中。老杜《送從弟亞赴河西判官》詩云：‘黃羊飫不羶，蘆酒多還醉。’蓋謂此也。”清沈自南《藝林彙考·飲食篇》卷六《酒醴類下》：“《丹鉛録》：‘杜詩：黃羊飫不羶，蘆酒多還醉。蘆酒，以蘆為筒，吸而飲之，今之咂酒也，又名釣藤酒。酒以火成，不醉不篘，兩缶西東以吸取。’”清陳元龍《格致鏡原》卷二十二《飲食·酒》：“《齊民要術》作粟米爐酒法，詳其法……即今所謂咂酒。然今法只用小白麴或大麥、小麥、糯米，瓶甖中皆得作之，而澆飲以湯，古為蘆酒，因以蘆筒噏之，故名。”清《敬業堂詩集》卷三《咂酒》：“蠻酒釣藤名，乾糟滿甕城。茅柴輸更薄，挏酪較差清。暗露懸壺滴，幽泉借竹行。殊方生計拙，一醉費經營。”清吳景旭《歷代詩話》卷三十五《巳集上之中·杜詩》：“塞外所造酒，荻管吸瓶中，故曰蘆酒也。……川中人造酒，荻管吸瓶中，信然。陝以西人則高盆貯糟，飲時量多少，注水盆中竅。盆吸之，水盡酒乾，謂之瑣力麻酒，又曰雜麻酒，即蘆酒之遺制。《墅談》云：‘秦蜀之人醞酒於缶，飲以筒，名咂麻酒，亦曰瑣里麻。’《石林燕語》云：‘隴右人造嚃酒，以荻管吸於瓶中’，以是知秦、蜀去西徼為近，故其法盛傳。”《大詞典》收録了“蘆酒”一詞，但未收“爐酒”與“咂酒”。

鬼妻

（彝）婦人既嫁，婿有言其婦外窺者，婦父母親戚掘地縛而埋之，以為辱宗。夫死不嫁，自稱鬼妻。（清光緒二十三年《騰越州志》卷一《雜記》）

水擺夷，居多傍水，喜浴，男渡船，女傭工糊口。夫死名為鬼妻，無復可嫁。（清道光九年《開化府志》卷九《風俗》）

按：舊時死人之妻稱為鬼妻，即寡婦，其來源甚早。《墨子·節葬下》：“其大父死，負其大母而棄之，曰：‘鬼妻不可與居處。’”明謝肇淛《滇略》卷九《夷略》：“閨門極嚴，婦人既嫁婿，有言其婦外窺者，婦家父母親戚俱來掘地為坑，不問虛實，縛女埋之，以為辱宗。夫死不嫁，自稱鬼妻。"明王士性《廣志繹》卷五《西南諸省》："過景東界，度險數日皆平地，貴賤皆樓居，其下則六畜。俗多婦人，下戶三四妻不妒忌，頭目而上，或百十人供作，夫死則謂之鬼妻，皆棄不娶。省城有至其地經商者贅之，謂之上樓，上樓則翦髮不得歸矣，其家亦痛哭為死別也。"清屈大均《廣東新語》卷二十四《蟲語》："西粵土州，其婦人寡者曰鬼妻，土人弗娶也。粵東之估客，多往贅焉。欲歸則必與要約。三年返，則其婦下三年之蟲，五年則下五年之蟲，謂之定年藥。愆期則蟲發，膨脹而死。如期返，其婦以藥解之，輒得無恙。"

打鷄卦

　　白馬，夷巫也，號大現嶓。或曰拜禡，取雛鷄雄者生剖取兩髀束之，細刮其皮骨，有細竅，刺以竹籤，相多寡向背順逆之形，以占吉凶。其鷄骨竅各異，累百無雷同，名曰打鷄卦。（清康熙十二年《阿迷州志》卷十《風俗》）

　　按：打鷄卦，即鷄卜之術。古代占卜，殺鷄取鷄骨，骨上插以竹籤，視其孔竅曲直以決斷吉凶。該法蓋源於漢代，興於粵。《史記·孝武本紀》："乃令越巫立越祝祠，安臺無壇，亦祠天神上帝百鬼，而以鷄卜。上信之，越祠鷄卜始用焉。"張守節正義："鷄卜法，用鷄一，狗一，生。祝願訖，即殺鷄、狗。煮熟，又祭。獨取鷄兩眼，骨上自有孔裂，似人物形則吉，不足則凶。今嶺南猶此法也。"宋周去非《嶺外代答》卷十《蟲魚門·鷄卜》："南人以鷄卜。其法一小雄鷄未孳尾者，執其兩足，焚香禱所占而撲殺之。取腿骨洗浄，以麻綫束兩骨之中，以竹梃插所束之處，俾兩腿骨相背於竹梃之端，執梃再禱。左骨為儂，儂者，我也。右骨為人，人者，所占之事也。乃視兩骨之側所有細竅，以細竹梃長寸餘者徧插之，或斜或直或正或偏，各隨其斜直正偏而定吉凶。其法有一十八變。大抵直而正或附骨者多吉，曲而斜或遠骨者多凶。亦有用鷄卵卜者焚香禱祝，書墨於卵，記其四維而煑之。熟乃橫截，視當墨之處，辨其白之厚薄，而定儂人吉凶焉。"

　　滇人承襲了這一方法，然而多為少數民族所用。明謝肇淛《滇略》卷四《俗略》："滇人多用鷄卜，其法縛雄鷄於神前，焚香默祝所占。

畢，撲殺鷄，取兩股骨洗淨，以綫束之，竹筳插其中，再祝。左骨為
儂，儂，我也。右骨為人，人，即所占事也。兩骨上有細竅，盡以細竹
籤之斜直多少，任其自然。直而正者多吉，反是者凶。其法有十八變，
然不可得而詳矣，大抵與五嶺相類。按：漢武帝令越巫祠百鬼，用鷄
卜，迺知此法自粵始而滇用之，皆夷俗也。"

秋狐

蒙山老玀不死，久則生尾食人，食人不認子女。好山畏家，健
走如獸，土人謂之秋狐，然亦不恒有。元時羅武蠻羅縹百年尪弱，
子孫以氊裹送之深箐，後生尾，長一二寸，不知所終。（清光緒二
十三年重刊本《騰越州志》卷十一《雜記》）

按：秋狐，即秋姑，古傳說中生尾食人的老嫗。明陸容《菽園雜
記》卷六："北方老嫗八九十歲以上，齒落更生者，能於暮夜出外食人
嬰兒，名秋姑。予自幼聞之，不信。同寮鄒繼芳郎中云歷城民張家一嫗
嘗如此，其家鎖閉室中。鄒非妄誕人也。秋，北人讀如篘酒之篘。"明
謝肇淛《滇略》卷九《夷略》："蒙山老玀不死，久則生尾，不食人食，
不認子女。好山惡家，健走如獸，土人謂之秋狐，然亦不恒有。元時羅
武蠻羅縹百年尪弱，子孫以氊裹送之深箐，後生尾，長一二寸，相傳三
百歲，不知所終。"

放秋穀

近年物力艱難，往往有未及秋成，即借貸債而負重利，俗名曰
放秋穀。（清乾隆二十四年《石屏縣志》卷六《風土》）

按：放秋穀，亦稱放新穀，指農民不待穀熟而先賣，致負債累累抑
或虧欠。清唐訓方《里語徵實》卷中下《放新穀》："《唐進士聶夷中憫
農詩》云：'二月賣新絲，五月糶新穀。醫得眼前瘡，剜卻心頭肉。'
此言絲穀未熟而先支錢，如削肉而治瘡也。凡穀未熟而先賣，比如穀熟
時每石可糶錢千文，此時只能得錢五百文。在貧窘人無可奈何，而為富
不仁者究非此弗應也。"

磨鞦

正月，男女抛繡毬戲撲。又豎一直木於地，以一橫木鑿其口，合於直木頭上，二人一左一右，撲於橫木兩梢頭為戲，此落彼起，此起彼落，騰於半空，名曰磨鞦。（清光緒三十一年《廣南府志》卷二《風俗》）

土人以十二月為春節，豎長竿，橫設一木於上，號曰木床。左右各坐一人，更相起落為戲，經月乃罷。（明景泰《雲南圖經志》卷二《曲靖軍民府·風俗》）

按：磨鞦，亦稱木床，為雲南少數民族特有的一種遊戲活動，類似於蹺蹺板，但卻可以轉動。該俗與鞦韆之戲相類，蓋為鞦韆之戲的傳承抑或演變。鞦韆之戲早在南朝便有記載。南朝梁宗懍《荊楚歲時記》："為施鈎之戲，以綆作篾纜相胃，綿亙數里，鳴鼓牽之。按：施鈎之戲，求諸外典，未有前事。公輸自游楚為載舟之戲，退則鈎之，進則強，之名曰鈎強，遂以鈎為戲，意起於此。《涅槃經》曰：'鬭輪胃索，其外國之戲乎？今鞦韆亦施鈎之類也，又為打毬鞦韆之戲，施或作拖。'按：劉向《別録》曰：'寒食蹴鞠，黃帝所造，本兵勢也。'或云起於戰國。案：鞠與毬同，古人蹋蹴以為戲也。《古今藝術圖》云：'鞦韆本北方山戎之戲，以習輕趫者，後中國女子學之，乃以綵繩懸木立架，士女炫服，坐立其上，推引之，名曰鞦韆。楚俗亦謂之施鈎，《涅槃經》謂之胃索。'"宋朱勝非《紺珠集》卷五《因話録·鞦韆》："每春節懸長繩於高木，士女咸集，袨服靚裝，坐立其上，共推引之以為戲，曰鞦韆。楚俗又謂之施鈎，《涅盤經》又謂之胃索。"宋祝穆《古今事文類聚》前集卷八《天時部·鞦韆之戲》："北方戎狄至寒食為鞦韆戲，以習輕趫，後中國女子學之。乃以綵繩懸木立架，士女坐其上推引之，謂之鞦韆。或曰本山戎之戲，自齊威公北伐山戎，此戲始傳中國。一云作千秋，字本出漢宮祝壽詞，後世誤倒讀為秋千耳。（出《古今藝術圖》）"

從命名理據看，"磨鞦"之"鞦"蓋指鞦韆一類的活動，而"磨"即為轉動的磨盤，該詞的命名形象地解釋了"磨鞦"的内涵。至於"木床"一詞，即以材料和外形來命名。磨鞦，《大詞典》未收。

第二節　雲南近代方志婚喪嫁娶類詞研究

一　雲南近代方志婚娶類詞彙釋

抬盒

至親迎前一日，名曰"邊猪"。男家備猪、羊各一隻，抬盒一架，午前八、九句鐘時，用鼓吹送至女家。(民國十三年《昆明市志・人情風俗及方言》)

按：抬盒指盛放禮物的箱盒。古時結婚，男家多用抬盒盛儀物送至女家。《封神演義》第五十六回："鄧九公方才接禮單看玩，只見辛甲暗將信香取出，忙將抬盒內大炮燃着。"《老殘遊記》第四回："那後邊的兩個人抬着一個三屜的長方抬盒，揭了蓋子，頭屜是碟子小碗，第二屜是燕窩魚翅等類大碗，第三屜是一個燒小猪、一隻鴨子，還有兩碟點心。"《漢語大詞典》收錄"抬盒"詞條，首引巴金《秋》二一："過禮用的抬盒前一天就送來了。鳳冠霞帔、龍鳳喜餅、花紅果子……以至於紹酒壇、鮮魚、雞鴨等，租的租，買的買，都已齊備。眾人忙了好一陣，才把抬盒裝好了。"書證過晚。

抬槕

將娶，先數月請期，用抬盒盛首飾各色，書娶期於紅帖交女家。及娶先一日，用抬槕盛衣物，竝酒肉催粧，女家以粧奩陪隨之。(光緒二十六年《普洱府志稿》卷九《風俗》)

按：抬槕，又作抬桌、攞桌、檯桌，亦指盛放物品的箱櫃。宋徐夢莘《三朝北盟會編》卷一百十："《國書》云：'郎君來日就行府准俻相見訖，舘伴闊借檯桌共三十，以兩桌載朝廷禮物，二十八桌載使人私覿禮物。'"又：《三朝北盟會編》卷一百十："是時，朝廷禮物亦少，只有錦十疋，玳瑁家事三件。使人私覿禮物於東京旋行收買，打造花纈，共作五百疋段，並生薑、臕茶、漆器、紙、筆等，連朝廷禮物併作三十擡桌。舘伴李侗見之，亦加嗟賞。”明潘季馴《潘司空奏疏》卷六《督撫江西奏疏·鄉兵擒斬刼賊功次兼請申嚴保甲疏》：“延至五更時分，方到楊鄉宦門首，撞開大門，明火放銃，呐喊入屋，驚散男婦，搜刼財物，將箱、籠、擡桌等件用刀砍碎。”抬樸，《大詞典》未收。

獻鞋

翌日夙興，新人笄乃成。婦拜見舅姑於堂，獻鞋與茶。舅姑賜以儀物，以次及諸尊長，諸尊長亦各有所賜。（民國十二年《鶴慶縣志》卷一《風俗》）

按：獻鞋子之俗蓋取“諧”之諧音。明陳士元《俚言解》卷三《鞋》：“議婚，男行聘禮，女酬以鞋。《古今注》草履起自伊尹，周文王以麻為之，至秦以絲為之，東晉又加飾焉。凡娶婦之家，先下絲麻鞋一輛，取其和諧之義。是男聘女，先納鞋，與今俗不同，而鞋之為諧亦有證。鄴侯家傳泌宿，内苑互起，有竊泌鞋送帝所，帝曰：‘鞋者，諧也，當作弼諧，事宜諧矣。’又漢有繡鴛鴦履，昭帝令冬至日以此履上舅姑，今俗尊長壽誕獻鞋即此意也。”明田汝成《西湖遊覽志餘》卷二十《熙朝樂事》：“冬至，謂之亞歲。官府民間各相慶賀，一如元日之儀。吳中最盛。故有肥冬瘦年之説。春粢羔以祀先祖，婦女獻鞋襪於尊長，亦古人履長之義也。”

鬧糖茶

新婚之夕，親朋中年輕好事者，於燈火既明，多擁擠於新房，嬲新人出燒糖茶，不出則謔笑譏諷，冷語嘈雜，一似胡調，為彼輩應享之權利。新郎既無抵抗，只得應命而出。燒茶須夫婦各出一手，以短棍抬壺燒成，不能使他人代燒也。茶既熟，置茶杯於盤，夫婦共捧之，敬此則讓彼，敬東則讓西，迨無可處則命新夫婦説俚鄙之茶令以難之，品頭題足以厭之。虐浪笑傲，無所不至。新婦畏羞不肯説，則彼不飲茶而詀售矣。新夫婦捧盤久立，足軟神疲，新娘有因侮而興者矣，有老羞成怒者矣，因是有而撻妻者矣，有剛而逐客者矣。新娘若不論如何惡語句，不但照説，且請再請，三則鬧者計窮，有乘間而逃者矣。不逃者亦覺無甚意味，草草了事而已。聞鄉間曾有一次將新郎拴於屋外，獨鬧新娘，聞新郎呼虎而不信，新郎竟死於虎，遂成命案。總之，鬧房一事，即不買禍亦覺無禮。鄉人猶以為是日多惡煞，必假此一鬧以驅逐之，是誠別有肺肝難以理喻。以糖入水而代茶，故謂之鬧糖茶。（民國二十一年《馬關縣志》卷二《風俗》）

按：鬧房，在馬關稱為鬧糖茶，此稱蓋因茶與婚俗一直有着深厚的淵源關係。舊時，女子受聘，稱為"喫茶"。明郎瑛《七修類稿》卷四十六《事物類·未見得吃茶》："種芝麻，必夫婦同下其種，收時倍多，否則結稀而不實也。故俗云：'長老種芝麻，未見得者。'以僧無婦耳。種茶下子，不可移植，移植則不復生也。故女子受聘謂之喫茶，又聘以茶為禮者，見其從一之義。二稱皆諺，亦有義存焉耳。"《今古奇觀》第二十三卷："施十娘道：'是香宦劉萬戶家。可惜這樣人家，並無子嗣，只生得一位小姐，叫做秀英，已是十八歲了，尚未喫茶。'"清李鑑堂《俗語考原·喫茶》："女子受聘，俗稱喫茶，蓋起於明代，又稱下茶。"清西厓《談徵·事部·結婚以茶為禮》："茶疏：'茶不移本，植必子生。'古人結婚必以茶為禮，取其不移植子之意也，今人猶名其禮曰下茶。"

"下茶"之説，本源於男家以茶作為聘禮之俗，後亦為女子受聘之專稱。明湯顯祖《牡丹亭》第五十三出《硬拷》："我女已亡故三年，不説到納採下茶，便是指腹裁襟，一些沒有，何曾得有個女婿。"《九雲記》第三十一回："因近時茶葉每每有假，故不惜重費，於各處購求佳種。如巴川峽山樹，亦必費力盤駁而來。誰知茶樹不喜移種，縱種千樹，從無一活。古人結婚有'下茶'之説，蓋取其不可移種之義。"《兒女英雄傳》第十三回："張老夫妻把十三妹贈的那一百金子依然交給安老爺、安太太，辦理妝奩。一婚一嫁，忙在一處，忙了也不止一日，才得齊備。那怎的個下茶行聘、送妝過門，都不及細説。"因茶與婚姻有關，而糖預示着甜蜜，故馬關鬧房有"鬧糖茶"之説。

催粧

將娶先數月請期，用抬盒盛首飾各色，書娶期於紅帖，交女家。及娶先一日，用抬楝盛衣物，竝酒肉催粧，女家以粧奩陪隨之。(清咸豐元年《普洱府志》卷九《風俗》)

按：催粧，又作催粧、催裝。舊俗新婦出嫁，婿家須多次催促，新娘始梳妝啟行。唐段成式《酉陽雜俎》續集卷四《貶誤》："《聘北道記》云：'北方婚禮必用青布幔為屋，謂之青廬，於此交拜迎新婦。夫家百餘人挾車俱呼曰："新婦子催出來。"其聲不絕，登車乃止，今之催粧是也。'"

催粧之儀在唐代已出現，後隨着傳播範圍的擴大，該禮俗的內容又發生了一些改變。其中一個重要的表現即為婿家在親迎日前須先下催粧禮物，女家同樣答以禮物。至親迎日，新婿還須作催粧詩，催請新娘出閣。宋孟元老《東京夢華錄》卷五《娶婦》："凡娶媳婦……先一日，或是日早，下催粧冠帔花粉，女家回公裳花襆頭之類。"宋吳自牧《夢粱錄》卷二十《嫁娶》："親迎日分先三日，男家送催粧花髻、銷金蓋頭，五男二女花扇花粉盝洗，項畫綵錢果之類。女家答以金銀雙勝禦、羅花襆頭、綠袍靴笏等物。……會訖，然後樂官作樂催粧，尅擇官報時辰催促登車，茶酒互念詩詞，催請新人出閣登車。既巳，登車擎擔從人未肯起步，仍念詩詞求利市錢，酒畢方行起擔，作樂迎至男家門首。"明李昌祺《剪燈餘話》卷四《洞天花燭記》："一會兒，千乘馬騎來到，輪番敲鼓，鳴響胡笳。華蓋彩旗，前後簇擁着一乘乘雕鞍；繡衣禮服，來的是一位位莊嚴顯貴的客人。燈燭輝煌，笙歌嘹亮。侍者跑進來報告：'新女婿到門前了。'眾仙站起來迎接，引入臨時搭起的帳篷。忽然裏面傳出話來，索取催粧詩十分急迫，而新女婿所帶的儐相，文思阻滯，一下子寫不出來，幾十個隨從，絡繹不絕來催取。新女婿探知文信美在座中，私下裏派人前去央求。"清屈大均《廣東新語》卷十二《詩語》："其娶婦而親迎者，婿必多求數人與己年貌相若而才思敏給者，使為伴郎。女家索攔門詩歌，婿或捉筆為之，或使伴郎代草。或文或不文，總以信口而成，才華斐美者為貴。至女家不能酬和，女乃出閣。此即唐人催粧之作也。"

由於催粧前婿家須向女家贈送催粧禮物，催粧便產生了催粧禮物之義，如《初刻拍案驚奇》卷十："韓子文經過了一番風波，恐怕又有甚麼變卦，便疾忙將這一百兩銀子，備了些催裝速嫁之類，擇個吉日，就要成親。"又因催粧時須作催粧詩之故，催粧詩便得以大量產生，如唐徐安期《催粧》："傳聞燭下調紅粉，明鏡台前別作春。不須面上渾妝卻，留著雙眉待畫人。"宋王昂《好事近》（催粧詞）："喜氣擁朱門，光動綺羅香陌。行到紫薇花下，悟身非凡客。不須脂粉浼天真，嫌怕太紅白。留取黛眉淺處，畫章台春色。"

《漢語大詞典》收錄"催粧"一詞，但未及"催粧"的"禮物"義，另對於催粧詩，首引明叶宪祖《鸾鎞记·廷献》："飛仙幸許效鶼鶼，走馬催粧彩筆拈。"書證過晚。

長壽麵

夫妻交拜，入洞房，飲合巹杯，吃長壽麵，婚禮成。是夜即有鬧新房之事，次日參拜翁姑尊長，受拜者各有賜物，謂之拜招。（民國二十一年《馬關縣志》卷二《風俗》）

按：拜招，即新婚時拜見尊長并接受尊長饋贈之儀。此俗起源較早，至今在雲南民間仍然流行。

長壽麵為古時婚禮或壽誕所食的麵食，取長久之意。《兒女英雄傳》第二十八回："這個當兒，安太太因舅太太不便進新房，張太太又屬相不對，忌他，便留在上房張羅，自己也趕過新房來，幫着褚大娘子合張姑娘料理。進門便放下金盞銀台，行交杯合巹禮。接着扣銅盆，吃子孫餑餑，放捧盒，挑長壽麵。"《清宮禁二年記》上："太后謝余，並祝余壽，復賜余檀香手釧一雙，雕鏤絕美。並有錦緞數匹。且謂以余生辰故，已為余備麵矣。此麵亦謂之長壽麵，習俗如是也。"清李鑑堂《俗語考源》："宋馬永卿《懶真子》：'湯餅即今之長壽麵。'按：今俗誕日湯餅筵猶有長壽麵之稱。"長壽麵，《大詞典》未收。

跳月

（沙兔）類乎苗子婚姻，不用媒妁，彼此寨中男女互相窺闚。

農隙去寨一二里，吹笙引女出，隔地兀坐，長歌宛轉，更唱迭和，愈歌愈近，以一人為首，吹笙前導，眾男女周旋起舞，謂之“跳月”。（清乾隆四十九年《鎮雄州志》）

按：跳月，為苗、彝等族人民的一種婚戀習俗。未婚的青年男女，於每年初春或暮春時，聚集野外，擇平地為場，盡情歌舞，兩情相悅即為戀人，叫作“跳月”。明田汝成《炎徼紀聞》卷四《蠻夷》：“未娶者以銀環飾耳，號曰馬郎，婚則脱之。婦人雜海肥、銅鈴、藥珠，結纓絡為飾。處子行歌於野，以誘馬郎，淆淫不禁。仲春刻木為馬，祭以牛酒。老人並馬箕踞。未婚男女吹蘆笙以和歌，淫詞謔浪，謂之‘跳月’。中意者男負女去，論妍媸為聘貲。”清田雯《古歡堂集》卷三十八《黔書・苗俗》：“每歲孟春，合男女於野，謂之‘跳月’。預擇平壤為月場，及期，男女皆更服餙粧，男編竹為蘆笙吹之而前，女振鈴繼於後以為節，並肩舞蹈，廻翔婉轉，終日不倦，暮則挈所私歸。謔浪笑歌，比曉乃散。”《皇清職貢圖》卷八：“花苗本西南夷，亦苗之一種，向無土司，自明時隸之貴陽、大定、遵義等府。……俗以六月為歲首，每歲孟春擇平地為月場，男吹蘆笙，女摇鈴，盤旋歌舞，謂之‘跳月’。相悅則共處生子，乃歸夫家。”清陸次雲《跳月記》：“苗人之婚禮，曰跳月。跳月者，及春而跳舞求偶也。”《漢語大詞典》收錄“跳月”詞條，首引《續文獻通考・樂考十》例為證，書證過晚。

搶親（奪親）

爨之父母將嫁女，三日前持斧入山，伐帶葉松樹於門外結屋，作女其中，旁列米淅數十缸，集親族執瓢杓，列械環衛。婿及親族新衣黑面，乘馬持械，鼓吹至，兩家械而鬥。婿直入松屋中，挾婦乘馬疾驅走，父母持械杓米淅逐澆婿，大呼親族同逐女，不及，怒而歸。新婦在途中故作墜馬三，新婿挾之上馬三，則諸爨皆大喜，即父母亦以為是爨女也。（清乾隆二十六年《東川府志》卷九《風俗》）

將婚，男家徃迎。女家則率親戚箠楚迎者，謂之奪親。（1987年影印本《鎮雄縣志》）

十鄉土住，凡男女婚嫁，有年月未協，兩家先自言定，男家備轎馬於半路，女家引女至會場，為男家搶去，俗云搶親。（清光緒十一年《霑益州志》卷二《風俗》）

按：搶親、奪親，又稱搶婚，即舊時搶劫婦女成婚的習俗，此為上古劫婚制度的遺留。劫婚制度起源較早，早在先秦時代便已產生，實為氏族外婚製度鬥爭的產物。《周易·屯卦》："六二，屯如邅如，乘馬班如，匪寇婚媾。女子貞不字，十年乃字。"又《周易·賁卦》："六四，賁如皤如，白馬翰如，匪寇婚媾。"《詩經·豳風·伐柯》："伐柯如何，匪斧不克。取妻如何，匪媒不得。"《隋書·北狄傳四九·契丹》："婚嫁之法，二家相許，婿輒盜婦將去，然後送牛馬為娉，更將歸家。待有娠，乃相隨還舍。婦人不再嫁，以為死人之妻難以共居。"《太平廣記》卷二百六十四《無賴二·南荒人娶婦》："南荒之人娶婦，或有喜他室之女者，率少年，持刀挺，往趨虛路以偵之，候其過，即擒縛，擁歸為妻。間一二月，復與妻偕，首罪于妻之父兄。常俗謂縛婦女婿。非有父母喪，不復歸其家。"（出《投荒雜録》）宋陸游《老學庵筆記》卷四："辰、沅、靖州蠻……男未娶者，以金雞羽插髻；女未嫁者，以海螺為數珠掛頸上。嫁娶先密約，乃伺女于路，劫縛以歸。亦忿爭叫號求救，其實皆偽也。生子乃持牛酒拜女父母，初亦陽怒卻之，鄰里共勸，乃受。"明田汝成《炎徼紀聞》卷四《蠻夷》："宋家、蔡家蓋中國之裔也。相傳春秋時，楚子往往蠶食宋、蔡，俘其人民放之南徼，遂流為夷。二氏風俗略同，而宋家稍雅，通漢語，或識文字，勤於耕織，男子帽而長衫，婦人笄而短裋。將嫁，男家遣人往迎，女家則率親戚箠楚迎者，謂之奪親。既歸，旦則進盥於姑舅，夕則燖湯請洗，三日而罷。"《漢語大詞典》收錄"搶親"詞條，首引清趙翼《陔餘叢考·劫婚》："村俗有以婚姻議財不諧而糾衆劫女成親者，謂之搶親。"書證過晚。

壓禮

自問名後，男家寫具婚書，央媒送於女家，謂之過小禮，又謂之吃酒禮。物釵、釧、衣服、布帛及猪、鴨、茶、菓之類，物用盒挑。全禮二十四盒，半禮十二盒，特殊者三十六盒，不接禮銀。過

禮時，由男家請媒人同父族母族親人相送至女家，謂之壓禮。（民國二十二年《新平縣志》卷十七《禮俗》）

按：舊俗婚前，男方家請媒人同父母親族送財禮至女家，謂之壓禮。《封神演義》第五十六回："宜生曰：'前蒙金諾，今姜丞相已親自壓禮，同令婿至此，故將令下官先來通報。'"《醒世姻緣傳》第四十四回："這薛家也從清早門上吊了彩，擺設妝盒。雖也不十分齊整，但是那老教官的力量，也就叫是'竭力無餘'的了。將近傍午，叫了許多人，抬了桌子，前邊鼓樂引導。家人薛三省、薛三槐壓禮。老田夾着一匹紅布，吃的憨憨的跟着送到狄宅。狄家也照依款待，照禮單點查了一應盒具，收到房中，賞賜了來人。"《大詞典》收錄"壓禮"詞條，解釋如下："事成之前預付的財禮。"首引吳先恩《難忘的歲月·黃安失敗》："地主一心想破災發大財，便送給了他五十五塊錢的壓禮。"書證過晚。

跳鬼

元江夷族以窩泥、猓玀為最頑劣。猓玀東鄉多有之。其俗男女相悅即為野合，吸煙唱歌以表情趣。每年端午日會集龍馬山抹總坡之上，絃葫拍笛之聲咿嘎盈耳，男女雜杳跳舞其間，名曰跳莊家。至六月二十五日亦然，漢人名之曰跳鬼。（民國十一年《元江縣志稿》卷十一《通俗教育》）

按：跳鬼，即少數民族特有的一種擇偶方式。俗於節日或閑時，選一平地，舉行各種娛樂活動。其間，男女雜杳，歌舞娛樂，相悅即可結為夫妻。清汪森《粵西詩載》卷十五引冉庸《謫居靈川》詩："昔聞嶺外徧江灘，今日方知行路難。越鳥啼時紅槿發，潭蛟潛處碧波寒。唱歌跳鬼家家重，擊鼓招兵夜夜歡。獨有風塵流落客，每思鄉國動長歎。"又《粵西叢載》卷二十四《獞》："南丹溪峝之人呼為獞，其始未嘗至省元，至元間莫國麒獻圖納土，自是獞人方入省地。……每歲收穫畢，則跳鬼酬賽，男女淫奔。"

跳鬼竿，亦為跳鬼的一種形式。《皇清職貢圖》卷八："本朝康熙三年，改土歸流，置大定、平遠二府州。民苗一體計田輸賦。男束髮不冠，女螺髻上指若狗耳狀，故亦有狗耳之名。衣綴五色藥珠，貧則以薏苡代之。春日立竿於野，男女遶竿擇配，謂之跳鬼竿。女得所悅則奔之，其親黨以牛馬贖回始通媒妁。"

會親

　　成婚次日，謁見翁姑，並請男女家親族年長者拜見，謂之拜堂。親族賜新婦手飾等禮物。拜畢，宴客男女家親族均在座。次早回門，女家設宴款待新郎新婦，午邀親族及男家親族赴宴，謂之會親。(民國二十二年《新平縣志》卷十七《禮俗》)

　　按：會親，即新婚後男女兩家邀約親朋好友一同宴飲。此俗在全國各地皆有，但時間不一，有在婚後次日便舉行的，亦有在婚後三日舉行的，更有在婚後一月舉行的。婚後三日會親之俗，又稱"三朝"，清孫錦標《通俗常言疏證·婦女》："《金陵雜志》：'第三日謂之三朝，有人於此日請會新朋，如岳翁、妻弟之類，每有一男丁，必有帖一副，不計能來不能來也。然岳家辭謝居多，遲日登門視女，使男家出其不意，免厚款待，謂之會親。'按：江北人會親，亦有先辭而後允者，又以次日為三朝，非第三日也。"婚後數日會親的，清黃叔璥《臺海使槎錄》卷二《習俗》："五日，外家再請諸親相陪，名曰會親。女先往，壻近午始至。飲畢，壻回，女留三日後始回。"婚後一月會親的，如宋吳自牧《夢粱錄》卷二十《嫁娶》："至一月，女家送彌月禮合，壻家開筵，延款親家及親眷，謂之賀滿月。"雲南會親之俗，多在婚後次日舉行。

二　雲南近代方志喪葬類詞彙釋

口含

　　縣屬喪禮大多仍沿古制，人死則家人擗踴哭泣，既而由寢室將屍抱出，用樏扶坐於堂上，以水洗其面。洗訖，又洗其身。洗訖，隨即為死者穿戴衣冠。穿戴訖，則以黃錢紙焚之於前，孝男孝女咸來朝屍叩頭（四叩）。叩訖，則將死者抱於停床之上，頭向外，腳向內而停於床。復於死者之頭、腳各點燈一盞，頭端並置香爐一座，插點條香於內。並供飯一碗，置一囫圇熟雞蛋於飯上，用玉含於死者之口，無玉則以銀少許代之，名之口含。（民國三十四年《嵩明縣志稿》卷十九《禮俗》）

按：舊俗死人入殮時，於其口中置金銀珠玉或錢幣，謂之口含。班固《前漢書・楊王孫傳》："且吾聞之，精神者，天之有也。形骸者，地之有也。精神離，形各歸其真，故謂之鬼，鬼之為言歸也，其屍塊然，獨處豈有知哉？裹以幣帛，鬲以棺槨，支體絡束，口含玉石，欲化不得，鬱為枯腊。千載之後，棺槨朽腐，迺得歸土，就其真宅，繇是言之，焉用久客！"《太平禦覽》卷五百四十九《禮儀部・唅》："《春秋說題辭》曰：'口實，曰唅，緣生象食，孝子不忍虛其欲，（不忍虛政，欲其口食）天子以珠，諸侯以玉，大夫以璧，士以貝唅之，為言實具口含也。（生常食，故死用含）'"

口含之俗亦衍生了"口含錢"一詞，該詞有譏諷之義。元李行道《灰闌記》第二折："今日個浪包婁到公庭混賴着，您街坊每常好是不合天道，得這些口含錢直恁般使的堅牢。"元無名氏《雲窗夢》第一折："覷一覷要飯吃，搜一搜要衣穿，我與你積趲下些口含錢。"元無名氏《滿庭芳》曲："枉乖柳青，貪食餓鬼，劫鏝妖精，為幾文口含錢，做死的和人競。"《大詞典》收錄"口含錢"，未收"口含"。

拜路

初昏，數人執炬鳴鉦，循次日發引必行之路而行，主人哭，從遇津梁、寺觀以祝告，謂之拜路。（清光緒十八年《鎮南州志》卷二《地理志略・風俗》）

孝子執絰杖杖，緊依柩匍匐前行，餘服屬以服之重輕為距柩之近遠，女眷步從柩後哭，賓客送殯者作先路之導，女賓從孝眷於後。柩經姻親廬舍，於道旁設香案果酒，駐柩而奠，謂之路祭。（民國十二年《鶴慶縣志》卷一《風俗》）

按：拜路即為路祭之俗，亦稱道祭，指舊時出殯，親友在靈柩經過的途中祭奠。此俗唐時已盛行。唐封演《封氏聞見記》卷六《道祭》："道祭：元宗朝海内殷贍，送葬者或當衢設祭，張施帷幙。有假花、假果、粉人、面獸之屬。然大不過方丈，室高不逾數尺，議者猶或非之。喪亂以來，此風大扇。祭盤帳幙，高至八九十尺，用紙三四百張。雕鐫飾畫，窮極精巧。饌具牲牢，復居其外。"《金史·顯宗本紀》："十一月甲申，靈駕發引，世宗路祭於都城之西。庚寅，葬於大房山。"《宋史·史彌遠列傳》："卒，遺表聞，帝震悼，輟朝三日，特贈中書令，追封衛王，諡忠獻。戶部支賻贈銀絹以千計，内帑特頒五千匹兩，遣使祭奠。及其喪還，遣禮官致路祭於都門外，賜纛、佩玉、黝繡。"《明史·凶禮·皇后陵寢志》："及發引，齋三日，遣官以葬期告郊廟社稷。帝素服祭告几筵，皇太子以下衰服行禮，遣官祭所過橋門及沿途祀典諸神。百官及命婦俱素服，以次路祭。梓宮至江濱，百官奉辭於江濱。皇太子送渡江，漢王護行，途中朝夕哭奠。官民迎祭者，皆素服。"《二十年目睹之怪現狀》第七十八回："一路走過，看見幾處設路祭的，甚麼油漆字號的，木匠作頭的，煤行裏的，洋貨字號裏的，各人分着幫，擺設了豬羊祭筵，衣冠濟濟的在那裏伺候。"《漢語大詞典》收錄"路祭"與"道祭"，釋"路祭"，首引《紅樓夢》第一一一回："靈柩出了門，便有各家的路祭，一路上的風光，不必細述。"書證過晚。

破孝

　　發殯前一二日，用鼓樂治酒饌，以待弔者。更用白布數尺奉弔者，弔者將布裹其首，名曰破孝。（同治六年《越州古志》卷二《風俗》）

　　親友來唁奠，由主賓及相禮者導至靈前贊拜，執事者以白布三數尺奉賓，俾加於首，謂之破孝。（民國二十三年《宣威縣志》卷八之四《禮俗》）

　　凡遇父母之喪者，衣衾棺槨隨其家貧富為之。初歿，哭泣甚哀，擗踊徒跣，動人至性。有信二氏説者，則延僧道於家，云超度亡者，諷經建醮及發殯亦如之。發殯前二三日，用鼓樂治酒饌，以待弔者。或更以素布數尺奉弔者，弔者以裹其首，名曰破孝。（清咸豐二年《南寧縣志》卷一《地理·風俗》）

按：舊俗喪家於發殯前宴待弔客，並奉弔客白布，以裹其首，稱為破孝。明顧起元《客座贅語・禮制》：“大家復有破孝送帛之事。破孝毋論何人，但入弔者，即贈以布或絹。有生平不一識面，聞名為布而弔者矣。”《紅樓夢》第六三回：“三日後便開喪破孝。一面且做起道場來等賈珍。”《歧路燈》第十二回：“又因問成服破孝的話，孔耘軒道：‘此是咱這裏陋俗。我當日先慈見背，就不曾破孝。蓋古有大孝、純孝，孝之一字，乃是兒子事親字樣，豈可言破？即本族弟侄，姻戚甥婿，或期年、大功、小功、緦麻，還各有個定制，如何鄰舍街坊來吊，敢加於他人之首?’”《漢語大詞典》收錄“破孝”一詞，釋義為：“開喪。喪家於大殮後成服並接受親友的弔唁。”未及此義恐。

迴煞

迴煞，全家皆避之，有燼燭鋪灰以試者。（民國十三年《昭通縣志》卷十一《風俗》）

按：迴煞，又作回煞，古代迷信説法。民間認為人死後化為“煞”，“煞”在某一時間回家，即為回煞，回煞也稱歸煞。北齊顏之推《顏氏家訓》卷上《風操篇六》：“偏傍之書，死有歸煞，子孫逃竄，莫肯在家，畫瓦書符，作諸厭勝。喪出之日，門前然火，戶外列灰，被送家鬼，章斷注連，凡如此比，不近有情，乃儒雅之罪人彈議所當加也。”盧文弨補注：“俗本‘殺’作‘煞’，道家多用之。”郝懿行注：“今田野愚民，尤信此説。‘殺’讀去聲，俗字作‘煞’。”王利器集解引戴冠《濯纓亭笔记》七：“今世陰陽家以某日人死，則於某日煞回，以五行相乘，推其殃煞高上尺寸。是日，喪家當出外避之，俗云避煞。”清紀昀《閲微草堂筆記》卷五《灤陽消夏錄》：“表叔王碧伯妻喪，術者言某日子刻回煞，全家皆避出。有盜偽為煞神，逾垣入，方開篋攫簪珥。”清沈復《浮生六記》卷三：“回煞之期，俗傳是日魂必隨煞而歸，故居中鋪設一如生前，且須鋪生前舊衣於床上，置舊鞋於床下，以待魂歸瞻顧。”《大詞典》收錄“回煞”一詞，首引清和邦額《夜譚隨錄・回煞五則》為證，書證過晚。

買水

親始死，披髮持瓶甕慟哭水濱，擲銅錢、紙錢於水，沒歸浴尸，謂之買水，否則鄰里以為不孝。（清光緒三十一年《廣南府志》卷二《風俗》）

按：買水為古時喪俗。即親人死，親屬擲錢於水并汲水浴屍。該俗蓋源於粵。宋周去非《嶺外代答》卷六《器用門·買水沽水》："欽人始死，孝子披髮頂竹笠，攜瓶甕，持紙錢，往水濱號慟。擲錢於水而汲歸浴尸，謂之買水。否則隣里以為不孝。今欽人日用以錢易水，以充庖廚，謂之沽水者，避凶名也。邕州溪峒則男女群浴於川，號泣而歸。"明田汝成《炎徼紀聞》卷四《蠻夷》："親始死，被髮持瓶甕，慟哭水濱，擲銅錢、紙錢於水，汲歸浴屍，謂之買水。否則鄰里以為不孝。"清屈大均《廣東新語》卷六《神語》："人知越有雞卜，不知復有雞招，亦曰叫雞米。云至始死，則召師巫開路安魂靈，投金錢于江，買水以浴。而七七日百日皆為佛事，破家以從，無貧富皆然，善乎石洞之能導民以禮也。"

復山

葬後三日，具牲醴祭墓，名曰復山。（民國十二年《景東縣志稿》卷二《地理志·風俗》）

按：復山，亦稱復三。死人埋葬三天，家人招魂祭奠，謂之復三。元王曄《桃花女破法嫁周公》楔子："石婆婆，俺周公的卦斷生斷死，斷了三十年，不曾差了一個。你那孩兒定無活的人也，你快回家打點復三去。"《醒世姻緣傳》第六一回："出喪第三日，狄希陳也同了薛如卞他們早往墳上'復三'，燒了紙回家。"《大詞典》收錄"復三"詞條，首引《醒世姻緣傳》第六一回為證，書證過晚。

附身附棺

喪葬之禮，凡附身、附棺、窀穸禮物皆稱家之有無。（清咸豐四年《鄧川州志》卷四《風俗》）

按：附身附棺，即陪葬之儀物。顧炎武《日知錄》卷十五《改殯》："漢和帝以梁貴人酷歿，斂葬禮闕，乃改殯於承光宮，追服喪制。蓋附身附棺之物，人子所宜自盡，若宋之高宗於梓宮入境，即承之以槨，上以欺其先人，下以欺其百官兆姓，誠千古之罪人矣。"《世宗憲皇帝聖訓》卷十二："上諭曰：'怡親王有遺言，身後殯殮只用常服，一切金玉珠寶之屬槩不可用。王妃及諸子遵其遺言，只以常服為殮，即平日所束之帶亦未曾用。朕親臨其喪，亦祇以血淚巾帕及所佩香囊附棺，中示含玉之意誌，永訣之哀。蓋王天性節儉，一生服食之需，愛惜物力，不肯多費絲粟，故拳拳於身後如此。且識見高明，深凜古人寶玉送死之戒，即此一節，其器量過人遠矣。是以附身附棺之物皆從其遺言，不忍違其素志。'"《儀禮義疏》卷三十《士喪禮下第十三之二》："古人不以天下儉其親，此附身附棺所以必盡其分，之所得為與力，之所能為而從其厚，不從其薄也。"《曾國藩文集·處世篇·湘鄉猝死歸途》："湘鄉鄧鐵松孝廉於八月初五出京，竟於十一日卒於獻縣道中。幸有江岷樵忠源同行，一切附身附棺，必誠必信。"《漢語大詞典》未收"附棺"詞條，僅收錄"附身"一詞，對"附身"的解釋如下：（1）佩帶在身。漢王充《論衡·率性》："西門豹急，佩韋以自緩，董安於緩，帶弦以自促，急之與緩，俱失中和，然而韋弦附身，成為完具之人。"（2）謂（靈魂）附托人身。《初刻拍案驚奇》卷十四："說到這樣轉世，說出前生附身，活現果報。"未及此義。

第三節　雲南近代方志衣食住行類詞研究

一　雲南近代方志飲食類詞彙釋

臘牲

臘月八日食粥。是月擇日屠豕為脯，及肝膋切如膾，和以麯糵，雜以椒薑，加白酒釀之，至春取食，謂之臘牲。（清光緒二十八年《浪穹縣志略》卷二《風俗》）

按：臘牲，即臘月腌製的牲畜肉，其命名系採用詞義合成構詞法。該俗在雲南各地至今仍然盛行。

麴蘖，又作𪍿蘖，即酒麴。《書·説命下》："若作酒醴，爾惟麴蘖。"孔傳："酒醴須麴蘖以成。"宋朱肱《北山酒經》卷上："發酒醅最良，不然則掉取醅面，絞令稍乾，和以麴蘖，掛於衡茅，謂之乾酵。"明周祈《名義考》卷十二《物部·麴蘖》："《説文》：'麴，酒母也。'徐氏曰：'麴，蘖也。酒主於麴，故曰酒母。'《玉篇》：'梅麴，酒母。'孟康曰：'媒，酒酵，蘖麴也。'《周禮·媒人》注：'齊人名麴麩曰媒。《説文》《玉篇》《媒人注》訓麴已明，徐氏訓麴並及蘖，孟康所訓俱失之。'蓋麴，今麴餅，蘖，今麥芽為餳者，故《書》注曰：'麴多則太苦，蘖多則太甘，今人止用麴，不復用蘖矣。然麴亦麥所成者。酒酵，酒滓也，麴蘖以釀酒，故釀成其罪者曰媒蘖。'"

馬打滾

長至日，叠糯米粉作牢丸。糝以豆屑，蘸糖食之，曰豆麵團。族黨間往來相賀，語曰："冬至大似年。"（清光緒二十七年《昆明縣志》卷二《風土志》）

十一月冬至日，是為常至節，各家皆以糯米粉做湯圓而煮之，俟熟取而裹以糖及豆麵，名曰馬打滾，以獻太陽，慶日長至也。並以湯圓喂牛，平年喂十二個，閏年喂十三個，故又曰牛年節。村村並於是日掃墓，與清明同。（民國三十四年《嵩明縣志》卷十九《禮俗》）

按：馬打滾，謂湯圓裹糖及豆麵而成，取比喻之意。

"牢丸"一詞早在晉代便已在束晳《餅賦》中出現。《初學記》卷二六引晉束晳《餅賦》："春饅頭，夏薄𦙡，秋起溲，冬湯餅，四時皆宜，惟牢丸乎？"而唐段成式《酉陽雜俎·酒食》"籠上牢丸、湯中牢丸"的命名則引起了後世學者對於牢丸歸屬的爭議。宋蘇軾《游博羅香積寺》詩："豈惟牢九薦古味，要使真一流仙漿。"元盛如梓《庶齋老學叢談》卷下："放翁與村隣聚飲詩：'蟹供牢九美，魚煮膾殘香。'自注：'聞人戀德言《餅賦》中所謂牢九，今包子也。'又有《食野味包子》詩：'疊雙初中鵠，牢九已登盤。'或謂牢九者，牢丸也，即蒸餅，宋諱丸字，去一點，相承已久，未知孰是。"明楊慎《丹鉛餘錄》卷三："《藝文類聚》、束晳《餅賦》有牢九之目，蓋食具名也。東坡詩以'牢九'具對'真一酒'，誠工矣，然不知為何物。後見《西陽雜俎》引伊尹書，有籠上牢丸、湯中牢丸，'九'字乃是'丸'字。詩人貪奇趂韻而不知其誤，雖東坡亦不能免也。'牢丸'，今湯餅也。"明方以智《通雅》卷三十九《飲食》："牢九，乃牢丸也。段成式食品有籠上牢丸、湯中牢丸，元美曰：'即子瞻誤以為牢九者也。'東坡惠州詩'豈惟牢九薦古味，要使真……'，然晉已誤用之，束晳賦：'終歲飽食，惟牢九乎？'注：牢九，饅頭類，永叔《歸田錄》亦疑之，今陰氏韻書收此事入九字，下皆相沿未考。智按：所謂籠上牢丸，乃饅頭、餛飩之類。湯中牢丸乃今元宵、湯丸或水餃餌之類。《說文》'鬻粉餅也'，即餌，後謂之粉角。北人讀角如矯，遂作餃餌。"清陳元龍《格致鏡原》卷二十五引明陳懋仁《庶物異名疏》："束賦既列牢丸於湯餅之外，則段成式謂'牢丸'即'湯餅'，恐未確。《韻府》作牢九，《歸田錄》作牢久。"清俞正燮《癸巳存稿·牢丸》："牢丸之為物，必是湯團。宋以來多作牢九。陸遊詩自注云：'聞人德懋言牢九是包子。'亦向壁之言。《老學叢談》云：'牢九者，牢丸也，即蒸餅。宋諱丸字，去一點，相承已久。'亦向壁之言。北宋《蘇軾集》已作牢九，豈知豫避靖康嫌名耶？其言丸去一點為九，今市語九為未丸，猶然。"

　　《漢語大詞典》釋"牢丸"為"食品名。湯團。一說為蒸餅"。未明確"牢丸"的具體含義。楊慎認為"牢丸"即湯餅，然而，束晳《餅賦》首引"牢丸"，並把牢丸列於湯餅和饅頭之外，則牢丸非為湯餅，亦非為饅頭，故牢丸為湯餅與饅頭之說不確。另外，牢丸為蒸餅之說也缺乏依據。根據明陳懋仁和清陳元龍對於牢丸的分析，借助於雲南方志的材料，筆者估測牢丸應屬於湯團一類，具體形製及歸屬需作進一步研究。

剁生

　　二十五日剁生飲酒，雜生肉諸菜，以蒜劑之，謂之剁生。（民國五年《黎縣舊志·風俗》卷十一）

祭祖有剁生之俗，作法以牛、豕、雞、魚之腥細切為虀，搗椒蒜和之，以變其腥，然後碎切菜瓜雜而噉之，名曰生。（清乾隆五十六年《蒙自縣志》卷二《風俗》）

六月二十四日，土人以為節祀祖，有剁生之俗，作法以牛、豕、雞、魚之腥及菜瓜、椒、蒜雜和而噉之，亦古人鮮食之遺意也。（1961年影印本《續修蒙自縣志》卷三《風俗》）

按：剁生，即食生的習俗。該習俗起源較早，早在《荊楚歲時記》中便有記載。南朝梁宗懍《荊楚歲時記》：“寒食挑菜。按：如今人春日食生菜。”春日所食生菜，亦稱春盤，是以蔬菜、果品、餅餌等簇盤而成。唐杜甫《立春》：“春日春盤細生菜，忽憶兩京梅發時。盤出高門行白玉，菜傳纖手送青絲。”宋周密《武林舊事》卷二《立春》：“後苑辦造春盤供進，及匀賜貴邸、宰臣、巨璫，翠縷紅絲，金雞玉燕，備極精巧，每盤直萬錢。”清沈自南《藝林彙考·飲食篇》卷二《羹敊類》：“立春日，春餅生菜為春盤。杜詩：‘春日春盤細生菜。’坡詩：‘青蒿黃韭簇春盤，喜見春盤得蓼芽，蓼芽蒿筍薦春盤。’”《古今事文類聚》前集卷六《天時部·食生菜》：“東晉李鄂立春日命以蘆菔、芹芽為菜盤相饋貺。唐立春日春餅、生菜號春盤。齊人月令立春日食生菜，取迎新之意。”

滇人的剁生之俗，蓋襲古意，為春盤習俗之延續。該習俗至今還在雲南一些少數民族地區保留着，如雲南景頗族的春菜便是剁生習俗的延續。景頗人家，家家都備有春筒，幾乎每餐都要做一兩道春菜。春筒，有點類似杵臼，一般用竹筒作臼，竹片作杵。其製法一般用當地出產的時鮮野菜、野果、瓜、豆、魚、蝦等，與大蒜、芫荽、葱、薑、花椒、青辣椒、芝麻、花生、核桃及鹽、味精、豆豉等作料拌合，用春筒春碎，涼拌了吃。

辛盤

舊俗正月一日或立春日，用五種味道辛辣的菜置盤中共食，謂之辛盤。（嘉慶四年《臨安府志》卷七《風俗》）

　　按：辛盤，南朝梁宗懍《荊楚歲時記》："（正月一日）長幼悉正衣冠，以次拜賀。進椒柏酒，飲桃湯，進屠蘇酒、膠牙餳，下五辛盤，進敷于散，服卻鬼丸，各進一雞子。凡飲酒次第，從小起。按：周處《風土記》曰：'元日造五辛盤，正月元日，五薰鍊形。'注：五辛所以發五藏之氣，即大蒜、小蒜、韭菜、雲薹、胡荽是也。莊子所謂'春正月飲酒茹蔥以通五藏'也，又《食醫心鏡》曰：'食五辛以辟厲氣，敷于散出。'葛洪《煉化篇》方用柏子仁、麻仁、細辛、乾薑、附子等分為散，井華水服之。"明高濂《遵生八牋》卷三《四時調攝牋·春時逸事·五辛盤》："立春日作五辛盤，以黃柑釀酒，謂之洞庭春色，故蘇詞云：'辛盤青韭膾酒是黃柑。'"清沈自南《藝林彙考·飲食篇》卷一《饗膳類》："《留青日札》：'《禮記》葷注：薑及辛菜。'《荀子》：'志不在於食葷。'注：蔥薤也。道家以韭、蒜、芸薹、胡荽、薤為五葷。《楞伽經》：'五辛，一大蒜，二茖蔥，三慈蔥，四蘭蔥，五興渠。'謂之五種辛菜。立春日五辛盤，今多用芥，取發新之意。"《大詞典》收錄"辛盤"一詞，首引宋吳文英《解語花·立春風雨中餞處靜》詞："還鬪辛盤蔥翠。念青絲牽恨，曾試纖指。"書證過晚。

花糕

　　九月九日，於螺峯山登高，飲菊花酒，以麵簇諸果為花糕，親識相酬饋。（清光緒三十七年《昆明縣志》卷二《風土》）

　　按：花糕，為舊俗重陽節所食的一種糕餅，又稱菊糕，也稱重陽糕。宋周密《武林舊事》卷三《重九》："都人是月飲新酒，汎萸簪菊。且各以菊糕為饋，以糖肉秫䴵雜糅為之，上縷肉絲，鴨餅綴以榴顆，標以綵旗。又作蠻王獅子於上，及糜栗為屑，合以蜂蜜，印花脫餅，以為果餌。"宋吳自牧《夢粱錄》卷五《九月》："日月梭飛，轉盼重九。蓋九為陽數，其日與月並應，故號曰重陽。……此日，都人店肆以糖䴵蒸糕，上以豬、羊肉、鴨子為絲簇釘，插小綵旗，名曰重陽糕。"明彭大翼《山堂肆考》卷一百九十四《飲食·花糕》："花糕，唐武則天花朝日遊園，令宮女採百花，和米搗碎蒸糕以賜從臣。又趙宋九日以花糕、法酒賜近臣。"明劉侗、于奕正《帝京景物略·春場》："九月九日……

麪餅種棗栗，其面星星然，曰花糕。糕肆標紙綵旗，曰花糕旗。父母家必迎女來食花糕。"清富察敦崇《燕京歲時記·花糕》："花糕有二種：其一以糖麪為之，中夾細果，兩層三層不同，乃花糕之美者；其一蒸餅之上星星然綴以棗栗，乃糕之次者也。每屆重陽，市肆間預為製造以供用。"清潘榮陛《帝京歲時紀勝》："京師重陽節，花糕極盛。有油糖果爐作者，有發麵壘果蒸成者，有江米黃米搗成者，皆剪五色旗以為標志。市人爭買，供家堂，餽親友。小兒輩又以酸棗搗糕，火炙脆棗，糖拌果乾，綫穿山楂，繞街賣之。有女之家，餽酒禮，歸寧父母，又為女兒節。"《花月痕》第二十三回："採秋拈個菊糕詩是：'鎮日東籬採菊忙，為修韻事到重陽。團成粉餌三分白，占得清秋一味涼。遮莫餐英同屈子，幾回題字笑劉郎。家家筐櫺相投遺，糵舌花開許細嘗。'"《大詞典》收錄"花糕"一詞，首引明劉侗、于奕正《帝京景物略·春場》為證，書證過晚。

糗餌粉餈

（元旦）為素食供天地祖宗，燃爆竹、焚紙錢，獻歡喜糖，以糗餌、粉餈相餽送。（民國元年《浪穹縣志略》卷二《風俗》）

按：糗餌、粉餈，即將米、麥、豆等炒熟，搗粉後製成的食品。糗，《說文·米部》："糗，熬米麥也。"桂馥義證："米麥火乾之乃有香氣，故謂之糗……無論搗與未搗也。"《左傳·哀公十一年》："國人逐之，故出，道渴，其族轅咺進稻、醴、粱、糗、腶、脯焉。"杜預注："糗，乾飯也。"《釋名·釋飲食》："糗，齲也，飯而磨之使齲碎也。"餌，《釋名·釋飲食》："而也，相黏而也。哀豫曰：'溏浹，就形之名也。'"《方言》卷十三："餌謂之餻，或謂之餈，或謂之飴，或謂之餔，或謂之餄。"糗餌，《周禮·天官·籩人》："羞籩之食，糗餌、粉餈。"鄭玄注："此二物（糗餌、粉餈），皆粉稻米、黍米所為也，合蒸曰餌，餅之曰餈。"鄭司農云：'糗，熬大豆與米也；粉，豆屑也；茨字或作餈，為乾餌餅之也。'玄謂此二物，皆粉稻米、黍米所為也。合蒸曰餌，餅之曰餈。糗者，搗粉熬大豆為餌餈之黏着，以粉之耳。餌言糗，餈言粉，互相足。"清沈自南《藝林彙考·飲食篇》卷四《饎饘類》："'羞籩，糗餌粉餈。'注：謂熬大豆與米曰糗。《説文》熬米麥，通釋爄乾米麥。要之，米、麥、豆皆可為餌者也。粉，注謂豆屑也。米、麥、豆皆可為粉，但粉以豆為明滑，故專以豆。言之餌與餈，名實相近。合蒸曰餌，餅之曰餈。疏云：'糗與粉為一物，糗者，擣粉熬大豆。餌言糗，餈言粉，互相足也。'鄭康成云二物皆粉稻米、黍米合以為餌。餌不餅而餈作餅，今之餈糕名出於此。凡今俗下餅餌、餈糕，其製多出於古人，其名已載於經典，觀於籩實可見也。"

米花

米花團，取凍米曝乾，置斧中，以沙炒成泡，外皮染紅、黃各色，和糖捏之，滾作團，大小不一，小則如毬，大有圓如盤者，名曰米花團。每至新年，人家買作供獻品。（民國十年《宜良縣志》卷四《食貨志·物產》）

除夕，則米花（炊糯米作飯，染以五色，作魚鳥方勝之形。《金門歲節》云洛陽人臘月造脂花餤即此）。供果橘、橙、柿餅雜陳羅列，具牲醴祀先祖五祀，謂之祈歲。（1961 年影印本《續修蒙自縣志》卷三《風俗》）

按：米花為民間一種米製食品，該食品蓋由外地引入雲南。《吳郡志》卷二《風俗》："天下以糖圓春繭為節食，爆糯穀於釜中，名孛婁，亦曰米花。每人自爆，以卜一歲之休咎。"明盛彧《米花》："吳下孛婁傳舊俗，人間兒女卜清時。釜香雲陣衝花瓣，火烈春聲繞竹枝。翻笑絕糧驚雨粟，還疑煮豆泣然其。一年休咎何須問，且醉樽前金屈巵。"清屈大均《廣東新語》卷十四《食語》："廣州之俗，歲終以烈火爆開糯穀，名曰炮穀，以為煎堆心餡。煎堆者，以糯粉為大小圓，入油煎之，以祀先及饋親友者也。又以糯飯盤結諸花，入油煮之，名曰米花。"此詞《大詞典》未收。

粔籹

按：粔籹，《楚辭·招魂》："粔籹蜜餌，有餦餭些。"王逸注："言以蜜和米麵，熬煎作粔籹。"宋朱翌《猗覺寮雜記》卷上："杜云：'粔籹作人情。'《楚詞》：'粔籹、蜜餌。'郭璞《新語》：'粔籹，膏環也.'《通俗文》: '寒具謂之餲.' 則粔籹、寒具, 今之環餅也。坡云: '上有桓元寒具油.' 則寒具為環餅無疑."明楊慎《丹鉛總錄》卷十六《粔籹蜜餌餦餭》: "《楚辭》: '粔籹蜜餌, 有餦餭.' 王逸注: '餦餭, 餳也, 以蜜和米麵熬煎作粔籹, 搗黍作餌, 又有美餳, 衆味甘具也.' 朱子注云: '以米麵煎熬作之寒具也可.' 山林洪曰: '《楚辭》此句自是三品粔籹, 乃蜜麵之乾者, 十月開爐餅也。蜜餌乃蜜麵少潤者, 七夕蜜食也。餦餭, 乃寒食寒具也.'"

　　粔籹、環餅、寒具、饊子, 人們通常把它們視為一物, 而事實上, 粔籹與環餅和寒具有別。北魏賈思勰《齊民要術》卷九《餅法八十二》: "細環餅、截餅 (環餅, 一名寒具。截餅, 一名蝎子) 皆須以蜜調水溲麵。若無蜜, 煮棗取汁。牛羊脂膏亦得用, 牛羊乳亦好, 令餅美脆。截餅純用乳溲者 (入口即碎脆如凌雪)." 又: "膏環, 一名粔籹, 用秫稻米屑、水、蜜溲之, 強澤如湯餅麵, 手搦團可長八寸許, 屈令兩頭, 相就膏油煮之." 唐段成式《酉陽雜俎·酒食》把寒具與粔籹分列。唐李綽《尚書故實》: "晉書中有飲食名寒具者, 亦無注解處。後於齊人《要術》並《食經》中檢得, 是今所謂饊餅." 宋莊綽《雞肋編》卷上: "食物中有 '饊子', 又名 '環餅', 或曰即古之 '寒具' 也." 又明楊慎《丹鉛總錄》卷十六《飲食類·粦麨》: "干寶《周禮》注曰: '祭用粦麨, 晉呼為環餅, 又曰寒具, 今曰饊子.'" 明李時珍《本草綱目》卷二十五《穀部四·寒具》: " (釋名) 捻頭、環餅、饊。時珍曰: '寒具, 冬春可留數月, 及寒食禁烟用之, 故名寒具。捻頭, 捻其頭也。環餅, 象環釧形也。饊, 易消散也.' (集解) 林洪《清供》云: '寒具, 捻頭也。以糯粉和麵, 麻油煎成, 以餳食之。可留月餘, 宜禁烟用。觀此, 則寒具即今饊子也。以糯粉和麵入少鹽, 牽索紐捻成環釧之形, 油煎食之.'" 明顧起元《説略》卷二十五《食憲》: "寒具, 今之鐶餅也。《劉禹錫佳話》有《寒具詩》云: '纖手搓來玉數尋, 碧油煎出嫩黃深。夜來春睡無輕重, 壓匾佳人纏臂金.' 乃以捻頭為寒具也." 宋祝穆《古今事文類聚》 (續集) 卷十七《食物部·餅為寒具》: "晉人飲食中有寒具者, 乃今環餅也。桓玄嘗以書畫聚人觀之, 有食寒具者不濯手, 執書畫汙之, 自是不設。(出《雞跖集》)"

　　綜上, 環餅、寒具、饊子, 可視為一物, 而粔籹與之相比, 卻有所不同。《漢語大詞典》收錄"粔籹"詞條，釋義為："古代的一種食品。以蜜和米麵，搓成細條，組之成束，扭作環形，用油煎熟，猶今之饊子。又稱寒具、膏環。"此說恐不準確。

乳綫

乳綫，積牛乳澄定之，之土人以為素食名，曰連煎。（明景泰《雲南圖經志》卷二《和曲州·物產》）

按：乳綫，雲南俗稱乳扇，指的是一種片狀的乳製食品，可油炸，亦可燒烤。明謝肇淛《滇略》卷四《俗略》："飲食惟公宴禮會者與中土同。……濃煎乳酪而揭之，曰乳綫。"明方以智《物理小識》卷六《飲食類》："醍醐、酥酪、抱螺、牛湩貯甕，立十字木鑽，兩人對牽，發其精液。在面者杓之，復墊其濃者煎，撇去焦沫，遂凝為酥。其清而少凝者曰醍醐，惟雞卵及壺蘆可貯不漏。有苴白餹為餅者，有作乳綫者，或少加羊脂烘和蜜滴旋水中曰泡螺，皆寒月造。"明宋詡《竹嶼山房雜部》卷三《養生部三·獸屬制》："乳線，用溫油煠之，洒以蜜或摻以白砂餹。"又《竹嶼山房雜部》卷六《養生部六·雜造制·乳線》："用初煎淡乳餅，入湯鍋內，隔器湯中，捻絹片形，上竹木棍捲撍，仍下湯鍋內，再湯捲撍三五次，上抨牀曬乾，入少熟油捻，更滑潤也。"此詞《大詞典》未收。

海菜

助喪筵席，或八簋或四盤，不得用海菜，其向用素者仍照前規，至展奠日，一律照舊用素。（民國五年《大理縣志稿》卷六《社交部》）

按：海菜，初指海產食品，後為名貴食品代稱。清陳其元《庸閑齋筆記》卷十一《古今海菜價之貴賤》："若水又謂：'天下有貴物乃不如賤者。只如眼前海菜，以紫菜為貴，海藻次之。海藻，所謂大菜也。苔為下。紫菜爽口，乃發百病。大菜，病人可食。苔之好者，真勝前兩菜，且無渣滓，《本草》謂能消食也。貴公子只是吃貴物'云云。按：

紫菜此時並不貴重，而海藻則稍貴於紫菜，亦是常物，非貴人所屑食者。今之海菜，則海參也，魚翅也，而推燕窩為首，佳者價至三四十金一斤，較紫菜價百倍矣。何古今食品之殊若此？豈古尚儉而今愈奢耶？”《兒女英雄傳》第二十九回：“家中除了有個喜事，以至請個遠客之外，等閒不用海菜這一類的東西。”清吳慶坻《蕉廊脞錄》卷一《勝保縱恣》：“軍餉解到，先以開支私用，月需二十萬。所至，雞、鴨、海菜、綢緞諸物，皆預儲攜帶，以聽供求索。”海菜，《大詞典》未收。

餌塊

臘月製醬醃菜，宰豬製臘肉，以備來年不時之需。舂餌塊，造柏酒，為新年之用。（民國二十一年《馬關縣志》卷二《風俗志》）

以米蒸熟，舂揉成餅，曰餌塊。壓為薄片，截而成絲，曰餌絲。榨之成縷，細軟圓長者曰米綫。（民國五年《大理縣志稿》卷五《食貨部·物産》）

按：餌塊，又作餌饋，是雲南人常吃的一種米製食品，其製作方法一般是先把米蒸熟，然後用碓舂成泥狀，再製成條狀、塊狀或餅狀食物。關於其命名的理據，清桂馥在《札樸》裏提到因其似蝶翅，故呼餌塊。清桂馥《札樸》卷十《滇游續筆》：“大理人作稻餅若蝶翅，呼為‘耳塊’。詢其名義，云形似獸之兩耳。馥告之曰，當為‘餌饋’。《方言》：‘餌，或謂之餈。’餈即稻餅，北人謂之餈糫（普八切）。其圜者謂之餈團，重陽所食，謂之餈餻。”《集韻》：“餶，餶餌名，屑米和蜜炁之。”其實，關於“餌”，文獻早有定義，並非象耳之形。《釋名·釋飲食》：“餌，而也，相黏而也。”漢史游《急就篇》卷二：“餅餌麥飯甘豆羹。”顏師古注：“溲麪而蒸熟之，則為餅。餅之言並也，相合併也。溲米而蒸之，則為餌。餌之言而也，相黏而也。”五代徐鍇《説文解字繫傳》：“粉米蒸屑皆餌也。”餌塊，即“塊狀的米餅”，至於“餌饋”之稱，由於餌塊在大理久負盛名，而大理是白族聚居區，白語稱“塊”為“饋”，餌塊亦常常作為饋贈的禮物，故“餌饋”音義皆可解。餌塊，《大詞典》未收。

白酒

釀米為酒，杵飯為餌。客至則以水燙酒，切餌塊若絲，置所燙酒中相款。此酒蓋不漉去其汁，連糟並用者是謂白酒。（民國二十二年《宣威縣志》卷八之四《歲時瑣記》）

按：雲南人所説的白酒，指的是用糯米蒸熟，經過發酵製成的一種汁滓並用的食品，即米酒，該食品四川人呼為勞糟酒。清桂馥《札樸》卷十《滇游續筆》：“糯米為甜酒，俗呼白酒。案：即稻醴也。《内則》有稻醴、黍醴、粱醴。哀公十一年《左傳》：‘進稻醴。’《釋文》云：‘以稻米為醴酒。’”清檀萃《滇海虞衡志·志酒四》：“白酒煮雞蛋，亦浙客為之，滇人士效之，今遂以為俗。每歲臘中，人家各釀白酒，開年客至，必供白酒煮雞蛋滿盌，乃為親密。此風不知可開自先生？又添滇一酒案。頃檢范志，則白酒煮蛋，即老酒冬鮓之遺風也。”清張慎儀《方言別錄》卷下之一引朱駿聲《説文通訓定聲·孚部》：“醪，汁滓酒也。今蘇俗所謂白酒。”《大詞典》收錄“白酒”詞條，但未及此義。

二　雲南近代方志居住類詞彙釋

苫片

覆屋舊用苫片，多致火災，近則易以瓦者十五六矣。（道光九年《開化府志》卷九《風俗》）

按：用木材或茅草製成的覆蓋物稱為苫片。苫，《爾雅·釋器》：“白蓋謂之苫。”郭璞注：“白茅，苫也。今江東呼為蓋。”《廣韻·鹽韻》：“苫，失廉切，草覆屋。又凶服者以為覆席也。”《龍龕手鑑·草部》：“苫，失廉反，草覆屋也。”《六書故·植物四》：“苫，失廉切，葺茅為苫，以蓋以藉也。喪禮斬衰寢苫。”

苫片，《皇清職貢圖》卷七：“黑玀玀為滇夷貴種，凡土官營長皆其族類。散居雲南曲靖、臨安、澂江、武定、廣西、東川、昭通、楚雄、順寧、蒙化等府。在鶴慶者又號海西子，自唐時隸東西兩爨部落，元收其地為郡縣，分處各屬，其居處斲木代瓦，名曰苫片。”清桂馥

《札樸》卷十《滇游續筆》："永平山中人築室，不用甎瓦土墼，但橫木柴，絫為四壁。上覆木片，謂之苫片，與豕所居無異。馥謂即古之橧也。《家語·間禮》篇：'夏則居橧巢。'注云：'有柴謂橧，在樹曰巢。'"

苫，亦可擴大為所有覆蓋物。章炳麟《新方言·釋器》："凡張蓋皆得釋苫，非止編茅以覆屋而已。今人華蓋、雨蓋皆謂之苫。"姜亮夫《昭通方言疏證·釋器物》（1893）："苫，蓋物曰苫，音如善，曰苫氈、苫布、苫帕、苫面，理整被褥上有所覆蓋之者曰苫單。"

土庫

覆屋用瓦，阪甋兼用，間有專用土者，經雨不漏，名曰土庫。

（清康熙十二年《阿迷州志》卷十《風俗》）

按：土庫，可指貯藏財物的私人倉庫。元張可久《落梅風·歎世和劉時中》曲："土庫千年調，金瘡百戰功。"明馬歡《瀛涯勝覽·爪哇國》："國人所居之屋以茅草蓋覆，俱以磚砌三四尺高土庫，家私並什物藏于內，居止坐臥於上。"《醒世恒言》第三十八卷："宗族已是大了，卻又好勝，各自搜覓異樣古物器玩，錦繡綾羅饋送。他生平省儉惜福，不肯過費，俱將來藏置土庫中。逐年堆積上去，也不計其數。"《古今小說·宋四公大鬧禁魂張》："婦女道：'公公出得奴房，十來步有個陷馬坑，兩隻惡狗；過了便有五個防土庫的，在那里喫酒賭錢。'"許政揚注："土庫，富豪人家的私人庫房。"

土庫亦指外國殖民者在中國建立的貿易站或住所。《明史·外國傳五·爪哇》："其國一名莆家龍，又曰下港，曰順塔。萬歷時，紅毛番築土庫於大澗東，佛郎機築於大澗西，歲歲互市。"《明史·外國傳六·浡泥》："萬歷時，紅毛番強商其境，築土庫以居。"

土庫又可指用土坯、磚泥所建造的居所。元王禎《農書·雜錄·法製長生屋》："嘗見徃年腹裏諸郡所居瓦屋，則用磚裏杣簷，草屋則用泥坿上下，既防延燒，且易救護。又有別置府藏，外護磚泥，謂之土庫，火不能入。"《禪真逸史》第四回："苗龍道：'不要慌！日間我已看得備細，西首那土庫裏卻是林和尚的臥室，東邊黑牆內卻是鐘和尚的臥房。我們徑往東首，闖將入去就是。’”在雲南，土庫一般指用土坯、磚泥修建的房屋，大多用於居住，富有之家亦用於儲藏財物。《大詞典》收錄“土庫”一詞，但未及土庫的“居所”義。

三　雲南近代方志裝飾類詞彙釋

幕羅

古者女子出門，必擁蔽其面，後世官人騎馬多著幕羅，全身障之，猶是古意。滇俗婦人出以錦帕覆面，至老不去。（清康熙四十四年《平彝縣志》卷三《地理·風俗》）

按：幕羅，即古人覆面所用飾物，又作冪羅。據文獻記載，古時覆面之俗蓋起於羌。《後漢書·羌無弋爰劍傳》：“羌無弋爰劍者，秦厲公時為秦所拘執，以為奴隸。不知爰劍何戎之別也。後得亡歸，而秦人追之急，藏於巖穴中得免。羌人云爰劍初藏穴中，秦人焚之，有景象如虎，為其蔽火，得以不死。既出，又與劓女遇於野，遂成夫婦。女恥其狀，被髮覆面，羌人因以為俗。”

由於以髮覆面不便，故覆面之具冪羅便應運而生。關于冪羅起源的具體時間，據文獻記載，各家所持意見不一。宋郭若虛《圖畫見聞志》認為“晉宋之世方用冪羅”，《佩文齋書畫譜》稱“冪羅起自齊隋”，而清王毓賢《繪事備考》亦持“晉宋之世始用冪羅”的觀點。冪羅在唐代頗為盛行，因此，關於唐代冪羅的文獻記載較為豐富。據文獻考證，冪羅蓋起於齊隋。五代馬縞《中華古今注》卷中《冪羅》：“冪羅者，唐武德貞觀年中，宮人騎馬多著冪羅而全身障蔽。至永徽年中後，皆用帷帽，施裙到頸，漸為淺露。至明慶年，百官家口若不乘車，便坐簷子。至神龍末，冪羅殆絕。其冪羅之象，類今之方巾，全身障蔽，繒帛之為。若便於事，非乘車轝及坐簷子，即此制誠非便於時也。開元初，宮人馬上著胡帽，靚粧露面，士庶咸效之。至天寶年中，士人之妻著丈夫靴、衫、鞭、帽，內外一體也。”《舊唐書·輿服志》：“武德貞觀之時，宮人騎馬者依齊隋舊制，多著冪羅。雖發自戎夷，而全身障蔽，不欲途路窺之。王公之家亦同此制。永徽之後，皆用帷帽，拖裙到頸，漸為淺露。"《新唐書·車服志》："初，婦人施冪䍦以蔽身。永徽中，始用帷冒，施裙及頸。坐簷以代乘車，命婦朝謁則以馳駕車，數下詔禁而不止。武后時帷冒益盛，中宗後乃無復冪䍦矣。"《新唐書·五行志》："唐初，宮人乘馬者依周舊儀，着冪䍦，全身障蔽。永徽後乃用帷帽，施裙及頸，頗為淺露。至神龍末冪䍦始絕。"宋孔平仲《珩璜新論》上："齊隋婦人施冪䍦。冪䍦，全身障蔽也。唐永徽以後皆用帷帽，施裙到頸，漸為淺露，若今之蓋頭矣。先是婦人猶乘車䡔。唐乾元以來，乃用兜籠，若今之簷子矣。《唐志》載咸亨中勅云多著帷帽，遂棄冪䍦，曾不乘車，別坐簷子。"明楊慎《譚菀醍醐》卷三《冪䍦考》："古者女子出門，必擁蔽其面，後世宮人騎馬多著冪䍦，全身障之，猶是古意。又首有圍帽，謂之席帽，垂絲網之，施以珠翠。至煬帝滛侈，欲見女子之容，詔去席帽，戴皂羅巾幗，而以席帽油禦雨雲。唐永徽中，皆用帷帽，施裙到頸，漸為淺露。開元初，宮人馬上著戎帽，靚粧露面，古制蕩盡矣。今山西蒲州婦人，出以錦帕覆面，至老猶然。雲南鄉中婦女戴次工大帽，亦古意之遺焉。"明顧起元《說略》卷二十一《服飾》："冪䍦，按：《實錄》曰：'本羌人之首服，以羊毛為之，謂之氈帽。至秦漢，中華競服。之後，以故蓆為骨而鞔之，謂之席帽。女人戴者，其四網垂下，網子飾以珠翠，謂有障蔽之狀。隋煬帝幸江都，每禦紫微樓觀市，欲見女人姿容，詔令網巾，女人去網子珠翠。'"幕䍦，《大詞典》未收。

頮澤

麗江府衣同漢制，俗不頮澤，板屋不陶，焚骨不葬，帶刀為飾，服食儉約，節令飲饌與列郡同。　（康熙《雲南通志》卷八《風俗》）

按：頮澤，即洗滌、洗濯。頮，《玉篇·頁部》："頮，荒佩切，洗面也。"《五經文字·頁部》："頮，火內反，洗面也。經典亦作靧，並音悔。"《六書故·人三》："頮，呼內切，舁水以頮首，頮之義也。"澤，《玉篇·水部》："澤，直格切，水停曰澤，又光潤也。"《六書故·地理三》："澤，直格切，雨露之濡為澤。《易》曰：'兌為澤水，鍾則澤物，故流為川，止為澤潤，澤則光悅，故為悅澤，為光澤。'" 頰澤，《新唐書・南蠻傳上・南詔上》："磨蠻、些蠻與施、順二蠻皆烏蠻種，居鐵橋、大婆、小婆、三探覽、昆池等川。土多牛羊，俗不頰澤，男女衣皮，俗好飲酒歌舞。"

雕題

稽風俗於臨安，元以前皆夷也，椎髻雕題，刀耕火種，刻木為符，蟲生為膾，相沿者習與性成。（嘉慶四年《臨安府志》卷七《風俗》）

按：雕題為古代南方少數民族的一種習俗，即在額上刺畫花紋。該俗最初興起蓋源於避蛟龍之患，後雲南少數民族相沿成習。《禮記・王制》："南方曰蠻，雕題交趾，有不火食者矣。"鄭玄注："雕文，謂刻其肌以丹青涅之。"孔穎達疏："彫謂刻也，題謂額也，謂以丹青彫刻其額。"《楚辭》卷九《招魂》："魂兮歸來！南方不可以止些。雕題黑齒，得人肉以祀，以其骨為醢些。"王逸注："雕畫題額。"《史記・趙世家》："夫剪髮文身，錯臂左衽，甌越之民也。黑齒雕題，卻冠秫絀，大吳之國也。"唐段成式《酉陽雜俎》卷八《黥》："越人習水，必鏤身以避蛟龍之患。今南中有繡面獠子，蓋雕題之遺俗也。"清梁紹壬《兩般秋雨盦隨筆・黎女》："（黎女）臨嫁先一夕乃綉面……使之不得再嫁，古所謂雕題是也。"《新元史・外國傳四・八百媳婦》："民皆僰種，刺花樣於眉目間，雕題也。"

漆齒（黑齒、染齒）

僰人譏漢人白齒為死馬齒，以為不美觀，復多蟲害。無論老幼男女，以染齒為貴。用酸性物，如木瓜等齾其齒，而以松煙或紫梗染黑之，約一星期即成。（民國二十七年《鎮越縣志・民俗》）

崩龍，類擺夷，惟言語不同，男以背負，女以尖布套頭，以藤纏腰，漆齒文身，多居山巔，土司地皆有。（清光緒十一年《永昌府志》卷五十七《種族》）

　　按：漆齒，亦稱黑齒，即南方少數民族將牙齒染黑的習俗。《史記·趙世家》：“夫剪髮文身，錯臂左衽，甌越之民也。黑齒雕題，卻冠秫絀，大吳之國也。”劉逵曰：“以草染齒，用白作黑。”東漢楊孚《異物志》：“西屠國在海外，以草漆齒，用白作黑，一染則歷年不復變，一號黑齒。”明張志淳《南園漫錄》卷四引《新唐書·南詔傳》曰：“今芒市長官司去郡四百餘里皆大伯夷也，多以酸石榴皮及藥染齒使黑，初無金銀鏤䭾者。又漆齒既黑，亦無寢食脫去之理，黑齒則信。然謂之漆，謂之為䭾，見人寢食脫去皆妄傳也。”明謝肇淛《滇略》卷九《夷略》：“（孟定府）其地川原平衍，土瘠人稀，男子光頭，赤腳，黑齒，著白布，戴竹絲帽。”《大詞典》收錄“漆齒”一詞，釋義為：“古人所説的邊遠國名。一説古族名。後亦以泛指邊遠之國。”引《逸周書·王會》、明張居正《擬唐回鶻嗢沒斯率眾內附賀表》為證。未及此義。

文身

　　大伯夷，在隴以西，男子剪髮文身，婦人跣足染齒，布裹其首。(清光緒十三年《騰越廳志》卷十五《諸夷志》)

　　按：文身，即在身體上刺畫花紋或圖案。此俗最初蓋亦是為了避蛟龍之害，後少數民族相襲成俗。《春秋谷梁傳·哀公元年至十四年》：“黃池之會，吳子進乎哉！遂子矣。吳，夷狄之國也，祝髮文身。”范寧注：“祝，斷也。文身，刻畫其身以為文也。必自殘毀者，以辟蛟龍之害。”楊士勛疏：“荊、楊之域，厥土塗泥，人多游泳，故刻畫其身，以為蛟龍之文，與之同類，以辟其害。”《禮記·王制》：“東方曰夷，被髮文身，有不火食者矣。”孔穎達疏：“越俗斷髮文身，以辟蛟龍之害，故刻其肌，以丹青涅之。”《史記·周本紀》：“古公曰：‘我世當有興者，其在昌乎？’長子太伯虞仲知古公欲立季歷以傳昌，乃二人亡如荊蠻，文身斷髮。”應劭曰：“常在水中，故斷其髮，文其身，以象龍子，故不見傷害。”宋高承《事物紀原》卷八《舟車帷幄部四十·文身》：“今世俗皆文身作魚龍飛仙鬼神等像，或為花卉文字。舊云起於周太王之子吳太伯避王季歷而之句，吳斷髮文身以象龍子，避蛟龍之患。而《史記·越世家》言夏後帝少康之庶子封於會稽，文身斷髮，披草萊而邑，證此則是茲事為始於帝少康之子，因知文身斷髮之為吳越俗也舊矣。"明謝肇淛《滇略》卷九《夷略》："大伯夷在隴川以西，男子翦髮文身，婦人跣足染齒，以色布裹其首，飲食簡而頗精。"清洪頤煊《讀書叢錄》卷十八："斷髮，謂剪其髮；文身，謂文飾其身。"

裩

見他人之衫、襖、裩、裙布而綢緞，其女非綢緞不服矣。（民國五年《大理縣志稿》卷六《社交部》）

按：裩，同褌，即滿襠褲。《釋名·釋衣服》："褌，貫也，貫兩腳，上繫要中也。"漢史游《急就篇》卷二："襜、褕、袷、複、褶、袴、褌。"顏師古注："合襠謂之褌，最親身者也。"《六書故·工事七》："褌，公渾切，袴有當曰褌。"《史記·司馬相如列傳》："相如自著犢鼻褌。"裴駰集解："韋昭曰：'今三尺布作，形如犢鼻矣。'"五代馬縞《中華古今注》卷中《裩》："裩，三代不見所述。周文王所製裩長至膝，謂之弊衣，賤人不下服，曰良衣，蓋良人之服也。至魏文帝賜宮人緋交襠，即今之裩也。"《梁書·諸夷傳·東夷》："今言語服章略與高驪同，行不張拱，拜不申足則異，呼帽曰複衫，褲曰褌。"

髼頭

境內多羅羅，皆黑爨之種，披氈跣足，髼頭而椎魯尤盛。（明景泰《雲南圖經志》卷五《順州·風俗》）

按：髼頭，即頭髮散亂的樣子。《集韻·登韻》："髼，髼鬙，髮亂。"金董解元《西廂記諸宮調》卷二："幾個髼頭的行者，著鐵褐直掇，走離僧房。"《五燈會元》卷十三《疏山仁禪師法嗣》："問諸佛不到處是甚麼人行履，師曰：'聃耳髼頭。'"清卞永譽《式古堂書畫彙考》卷三十三："幅巾袖手而仰觀者為王仲，至前有髼頭頑童，捧古硯而立，後有錦石橋竹，迤繚繞於清溪深處，翠陰茂密。"

髼頭，又作蓬頭。蓬，作髮亂貌解，較早源於《詩經·國風·河廣》：“自伯之東，首如飛蓬。”毛亨傳：“婦人夫不在，無容飾。”宋陸佃《埤雅·釋草》：“《詩》曰：‘首如飛蓬。’蓬，蒿屬，草之不理者也。其葉散生如蓬，末大於本，故遇風輒拔而旋。”明季本《詩説解頤》正釋卷五：“首如飛蓬，謂容不理而髮亂如蓬也。膏所以澤髮者，沐滌首去垢也。”後世多作蓬首、蓬頭。《後漢書·董祀妻傳》：“及文姬進，蓬首徒行，叩頭請罪，音辭清辯，旨甚酸哀，衆皆為改容。”《晉書·王徽之传》：“徽之，字子猷，性卓犖不羈，為大司馬桓温參軍。蓬首散帶，不綜府事。”《晉書·苻生載記》：“於是百僚大懼，無不引滿昏醉，汙服失冠，蓬頭僵臥。”《魏書·封懿列傳》：“軌聞，笑曰：‘君子整其衣冠，尊其瞻視，何必蓬頭垢面，然後為賢。’”明陳士元《俚言解》卷一：“髮亂垂謂之蓬頭。”髼頭，《大詞典》未收。

鬆

撒彌羅羅，男挽髮如鬆，長衣短裋，婦短衫短裳。（康熙《雲南通志》卷三十七）

按：鬆，舊時指婦女盤起來的髮髻，現多指腦後梳成縷狀的頭髮。《儒林外史》第四十一回：“杜少卿同武書上前一看，裏邊便是一個十八九歲婦人，梳着下路絡鬆，穿着一件寶藍紗大領披風，在裏面支支喳喳的嚷。”《鏡花緣》第三十二回：“唐敖看時，那邊有個小戶人家，門内坐著一個中年婦人：一頭青絲黑髮，油搭的雪亮，真可滑倒蒼蠅，頭上梳一盤龍鬆兒，鬢旁許多珠翠，真是耀花人眼睛。”《浮生六記》卷四：“有著名鴇兒素娘者，妝束如花鼓婦。其粉頭衣皆長領，頸套項鎖，前髮齊眉，髮垂肩，中挽一鬆似丫髻。裹足者著裙，不裹足者短襪，亦著蝴蝶履，長拖褲管，語音可辯。”《續濟公傳》第二百九回：“王鴻發道：‘我吃苦些。我向來嫖這一個字，不大揀嘴的。只要頭上有個鬆，腰下有條溝，煞煞火氣就罷了。’”1995《騰沖縣志》第二章《詞彙》：“鬆鬆，扎成小束的短髮。”

第五章

雲南近代方志其他口語方言類詞研究

　　雲南近代方志中記載了大量的口語方言詞，這些口語方言詞具有濃郁的地域特色，是研究雲南方言的寶貴資料。本章研究內容主要從兩個方面展開：一為性狀地理類詞，這部分詞彙包括人物性狀類詞和地理方言類詞。二為日常事物類詞，這部分詞彙包括普通事物類詞和日常器用類詞。兩部分的研究方法均以考證和解析為主。

第一節　雲南近代方志性狀地理類詞研究

一　雲南近代方志人物性狀類詞彙釋

把穩
　　勤謹勤謹，衣飯把穩，懶惰懶惰，挨饑受餓。（《巧家縣志稿》卷八之三《禮俗·謠諺》）

　　按：把穩，在雲南方言中，義為穩當可靠，此義在文獻中亦多見及。《警世通言》第十五卷：“金滿道：‘吏房是不必説了，但當堂拈鬮怎麼這等把穩？’王文英附耳低言，道：‘只消如此如此，何難之有！’”《兒女英雄傳》第二回：“他好容易耗過了三月桃汛，吃是吃飽了，擄是擄夠了，算沒他的事了，想着趁這個當兒躲一躲，另找個把穩道兒走走。”

渣襟

渣襟，謂人之人品最劣，事事累人也。（民國十三年《昆明市志・人情風俗及方言》）

按：渣襟，又作楂經。姜亮夫《昭通方言疏證・釋言》（422）：“昭人謂事物煩瑣、不清澈、不利落、不順遂或被人糾纏不清皆曰楂經，或曰楂楂經經。楂者，物之廢棄者也。經者，織組之脫去緯線者也，皆廢無用之物。集兩廢物為一詞，表其無用而牽累之義，或又各加形容詞以明之，則曰破楂濫經，其義亦明。又言人之糾纏不清亦曰楂經，如‘這個人好楂經、我有楂經未了’等皆是。字或書作淬經。”

聒聒叫

聒聒叫，形容好也。（民國十三年《昆明市志・人情風俗及方言》）

按：聒聒叫，又作咶咶叫。姜亮夫《昭通方言疏證・釋詁》（165）：“今昭人謂好至曰頂佸佸，俗或借咶字為之，或又誤書作适，聲轉則為喈喈。《説文》：‘喈喈，鳥鳴聲也。’《詩・周南傳》：‘喈喈，和聲之遠聞也。’音轉為關關。《爾雅・釋詁》：‘關關，音聲和也。’注：‘鳥鳴相和。’《詩・周南傳》同。昭人言頂好曰咶咶叫，或曰頂咶咶，皆即喈喈之聲也。”

鑽干

鑽干，奔走權勢以謀事也。（民國十三年《昆明市志・人情風俗及方言》）

按：鑽，明李實《蜀語》：“人之狡黠者曰尖攢。攢音纘，矛戟柄底銳鐵也，言人之狡黠如之。吳越謂尖酸，酸字想訛。”清顧張思《土風錄》卷十四：“嬴謀曰鑽。鑽，《方勺泊宅》編云：‘今之巧宦者，皆謂之鑽。’思按：班固苔賓戲商鞅，挾三術以鑽孝公，是漢以前有此語，特宋時多稱之爾。……趙耘松云：‘鑽者，言其交結要人，如刀鑽之利也。'"干，有"求取"義。元高文秀《劉玄德獨赴襄陽會》第三折：
"某乃曹仁是也。我善曉兵書，深通戰策，每回臨陣，無不干功。"《小
五義》第五十一回："崔龍這個人先前保鏢掙得錢，家成業就，又且此
人鑽干營謀，精明強干。"《醒世姻緣傳》第二十六回："這是他的一
端。他凡百干出來的事都與這大同小異，不甚相遠。後來歇了兩年，鑽
干了教官，歲考發落，頭一個舉了德行。"

喫醋

訐人陰私使暴露也。（民國十三年《昆明市志・人情風俗及方
言》）

按：曾胡《治兵語錄》卷四《誠實》："一部《水滸》，教壞天下
強有力而思不逞之民；一部《紅樓》，教壞天下堂官掌印司官督撫司道
首府及一切紅人，專意揣摩迎合，喫醋搗鬼，當痛除此習，獨行其志。"
《大詞典》收錄"喫醋"一詞，釋義為：比喻产生嫉妒情绪。多指男女
关系方面。引證：《初刻拍案惊奇》卷三二："只怕你要喫醋拈酸。"
《红楼梦》第六八回："我並不是那種喫醋調歪的人。"茅盾《锻炼》十
六："四个国家，实在是两派，你亲了这一边，那一边就要喫醋。"聂
绀弩《论怕老婆》："对这种事，书上也有归咎于老婆的，说她'妒'，
翻成口语，即好喫醋。"未及此義。

家中

夫稱妻曰家中。（民國十三年《昆明市志・人情風俗及方言》）

按：家中，又稱家里、鄉里。清孫錦標《通俗常言疏證・家族》
引《升庵詩話》："俗語云：'鄉里夫妻，步步相隨。'言鄉不離里，夫
不離妻也。古人稱妻曰鄉里，沈約《山陰柳家女》詩曰：'還家問鄉
里，詎堪持作夫。'《南史・張彪傳》：'我不忍鄉里落他處。'姚令威
曰：'會稽人曰家，其義同也。'見《西溪叢話》。按，吾鄉稱妻，亦曰
'家'。清孫點《歷下志遊》：'夫婦，男稱女曰家里。'此稱最古。見
《玉臺新詠》。"清李光庭《鄉言解頤》卷三《人部・婚姻》："夫家，

猶言男女也。唐太宗詔：民男二十，女十五已上，無夫家者，州縣以禮
聘娶。貧不能自行者，鄉里富人及親戚資送之，皆以男為夫，以女為
家，是女子生而願為之有家。既謂之家矣，故鄉人之娶妻者曰成家，呼
其妻曰家里的，未娶者曰無家小。《南史》張彪謂其妻曰：'我不忍鄉
里落他處。'謂妻曰鄉里，亦家之義也。"

坐地

商人常住販賣曰坐地。(民國十三年《昆明市志·人情風俗及
方言》)

按：《清史稿·食貨志·鹽法》："時粵匪北犯，運道多阻，鹽集浚
縣之道口鎮，自道口南皆以販運。運商省岸費，有餘利，而坐地引商，
借官行私，所獲尤厚。"坐地，《大詞典》未收。

皮面

宣人醃腿無他謬巧，亦不必盡用雲鹽，惟乘其熱時取就木盆或
簸箕中，先儘皮面堆鋪鹽末，盡量揉擦，或取肚摺皮一方加於其
上，用力揉之。(民國二十三年《宣威縣志》卷七《畜牧》)

按：皮面，即面上或表面。《小五義》第一百二十八回："公孫先
生把匣子打開，取出黃雲緞的包袱，將麻花扣一解，露出裏面盟單，皮
面上寫'龍虎風雲聚會'，展開一看，上面寫'天聖元年元旦日吉
立'。"《續紅樓夢》第十五回："只見黛玉、寶釵二人俱穿着短衫兒在
炕沿兒上坐着。見寶玉拿進書子來，站在燈下拆封，他二人便也走來，
一邊一個，扶着寶玉的肩頭。只見皮面上大書'二賢侄開拆'五個
大字。"

儘

按：儘，即最大限度滿足。《西遊記》第四七回："老者道：'來遲
無物了。早來啊，我捨下齋僧，儘飽喫飯，熟米三升，白布一段，銅錢
十文。'"《元史·選舉志三·銓法》："上都寺監令史有闕，先儘省部籍
記常調人員發補，仍於正從九品流官內、並應得提控案牘內選取。"

踰格

披沙夷，僅黑猓玀為爨人遺種，身長踰格，面黑力大，跣足，善走，上山捷如猿猱。（清乾隆二十六年《東川府志》卷八《戶口》）

按：踰格，亦作"逾格"，指超越常規。《宋史·食貨志·鹽》："時楊輔為總計，去虛額，閉廢井，申嚴合同場法，禁斤重之踰格者，而重私販之罰，鹽直於是頓昂。"《明史·魏允貞列傳》："至遼左戰功，尤可駭異。軍聲則日振於前，生齒則日減於舊。奏報失真，遷敘逾格，賞罰無章，何以能國哉。"清余金《熙朝新語》卷三："臣母殘病餘生，統由再造。不惟臣母子銜環鏤骨，誓竭畢生。而報國方長，策名有日，益圖力酬知遇，務展涓埃矣。臣無任激切待命之至，緣系陳情，事理字都逾格，貼黃難盡。統祈鑒宥施行。"後引申為"破格"之義。明張居正《三辭恩命疏》："自今凡非分之恩，踰格之賞，無復濫及，庶大義克盡，微志獲伸。"《清史稿·選舉志·制科》："果有德行才識兼優者，督、撫逾格保薦赴部，九卿、翰、詹、科、道公同驗看，候旨擢用。"《漢語大詞典》釋"逾格"為"猶破格"，引明張居正《三辭恩命疏》為證，釋義不全。

二　雲南近代方志地理方言類詞彙釋

雲南近代方志中收錄了一部分地理方言詞，這些詞有一個特點，即一般皆在詞尾加虛語素"子"，"子"無實在意義，僅是一個成詞語素，但在雲南方言中卻使用得非常普徧。類似的亦有"坡子""溝子""嶺子""臺子"等，不勝枚舉。

海子

州澤謂之海。（清乾隆五十六年《蒙自縣志》卷二《風俗》）

湖泊大者曰海子。（民國二十三年《宣威縣志》卷八之四《語言》）

南寧之人，名物多有不同。如凡瀦水處，不論大小，皆曰海子。（清咸豐十二年《南寧縣志》卷一《地理·風俗》）

水稱海子。(清光緒二十三年《騰越州志》卷十一《雜記》)

滇俗瀦水處皆稱海子。(清康熙四十四年《平彝縣志》卷三《地理·風俗》)

按：海子，宋沈括《夢溪筆談》卷二十四《雜志一》："鎮陽池苑之盛，冠于諸鎮，乃王鎔時海子園也。鎔嘗館李匡威於此。亭館尚是舊物，皆甚壯麗。鎮人喜大言，矜大其池，謂之'潭園'，蓋不知昔嘗謂之'海子'矣。"元代著名書畫家趙孟頫在《初至都下即事》詩中有"海上春深柳色濃，蓬萊宮闕五雲中"的描繪，並自注道："北方渭水泊為海子。"滇人稱海子由來已久，歷史上，海子曾一度成為滇池的專稱。明楊慎《升庵集》卷二十五《高嶢曉發過滇》詩云："碧雞關頭月上霞，高嶢海色分人家。茭塘眠柳猶藏鴉，雙雙柔櫓聲啞啞。船尾風輕浪不花，轉盼已屆滇之涯。"清阮元《揅經室詩錄》卷四《登西台》云："登臺終日見昆華，恰好樓臺住一家。"自注："滇人稱滇池曰海，或曰昆海，並太華山則稱曰昆華。"時至今日，"海子"在昆明地名中仍有較多保留，如干海子、水海子、海子鄉、海子村等。關於海子的來源和含義，學界曾進行過多方考證，比較統一的觀點認為：海子，來源于蒙古語。理由是：蒙語中，凡園林中的湖泊以及有湖泊的園林都可稱之為"海子"。當元代蒙古貴族統治雲南以後，便順理成章地把這一用語帶入了雲南。可是，據考證，筆者發現，海子，在蒙語裡並不稱為海子。海子，清張慎儀《方言別錄》卷下之二引魏源《聖武記》注："蒙古謂池泊、海子皆曰淖爾，或曰賴爾。或作那爾，或作諾爾，或作腦爾，皆海子之謂。"從另一個角度看，海子，在宋沈括《夢溪筆談》裡已經出現，而蒙古人統治雲南是在元代，故時間上不相吻合。當然，也有人認為，海子來源於彝語，因為在彝語中，"海子"指雨水塘，"海"為池塘，"子"為雨水。關於這一說法，筆者認為，語言借用的證據不够清晰，故還需進一步考證。

壩（坝）

平街謂之壩。(清乾隆五十六年《蒙自縣志》卷二《風俗》)

平原曰坝子，有水者曰海坝，亦曰田坝，沙泥多，不成田地者

曰沙壩。(民國二十三年《宣威縣志》卷八之四《語言》)

平洋地皆曰海壩。(同治六年《越州古志》卷二《風俗》)

按：壩，又作壩。《廣韻·禡韻》："蜀人謂平川為壩。"《玉篇·土部》："壩，必駕切，蜀人謂平川曰壩。"明李實《蜀語》："平原曰壩。壩，從貝，音霸。與從具不同，從具，水堤也。吳越謂堰堤為壩，音具。"清張慎儀《蜀方言》卷上："地平而寬曰壩。"姜亮夫《昭通方言疏證·釋地》(868)："壩，昭人謂水中作障曰壩，《集韻》：'壩，障水堰也。'今人謂偃埭曰壩，一作瀳，俗以壩為之。壩，堰。按：《玉篇》又音霸，平川曰壩，與壩蓋一音之變。"又(869)："昭人謂平地寬闊而有山水事物為四障者，其中平地，皆可曰壩也。平地為壩與堰埭為瀳為同族語。"壩，為平川，故沙壩、海壩、田壩的命名，皆源於"平"義。

塘子

(湖泊) 小者曰水塘，亦曰塘子。(民國二十三年《宣威縣志》卷八之四《語言》)

按：塘，即池子。《廣雅·釋地》："塘，池也。"《國語·周語下》："陂塘汙庫，以鍾其美。"《朱子語類》卷一百一十九《訓門人七》："如這水流來下面，做幾個塘子，須先從那第一個塘子過。那上面便是水源頭，上面更無水了。仁便是本。行仁須是從孝悌裏面過，方始到那第二個第三個塘子。"《二刻拍案驚奇》卷八："只見幾個粗腿大腳的漢子赤剝了上身，手提着皮挽，牽着五七匹好馬，在池塘裏洗浴。看見他三人走來至近，一齊跳出塘子，慌忙將衣服穿上，望著三人齊聲迎喏。"《三俠劍》第七回："原來，葦塘子中有三五尺深的水，五隻小船併在一處，進了大葦塘子，打好了木樁，下了底錨，將五隻船連在一處。"

梁子

荒山曰梁子。(民國二十三年《宣威縣志》卷八之四《語言》)

按：梁，又作埌，為古代小山丘或荒山的俗稱。姜亮夫《昭通方言疏證·釋地》（905）：“《廣雅·釋地》云：‘墦、埌，冢也。’《方言》云：‘冢，秦晉或謂之曰埌。’《集韻》收入浪音，梁浪一聲之變，則準以音義字當作埌矣。《方言》所謂秦晉之間者，秦晉固兩漢舊京也。昭人有漢世遺物，則其民固兩京舊人矣。引申之，則凡似冢之小山丘亦曰梁，而謂連綿不綴之山亦曰梁子，聲義皆相引也。”

坪子

山下有平地曰坪子。（民國二十三年《宣威縣志》卷八之四《語言》）

按：坪，通“平”。《說文·土部》：“坪，地平也。从土，从平，平亦聲。”桂馥義證：“地平也者，《廣雅》：‘坪，平也。’”《正字通·土部》：“坪，地平處。”

窪子

稍低凹者曰窪子。（民國二十三年《宣威縣志》卷八之四《語言》）

按：窪，《廣雅·釋詁》：“窪，下也。”《老子》：“枉則直，窪則盈。”宋沈括《夢溪筆談》卷十九《器用》：“古人鑄鑑，鑑大則平，鑑小則凸。凡鑑窪則照人面大，凸則照人面小，小鑑不能全現人面，故令微凸收人面。”《老殘遊記》第二十回：“吳二道：‘沒處買，是我今年七月裏在泰山窪子裏打從一個山裏人家得來的。’”

丫口

山梁可通車馬處曰丫口，亦曰山口。（民國二十三年《宣威縣志》卷八之四《語言》

按：丫口，指山梁之間可通車馬的小道。丫口的得名，蓋源於“丫”的象形之義。《清史稿·薩爾吉岱傳》：“攻格魯克古丫口，賊負險據寨，槍石併發。薩爾吉岱奮登丫口，射賊殪，賊引退，我師從之，越山溝五，奪碉五十、寨卡三百餘。"又《清史稿·曹順傳》："阿桂策督諸軍攻宜喜，先攻木思工噶克及得式梯，綴賊使不相應，令書麟等攻丫口碉卡，賊赴援，順攻峰右碉，克之。"丫口，亦作埡口。《清史稿·賽沖阿傳》："夏，從德楞泰赴楚剿樊人傑，人傑與蒲天寶相犄角，迭敗人傑於雞公山、譚家廟，又克天寶於大埡口。"《大詞典》未收錄"丫口"，收錄"埡口"，引魏巍《東方》第三部第七章："他們在山腰裏穿行着，在一個山埡口碰上了撤退的人們。"書證過晚。

山卡卡

今俗對於鄉僻之處亦曰山卡卡。（民國二十三年《宣威縣志》卷八之四《語言》）

按：山卡卡，姜亮夫《昭通方言疏證·釋詁》（539）："卡卡，昭謂隱密而狹處曰卡卡，音如卡，陰平，亦曰卡卡角角。女陰曰匕卡卡，皆當即狹之聲變。狹之字謂兩間隙也，則間為其初文。"

第二節　雲南近代方志日常事物類詞研究

一　雲南近代方志普通事物類詞彙釋

燒料

燒料，充抵也。（民國十三年《昆明市志·人情風俗及方言》）

按：燒料，亦稱料貨。姜亮夫《昭通方言疏證·釋詁》（681）："料貨，昭人謂物之次品、假品曰料貨，謂其為人工以物料成之，而非真品也，意謂其燒料貨。"《兒女英雄傳》第三十八回："甬路兩旁便是賣估衣的、零剪裁料兒的、包銀首飾的、燒料貨的，臺階兒上也擺着些碎貨攤子。"《漢語大詞典》收錄"燒料"一詞，但未及此義。

牛頭飯

牛頭飯，謂溫飯成團似牛頭也。(民國十三年《昆明市志·人情風俗及方言》)

按：此説不確。事實上，牛頭飯的命名與牛頭無關，牛頭，實為"泥坨"或"泥團"之音訛，言飯稀如泥團。坨，在雲南方言中用如量詞，即"團"之義，故"飯團"經常被稱為"飯坨"。"泥坨飯"或"泥團飯"實指像稀泥一樣的飯。

小押當

重利盤剝之小質庫曰小押當。(民國十三年《昆明市志·人情風俗及方言》)

按：《春冰室野乘》卷中《張汶祥案異聞》："徐與同鄉，故相識，遂留其幕下為材官。而張則輾轉至寧波，開小押當自給。"小押當，《大詞典》未收。

賍色

以賍色銀之首飾作送禮用，雖為一般閙虛體而之浮薄人所競尚，實壞風俗，病社會不淺。(民國五年《大理縣志稿》卷六《社交部》)

按：色，即成色，指金屬貨幣或器物中所含的金屬純度。《大明律·附例七》："凡收受諸色課程變賣物貨，起解金銀，須要足色。如成色不及分數，提調官吏人匠，各笞四十。"《二刻拍案驚奇》卷十五："客人既去，拿出來與銀匠熔着銀子。銀匠説：'這是些假銀，要他怎麼？'婦人慌問：'有多少成色在裏頭？'銀匠説：'那裏有半毫銀氣？多是鉛銅錫鑞裝成，見火不得的。'"《歧路燈》第九十八回："當主展開原契，寫明一千三百兩，'銀到回贖'字樣。王象藎用臥單背了一大包來，當主撥驗成色，俱是足紋。抽了三五封，用自己戥子稱准，法馬相投，一封一封數了一千兩石單裏沒了，閻楷跟的小廝拿過三百兩。當主展開一封，成色微末差些。"

米瀋

越賧之西多薦草，産善馬，世稱越賧駿。始生若羔，歲中紐莎縻之，飲以米瀋，七年可禦，日馳數百里。（清光緒二十三年《騰越州志》卷三《土産》）

按：米瀋，即米汁。瀋，《說文·水部》："瀋，汁也。"《左傳·哀公三年》："無備而官辦者，猶拾瀋也。"杜預注："瀋，汁也。"陸德明釋文："北人呼汁為瀋。"《釋名·釋飲食》："醢多汁者曰醯，醯，瀋也。宋魯人皆謂汁為瀋。"北魏賈思勰《齊民要術》卷九《飧飯》："粳米，以二升，小器中沸湯漬之。折米食為飯，沸，取飯中汁半升。折箕漉粳出，以飲汁當向粳汁上淋之。以箒舂取勃，出別勃置。復著折米瀋汁為白飲，以粳汁投中，鮭葅如常，食之。"《聊齋志異》卷十二《李象先》："及門則身已嬰兒，母乳之。見乳恐懼，腹不勝饑，閉目強吮。逾三月餘，即不復乳，乳之則驚懼而啼。母以米瀋間棗栗哺之，得長成。"《清史稿·烈女傳·白鎔妻尹》："白鎔妻尹，亦遷安人。鎔出為優，姑有外遇，迫婦，絕飲食，日啜米瀋。"《大詞典》收錄"米瀋"詞條，首引清秦篤輝《平書·文藝篇下》："經史子集猶五穀，時文猶米瀋也。"書證過晚。

米渖

爨之父母將嫁女，三日前持斧入山，伐帶葉松樹於門外結屋，作女其中，旁列米渖數十缸，集親族執瓢杓，列械環衛。婿及親族新衣黑面，乘馬持械，鼓吹至，兩家械而鬥。婿直入松屋中，挾婦乘馬疾驅走，父母持械杓米渖逐遶婿，大呼親族同逐女，不及，怒而歸。（清乾隆二十六年《東川府志》卷九《風俗》）

按：米渖，即淘米水。《說文·水部》："渖，汰米也，從水析聲。"段玉裁注："《毛詩·生民》傳曰：'釋，渖米也。'……《孟子·萬章下》注曰：'渖，漬米也。'凡釋米、渖米、漬米、汰米，異稱而同事。"《儀禮·士喪禮》："祝淅米於堂，南面用盆。"鄭玄注："淅，汰也。"《淮南子·兵略訓》："百姓開門而待之，淅米而儲之。"高誘注："淅，漬也。"《陝西通志》卷四十三《物產》："米脂縣境，沃壤宜粟，他郡不及。其米淅之汁如脂，故以名縣。"雲南所稱之米淅，實為米淅之汁的簡稱。

麥稭

窩泥本和泥蠻之裔……其人居深山中，性樸魯，面黧黑，編麥稭為帽，以火草布及麻布為衣，男女皆短衫長袴。（民國十一年《元江縣志稿》卷十一《通俗教育》）

按：麥稭，即麥稈。《史記·封禪書》："古者封禪……埽地而祭，席用葅稭。"裴駰集解引應劭曰："稭，禾稾也。去其皮以為席。"《説文·禾部》："稭，禾稾去皮，祭天以為席。從禾，皆聲。"段玉裁注："謂禾莖既刈之，上去其穗，外去其皮，存其净莖，是曰稭。"《龍龕手鑑·禾部》："稭，音皆，麻禾之稈也。"《六書故·植物二》："秸，古黠切，禾莖也。稈，根旱切，禾直莖也。稾，姦皓切。稭、秸、稈、稾，聲相通引之，則矢幹亦謂之稾，亦謂之稈，皆一聲之轉，非二物也。"北魏賈思勰《齊民要術》卷七《法酒六十七》："安置煖屋：牀上先布麥稭，厚二寸，然後置麴；上亦與稭二寸覆之。閉户，勿使露見風日。"元大司農司《農桑輯要》卷四《養蠶·夏秋蠶法》："以陳稈草作蓐，勿用麥稭，一日一擡，失擡多生白殭。"姜亮夫《昭通方言疏證·釋博物·稭》（1947）："稭，（音如幹，上聲）昭人惟稱玉蜀黍莖曰包穀稭，而于麻稭、黍稭則讀為'敢'，又稱豆萁亦曰稭，則萁字音轉也。"在雲南，麥稭所指即為麥的杆莖，無論有穗無穗，無論去不去皮，皆可稱為稭。《漢語大詞典》釋"麥稭"為"麥秸"，認為麥秸即為脫粒後的麥稈，首引《元史·河渠志三》為證，書證過晚。

藁秸

草木萌芽之際，採松枝之初苗及青棡葉、橡葉、櫟葉、桑葉、青蒿或豆桿、菜子、罌粟之藁秸等入土而腐化之，不雜他項糞類，

是為純植物腐化。(民國二十三年《宣威縣志》卷七《農業》)

按：藁秸，又作槁秸，指稻、麥等的杆莖。藁，《龍龕手鑑·草部》："藁，俗古老反，正作藁，禾稈也。"秸，《六書故·植物二》："秸，古黠切，禾莖也。又作稭。《説文》曰：'稭，禾藁去其皮，祭天以為席。'"唐陸龜蒙《奉酬襲美先輩吳中苦雨》詩："踐蹋比塵埃，焚燒同藁秸。"《金史·李偲傳》："沂南邊郡，戶部符借民閑田，種禾取槁秸，備警急用度。"明郎瑛《七修類稿》卷三《天地類·氣候集解》："禾者，谷連槁秸之總名，又稻、秫、菰、粱之屬，皆禾也，成熟曰登。"清紀昀《閱微草堂筆記》卷五《灤陽消夏錄五》："凡捕鶉者必以夜，先以槁秸插地，如禾隴之狀，而布網於上。以牛角作曲管，肖鶉聲吹之。鶉既集，先微驚之，使漸次避入槁秸中。"

絲漆

蒲人，即古百濮，質純黑，椎髻跣足，套頭短衣，手戴銅鐲、耳環、銅圈，帶刀弩、長牌，飾以絲漆，上插孔雀尾。(清康熙十二年《阿迷州志》卷十《風俗》)

按：絲漆，即一種工藝原材料。《周禮·弓人》："弓人為弓，取六材必以其時。"鄭玄注："取幹以冬，取角以秋，絲漆以夏。筋膠未聞。"賈公彥疏："鄭知'取幹以冬'者，見《山虞》云：'仲冬斬陽木，仲夏斬陰木。'二時俱得斬，但冬時尤善，故《月令·仲冬》云：'日短至，伐木，取竹箭。'注云：'堅成之極時。'是知冬善於夏，故指冬而言也。云'取角以秋'者，下云'秋殺者厚'，故知用秋也。絲漆以夏者，夏時絲孰，夏漆尤良，故知也。筋膠未聞。"漢桓寬《鹽鐵論》卷九《論功五十二》："文學曰：'匈奴車器無銀黃絲漆之飾，素成而務堅，絲無文採裙褌曲襟之制，都成而務完。'"《史記·大宛列傳》："自大宛以西至安息，國雖頗異言，然大同俗，相知言。其人皆深眼，多鬚髯，善市賈，爭分銖。俗貴女子，女子所言而丈夫乃決正。其地皆無絲漆，不知鑄錢器。"宋林希逸《考工記解》卷下："六材者，幹、角、筋、膠、絲漆也。六材既聚，必有巧者。然後能調適而用之，故曰和。"絲漆,《大詞典》未收。

二　雲南近代方志日常器用類詞彙釋

坐墩

（苗人）頭上用花布層疊包裹,大如坐墩者,稱之為大頭苗。
（民國二十一年《馬關縣志》卷二《風俗》）

按:坐墩,即坐具,多為鼓形。宋範鎮《東齋記事》卷一:"仁皇朝,内侍張宗禮無為山燒香,得古柏圍數丈,中空,可以施臥榻坐墩。"明文震亨《長物志》卷七《器具·坐墩》:"冬月用蒲草為之。高一尺二寸,四面編束,細密堅實,内用木車坐板,以柱托頂,外用錦飾。暑月可置藤墩,宮中有繡墩,形如小鼓,四角垂流蘇者,亦精雅可用。"《二刻拍案驚奇》卷六:"門闌上貼着兩片不寫字的桃符,坐墩邊列着一雙不喫食的獅子。"《花月痕》第二十一回:"彤雲閣上,早有青萍領着眾人,搬了無數鋪墊器皿以及燈幔,和那小圓桌小坐墩,鋪設得十分停當。"清屈大均《廣東新語》卷七《人語》:"其地有掘得文淵所制銅鼓,如坐墩而空其下,兩人界之,有聲如鼕鼓。"

《大詞典》收錄"坐墩"一詞,釋義為"瓷制的坐具,多為鼓形或覆盂形"。引清朱琰《陶説·説器下》與《博物要覽》為證。事實上,坐墩可用多種材料製作,木、草、鐵均可,並非只有瓷製品。

竹簀

州多夷羅,凡有病,不信醫藥,惟祭鬼或以諸蟲膽治之。死無棺,其貴者用虎豹皮,賤者用羊皮裹其屍,以竹簀舁於野焚之。
（明景泰《雲南圖經志》卷五《寶山州·風俗》）

按:竹簀,指粗簀席。唐孫思邈《備急千金要方》卷四十三《風肱四》:"右五味㕮咀,以水一升漬一宿,絞汁著一面,取滓著竹簀上,以地黄著藥滓上,於五斗米下蒸之。"《資治通鑑》卷二百八十六天福十二年:"吳越復發水軍,遣其將余安將之,自海道救福州。己亥,至

白蝦浦。海岸泥淖，須布竹簀乃可行，唐之諸軍在城南者，聚而射之，
簀不得施。"宋陳旉《農書·蠶桑敘》卷下《簇箔藏繭之法篇五》："藏
繭之法：先曬繭，令燥，埋大甕地上，甕中先鋪竹簀，次以大桐葉覆
之，乃鋪繭，一重以十斤為率，摻鹽二兩上。"《大詞典》收錄"竹簀"
一詞，首引宋陸游《南唐書·馮延魯傳》："會吳越將余安援兵自海道
至蝦浦，將捨舟而潯淖不可行，方布竹簀登岸，我軍曹射之。"書證
過晚。

刀圭

夷人以藥毒人，限以時日必死。……其友密求其術，蓋以香櫞
為末，每日滾水服一刀圭，遇毒吐出無害。(1961 年影印本《續修
蒙自縣志》卷十二《雜志》)

按：刀圭，即湯匙一類的器物。《釋名·釋衣服》："婦人上服曰
襦，其下垂者上廣下狹，如刀圭也。"宋沈括《夢溪筆談》卷二十《神
奇》："供奉官陳允任衢州監酒務日，允已老，髮禿齒脫。有客候之，
稱孫希齡，充服甚襤褸，贈允藥一刀圭，令揩齒。允不甚信之。"明謝
肇淛《滇略》卷三《產略》："《滇程記》云雲南百夷中有小孟貢江，
產鮒魚，食之日禦百婦。故夷性極淫，貴賤俱有數妻。山中又產彎薑，
餌一刀圭終身斷絕人道，土人以飼牡馬不宦也。"明周祈《名義考》卷
十二《物部·刀圭》："《本草》云：'刀圭十分，方寸匕之，一藥准如
梧桐子大。'《釋名》：'婦人上服曰襦，其下垂者上廣下狹，如刀圭。'
夫刀圭，《本草》以狀藥之大小，《釋名》以見燕尾之廣狹，未有明言
其義者。蓋刀銳處如圭首，故曰刀圭，猶刀尖也。匕，匙也，方一寸得
十分，一分如梧桐子大，衣下垂者割正幅，使一頭狹如燕尾，然梧桐子
燕尾，其大小廣狹，纔刀尖若耳，故或言梧桐子，或言燕尾，或言刀圭
也。"清王士禎《池北偶談》卷二十三《刀圭》："刀圭，字常用之而未
有確義。《碧里雜存》云：'在京師買得古錯刀三枚，形似今之剃刀，
其上一圈如圭璧之形，中一孔即貫索之處，蓋服食家舉刀取藥，僅滿其
上，之圭故謂之圭，言其少耳。泉布、錯刀，皆古錢名。'"清孫錦標
《通俗常言疏證·什物》："《新方言》：'今斟羹者多借瓢名，惟江南運

河而東，至浙江、福建數處，謂之刀圭，音如修耕。或説當為調羹，非也。'按，刀圭，茶匙也。庾信詩'量藥一刀圭'是也。調羹，湯匙也。"

海碗

按：海碗，指特大的碗。海，一作閜。閜，《説文·門部》："閜，大開也。"《玉篇·門部》："閜，呼雅切，大也。《説文》曰：'大開也。'大杯亦為閜。"《方言》卷五："閜，桮也，其大者謂之閜。"漢史游《急就篇》卷三："桮，閜盌。"顏師古注："桮，一作杯。閜，呼雅反。盌，烏管反，一作椀。"閜盌，即為海碗。清孫錦標《通俗常言疏證·什物》："今通謂大盌為閜盌'，音轉如海。"章炳麟《新方言·釋器》："今通謂大盌為閜盌，音轉如海。紹興謂以大盌抒米曰閜，音轉如咍。"清施鴻保《閩雜記》卷十一："閩俗盛宴，各饌必用大碗為敬，稱為海碗……或謂海者，極言其大如海也。"《兒女英雄傳》第十六回："一個小小子兒給他捧過一個小缸盆大的霽藍海碗來，盛著滿滿的一碗老米飯。"《孽海花》第二十四回："只見聞韻高眉一揚，鼻一掀，一手拿著一海碗的酒，望喉中直倒。"《二十年目睹之怪現狀》第三十七回："到了雪漁家，他叫人舀了熱水來，一同洗過臉。又拿了一錠大墨，一個墨海，到房裏去。又到廚下取出幾個大碗來，親自用水洗淨，把各樣顏色，分放在碗裏，用水調開，又用大海碗盛了兩大碗清水。"姜亮夫《昭通方言疏證·釋器用》（1866）："閜椀，《方言》：'閜，桮也，大者謂之閜。'郭音呼雅反，今昭人言椀之大者為閜椀，音轉如海。"

鼓子

至宴嘉賓，昔有八大八小之名，近則改用八大件；昔尚參翅，漸有燒烤，今則海味已貴，鮮有用之，惟改用炒菜數樣，尾或豆花一鼓、火鍋一具而已。（民國十三年《昭通縣志稿》卷六《酬酢》）

按：鼓，古字為盬。《説文·皿部》："盬，器也，從皿從缶，古聲。"《玉篇·皿部》："盬，公戶切，器也。"姜亮夫《昭通方言疏證·釋器用》（1857）："今昭人言瓷器淺圓而大者曰盬子。"

筲箕

按：盛飯或盛物的竹器。明李實《蜀語》："漉器曰筲箕。"清陳元龍《格致鏡原》卷五十二引《留青日劄》："斗筲，斗十升。漢志斗者聚升之量。筲本作籍，陳留曰飯帚，宋魏曰箸筲，一曰飯器，以竹為之，今俗名竹飯器曰筲箕，即簞食之類也。"《儒林外史》第二三回："管家走到門口，只見一個小兒開門出來，手裏拿了一個筲箕出去買米。"清張慎儀《方言別錄》卷下之一引朱駿聲《說文通訓定聲·小部》："籍，今蘇俗謂飯筥曰筲箕；箕者，筥之音轉。字亦作筲。"姜亮夫《昭通方言疏證·釋器用》（1816）："筲箕為橢圓形竹器，用以漉飯、盛物。"

亮子

州人呼燈曰亮子。（民國三十七年《姚安縣志》卷六《禮俗·方言》）

按：亮子，即照明物。《濟公全傳》第一百七十二回："再一看樓下，人都滿了，燈球火把，亮子油松，照耀如同白晝一般，各持刀槍棍棒。"《彭公案》第九十七回："不多時，東西南北，四面八方銅鑼之聲不斷，各處燈籠火把，松明亮子，照耀如同白晝一般。"亮子，《大詞典》未收。

明子

松炬為松明。（清康熙四十四年《平彝縣志》卷三《地理·風俗》）

松炬曰明子。（清咸豐十二年《南寧縣志》卷一《地理·風俗》）

松炬曰明子。（清光緒二十三年《騰越州志》卷十一《雜記》）

按：山松點火可以照明，因名松明。滇人亦稱明子。明俞弁《逸老堂詩話》卷下："戴石屏詩：'麥麨朝充食，松明夜當燈。'此實錄也。山西深山老松心有油者如蠟，山西居民多以代燭，謂之'松明'，頗不畏風。"《徐霞客游記》卷九下《西南遊日記十六》："導者二：一人負松明一筐，一人燃松明為炬以入。南入數丈，路分為二，下穿者為穴，上躋者為樓。樓之上復分二穴。"

第六章

雲南近代方志中語言接觸環境下的少數民族詞彙研究

第一節　語言接觸的相關理論及雲南方言語音特點概述

一　語言接觸的相關理論概述

承前所述，雲南是一個多民族聚居的大省，自古以來，漢族就與少數民族和睦相處、互通往來，因此，在長期民族融合的過程中，漢語與少數民族語亦發生了接觸与融合。语言接触现象一直是語言學界重點關注的課題。游汝杰在《合璧詞和漢語詞彙的雙音節化傾向》一文中指出："语言接触的结果有可能发生语言融合。语言融合现象可以从微观和宏观两方面来观察。从宏观的角度考察，语言融合大致有四种发展方向：一是语言的同化；二是语言的借用，以词汇的输入和输出为主；三是语言的融合，即产生洋泾浜语和混合语：四是双语或双言现象的产生。"① 雲南近代方志中用漢字記錄了大量少數民族詞彙，這部分詞彙一部分與漢語具有發生學意義上的同源關係，另一部分則是與漢語發生語言接觸或語言融合的產物，表現為漢語借詞或民漢合璧詞。

本節所考證的地方志中記載的少數民族詞彙主要為汉语与少数民族語之間的關係詞，包括少數民族語中的漢語借詞與同源詞。關於漢語與少數民族同源詞、借詞的考釋研究，前人已有許多著述，並從方法上進

---

① 潘悟雲、陸丙甫主編：《東方語言學》第 1 輯（創刊號），上海教育出版社 2006 年版。

行了較為詳盡的探討，如曾曉渝《漢語水語關係詞研究》（1994）、《侗
台苗瑤語言的漢借詞研究》（2010）、藍慶元《壯漢同源詞借詞研究》
（2005）等。對於同源詞與借詞的定義，學界普徧認為同源詞即語義相
通、語音相近的一類詞，屬於發生學範疇。而借詞為非本民族所固有，
從外族借入之詞，屬於語言接觸範疇。但對於同源詞與借詞的嚴格區
分，學界目前尚未找到一個合理的標準。戴慶廈認為："處於接觸關係
中的語言，語言成分包含固有成分（或原生成分）和影響成分（或外
來成分）兩類。語言接觸引起的語言影響，勢必使被影響的語言增加外
來成分（包括借用成分和受影響產生的變異成分）。外來成分與固有成
分是不同質的，但二者往往交融在一起，不易區分開。""漢藏語系同
源關係難以區分，關鍵是提不出一個能受到普徧認可的、無懈可擊的區
分同源詞和借詞的標準。按照歷史比較語言學的理論，同源詞是要有語
音對應規律作為根據的。但人們在運用這個標準時碰到兩難：一是不僅
同源詞有語音對應關係，而且借詞同樣也有語音對應關係。二者之間雖
有一些不同，但也有相同的。這樣一來，單靠語音對應規律就無法區分
同源詞和借詞。另一困難是，有一些語言之間（如漢語與藏緬語族）
同源詞數量太少，一條語音對應的例詞太少，無法以此確立語音對應規
則。"① 針對歷史比較語言學研究理論的這些缺陷，學界進行了較為深
入的探討，時下歷史層次分析法就是歷史比較法在分析漢語方言遭遇種
種局限的背景下提出的。

　　本節將借鑒前人對漢語與少數民族語語言接觸所產生的關係詞研究
範式，對雲南近代方志中的少數民族詞彙進行考釋。就目前學界對於語
言接觸與少數民族語的研究來看，多採用歷史層次分析法。傳統的歷史
比較法建立在語言同質說的基礎之上，而完全同質的語言是不存在的，
因此，研究一個共時系統中不同來源的基礎之上的歷史層次分析法便應
運而生。歷史層次分析法分類方法較多，"從語言結構系統來看，可以
分為語音系統的歷史層次、詞彙系統的歷史層次、語法系統的歷史層
次。歷史層次也可以按產生的年代來分，比如上古的歷史層次、中古的
歷史層次、近代的歷史層次。歷史層次還可以按來源來分，比如，漢語

---

① 戴慶廈、羅自群：《語言接觸研究必須處理好的幾個問題》，《語言研究》2006 年第 4 期。

方言中來自少數民族語言的成分，一般稱之為底層；而本方言自身歷史傳承的語言成分（包括滯後性音變層次），相應稱為上層；受權威方言影響而產生的層次，可以稱為頂層，這是個借自社會語言學的概念；另外，鄰近方言之間由於接觸而產生的層次，可以稱為旁層。"① 本節所採用的歷史層次分析法主要按產生的年代來分，即分為上古的歷史層次、中古的歷史層次和近代的歷史層次。

二　雲南方言語音特點概述

為求論證方便，本節所考釋的詞彙上古音、中古音均採用郭錫良的《漢字古音手冊》（1986）所構擬的語音系統。受研究者編寫條件限製，當時的地方志編纂者由於不熟悉國際音標，尚不具備用國際音標標注少數民族語的條件，故各地方志中所載少數民族詞彙讀音一般是採用當地官話來標註的，也就是所謂的"直音法"，因此，筆者在論述少數民族語與漢語接觸的現象時，採用了當地官話讀音與現代少數民族語讀音進行對比，以此來對少數民族語或官話語音的演變或者層次進行分析。也正是居於這一原因，在對少數民族詞彙進行詳細的分析之前，筆者認為有必要對雲南方音概況作一個簡單的描述。

關於雲南方音，前人作過很多研究，如明蘭茂《韻略易通》、楊時逢《雲南全省方言調查報告》（1940）、羅常培《雲南之語言》（1944）、《雲南省志·漢語方言志》（1989）、吳積才等《雲南方言概述》等，目前學界比較一致的觀點認為，聲調方面，雲南方音與普通話差別不太明顯。聲母方面，雲南方音主要有以下幾個特點：

（1）部分地區無舌尖后音，故舌尖后音 tʂ、tʂʰ、ʂ 常與舌尖前音 ts、tsʰ、s 相混；

（2）部分地區舌尖前音 ts、tsʰ、s 與舌面音 tɕ、tɕʰ、ɕ 不分；

（3）部分地區鼻音 n 與邊音 l 不分；

（4）雲南方音中還有幾個特殊聲母 ŋ、v、z、ʔ、ʔʰ、ʐ。

韻母方面，雲南方音的特點表現如下：

---

① 戴黎剛：《歷史層次分析法—理論、方法及其存在的問題》，《當代語言學》2007 年第 1 期。

（1）部分地區無撮口呼韻母，普通話中的 y、yɛ、yn、yɛn，在雲南方言中，y 均對應於 i；

（2）部分地區無後鼻音，普通話中的 iŋ、əŋ，在雲南方言中，均對應於 in、ən；

（3）大部分地區無卷舌音 ɚ，普通話中的卷舌音 ɚ 對應於雲南方言的 ɣ、ə、ɐ；

（4）大部分地區都有鼻韻母 oŋ，但在雲南方言中，部分 uəŋ 韻母字（如翁、嗡、甕等）常讀作 oŋ；

（5）雲南方音有幾個特殊韻母，如 io，略、掠、虐、角、卻、確、雀、鵲、學、削、約、樂、覺、岳等；iu，局、育、曲、屈、菊、橘、欲、獄、域等；uɛ，國、擴、闊、獲、或等。

對于雲南近代方志中的少數民族語音，其特點主要表現為以下兩條音系規則：

規則一：ŋ/n/m→ø/＿＿＿#（陽聲韻鼻音韻尾脫落）；

規則二：a→ɔ/o ＿＿＿#（前低不圓唇元音高化）。

這裡需要説明的是，由於雲南近代方志中記載的少數民族語音、詞彙缺乏系統性，且方志中涉及的少數民族種類繁多，情況複雜，故給詞彙系統研究及其層次劃分帶來了一定的困難。許多關係詞究竟應該歸屬於借詞抑或同源詞，都需在充分佔有資料的基礎上進一步考證。另外，還需要补充的是，白語本來也屬於少數民族語，但因其與漢語接觸較深，受漢語影響較大，故作為一種介於漢語與少數民族語之間的特殊語言，擬單列一節來進行討論。

第二節　雲南近代方志中語言接觸環境下的白語詞彙研究

一　雲南近代方志中語言接觸環境下的白語詞語彙釋

日

民家口音日讀泥。（民國五年《大理縣志稿》卷六《社會教育·方言》）

按：日，上古音為日紐質部入聲，擬音為 ȵǐĕt。《廣韻·質韻》："日，人質切，《説文》：'實也，太陽精不虧。'"中古音為日紐質韻入聲，擬音為 ȵǐĕt。

"泥"，漢語大理官話今讀為 ni^{33}。"日"，白語大理方言今讀為 ȵi^{44}，二者讀音相近。從音節結構的声母看，白語大理方言"日"字聲母今讀為 ȵ，與古音日母擬音 ȵ 相同。關於古日母的音值，前人研究較多，結論也相對統一。高本漢最早將上古日母音值構擬為 *ȵ，基本上得到了學界的認可。上古泥母、日母關係緊密，章太炎在其所著《古音娘日二紐歸泥説》一文中提到"古音有舌頭泥紐，其後別支則舌上有娘紐，半舌半齒有日組，於古皆泥紐也"。章太炎的"娘日二紐歸泥説"提到"日紐歸泥"（即上古沒有 ʑ，只有 n），此説在漢語方言和民族語中都有大量的例證，這也可以説是漢藏語係聲母演化方面一條重要規律。從白語音節"日"的韻母和聲調看，音節 ȵi^{44} 韻母今讀為 i，無塞音韻尾 -t，這與今天的白語音節結構相符。大理白語音節結構無塞音韻尾與鼻音韻尾，只有母音韻尾。又從音節中的調位看，在西南官話中，"泥"在今大理官話中的調值 33，為陰平調，西南官話中次濁入聲部分派入陰平，因此，白語大理方言中的"日"字，今讀的調類屬入聲。從音義關係看，白語"日"字與漢語的"日"音義對應嚴整，白語的"日"聲母今讀 ȵ，保留了上古漢語聲母層次，其在白語中的演變過程大致可以構擬為 *ȵiet〉*ȵieit〉*ȵiei〉ȵi^{44}，聲、韻、調在音值上與大理官話讀音 ni^{33} 形成對應。試比較：哈尼語（菜園話）太陽 ȵi^{55}mɔ^{33}。

月

民家口音月讀窪。（民國五年《大理縣志稿》卷六《社會教育·方言》）

按：月，上古音為疑紐月部入聲，擬音為 ŋǐwǎt。《廣韻·月韻》："月，魚厥切，範子計然曰：'月者，尺也。尺者，紀度而成數也。'"中古音為疑紐月韻入聲，擬音為 ŋǐwǎt。

今查漢語大理官話"窪"讀為 ua^{44}，白語大理方言"月"讀為

ua^{44}。從歷史比較法的音義對應上看，白語大理方言“月”，今讀各方言雖存在差異，如劍川方言為 ŋua^{44}，大理方言為 ua^{44}，怒江方言為 ŋua^{44}，但各方言對應很齊整，因此，白語音節“月”ua^{44}的聲母早期讀音應該有一個如劍川方言或者怒江方言的舌根鼻音 ŋ－。從音義關係看，白語大理方言今讀與上古漢語存在音義對應關係。白語各方言語音差異說明，白語大理方言“月”舌根聲母 ŋ 丟失，可能是受當地漢語影響的緣故，因漢語疑母在明清官話中大都發生了 ŋ→ø 的音變。韻母方面，白語“月”音節韻母塞音韻尾 －t 脫落，其聲調調值為 44，對應於官話中入聲歸併之後的調類陰平調 44。

筆者認為，白語的基本詞彙“月”今讀 ua^{44} 與漢語上古音存在對應關係，其韻類應保留了上古音層次。

時間

　　民家口音時間讀直加。（民國五年《大理縣志稿》卷六《社會教育·方言》）

　　按：時，上古音為禪紐之部平聲，擬音為 zǐə。《廣韻·之韻》：“時，市之切，辰也。《廣雅》云：‘時，伺也，又善也，中也，是也。’”中古音為禪紐之韻平聲，擬音為 zǐə。間，上古音為見紐元部平聲，又為見紐元韻去聲，擬音為 kean。《廣韻·山韻》：“間，古莧切。厠也，瘳也，代也，送也，迭也，隔也。又音平聲。”中古音為見紐山韻平聲，擬音為 kæn。

　　漢語大理官話稱“時間”為“直加”tsi^{31} tɕia^{44}，今查《白語簡志》，白語大理方言“時間”讀為 tsi^{21} tɕa^{44}，二者讀音相近。白語大理方言“時間”讀為 tsi^{21} tɕa^{44}，其音節中的“時”tsi^{21} 與漢語大理官話中“時”ʂʅ^{21} 今讀在听感上存在一定差距。從語音結構看，前者為塞擦音，後者為擦音。前者為舌尖前母音，後者為舌面母音，在聲調上較為相近。白語大理方言“間”今讀 tɕa^{44}，其與漢語有對應關係。“間”為見系開口二等字，古漢語見系開口二等字在近代漢語中大部分發生了齶化音變，由舌根音演化為舌面音。“間”的音變可表述如下：＊kean〉＊kæn〉tɕian。在西南官話的諸多方言中，見系開口二等字仍保留了舌根音讀法，如大理方言。

　　"時間"概念在白語中沒有直接對應的詞，白語只有"時候"，因此，白語在表述"時間"概念的時候實際上借用的是當地官話讀音。但是經過了本民族語音音系結構的調整，白語失落鼻音韻尾，也失落濁擦音 z－，并用本民族音系結構中與之相同或者相近的音位組合成一個音節 $tsi^{21}tça^{44}$ 來表示漢語"時間"概念，且與官話音近。筆者認為，白語大理方言中"時間"為借詞，這還可以從白語其他方言中與表示"時間"這一概念相同的"時候"今讀來加以證明，如白語劍川方言读 $ts\varepsilon^{21}k\varepsilon^{44}$，白語怒江方言讀 $\eta_i i^{33}p\tilde{a}^{21}$。前者與白語大理方言近似，應為漢語借詞，而白語怒江方言中 $\eta_i i^{33}p\tilde{a}^{21}$ 則更可能是白語固有詞。

茶

　　民家口音茶讀作。（民國五年《大理縣志稿》卷六《社會教育·方言》）

　　按：茶，上古音為定紐魚部平聲，擬音為 dea。《廣韻·麻韻》："槎，宅加切，春蔵葉可以為飲，巴南人曰葭槎。"中古音為澄紐麻韻平聲，擬音為 ɖa。其由上古至中古的音變可表示如下：＊dea〉＊ɖa〉$tṣ^ha^{35}$（北京話）。但一些北方官話的音節"茶"的聲母演變方向未必与北京話一致，在由中古向近代演變的全濁聲母清化過程中可能不送氣，並且在云南官話大理方言中，舌尖前與舌尖後部分音 ts、tṣ 不分。

　　作，在漢語大理官話中今讀為 tso^{33}。茶，白語大理方言今讀 tso^{21}。白語與漢語的對應關係非常明顯。筆者在調查中發現，白語大理方言中的單元音韻母 ɔ 與漢語母音系統中的單元音韻母 a 有着非常整齊的對應關係。筆者認為，白語大理方言的"茶"當系來自漢語，因為在今天眾多的藏緬語如彝語、納西語、傈僳語中均存在着一個專門指稱漢語"茶"這一概念的詞 la^{33}。比較藏緬語彝語支"茶"的今讀，結合茶的種植發展與傳播歷史，一般認為，最早發現并人工種植茶葉的是南亞語系諸民族，因此，筆者傾向于認為白語的"茶"當是漢語借詞，只是其層次較後期的"茶"今讀 tsa^{31} 要早。

糖

民家口音糖讀奪。（民國五年《大理縣志稿》卷六《社會教育·方言》）

按：糖，上古音為定紐陽部平聲，擬音為 daŋ。《廣韻·唐韻》："糖，徒郎切，飴也。"中古音為定紐唐韻平聲，擬音為 daŋ。

今查白語大理方言，"糖"讀為 sɔ³⁵tɔ²¹，漢語大理官話"糖"今讀 tʰaŋ²¹。從白語大理方言"糖"字今讀與漢語古音比較來看，二者之間存在一定的對應關係，但聲母與聲調之間的對應关系不太明显。筆者發現，白語大理方言中的單母音韻母 ɔ 與漢語 a 形成整齊的對應，而與漢語的歷史音類無關。就韻尾而言，在整個藏緬語彝語支諸語言中，音節多以母音結尾，無塞音韻尾和鼻音韻尾（除了近代借詞）。白語也不例外，雖然白語語言系屬至今未定，仍存有一定的爭議，但從音節結構類型看，其與藏緬語彝語支的密切聯繫不容質疑。從"糖"一詞看，白語與漢語的音義形成對應，但這種對應存在着兩種可能的解釋：一為語言接觸產生的漢語借詞，音節被借入白語後，白族根據白語音系進行調整，鼻音韻尾脫落，漢語借詞音節中的主要母音則發生了由 a→ɔ/o 之類的元音高化音變。我們可以用兩條音系規則來概括上述白語中漢語借詞的音系演變。規則一：ŋ/n/m→ø/____#；規則二：a→ɔ/o ____#。從時間綫性順序看，在白語音系中規則一發生的時間較規則二要早。二為白語與漢語的音義對應關係反映了白語與漢語有着共同的祖語，因此，"糖"應為同源詞，但後來受藏緬語影響，在長期的語言接觸中，白語的鼻音韻尾脫落。筆者認為，要判斷發生此類音變的詞到底是同源詞，還是漢語借詞，確實有一定的難度，需要綜合考察漢白語整個音系的格局演變。基於此，後續研究需要結合更多的實例來加以說明。

花

民家口音花讀賀。（民國五年《大理縣志稿》卷六《社會教育·方言》）

按：花，上古音為曉紐魚部平聲，擬音為 xoa。《廣韻·麻韻》："華，呼瓜切。《爾雅》云：'華，荂也。'" 中古音為曉紐麻韻平聲，擬音為 xwa。漢語大理官話 "賀" 今讀 xuo²¹。今查白語大理方言 "花"，讀為 xuo³⁵。從白語與漢語的音義對應看，聲母、聲調對應方面基本一致，就韻母而言，白語的 o 對應漢語的 a，符合上述音系對應規則二：a→ɔ/o ___#。

水

民家口音水讀許。（民國五年《大理縣志稿》卷六《社會教育‧方言》）

按：水，上古音為書紐微部上聲，擬音為 çiwəi。《廣韻‧旨韻》："水，式軌切。《説文》：'準也，北方之行也。'" 中古音為書紐脂韻上聲，拟音為 çwi。

"許" 字，漢語大理官話今讀為 çy³¹，白語大理方言 "水" 今讀 çui³³，劍川方言今讀 çui³³，怒江方言今讀 çui³³。白語各地方言中 "水" 的讀音較為一致，其同漢語的對應關係嚴整。漢語北方話中 "水" 的演變為 * çiwəi〉* çwi〉ʂui⁵¹。水為核心詞彙，白語中 "水" 的聲母仍讀為舌面中擦音 ç，尚未發生 ç〉ʂ 音變，此為古音層次遺留。白語中 "水" 與漢語聲、韻、調的對應，説明其與漢語關係緊密。

墓

民家口音墓讀貿。（民國五年《大理縣志稿》卷六《社會教育‧方言》）

按：墓，上古音為明紐鐸部去聲，擬音為 muăk。《廣韻‧暮韻》："墓，莫故切，墳墓。" 中古音為明紐暮韻去聲，擬音為 mu。

"墓"，白語大理方言今讀為 mo³²。"貿"，漢語大理官話今讀為 mɔ³²。從白語與古漢語語音對應看，白語中 "墓" 的讀音在聲母、聲調方面與漢語對應。韻母方面，白語韻母 o 對應於漢語的 u。

河

民家口音河讀角，禾如之。（民國五年《大理縣志稿》卷六

《社會教育·方言》）

按：河，上古音為匣紐歌部平聲，擬音為 ɣa。《廣韻·歌韻》：
"河，胡歌切，水名，又州名。"中古音為匣紐歌韻平聲，擬音為 ɣɑ。
白語將"河"讀為官話中的"角" ko³⁴ 與"禾" xo³⁴。

今查《白語簡志》，"河"在劍川方言中讀為 kṽ⁵⁵，在大理方言中
讀為 kv̩³⁵，在怒江方言中讀為 tõ²¹。從白語與古漢語音義對比看，大理
白語中"河"今讀 xo³⁴ 的，為漢語近代官話借詞層次，而今讀 kṽ⁵⁵ 的與
漢語古音聯繫值得推敲。"河"，上古為匣紐，匣紐 *ɣ 與群紐 *g 關係
緊密。李方桂在其《上古音研究》（1980）中就提到了匣紐與群紐關係
緊密。如果白語"河"聲類 k 與上古漢語群紐 *g 發生關聯，那麼無疑
將為漢語與白語關係提供十分重要的參證。

江

民家口音江讀岡，薑如之。（民國五年《大理縣志稿》卷六
《社會教育·方言》）

按：江，上古音為見紐東部平聲，擬音為 keoŋ。《廣韻·江韻》：
"江，古雙切，江淮，書有九江。"中古音為見紐江韻平聲，擬音
為 kɔŋ。

從地方志記載看，白語大理方言中"江"字有兩類讀法：一為
kã⁴⁴，同於漢語大理官話之"岡"。二為 tɕiaŋ⁴⁴，與漢語大理官話"薑"
同。今查《白語簡志》，"江"在白語中未提及。比較白語大理方言
"江"之今讀，筆者認為白語今讀 kaŋ⁴⁴ 與 tɕiaŋ⁴⁴ 是同一文字的兩種讀
法，其代表不同時間層次，但均為漢語借詞。今讀 kã⁴⁴ 層次較 tɕiaŋ⁴⁴ 為
先。漢語"江"為見系開口二等字，在清代，見系開口二等字聲母受
二等介音 e 或 r 影響發生齶化，k〉tɕ/#＿＿＿ - e - / - r -。這類音變影
響力亦波及大部分官話地區，但一部分官話見系開口二等字聲母仍讀 *
k 類，為音變滯後層次。從音節結構類型看，白語中一般都是以元音韻
尾結尾，多為開音節，而"江" kã⁴⁴ 與 tɕiaŋ⁴⁴ 的鼻音韻尾則說明，前者
借入白語的時間較後者要早，為早期借詞層次。

皤

民家口音男老曰皤。(民國五年《大理縣志稿》卷六《社會教育·方言》)

按：今查漢語大理官話，"皤" 讀為 po^{23}。清張慎儀《方言別錄》卷上之一引《宋靜文筆記》曰："蜀人呼老為皤。" 又引《鑒誡錄》曰："蜀人呼老弱為波。" 皤、波，音相近也。從音義對應看，筆者認為白語中對 "男老" 的稱呼與漢語古語一致，為古語詞。

阿姑

民家口音姑母曰阿姑。(民國五年《大理縣志稿》卷六《社會教育·方言》)

按：姑母，漢語大理官話今讀為 $a^{31} ku^{44}$。今查《白語簡志》，白語大理方言 "姑母" 讀為 $a^{31} ku^{35}$。雲南少數民族稱謂多有取自漢語音義的情況，且慣於在其前加虛語素 "阿" 來構成一個合成詞。當然，"阿" 用在漢語稱謂之前的情況也較為常見，如《木蘭詩》："爺娘聞女來，出郭相扶將；阿姊聞妹來，當戶理紅妝。"

女弟

民家口音妹曰女弟。(民國五年《大理縣志稿》卷六《社會教育·方言》)

按：女弟，漢語大理官話今讀為 $nv^{31} ti^{23}$。今查《白語簡志》，白語大理方言 "妹妹" 讀為 $\eta v_{1}^{33} t^{h} e^{44}$。《說文·女部》："妹，女弟也。"《史記·晉世家》："申生同母女弟為秦穆公夫人。重耳母，翟之狐氏女也。夷吾母，重耳母女弟也。" 比較白語與漢語 "妹妹" 之音義，筆者認為白語大理方言 "女弟" 之說同于《說文》，為古語詞。

細崽

民家口音小子曰細崽。(民國五年《大理縣志稿》卷六《社會

教育·方言》)

按：細，《廣雅·釋詁》："細，小也。"《廣韻·霽韻》："蘇計切，小也。" 崽，《方言》卷十："崽者，子也。湘沅之會，凡言是子者謂之崽，若東齊言子矣。" 明焦竑《俗書刊誤·俗用雜字》："江、湘、吳、越呼子曰崽，音宰。" 在今天的湘方言老湘語及諸多客贛方言中，稱兒子為"崽"的不見少數。比較白語與漢語，筆者認為白語稱"小子"為"細崽"，為古語詞。

新婦

民家口音新婦曰細巫。(民國五年《大理縣志稿》卷六《社會教育·方言》)

按：新，上古音為心紐真部平聲，擬音為 sǐen。《廣韻·真韻》："新，息鄰切，新故也。" 中古音為心紐真韻平聲，擬音為 sǐěn。婦，上古音為並紐之部上聲，擬音為 bǐwə，《廣韻·有韻》："婦，房九切。《說文》云：'婦，服也，從女，持帚灑掃也。'" 中古音為並紐有韻上聲，擬音為 bǐəu。

"細巫"，漢語大理官話讀為 çi^{31}u^{33}。今查《白語簡志》，"新婦"，白語大理方言讀為 çi^{31}vu^{33}。比較漢語與白語 "新婦" 的音義，筆者認為，白語 "新婦" 今讀為 çi^{31}vu^{33}，其音節 çi^{31} 當為 "新" sien 的心母齶化後之讀音，亦即 s 三等字在介音 -i- 之前發生齶化，s〉ç/#___ -i-。白語中無鼻音韻尾，因此鼻音韻尾 -n 脫落，而音節 vu^{33} 之聲母仍保留了全濁擦音 v-。v- 是古音並母音變的一個中間階段。幫組三等字分化為非組，非組字中的奉母 bv 在近代與微母（ɱ-）合併為 v-，中古 *b〉*v〉ø。明代蘭茂所著《韻略易通》的《早梅詩》中仍保留濁聲母 v-。白語中的 "新婦" 中的 "婦" 聲母今讀為 v-，全濁聲母尚未清化，保留了明清時期漢語層次。

阿夥

民家口音團體曰阿夥。(民國五年《大理縣志稿》卷六《社會

教育·方言》）

按：漢語大理官話“阿夥”讀為 $a^{31}xo^{44}$。今查《白語簡志》，無“團體”一詞記載。夥，《廣韻·蟹韻》：“夥，懷竹切，多也，又胡果切。”《方言》卷一：“凡物盛多謂之寇，齊宋之郊楚魏之際曰夥。”《中華大字典·夕部》：“夥，衆也，世稱合股營業謂合夥。”夥，在“合夥”“入夥”等詞中皆有“團體”之義。元无名氏《盆儿鬼》楔子：“本意尋個相識，合火去做買賣。”明唐順之《牌》：“又聞廟灣一帶仍有賊船，若兩賊合夥，害不可言。”《水滸傳》第十八回：“吳用道：‘我等有的是金銀，送獻些與他，便入夥了。’”

彼人

民家口音彼人曰薄倪。（民國五年《大理縣志稿》卷六《社會教育·方言》）

按：彼，上古音為幫紐歌部上聲，擬音為 pǐa。《廣韻·紙韻》：“彼，甫委切，對此之稱。”中古音為幫紐紙韻上聲，擬音為 pǐe。人，上古音為日紐真部平聲，擬音為 ȵǐen。《廣韻·真韻》：“人，如鄰切，天、地、人為三才。”中古音為日紐真韻平聲，擬音為 ȵǐen。

彼人，漢語大理官話讀為“薄倪” $po^{31}ni^{33}$。今查《白語簡志》，“彼人”讀為 $po^{31}ȵi^{33}$。今人研究上古漢語日紐音值為 *ȵ，今白語大理方言“人”讀為 $ȵi^{33}$，其聲母與漢語上古音日母字音值相近，結合前文對“日”字考察，筆者認為，白語中“人”聲母今讀 ȵ，與漢語上古音屬同一層次。

頭

民家口音頭曰笛播，頭皮轉也。（民國五年《大理縣志稿》卷六《社會教育·方言》）

按：頭，上古音為定紐侯部平聲，擬音為 do。《廣韻·侯韻》：“頭，度侯切，《説文》：‘頭，首也。’《釋名》：‘頭，獨也，於體高而獨。'"中古音為定紐侯韻平聲，擬音為 dəu。

漢語大理官話"笛播"讀為 ti³³po³³。今查《白語簡志》，白語大理方言"頭"讀為 tɯ²¹po²¹。比較白語與漢語讀音，"頭"之漢語古音與白語讀音之間的語音對應關係尚不明朗，有待作進一步考證。

齒

民家口音齒曰茲八，齒盤轉也。（民國五年《大理縣志稿》卷六《社會教育·方言》）

按：齒，上古音為昌紐之部上聲，擬音為 ʈʰˠə。《廣韻·止韻》："齒，昌裏切。齒，錄也，年也，又牙齒。"中古音為昌紐止韻上聲，擬音為 tɕʰˠə。盤，上古音為並紐元部上聲，擬音為 buan。《廣韻·桓韻》："槃（盤），薄官切，器也。"中古音為並紐桓韻平聲，擬音為 buan。

漢語大理官話"茲八"讀為 tsɻ³³pa³³。今查白語大理方言，"齒"讀為 tsi³³pa⁴⁴。從白語"齒"之今讀可以看出，白語的"齒"對應於漢語的"齒盤"。"齒"在上古為昌母 ʈh，為舌面中送氣清塞音。白語中 ts－與漢語"齒"之聲類對應，pa⁴⁴對應於漢語的"盤"，白語中全濁聲母在清化過程中都與其同部位的不送氣清音對應。"齒"之聲類在漢語中的演化過程為＊ʈʰ－〉 tɕʰ－〉 ʧʰ－〉 ʈʂʰ－。漢語之"盤"pan³³與白語音節 pa⁴⁴對應，符合借詞音變規則二。

頭髮

民家口音頭髮曰笛罵。（民國五年《大理縣志稿》卷六《社會教育·方言》）

按：頭，上古音為定紐侯部平聲，擬音為 do。《廣韻·侯韻》："頭，度侯切，《説文》：'頭，首也。'《釋名》：'頭，獨也，於體高而獨。'"中古音為定紐侯韻平聲，擬音為 dəu。髮，上古音為幫紐月部入聲，擬音為 pǐwăt。《廣韻·月韻》："髮，方伐切，頭毛也。《説文》：'根也。'"中古音為幫紐月韻入聲，擬音為 pǐwat。

漢語大理官話"笛罵"今讀為 $ti^{31}ma^{33}$。今查《白語簡志》，白語大理方言"頭髮"讀為 $tɯ^{21}ma^{35}$。通過比較漢語與白語"頭髮"一詞今讀，結合前面"頭"之比較結果，筆者認為白語中"頭"今讀 $tɯ^{21}$ 與漢語對應，白語中 $tɯ^{21}ma^{35}$ 之音節 ma^{35} 為白語之固有詞，故白語之 $tɯ^{21}ma^{35}$ 應為漢白合璧詞。

鬍

民家口音鬍曰屋。（民國五年《大理縣志稿》卷六《社會教育·方言》）

按：鬍，上古音為匣紐魚部平聲，擬音為 $ɣɑ$。中古音為匣紐模韻平聲，擬音為 $ɣu$。

漢語大理官話"屋"今讀為 u^{31}。今查《白語簡志》，白語大理方言"胡"讀為 $ɣu^{21}$，其聲母為全濁擦音 $ɣ-$，官話全濁聲母清化，故用近似聲母替代。比較白語漢語"胡"的讀音，白語"胡"之今讀與漢語中古音存在對應關係。試比較：白語怒江方言 vu^{21}、劍川方言 $ɣu^{21}$。

手

民家口音手曰叟。（民國五年《大理縣志稿》卷六《社會教育·方言》）

按：手，上古音為書紐幽部上聲，擬音為 $çǐəu$。《廣韻·有韻》："手，書久切，手足。"中古音為書紐有韻上聲，擬音為 $çǐəu$。

漢語大理官話"手"讀為 $səu^{31}$。今查《白語簡志》，白語大理方言"手"讀為 $sɯ^{33}$。比較白語與漢語"手"之讀音，白語今讀與漢語大理官話今讀近似，又與漢語上古音存在對應關係。上古音書紐在近代發生了 $ç〉ʂ$ 音變，而西南官話部分方言中無舌尖後 $tʂ-$ 組聲母，故筆者認為白語"手"今讀為 $sɯ^{33}$ 的聲類演變方向與大理官話一致。

墨

民家口音墨與麥俱音近。（民國五年《大理縣志稿》卷六《社

會教育·方言》）

按：墨，上古音為明紐職部入聲，擬音為 mə̌k。《廣韻·德韻》：
"墨，莫北切，筆墨。" 中古音為明紐德韻入聲，擬音為 mək。

漢語大理官話 "麥" 讀為 mə⁴⁴。今查《白語簡志》，白語大理方言
"墨" 讀為 mɯ⁴⁴。比較漢語與白語 "墨" 之讀音，漢白語之間存在對
應關係。

古

民家口音古、棍與骨俱音近。（民國五年《大理縣志稿》卷六
《社會教育·方言》）

按：古，上古音為見紐魚部上聲，擬音為 kɑ。《廣韻·姥韻》：
"古，公戶切，故也。" 中古音為見紐姥韻上聲，擬音為 ku。棍，《廣
韻·混韻》："棍，胡本切，木也。" 中古音為見紐混韻去聲，擬音為
kuən。骨，上古音為見紐物部上聲，擬音為 kuə̌t。中古音為見紐沒韻入
聲，擬音為 kuə̌t。

地方志記載白語 "古" "棍" "骨" 音近，三者為音同或者音近字。
今查《白語簡志》，白語大理方言 "骨頭" "棍"，分別讀為 kua⁴²tɯ²¹、
kua⁴²，"古" 讀為 kua⁴²。"古" "棍" "骨" 在白語大理方言中同音，
均讀為 kua⁴²。"棍" 比較好解釋，漢語中 "棍" 為鼻音韻尾，根據我
們總結的音系規則一：ŋ/n/m→ø/____#，鼻音韻尾脫落，韻母主要母
音發生變化 ə〉a。筆者推測，其與漢語 "骨" 之 "kuə̌t" 的主要母音ə̌
演化屬於同一層，有可能屬於類推演變。

瓜

民家口音瓜、官與關俱音近卦。（民國五年《大理縣志稿》卷
六《社會教育·方言》）

按：瓜，上古音為見紐魚部平聲，擬音為 koa。《廣韻·麻韻》：
"瓜，古華切。" 中古音為見紐麻韻平聲，擬音為 kwa。官，上古音為見

紐元部平聲，擬音為 kuan。《廣韻·桓韻》："官，古丸切，官宦。又君也，法也，事也。"中古音為見紐桓韻平聲，擬音為 kuan。關，上古音為見紐元部平聲，擬音為 koan。《廣韻·刪韻》："關，古還切。《說文》：'以橫木持門戶。'《聲類》曰：'關，所以閉。'"中古音為見紐刪韻平聲，擬音為 kwan。

漢語大理官話"掛"讀為 kua^{13}。今查《白語簡志》，白語大理方言"瓜""關""官"，讀音均為 kua^{35}。白語大理方言"瓜"之今讀與漢語對應，"官""關"之今讀亦與漢語對應，其音變符合前述音系規則一。

雪梨

民家口音雪梨讀序利。（民國五年《大理縣志稿》卷六《社會教育·方言》）

按：雪，上古音為心紐月部入聲，擬音為 sǐwat。《廣韻·薛韻》："雪，相絕切，凝雨也。"中古音為心紐薛韻入聲，擬音為 sǐwɛt。梨，上古音為來紐脂部平聲，擬音為 lǐei。《廣韻·脂韻》："梨，力脂切，果名。"中古音為來紐脂韻平聲，擬音為 li。序，上古音為邪紐魚部上聲，擬音為 zǐɑ。中古音為邪紐語韻上聲，擬音為 zǐo。

漢語大理官話"序利"讀為 çy^{33}li^{21}，白語"梨"今讀與漢語對應。問題的關鍵在"雪"，今查《白語簡志》，白語大理方言"雪"讀 sue^{44}，其與白語怒江方言、劍川方言今讀相同，與地方志記載卻有所不同，故其來源需作進一步研究。

沙糖

民家口音沙糖讀梭奪。（民國五年《大理縣志稿》卷六《社會教育·方言》）

按：沙，上古音為生紐歌部平聲，擬音為 ʃeai。《廣韻·麻韻》："沙，沙汰。《說文》：'水散石也。'"中古音為生紐麻韻去聲，擬音為 ʃa。糖，上古音為定紐陽部平聲，擬音為 daŋ。《廣韻·唐韻》："糖，徒郎切，飴也。"中古音為定紐唐韻平聲，擬音為 daŋ。

漢語大理官話 "梭奪" 今讀為 $so^{33}to^{23}$。今查《白語簡志》，白語大理方言 "砂糖" 讀為 $so^{35}to^{21}$，對應於漢語的 $sa^{55}t^{h}an^{35}$，其主要母音與古漢語及現代漢語官話對應整齊，ɔ 與 a 對應，"糖" 字韻尾脫落，符合前述音系規則二。

饅首

民家口音饅首讀麻頭。（民國五年《大理縣志稿》卷六《社會教育・方言》）

按：饅，又作饅。《廣韻・桓韻》："饅，母官切，饅頭，餅也。" 中古音為明紐桓韻平聲，擬音為 $muan$。首，上古音為書紐幽上聲，擬音為 $çĭəu$。《廣韻・有韻》："首，頭也，始也，書九切。" 中古音為書紐有韻上聲，擬音為 $çĭəu$。

漢語大理官話 "麻頭" 讀為 $ma^{23}to^{21}$。今查《白語簡志》，白語大理方言 "饅首" 讀為 $ma^{23}to^{21}$。漢語之 "饅首" 對應於白語之 "饅頭"。白語中 "饅" 今讀 ma^{23}，符合音系規則一，白語中的 "麻頭" 當為近現代漢語借詞。

餌塊

民家口音餌塊讀死饋。（民國五年《大理縣志稿》卷六《社會教育・方言》）

按：餌，上古音為日紐之部去聲，擬音為 $ȵĭə$。《廣韻・志韻》："餌，仍吏切，食也。《說文》：'粉餅也。'" 中古音為日紐志韻去聲，擬音為 $ȵĭə$。塊，上古音為溪紐微部去聲，擬音為 $k^{h}uəi$。《廣韻・隊韻》："塊，苦對切，土塊。" 中古音為溪紐隊韻去聲，擬音為 $k^{h}uɒi$。

漢語大理官話 "死饋" 讀為 $si^{33}kui^{31}$。今查《白語簡志》，白語大理方言 "餌塊" 讀為 $si^{31}kui^{32}$。白語 "餌塊" 之 "塊"，與漢語對應，但 "餌" 與 si^{31} 對應存疑。

鴨

民家口音鴨讀押。（民國五年《大理縣志稿》卷六《社會教育·方言》）

按：鴨，上古音為影紐葉部入聲，擬音為 eap，《廣韻·狎韻》："鴨，烏甲切，水鳥。"中古音為影紐狎韻入聲，擬音為 ap。

今查《白語簡志》，白語大理方言"鴨"讀 ɑ⁴⁴，與漢語對應。

羊

民家口音羊讀油。（民國五年《大理縣志稿》卷六《社會教育·方言》）

按：羊，上古音為余紐陽部平聲，擬音為 ʎĭaŋ。《廣韻·陽韻》："羊，與章切。"中古音為余紐陽韻平聲，擬音為 jĭaŋ。

漢語大理官話"油"，讀為 iou²¹。今查《白語簡志》，白語大理方言"羊"讀為 jou²¹。比較白語大理方言 jou²¹、劍川方言 jõ²¹ 及怒江方言 n̦o²¹，"羊"之今讀與漢語古音對應。筆者認為，白語大理方言"羊"與古漢語存在音義對應關係。

豹

民家口音豹讀巴。（民國五年《大理縣志稿》卷六《社會教育·方言》）

按：豹，上古音為幫紐藥部去聲，擬音為 peūuk。《廣韻·效韻》："豹，北教切，獸名。"中古音為幫紐效韻平聲，擬音為 pau。

漢語大理官話"巴"讀為 pa³³。今查《白語簡志》，白語大理方言"豹"讀為 pa³²。筆者通過調查發現，白語中沒有與漢語對應的韻母 –au，漢語韻母 –au 在白語中均對應於白語的單母音 –ɑ。

草

民家口音稱草以芻。（民國五年《大理縣志稿》卷六《社會教

育·方言》)

按：草，上古音為清紐幽部上聲，擬音為 tsʰəu。《廣韻·皓韻》：
"草，採老切。《說文》作艸，百卉也。經典相承作草。"中古音為清紐
皓韻上聲，擬音為 tsʰau。芻，上古音為初紐虞部平聲，擬音為 tʃʰĭwo。
《廣韻·虞韻》："芻，側隅切，芻豢。《說文》云：'刈草也。'俗作
蒭。"《禮記·祭統》："士執芻。"鄭玄注："芻，謂槁也，殺牲時用薦
之。"中古音為初紐虞韻平聲，擬音為 tʃʰĭu。

漢語大理官話"芻"讀為 tsʰu²¹。今查《白語簡志》，白語大理方
言"草"讀 tsʰu³³。比較白語大理方言與漢語古音，筆者認為，大理白
語"草"之今讀與漢語"芻"形成音義對應關係。

柴

民家口音稱柴以薪。(民國五年《大理縣志稿》卷六《社會教
育·方言》)

按：柴與薪同義。柴，《禮記·月令》："(季冬之月)乃命四監收秩
薪柴。"鄭玄注："大者可析謂之薪，小者合束謂之柴。薪施炊爨，柴以
給燎。"柴與薪，常通用。薪，中古音為心紐真部平聲，擬音為 sien。《廣
韻·真韻》："薪，柴也。"柴，《廣韻·佳韻》："柴，士佳切，薪也。"

火

民家口音稱火以灰。(民國五年《大理縣志稿》卷六《社會教
育·方言》)

按：火，上古音為曉紐微部上聲，擬音為 xuəi。《廣韻·果韻》：
"火，呼果切。《說文》曰：'燬也，南方之行炎而上，象形。'"《詩·
豳風·七月》："七月流火，九月授衣。一之日觱發，二之日栗烈，無
衣無褐，何以卒歲。"顧炎武《詩本音》："火，古音毀，考火字，《詩》
凡四見，《左傳》一見，並同。後人誤入三十四果韻。"《唐韻正·果
韻》："火，呼果切，古音毀。《說文》：'火，燬也。'《釋名》：'火，

毀也，物入火。'"《爾雅·釋言》："燬，火也。"陸德明音義："燬，音毀。季尋云：'燬，一音火。'孫炎曰：'方言有輕重，故謂火為燬。'郭云：'燬，齊人語。'"火，中古音為曉紐果韻上聲，擬音為 xua。

漢語大理官話"灰"讀為 hui^{33}。今查《白語簡志》，白語大理方言"火"讀為 hui^{33}。試比較：白語劍川方言讀 hui^{33}，白語怒江方言讀 fi^{33}，其皆可與漢語上古音形成對應關係，故筆者傾向于認為其為漢語早期同源詞。

鳥

民家口音稱鳥以佳。(民國五年《大理縣志稿》卷六《社會教育·方言》)

按：今查《白語簡志》，白語大理方言"鳥"讀為 ua^{42}，與方志記載不符。佳，疑為"隹"書寫之誤。隹，《説文·隹部》："隹，鳥之短尾總名也。"段玉裁注："短尾名隹，別於長尾名鳥。云總名者，取數多也。"

挐

民家口音稱挐為耐，與吳人讀挪近。(民國五年《大理縣志稿》卷六《社會教育·方言》)

按：漢語大理官話"挐"讀為 ne^{31}。今查《白語簡志》，白語大理方言"挐"讀為 ne^{44}，與吳方言"挪"音近。挐，《廣韻·麻韻》："挐，女加切，牽也。"擬音為 na。比較白語大理方言與漢語，白語之 ne^{44} 與漢語之"挐"對應。

閒

民家口音讀閒為暇，與吳人擺暇同。(民國五年《大理縣志稿》卷六《社會教育·方言》)

按：閒，同"閑"。閒，上古音為見紐元部平聲，擬音為 kean。《廣韻·山韻》："閒，古閑切，隙也，近也。"中古音為見紐山韻平聲，擬音為 kæn。閑，上古音為匣紐元部平聲，擬音為 ɣæn。《廣韻·山韻》：“閑，戶閒切，闌也，防也，禦也，大也，法也，習也，暇也。”中古音為匣紐山韻平聲，擬音為 ɣæn。

漢語大理官話“暇”讀為 ɣa³¹。今查《白語簡志》，無“閑”記載，但據實地調查，大理白族今讀“閑”為 ɣa³²。根據之前的音系規則一，白語大理方言的“閑”ɣa³² 在失去韻尾之後與漢語“閑”今讀對應，其聲類為見組開口二等字，尚未發生齶化音變。

減

民家口音讀減為港。（民國五年《大理縣志稿》卷六《社會教育·方言》）

按：減，上古音為見紐侵部上聲，擬音為 keəm。《廣韻·嗛韻》：“減，古斬切，減損也。”又：“減，下斬切，減耗。”中古音為見紐嗛韻上聲，擬音為 kɐm。

漢語大理官話“港”讀為 kaŋ³¹。今查《白語簡志》，白語大理方言讀“減”為 kã³¹。比較白語與漢語“減”之讀音，筆者認為，白語“減”之今讀為近現代漢語官話借詞，白語音節無鼻音韻尾，音系中的鼻化母音都來源於近現代漢語借詞。再者“減”為見系開口二等字，云南官話中部分見系開口二等字仍讀見系，尚未齶化為舌面前音。

不

民家口音讀不為滮。（民國五年《大理縣志稿》卷六《社會教育·方言》）

按：不，上古音為幫紐之部平聲，擬音為 pǐəw。《廣韻·尤韻》：“不，弗也，甫鳩切。又甫九、甫救二切。”《廣韻·物韻》：“不，分物切，與弗同，又府鳩、方久二切。”中古音為幫紐尤韻平聲，擬音為 pǐəu。

漢語大理官話“滮”讀為 piau⁴⁴。今查《白語簡志》，白語大理方言“不”讀為 piɔ³³，與官話相同。比較漢語、白語“不”之讀音，筆

者認為白語的 "不" 與漢語對應。今人研究認為藏緬語的否定副詞 "不" 今讀 piɔ³³, 是 "不有" 的合音, 是受漢族影響借自漢語的借詞①。否定副詞 "不" 為核心詞彙, 筆者認為通過音義對比, 將其定性為漢語與白語的同源詞更為科學。

輕

民家口音讀輕為倩。(民國五年《大理縣志稿》卷六《社會教育·方言》)

按: 輕, 上古音為溪紐耕部平聲, 擬音為 kʰɤeŋ。《廣韻·清韻》: "輕, 去盈切, 輕重。" 又《廣韻·勁韻》: "輕, 墟正切, 又去盈切。" 中古音為溪紐清韻平聲, 擬音為 kʰɤeŋ。

漢語大理官話 "輕" 讀為 tɕʰian³¹。今查《白語簡志》, 白語大理方言 "輕" 讀為 tsʰeɹ⁵⁵。比較白語大理方言与漢語大理官話 "輕" 之今讀, 白語 "輕" 之今讀 tsʰeɹ⁵⁵ 與漢語語音相差甚遠。比較白語其他方言 "輕" 之今讀, 劍川方言 tsʰɛ̃⁵⁵, 怒江方言 tʰã⁵⁵, 音節聲母與漢語對應不一致, 當另有來源。

卑

民家口音讀卑為敝。(民國五年《大理縣志稿》卷六《社會教育·方言》)

按: 卑, 上古音為幫紐支部平聲, 擬音為 pĭe。《廣韻·支韻》: "卑, 府移切, 下也, 賤也。" 中古音為幫紐支韻平聲, 擬音為 pĭe。

漢語大理官話 "敝" 讀為 pi³¹。今查《白語簡志》, 白語大理方言 "卑" 讀為 pi³¹。比較漢語與白語 "敝" 之語音, 白語與漢語古音形成對應關係。

---

① 涂良軍:《少數民族語言對雲南漢語方言影響的一種特殊方式》,《雲南民族大學學報》2007 年第 2 期。

略

民家口音讀略為糯。(民國五年《大理縣志稿》卷六《社會教育·方言》)

按：略，上古音為來紐鐸部入聲，擬音為 lǐak。《廣韻·藥韻》："略，離灼切。簡略，謀略。又求也，法也，要也。"中古音為來紐藥韻入聲，擬音為 lǐak。

漢語大理官話"糯"讀為 no^{31}。今查《白語簡志》，白語大理方言"略"讀為 ɳo^{31}。比較白語、漢語"略"之讀音，白語"略"今讀與漢語官話對應，塞音韻尾丟失，且 n、l 不分，這種現象在西南官話中非常常見，筆者認為其屬於近現代漢語借詞層次。

鮮

民家口音讀鮮為朽。(民國五年《大理縣志稿》卷六《社會教育·方言》)

按：鮮，上古音為心紐元部平聲，又為心紐元部上聲，擬音為 sǐan。《廣韻·仙韻》："鮮，相然切，鮮潔也，善也。"《廣韻·獮韻》："鮮，息淺切，少也。"又《廣韻·線韻》："鮮，私箭切，姓也。又音平聲。"《詩·邶風·新臺》："新臺有泚，河水瀰瀰。燕婉之求，籧篨不鮮。"顧炎武《詩本音》："鮮，古音犀，《尚書大傳》曰：'西方者，何鮮方也。西本音先，今讀犀。鮮本音犀，今讀仙，二字互誤，今鮮字入二仙二十八獮二韻，此章以平上通為一韻。'"中古音為心紐仙韻平聲，擬音為 sǐɛn。

漢語大理官話"朽"讀為 ɕiu^{31}。今查《白語簡志》，白語大理方言"鮮"讀為 ɕiɯ^{42}。比較漢語與白語"鮮"，白語大理方言今讀 ɕiɯ^{42}，其韻母鼻音韻尾脫落，符合音系規則一，其聲母心發生齶化音變 s〉ɕ。韻腹方面，今查《白語簡志》，白語大理方言 –iɯ 常對應於漢語的 –in 或 –ian，如"民族"，白語大理方言今讀為 miɯ^{42}tsʰu^{35}，因而筆者認為其應該屬於近現代漢語借詞。

猢猻

民家口音讀猢猻為兀算。（民國五年《大理縣志稿》卷六《社會教育·方言》）

按：猢，上古音為匣紐魚部平聲，擬音為 ɣɑ。《廣韻·模韻》："猢，戶吳切，獼猢，獸名，似猿。"中古音為匣紐模韻平聲，擬音為 ɣu。猻，上古音為心紐文部平聲，擬音為 suən。《廣韻·魂韻》："猻，思渾切，猴猻。"中古音為心紐魂韻平聲，擬音為 suən。

漢語大理官話"兀算"讀為 u³³ suan²⁴。今查《白語簡志》，白語大理方言"猢猻"讀為 ou²¹ sua³⁵。從白語與漢語語音比較看，"猢猻"乃漢語文讀，白語大理方言 ou²¹ sua³⁵ 與漢語對應，當屬近現代漢語借詞層次。

年歲

民家口音讀年歲為貎算。（民國五年《大理縣志稿》卷六《社會教育·方言》）

按：年，上古音為泥紐真部平聲，擬音為 nien。《廣韻·先韻》："年，奴顛切，穀熟曰年。"中古音為泥紐先韻平聲，擬音為 nien。歲，上古音為心紐月部去聲，擬音為 sĭwāt。《廣韻·祭韻》："歲，相銳切。《釋名》：'歲，越也，越故限也，從步戍。'"中古音為心紐祭韻去聲，擬音為 sĭwɛi。

漢語大理官話"貎算"讀為 ni³³ suã³²。今查《白語簡志》，白語大理方言"年歲"為單音節詞，讀為 suɑ⁴⁴。比較漢語、白語"年歲"之讀音，白語大理方言"年歲"suɑ⁴⁴，應是受漢語官話影響而形成，音節"ni³³"亦應經過白語音系調整而脫落鼻音韻尾。

鄉邑

民家口音讀鄉邑為秀衣。（民國五年《大理縣志稿》卷六《社會教育·方言》）

按：鄉，上古音為曉紐陽部平聲，擬音為 xĭaŋ。《廣韻·陽韻》：
"鄉，許良切，鄉黨。《釋名》：'萬二千五百家為鄉。又向也，衆所
向。'"中古音為曉紐陽韻平聲，擬音為 xĭaŋ。邑，上古音為影紐緝部入
聲，擬音為 ĭəp。《廣韻·緝韻》："邑，於汲切，縣邑。《周禮》：'四井
為邑。'"中古音為影紐緝韻入聲，擬音為 ĭəp。

漢語大理官話"秀衣"讀為 ɕiou³¹ i³¹。據調查，今白語大理方言
"鄉邑"讀為 ɕou³⁵ i⁵⁵。比較漢語、白語"鄉邑"之今讀，筆者認為其
為近現代漢語借詞。白語"鄉邑"今讀 ɕou³⁵ i⁵⁵，"香"今讀 ɕou³⁵，曉
母發生了齶化 x〉ɕ。韻母方面，白語中韻母 ou 常對應於漢語韻母 iaŋ
與 ioŋ，其符合白語漢語借詞音系規則一。

第三節　雲南近代方志中語言接觸環境下的其他少數民族詞彙研究

雲南近代方志中語言接觸環境下少數民族詞彙的借用主要採用了以
下幾種方式：音義借用、音義對應、音譯兼意譯、意義借用。其中，以
音義對應類型為最多，音譯兼意譯類型其次，音義借用類型和意義借用
類型較少。

（一）音義借用

雲南少數民族詞彙有相當部分為借用漢語音義而形成。經查閱，大
致歸納如下。

表 6-1　　　　　　　　　　雲南近代方志音義借用詞

少數民族語 漢語	新平縣志				祿勸縣志	永平縣志稿	
	擺夷	卡惰	猓玀	窩泥	爨蠻	土語	羅武語
墨	墨	墨	墨	墨			
升		升					
筆	筆	筆	筆	筆			
炭	炭						
醬	醬	醬		醬		醬油	醬

續表

少數民族語　／　漢語	新平縣志				祿勸縣志	永平縣志稿	
	擺夷	卡惰	倮㑩	窩泥	爨蠻	土語	羅武語
醋		醋					醋
點燈	點燈						
寫字			書				
鹽			醝				
玉麥					玉粟、包穀		
松子					明子		
城						城	
鄉						鄉	
海						海	
煙							煙
槍						槍	
我							我
弟							弟
妹							妹
姐							姐
男						男	
僕人						幫工	
先生						尊師	先生
學生						學生	
百姓						百姓	

表 6 – 2　　　　　　　　雲南近代方志音義借用詞

少數民族語　／　漢語	東川府志	昭通縣志	宣威縣志		騰越廳志稿
	夷語	夷語	夷語	黑夷	夷語
醋	醋				
罐	罐子				
棹	棹子	棹子			
凳	板凳	板櫈			
襪	布襪		布襪		

續表

少數民族語 漢語	東川府志	昭通縣志	宣威縣志		騰越廳志稿
	夷語	夷語	夷語	黑夷	夷語
婦		哶			
婦			哶		
饅首	饢饢	饢			
桶					桶
母					媽
姊					姐

表 6 – 3　　　　　　　　雲南近代方志音義借用詞

少數民族語 漢語	開化府志	富州縣志	姚安縣志		巧家縣志稿
	土獠	藍靛瑤	一般夷語	馬油坪夷語	蠻語
四	四				
孫		孫			
春					春
夏					夏
秋					秋
冬					冬
民			百姓	百姓	
匪			賊	賊	
你			你	你	
我			我	我	
方			方	方	
万			一万	一万	
岳母			岳媽	岳媽	

　　四，土獠謂之四。(道光九年《開化府志》卷九《風俗·方言》)
　　墨，擺夷謂之墨。(光緒十一年《永昌府志》卷五十八《方言》)
　　升，卡惰謂之升。墨，猓玀謂之墨，擺夷謂之墨，窩泥謂之
墨，卡惰謂之墨。筆，猓玀謂之筆，擺夷謂之筆，窩泥謂之筆，卡
惰謂之筆。炭，擺夷謂之炭。醬，擺夷謂之醬，窩泥謂之醬，卡惰

謂之醬。醋，卡惰謂之醋。點燈，擺夷謂之點燈。寫字，猓玀謂之書。（民國二十二年《新平縣志》卷十六《方言》）

玉麥，爨蠻謂之灼莫，一曰玉粟，一曰包穀。松子，爨蠻謂之明子。（民國十四年《祿勸縣志》卷三《方言志》）

醋，夷謂之醋。罐，夷謂之罐子。棹，夷謂之棹子。凳，夷謂之板凳。襪，夷謂之布襪。（乾隆二十六年《東川府志》卷八《戶口·夷人方音》）

婦，夷謂之哶。棹，夷謂之棹子。凳，夷謂之板凳。（民國十三年《昭通縣志》卷十《方音》）

婦，黑夷謂之哶。襪，夷謂之布襪。（民國二十三年《宣威縣志》卷八《語言》）

桶謂之桶。母謂之媽。姊謂之姐。（光緒十三年《騰越廳志稿》卷十五《諸夷志·方言》《龍陵縣志》卷十三《諸夷志·方言》）

城，土語謂之城。鄉，土語謂之鄉。海，土語謂之海。醬，土語謂之醬油，羅武語謂之醬。醋，羅武語謂之醋。烟，羅武語謂之烟。槍，土語謂之槍。我，羅武語謂之我。弟，羅武語謂之弟。妹，羅武語謂之妹。姐，羅武語謂之姐。男，土語謂之男。僕人，土語謂之幫工。先生，土語謂之尊師，羅武語謂之先生。學生，土語謂之學生。百姓，土語謂之百姓。（民國元年《永平縣志稿》卷七《方言》）

孫，藍靛瑤謂之孫。（民國二十一年《富州縣志》卷十六《方言》）

民，一般夷語和馬油坪夷語謂之百姓。匪，馬油坪夷語謂之賊。你，一般夷語和馬油坪夷語謂之你。我，一般夷語和馬油坪夷語謂之我。方，一般夷語和馬油坪夷語謂之方。万，馬油坪夷語謂之一万。岳母，一般夷語和馬油坪夷語謂之岳媽。（民國三十七年《姚安縣志》卷五十四《禮俗志·方言》）

春，蠻語謂之春。夏，蠻語謂之夏。秋，蠻語謂之秋。冬，蠻語謂之冬。（民國三十一年《巧家縣志稿》卷八《方言》）

饅首

麥饅首，夷謂之饊饊。（乾隆二十六年《東川府志》卷八《戶

口·夷人方音》)

饅首，夷謂之饊。(民國十三年《昭通縣志》卷十《方音》)

按：饃饃，清唐訓方《里語征實》卷中上："餅曰饝饝，音摩，凡米麵食皆謂饝饝，猶北人之謂餺餺也。(小説) 北人呼為波波，南人訛為磨磨。" 清沈白南《藝林彙考·飲食篇》卷三引《五雜俎》曰："餅，麪餈也。方言謂之餛飩，又謂之餦餭。餛飩，即今饅頭耳，非餅也，京師謂之饊饊。"

鹽

鹽，猓玀謂之鹺。(民國二十二年《新平縣志》卷十六《方言》)

鹽，一般夷語和馬油坪夷語謂之鹺。(民國三十七年《姚安縣志》卷五十四《禮俗志·方言》)

按：鹽，別名鹺。《礼记·曲礼下》："鹽曰鹹鹺。" 郑玄注："大鹹曰鹺。" 清王筠《説文釋例》卷十九："鹺，當為鹽之別名。"

(二) 音義對應

雲南近代方志中用漢語音節記錄的少數民族詞彙，部分同漢語構成音義對應關係，這種音義對應關係不是偶然的相似或者相近。筆者將這些具有音義對應關係的詞稱為關係詞，其中包括深層對應的同源詞和因語言接觸而產生的借詞。

表 6-4　　　　　　　　　雲南近代方志音義對應詞

漢語＼少數民族語	開化府志				永昌府志		廣南府志		
	儂人	擺夷	土獠	阿成	緬人	擺夷	緬人	土獠	擺夷
日	烈				膩		烈		
羊	有	有				有	有		有
雞		蓋	結					結	蓋
墨	媽		馬	捫					
父	博							博	博

續表

少數民族語 / 漢語	開化府志				永昌府志		廣南府志		
	儂人	擺夷	土獠	阿成	緬人	擺夷	緬人	土獠	擺夷
三	散	喪	散			喪	散	散	喪
四	細	細				細	細	細	細
五	哈	哈				哈	哈		哈
八	別	別	別			別	別	別	別
九	苟	苟	苟			苟	苟	勾	苟
十	謝	昔	謝			昔	謝	謝	昔
娘		蔑							
馬		罵	磨	摹		罵		磨	罵
紙		哲	知			哲			
書	士		事						
霧		磨	馬					馬	磨
園			孫						
路			祿					祿	
升			神						
牛				女					
母						蔑			
地						頂			頂
城								稱	

表 6－5　　　　　　　　雲南近代方志音義對應詞

少數民族語 / 漢語	新平縣志				祿勸縣志
	卡惰	猓玀	擺夷	窩泥	爨蠻
日	呢				你
紙	及		藉		
書				熟	
柴		兮			
鬥	得	得	朵	得	的
鵝				厄	
狗	克	期			

少數民族語＼漢語	新平縣志				祿勸縣志
	卡惰	猓玀	擺夷	窩泥	爨蠻
馬	莫	嬤	麻	莫	
牛		呢		奴	你
三	些	沙	喪	所	
四		西	細		
五		窩			
八			別		
九		格	高		
十			昔		
粉					肺母
天陰					木巾
電					歹
盜賊					栽
升					施
瓦					我
印					硬
苦					拷
尺					戳
車					充
煙袋					因哥
雞			蓋		
跪		格			
正					止
葱					初

表 6－6　　　　　雲南近代方志音義對應詞

少數民族語＼漢語	東川府志	昭通縣志	宣威縣志		麗江府志略
	夷語	夷語	黑夷	苗子	夷語
海	桓	黑	黑		憾
子	租	租	租		苴

續表

少數民族語 漢語	東川府志	昭通縣志	宣威縣志		麗江府志略
	夷語	夷語	黑夷	苗子	夷語
孫	希	希	希		
我	俄	俄			扼
你	那	那			納
酒	汁	汁			
油					也岩
燒酒	紮汁				
箸	主				
瓦	我	我			完
柴	息	息			
溝					開
階	檳梯				
斧					邊邊
鵝	俄				我
馬	木	木			
牛	呢	呢			
少		煞	殺		
升	施				
飯		假	假		
灶		魯作			
來			列		籠
羊				尤	由
橋					卓
坐					足
街市					知
紅					湖
桶					圖
二					你
五					瓦
九					姑

續表

少數民族語 / 漢語	東川府志	昭通縣志	宣威縣志		麗江府志略
	夷語	夷語	黑夷	苗子	夷語
短					歹
徒弟					的子
父				罷	
錢					寄焉
鬥					都

表 6－7　　　　　　　雲南近代方志音義對應詞

少數民族語 / 漢語	騰越廳志稿		永平縣志稿	
	擺夷	緬人	土語	羅武
凳	儅			
紙	即			
白	帛			
三	散	辣		生
四	細			希
八	別			
九	高	果	姑	根
十	須		砌	七
百	八			
日		呢		
二		孽		泥
酒			至	
馬				母
牛				扭
金				記
錫				謝
槍				恰
我			按	
你			呢	尼
父	波			

續表

少數民族語　　漢語	騰越廳志稿		永平縣志稿	
	擺夷	緬人	土語	羅武
母				摸
血			死	許
一				以
五				我
零				哩
夏				瞎
冬				肚
雞	介	潔		
錢				起
苦		卡		

表 6－8　　　　　　　　雲南近代方志音義對應詞

少數民族語　　漢語	富州縣志					
	夷人	苗人	花猓玀	藍靛瑤	黑衣人	天保人
雷	屢				屢	雷
跪	鬼			葵		
霜				送		
霧	漠				暮	漠
園	損					
祖	措				坐	坐
馬	罵		木	蔴		罵
羊	雍	尤			日	日
雞	蓋	改			蓋	該
三	散				散	傘
四	昔				序	
五	亞	烏			亞	亞
六	猓				落	
八	別					
九	故	鳩		枯	購	構

續表

少數民族語 漢語	富州縣志					
	夷人	苗人	花猓玀	藍靛瑤	黑衣人	天保人
十	啓				習	習
百	叭	以波		別	叭	叭
千		以淺			淺	城
萬	反	以萬				泛
風			哩臘			
父		顏			博	博
一		以		啞		
二		哦				
孫		筍				
子		雜				
坐		又周				
地					的	
山					沙	
路					落	猓
祖					坐	坐
木						妹
賤						踐

表 6 - 9　　　　　　　　雲南近代方志音義對應詞

少數民族語 漢語	姚安縣志		巧家縣志稿	
	一般夷語	馬油坪夷語	夷語	蠻語
點燈	得多	得多		
唱	抄	抄		
殺	色			
苦	卡	卡		
他	牙	牙		
香	屑			
袋	課得			
灶	爐租	左		

續表

漢語＼少數民族語	姚安縣志		巧家縣志稿	
	一般夷語	馬油坪夷語	夷語	蠻語
糖	燒叨			
凳	八凳	八凳		
桶	圖	圖		
柴	撕	撕		
藍	魯或藍	魯或藍		
綠	虐或綠	虐或綠		
馬	木	木		
牛	略	略		
蛇	奢			
子			祖	
孫			希	
你				能
酒			汁	
我			俄	瓦
田				體
村			卡	

日

日，儂人謂之烈。（道光九年《開化府志》卷九《風俗·方言》）

日，緬人謂之膩。（光緒十一年《永昌府志》卷五十八《方言》）

日，緬人謂之烈。（光緒三十一年《廣南府志》卷二《風俗》）

日，卡惰謂之呢。（民國二十二年《新平縣志》卷十六《方言》）

日，爨蠻謂之你。（民國十四年《祿勸縣志》卷三《方言志》）

日，緬人謂之呢。（光緒十三年《騰越廳志稿》卷十五《諸夷志·方言》《龍陵縣志》卷十三《諸夷志·方言》）

按：日，上古音為日紐質部入聲，擬音為 n̲ǐět。《廣韻·質韻》："日，人質切，《說文》：'實也，太陽精不虧。'"中古音為日紐質韻入

聲，擬音為 ȶ̌et。烈，上古音為來紐月部入聲，擬音為 lĭat。中古音為來
紐薛部入聲，擬音為 lĭɛt。膩，上古音為泥紐脂部去聲，擬音為 nĭei。
中古音為泥紐至韻去聲，擬音為 ni。呢，上古音為娘紐脂部平聲，擬音
為 nĭei。中古音為泥紐至韻平聲，擬音為 ni。你（爾），上古音為娘紐
之部上聲，擬音為 ȵĭei。中古音為娘紐止韻上聲，擬音為 ȶ̌ə。

　　今雲南官話中"烈"讀 lie，"你""呢""膩"皆讀 ni。《開化府
志》所言儂人之語言屬於今壯侗語族，而緬人、卡惰、爨蠻皆為藏緬語
族。方言志編纂者記錄少數民族語時，主要用官話記錄。從其所選記音
字看，今讀聲母 n、l 字音並未區分，其主要原因是雲南官話部分地區
舌尖中鼻音、邊音不分，但其聲類皆可與漢語古音對應。筆者認為
"日"作為核心詞彙，漢語、藏緬語、壯侗語語音上的對應是漢藏語同
源的重要證據。

羊

　　羊，儂人謂之有，擺夷謂之有。（道光九年《開化府志》卷九
《風俗·方言》）
　　羊，擺夷謂之有。（光緒十一年《永昌府志》卷五十八《方言》）
　　羊，緬人謂之有，擺夷謂之有。（光緒三十一年《廣南府志》
卷二《風俗》）
　　羊，夷語謂之由。（乾隆八年《麗江府志略·方言》）
　　羊，苗子謂之尤。（民國二十三年《宣威縣志》卷八《語言》）
　　羊，夷人謂之雍。黑衣人謂之曰，天保人謂之曰，苗子謂之
尤。（民國二十一年《富州縣志》卷十六《方言》）

　　按：羊，上古音為余紐陽部平聲，擬音為 ʎĭaŋ。《廣韻·陽韻》：
"羊，與章切。"中古音為余紐陽韻平聲，擬音為 jĭaŋ。
　　"羊"在地方志記載中分別對應於儂人、擺夷、緬人、苗子語言中
的"有""尤""由""雍"，"有""尤""由"在漢語官話中聲母韻母
相同，均為 iou，聲調不相同。"雍"在今云南官話中多讀為 ioŋ[31]。儂
人主要指居住在廣西和雲南交界地區的壯族，擺夷為清初至民國期間對
傣族之稱呼。儂人與擺夷所使用的語言均屬壯侗語族，而黑衣人、天保

人均為今壯族之支系。緬人所使用語言屬藏緬語族，苗子為苗族，屬苗瑤語族。

比較"羊"在今不同民族語中的讀音：傣語 bɛ³¹、壯語 jiːŋ³¹（北部）、be⁵⁵（南部）、布依語 juːŋ¹¹、苗語（臘乙坪）iɑ³⁵ ʐoŋ³¹、瑤族 joŋ²¹、傈僳語 tʃʰŋ⁴²、彝語 tʂʅ⁵⁵、白語 jou²¹。

通過上述語音比較可以看出，地方志中記載的"羊"，民族語今讀為"iou"（聲調姑且不論）的多對應於今天的壯侗語，今讀為"ioŋ³¹"的與壯侗語、布依語和苗瑤語族的苗語和瑤語較為接近。

雞

雞，擺夷謂之蓋，土獠謂之結。（道光九年《開化府志》卷九《風俗·方言》）

雞，擺夷謂之蓋。（民國二十二年《新平縣志》卷十六《方言》）

雞，擺夷謂之介，緬人謂之潔。（光緒十三年《騰越廳志稿》卷十五《諸夷志·方言》《龍陵縣志》卷十三《諸夷志·方言》）

鷄，土獠謂之結，擺夷謂之蓋。（光緒三十一年《廣南府志》卷二《風俗》）

鷄，夷人謂之蓋，苗人謂之改，黑衣人謂之蓋，天保人謂之該。（民國二十一年《富州縣志》卷十六《方言》）

按：雞，上古音為見紐支部平聲，擬音為 kie。《廣韻·齊韻》："雞，古奚切。《説文》：'知時畜也。'"中古音為見紐齊韻平聲，擬音為 kiei。《方言》卷八："雞，陳楚宋魏之間謂之鸊䳾，桂林之中謂之割雞。"丁惟汾《方言音釋》："割，古音讀該，為雌雞喚卵聲。雞將遺卵，每作割割聲，故又謂之割雞。"

如前所述，擺夷、土獠為今之壯侗語族[1]，緬人為藏緬語族。地方志中的"蓋""介""改""該"，今讀聲母、韻母皆為 kai，"結""潔"今聲母、韻母讀 tɕie。

---

[1]　王亞文：《壯族土獠的歷史來源及古今分佈狀況》，《昆明師專學報》1998 年第 2 期。

　　比較"雞"在今不同民族語中的讀音：傣語 kai[35]、壯語 kai[35]、布依語 kai[33]、水語 qa：i[35]、苗語（臘乙坪）qei[33]、瑤族 tɕai[33]、傈僳語 ɤa[55]、彝語 va[33]、白語 ke[35]。

　　通過比較，我們可以看到，地方志記載的諸多民族"雞"之讀音可以分為幾類，讀為 kai 的大多為今壯侗語族和苗瑤語族。讀為 ke 與 kai 的與漢語古音存在較為整齊的對應關係。而藏緬語族的彝語 ɤa 與傈僳語 va 也能形成音義對應關係，其與壯侗、苗瑤及白語"雞"之今讀有一定差距。

鵝

　　鵝，窩泥謂之厄。（民國二十二年《新平縣志》卷十六《方言》）

　　鵝，夷謂之俄。（乾隆二十六年《東川府志》卷八《戶口·夷人方音》）

　　鵝，夷語謂之我。（乾隆八年《麗江府志略·方言》）

　　按：鵝，上古音為疑紐歌部平聲，擬音為 ŋa。《廣韻·歌韻》："鵝，《説文》曰：'䳘鵝也。'"中古音為疑紐歌韻平聲，擬音為 ŋa。厄，上古音為影紐錫部入聲，擬音為 ĕk。《廣韻·卦韻》："於革切，災也。《説文》：'隘也。'"中古音為影紐麥韻入聲，擬音為 æk。

　　據考察，地方志中的窩泥主要指今之哈尼族，今查《哈尼語簡志》，"鵝"讀為 o[31]ŋø[55]，漢語新平縣官話"厄"讀為 ŋə[44]。昆明市東川區內彝族分佈眾多，故《東川府志》所記載的夷人多指彝族，彝族"鵝"今讀為 o[21]。《麗江府志略》中所記載的彝人當為納西族，今查《納西方語簡志》，"鵝"讀為 o[21]。在納西語中，今讀韻母為 -o 的大多為漢語借詞，如普通話的"哥哥"讀為 ko[33]ko[33]。

　　比較上述民族語與漢語的讀音，通過綜合分析，哈尼語"鵝"今讀 o[31]ŋø[55]，其為漢語借詞的可能性較大。

一

　　一，羅武語謂之以。（民國元年《永平縣志稿》卷七《方言》）

一，苗人謂之以，藍靛瑤謂之啞。（民國二十一年《富州縣志》卷十六《方言》）

按：一，上古音為影紐質部入聲，擬音為ǐĕt。《廣韻・質韻》："一，於悉切。"中古音為影紐質韻入聲，擬音為ǐĕt。

雲南官話中，"以"今讀ji³¹，與羅武語"一"i⁴⁴存在聲調上的差異。苗人為今之苗族，"一"亦讀為"以"i⁴³，聲調為降調，而非平調。藍靛瑤為今之瑤族分支，生活在我國的雲南、廣西及越南、老撾等地，其"一"今讀為ia⁴³，與官話"啞"字同音。今查《瑤語簡志》，瑤族三個分支"一"均不讀ia⁴³，只有在苗語臘乙坪方言中"一"今讀為a⁴⁴，與地方志所記載不符。

比較：傣語et⁵³、壯語it⁵³（北部）、苗語（臘乙坪）a⁴⁴、瑤族jet⁵²或者i³³、彝語tsʰʅ²¹。苗瑤語與壯侗語中"一"的今讀與漢語能形成對應。

二

二，緬人謂之孽。（光緒十三年《騰越廳志稿》卷十五《諸夷志・方言》《龍陵縣志》卷十三《諸夷志・方言》）

二，夷語謂之你。（乾隆八年《麗江府志略・方言》）

二，羅武語謂之泥。（民國元年《永平縣志稿》卷七《方言》）

二，苗人謂之哦。（民國二十一年《富州縣志》卷十六《方言》）

按：二，上古音為日紐脂部去聲，擬音為ȵǐei。《廣韻・至韻》："二，而至切，《說文》云：'地之數也。'"中古音為日紐至韻去聲，擬音為ʑi。

"孽"，雲南官話今讀nie⁵¹。緬人為今之藏緬語族之緬語支，今查緬甸語，"二"讀為nie³¹，與雲南官話同音。《麗江府志略》所載夷語應為納西語，今查《納西語簡志》，"二"讀ȵi³¹，與官話之"你"音近。《永平縣志稿》所載羅武語"二"讀為雲南官話之"泥"ni³¹。羅武當為當地少數民族族群之稱呼，永平為少數民族聚居地，以彝族為最多。今查《彝語簡志》，彝語“二”讀為 ȵi²¹。《富州縣志》所載“二”，為苗人讀音，與官話“哦”o³³音近。今查《苗語簡志》，苗語方言一支“二”讀為 o³³。比較上述語言“二”之讀音，彝語、納西語與雲南官話形成對應。

三

三，儂人謂之散，土獠謂之散，擺夷謂之喪。（道光九年《開化府志》卷九《風俗·方言》）

三，擺夷謂之喪。（光緒十一年《永昌府志》卷五十八《方言》）

三，緬人謂之散，土獠謂之散，擺夷謂之喪。（光緒三十一年《廣南府志》卷二《風俗》）

三，猓玀謂之沙，擺夷謂之喪，窩泥謂之所，卡惰謂之些。（民國二十二年《新平縣志》卷十六《方言》）

三，擺夷謂之散，緬人謂之竦。（光緒十三年《騰越廳志稿》卷十五《諸夷志·方言》《龍陵縣志》卷十三《諸夷志·方言》）

三，羅武語謂之生。（民國元年《永平縣志稿》卷七《方言》）

三，夷人謂之散，黑衣人謂之散，天保人謂之傘。（民國二十一年《富州縣志》卷十六《方言》）

按：三，上古音為心紐侵部平聲，擬音為 səm。《廣韻·談韻》：“三，蘇暫切，又蘇甘切。”中古音為心紐談韻平聲，擬音為 sam。些，《廣韻·簡韻》：“些，蘇箇切，楚語辭。”又《廣韻·麻韻》：“些，寫邪切，少也。”

《開化府志》所載儂人、土獠、擺夷均為今之壯族分支，屬壯侗語族，其“三”讀音與雲南官話之“散”san¹³或“喪”saŋ¹³音近。今查《壯語簡志》，壯語“三”讀為 saːm²⁴。壯侗語族母音分長短，而漢語母音無長短對立，因此官話短母音對應於壯語的長母音。另外，雲南官話中無雙唇鼻音韻尾 – m，因此漢語的舌尖中鼻音韻尾 – n 對應於壯語鼻音韻尾。《廣南府志》所載土獠、擺夷也為壯族分支，其“三”讀“散”應為 saːm²⁴。緬人所操語言為緬語，其今讀“三”為 sum³¹。《新平縣志》所載猓玀為今之彝族，今查《彝語簡志》，"三" 讀為 sɔ³³，與雲南官話 "沙" 音近。窩泥為今之哈尼族，今查《哈尼語簡志》，哈尼語方言一支，"三" 今讀為 sɔ⁵⁵，與官話 "所" 音近。哈尼族卡惰方言今讀 "三" 為 se⁵⁵，同於官話 "些"。《騰越廳志稿》《龍陵縣志》所載夷人 "三" 讀為 "散" "竦" 之現象與壯侗語及緬語相同。《永平縣志稿》所載羅武語 "三"，讀音與雲南官話 "生" 音近。今查彝語方言一支 "三"，今讀為 sɯ³³。《富州縣志》所載夷人 "三"，讀為官話 "傘" "散"，亦與上述壯侗語之今讀現象相同。天保人、黑衣人均為壯侗語壯族分支。

比較：傣語 saːm⁵⁵、壯語 saːm²⁴、布依語 saːm³⁵、彝語 sɔ³³、白語 sã⁵⁵。基數詞 "三" 與漢語及壯侗語、藏緬語語言中的讀音，大都能形成對應關係，故 "三" 應為壯侗語與漢語同源詞。

四

四，儂人謂之細，擺夷謂之細。（道光九年《開化府志》卷九《風俗·方言》）

四，擺夷謂之細。（光緒十一年《永昌府志》卷五十八《方言》）

四，緬人謂之細，土獠謂之細，擺夷謂之細。（光緒三十一年《廣南府志》卷二《風俗》）

四，猓玀謂之西，擺夷謂之細。（民國二十二年《新平縣志》卷十六《方言》）

四，擺夷謂之細。（光緒十三年《騰越廳志稿》卷十五《諸夷志·方言》《龍陵縣志》卷十三《諸夷志·方言》）

四，羅武語謂之希。（民國元年《永平縣志稿》卷七《方言》）

四，黑衣人謂之序，夷人謂之昔。（民國二十一年《富州縣志》卷十六《方言》）

按：四，上古音為心紐質部去聲，擬音為 sǐĕt。《廣韻·至韻》："四，息利切，陰數也。" 中古音為心紐至韻去聲，擬音為 si。

《開化府志》儂人、擺夷 "四" 讀為官話 "細" çi³¹。今查《壯語簡志》，壯語“四”讀為 sei^{35}。《廣南府志》擺夷、土獠皆為壯族分支，官話“細”今讀為 çi^{24}，與壯語音近。《新平縣志》所載猓玀為彞族，今查《彞語簡志》，彞語“四”讀為 l̩ŋ^{33}，與地方志“西”çi^{24} 之讀音有異。《永平縣志稿》所載羅武語讀“四”為“希”，與《富州縣志》夷人讀“四”為“昔”類同。官話“希”“昔”音近，均為 çi^{33}，與壯語 sei^{35} 對應。《富州縣志》所載黑衣人亦為今之壯族分支，其讀“四”與官話“序”çy^{24} 音同，而與今壯語不同，令人費解。雲南永平官話中無撮口韻母 –y–，撮口韻母 –y– 常讀為 –i–，因此，筆者認為，“序”在當地官話中亦讀 çi^{24}，與“昔”同音，因而“四”讀 sei^{35}，亦與壯語相符。

比較：傣語 si^{35}、壯語 sei^{35}、布依語 si^{33}、傈僳語 li^{33}、彞語 l̩ŋ^{33}、白語 si^{44}。基數詞“四”與漢語及壯侗語、藏緬語語言中的讀音，大都能形成對應關係，應為同源詞。

五

五，儂人謂之哈，擺夷謂之哈。(道光九年《開化府志》卷九《風俗·方言》)

五，擺夷謂之哈。(光緒十一年《永昌府志》卷五十八《方言》)

五，緬人謂之哈，擺夷謂之哈。(光緒三十一年《廣南府志》卷二《風俗》)

五，猓玀謂之窩。(民國二十二年《新平縣志》卷十六《方言》)

五，夷語謂之瓦。(乾隆八年《麗江府志略·方言》)

五，羅武語謂之我。(民國元年《永平縣志稿》卷七《方言》)

五，夷人謂之亞，苗人謂之烏，黑衣人謂之亞，天保人謂之亞。(民國二十一年《富州縣志》卷十六《方言》)

按：五，上古音為疑紐魚部上聲，擬音為 ŋɑ。《廣韻·麌韻》：“五，數也。又姓。疑古切。”中古音為疑紐姥韻上聲，擬音為 ŋu。哈，《廣韻·合韻》：“哈，五合切，魚多皃。”

　　《開化府志》《永昌府志》《廣南府志》記載，儂人、擺夷謂"五"為"哈"xa³³。今查壯語武鳴方言，"五"讀為ha⁵⁵，與雲南官話音近。《廣南府志》緬人讀"五"為"哈"，今查緬語，"五"讀為ha⁵⁵。《新平縣志》記載猓玀之"五"，讀為"窩"，今查《彝語簡志》，"五"讀為ŋɯ³³，與雲南官話"窩"音近。《富州縣志》記載夷人、黑衣人、天保人讀"五"為"亞"ia⁴²，今查壯語，龍州及武鳴方言"五"讀為ha⁵⁵/ŋu⁴²，富寧壯語今讀ia⁴²，當為壯語方言讀音。苗人讀"五"為官話之"烏"u³³，今查《苗語簡志》，苗語讀"五"為pẓa³⁵、tsa³³、tʂi⁴³三種，均與u³³讀音不對應，故筆者認為，"五"疑為當時當地苗語漢語之借詞。

　　比較：傣語ha¹³、壯語ha³¹/ŋu⁴²、布依語ɤa¹³、苗語（臘乙坪）pẓa³⁵/tsa³³/tʂi⁴³、瑤語pja³³/tsu³³/ŋo²³¹、彝語ŋɯ³³、白語ŋvι³³。其語音對應表明"五"應為同源詞。

六

　　六，夷人謂之猓，黑衣人謂之落。（民國二十一年《富州縣志》卷十六《方言》）

　　按：六，上古音為來紐覺部入聲，擬音為lĭəuk。《廣韻·屋韻》："六，力竹切，數也。"中古音為來紐屋韻入聲，擬音為lĭuk。

　　《富州縣志》中所記載的夷人讀"六"為官話之"猓"lo³¹，與黑衣人之"落"聲調有別。今查《壯語簡志》，"六"讀為lok³³，與官話之"落""猓"音近。

　　比較：傣語hok⁵⁵、壯語lok³³、布依語zoʔ³⁵。漢語壯語"六"之讀音對應，表明"六"為同源詞。

八

　　八，儂人謂之別，土獠謂之別，擺夷謂之別。（道光九年《開化府志》卷九《風俗·方言》）

　　八，擺夷謂之別。（光緒十一年《永昌府志》卷五十八《方言》）

八，緬人謂之別，土獠謂之別，擺夷謂之別。（光緒三十一年《廣南府志》卷二《風俗》）

八，擺夷謂之別。（民國二十二年《新平縣志》卷十六《方言》）

八，擺夷謂之別。（光緒十三年《騰越廳志稿》卷十五《諸夷志·方言》《龍陵縣志》卷十三《諸夷志·方言》）

八，夷人謂之別。（民國二十一年《富州縣志》卷十六《方言》）

按：八，上古音為幫紐質部入聲，擬音為 pĕt。《廣韻·黠韻》："八，博拔切，數也。"中古音為幫紐黠韻入聲，擬音為 pæt。

《開化府志》《永昌府志》《廣南府志》《新平縣志》《龍陵縣志》所載儂人、土獠、擺夷讀"八"為"別"pie[13]。今查《壯語簡志》，"八"讀為 pet[35]。《新平縣志》所載緬人讀"八"為漢語之"別"pie[13]，緬人為緬語支，今查緬語"八"讀為 ʃit[55]，其讀音與地方志有別，而與壯侗語同，疑為當地緬族借詞。《富州縣志》記載當地夷人讀"八"為"別"pie[13]，與壯侗語音近。

比較：傣語 pɛt[53]、壯語 pet[55]、布依語 piat[35]。漢語與壯侗語"八"音義對應，說明其存在同源關係。

九

九，儂人謂之苟，土獠謂之苟，擺夷謂之苟。（道光九年《開化府志》卷九《風俗·方言》）

九，緬人謂之苟，土獠謂之勾，擺夷謂之苟。（光緒三十一年《廣南府志》卷二《風俗》）

九，擺夷謂之苟。（光緒十一年《永昌府志》卷五十八《方言》）

九，猓玀謂之格，擺夷謂之高。（民國二十二年《新平縣志》卷十六《方言》）

九，擺夷謂之高（入聲），緬人謂之果。（光緒十三年《騰越廳志稿》卷十五《諸夷志·方言》《龍陵縣志》卷十三《諸夷志·

方言》)

九，夷語謂之姑。(乾隆八年《麗江府志略·方言》)

九，土語謂之姑，羅武語謂之根。天保人謂之構。(民國元年《永平縣志稿》卷七《方言》)

九，夷人謂之故，藍靛瑤謂之枯，苗人謂之鳩，黑衣人謂之購。(民國二十一年《富州縣志》卷十六《方言》)

按：九，上古音為見紐幽部上聲，擬音為 kǐəu。《廣韻·有韻》："九，舉有切，數也。"中古音為見紐有韻上聲，擬音為 kǐəu。

《開化府志》《廣南府志》《永昌府志》等所載儂人、土獠、擺夷"九"的讀音與"苟"kou^{31}同。今查《壯語簡志》，壯語"九"讀為 kou^{33}。《新平縣志》記載猓玀讀"九"為"格"kə^{33}，今查《彝語簡志》，新平彝語屬彝語南部方言，其"九"讀 ku$_1^{33}$，與官話"格"kə^{33}音近。新平擺夷讀"九"為"高"kau^{33}，今查《壯語簡志》，龍州壯語讀"九"為 kau^{33}。《騰越廳志稿》載擺夷讀"九"為"高"之入聲，其方志作者已經意識到了當地擺夷"九"的聲調與當地官話有別。龍州壯語今讀"九"為 kau^{33}，其聲調對應於騰沖漢語官話之入聲調 33。騰越當地緬人讀"九"為"果"ko^{31}，今查緬語，"九"讀為 ko^{31}。《麗江府志略》所載夷人當為納西族，讀"九"為"姑"ku^{33}，今查《納西語簡志》，"九"讀為 ŋgv^{33}。《永平縣志稿》載夷人讀"九"為"姑""根""構"。永平彝語為彝語西部方言，"九"今讀 kɯ^{33}。《富州縣志》載夷人讀"九"為"故"，此處夷人當為當地之壯侗語族。苗人謂之"鳩"tçiəu^{33}，今查《苗語簡志》，苗語"九"讀為 tço^{31}，與官話"鳩"音近。黑衣人為今壯族支系，其讀"九"為"購"kou^{31}，與壯語"九"kou^{31}音同。

比較：傣語 kau^{33}、壯語 kou^{33}、布依語 ku^{13}、苗語（臘乙坪）tço^{31}、瑤族 dwo^{21}、納西語 ŋgv^{33}、彝語 gu^{33}。

十

十，儂人謂之謝，土獠謂之謝，擺夷謂之昔。(道光九年《開化府志》卷九《風俗·方言》)

十，擺夷謂之昔。(光緒十一年《永昌府志》卷五十八《方

言》）

十，緬人謂之謝，土獠謂之謝，擺夷謂之昔。（光緒三十一年
《廣南府志》卷二《風俗》）

十，擺夷謂之昔。（民國二十二年《新平縣志》卷十六《方
言》）

十，擺夷謂之須。（光緒十三年《騰越廳志稿》卷十五《諸夷
志·方言》《龍陵縣志》卷十三《諸夷志·方言》）

十，土語謂之砌，羅武語謂之七。（民國元年《永平縣志稿》
卷七《方言》）

十，夷人謂之啓，黑衣人謂之習，天保人謂之習。（民國二十
一年《富州縣志》卷十六《方言》）

按：十，上古音為禪紐緝部入聲，擬音為 zǐəp。《廣韻·緝韻》：
"十，是執切，數名。"中古音為禪紐緝韻入聲，擬音為 zǐəp。

《開化府志》《廣南府志》《新平縣志》《富州縣志》載儂人、擺
夷、土獠、黑衣人、天保人謂"十"為"謝"ςie^{33}、"昔"ςi^{33}、"須"
ςi^{33}、"習"ςi^{33}，今查《壯語簡志》，壯語讀"十"為ςip^{33}，雲南官話
中入聲韻尾脫落，無塞音韻尾–p，故方志作者用與音節ςip^{33}近似的音
來記錄民族語"十"的讀音。新平漢語方言中"須"今讀ςi^{33}，無撮口
呼韻母–y，"須"與"昔"同音。《永平縣志稿》《富州縣志》讀
"十"為"砌""啓"，音$t\varsigma^h i^{31}$，今查《彝語簡志》，永平屬彝語西部方
言，彝語西部方言"十"讀$t\varsigma^h i^{55}$，與方志記載相符。

比較：傣語sip^{55}、壯語ςip^{55}、布依語$tsip^{53}$、傈僳語$t\int^h \gamma^{44}$、彝語
$ts^h i^{55}/t\varsigma^h i^{55}$。

父

父，儂人謂之博。（道光九年《開化府志》卷九《風俗·方
言》）

父，緬人謂之博，土獠謂之博。（光緒三十一年《廣南府志》
卷二《風俗》）

父，苗子謂之罷。（民國二十三年《宣威縣志》卷八《語言》）

父，夷人謂之頗，黑衣人謂之博，天保人謂之博。（民國二十一年《富州縣志》卷十六《方言》）

父謂之波（去聲）。（光緒十三年《騰越廳志稿》卷十五《諸夷志·方言》《龍陵縣志》卷十三《諸夷志·方言》）

按：父，亦稱爸。上古音為並紐魚部上聲，擬音為 bǐwa。爸，《廣韻·果韻》："爸，補可切，父也。"中古音為并紐果韻上聲，擬音為 bǐu。

《開化府志》《廣南府志》《富州縣志》載儂人、土獠、黑衣人、天保人謂"父"為"博"，今查《壯語簡志》，武鳴壯語稱"父"為 po^{33}。《宣威縣志》載苗人稱呼"父親"為"罷" pa^{31}，今查《苗語簡志》，苗語稱"父親"為 a^{35} pɑ^{31}。《富州縣志》夷人謂"父親"為"頗" p^{h}o^{33}，當與壯語類似。

比較：傣語 pɔ^{33}、壯語 po^{33}、布依語 po^{53}、彝語 a^{31}bo^{33}。

馬

馬，土獠謂之磨，擺夷謂之罵，阿成謂之摹。（道光九年《開化府志》卷九《風俗·方言》）

馬，擺夷謂之罵。（光緒十一年《永昌府志》卷五十八《方言》）

馬，土獠謂之磨，擺夷謂之罵。（光緒三十一年《廣南府志》卷二《風俗》）

馬，猓玀謂之嫫，擺夷謂之麻，窩泥謂之莫，卡惰謂之莫，土獠謂之磨。（民國二十二年《新平縣志》卷十六《方言》）

馬，夷謂之木。（乾隆二十六年《東川府志》卷八《戶口·夷人方音》）

馬，夷謂之木。（民國十三年《昭通縣志》卷十《方音》）

馬，羅武語謂之母。（民國元年《永平縣志稿》卷七《方言》）

馬，夷人謂之罵，花猓玀謂之木，藍靛瑤謂之蔴，天保人謂之罵。（民國二十一年《富州縣志》卷十六《方言》）

馬，一般夷語和馬油坪夷語謂之木。（民國三十七年《姚安縣

志》卷五十四《禮俗志·方言》）

按：馬，上古音為明紐魚部上聲，擬音為 mea。《廣韻·馬韻》："馬，莫下切。《說文》曰：'怒也，武也，象頭髦尾，四足之形。'"中古音為明紐馬韻上聲，擬音為 ma。

《开化府志》記載《永昌府志》土獠、擺夷謂漢語"馬"為"磨" mo^{31}、"罵" ma^{31}，有聲調之別，前者為上聲，後者為去聲。今查《壯語簡志》，壯語"馬"讀為 ma^{42}，與雲南官話之"罵"音近。《新平縣志》載猓玀謂"馬"為"嬜"，今查《彝語簡志》，彝族讀"馬"為 m$_\text{l}$(u)^{33}。窩泥、卡惰均為今哈尼支系，今查《哈尼語簡志》，哈尼語讀"馬"為 mo^{31}，與官話"磨""莫"音近。《東川府志》《昭通縣志》夷人謂"馬"為官話"木" mu^{33}，今查《彝語簡志》，"馬"讀為 m$_\text{l}$(u)^{33}。《姚安縣志》所記載夷人"馬"讀為"木"與此同。

比較：傣語 ma^{53}、壯語 ma^{42}、布依語 ma^{31}、彝語 m$_\text{l}$(u)^{33}、哈尼語 mo^{31}。上述壯侗語、藏緬語、漢語"馬"的讀音對應，應是漢藏語同源詞。

牛

牛，阿成謂之女。（道光九年《開化府志》卷九《風俗·方言》）

牛，猓玀謂之呢，窩泥謂之奴。（民國二十二年《新平縣志》卷十六《方言》）

牛，爨蠻謂之你。（民國十四年《祿勸縣志》卷三《方言志》）

牛，夷謂之呢。（乾隆二十六年《東川府志》卷八《戶口·夷人方音》）

牛，夷謂之呢。（民國十三年《昭通縣志》卷十《方音》）

牛，羅武語謂之扭。（民國元年《永平縣志稿》卷七《方言》）

牛，一般夷語和馬油坪夷語謂之略。（民國三十七年《姚安縣志》卷五十四《禮俗志·方言》）

按：牛，上古音為疑紐之部平聲，擬音為 ŋǐwə。《廣韻·尤韻》：

"牛，語求切。大牲也。"中古音為疑紐尤韻平聲，擬音為 ŋɪəu。

《新平縣志》《東川府志》《昭通縣志》記載猓玀讀 "牛" 為 "呢" ne³³，今彝語西部方言讀為 ȵi³³。《新平縣志》載窩泥 "牛" 讀為 "奴" nu²⁴，哈尼語讀為 ŋu³¹/ȵo³¹。上述壯侗語、藏緬語讀音皆與漢語讀音相近。《開化府志》所提到的阿成或為哈尼族支系。《姚安縣志》所言夷人所指不詳。

比較：彝語 ȵi³³、哈尼語 ŋu³¹/ȵv³¹。

紙

紙，土獠謂之知，擺夷謂之哲。（道光九年《開化府志》卷九《風俗・方言》）

紙，擺夷謂之哲。（光緒十一年《永昌府志》卷五十八《方言》）

紙，擺夷謂之藉，卡惰謂之及。（民國二十二年《新平縣志》卷十六《方言》）

紙，擺夷謂之即。（光緒十三年《騰越廳志稿》卷十五《諸夷志・方言》《龍陵縣志》卷十三《諸夷志・方言》）

按：紙，上古音為章紐支部上聲，擬音為 tɪe。《廣韻・紙韻》："紙，諸氏切。《釋名》：'紙，砥也，平滑如砥石也。'"中古音為章紐紙韻上聲，擬音為 tɕie。

《開化府志》《新平縣志》《龍陵縣志》所記載土獠、擺夷讀 "紙" 為 "知" "即" "藉" tɕi³³，今查龍州壯語，"紙" 讀為 tɕi³³，當為漢語借詞。擺夷謂 "紙" 為 "哲" tɕie³³，亦與壯語對應。卡惰謂 "紙" 為 "及" tɕi³³，今查哈尼語 "紙"，讀為 so³¹ɣa³¹，故筆者認為卡惰將 "紙" 讀為 tɕi³¹，為當地官話借詞。通觀造紙歷史，結合上述民族語與漢語 "紙" 之讀音對應情況，筆者認為民族語中今讀 tɕi³³ 與 tɕie³³ 的均為漢語借詞，且今讀 tɕie³³ 借入民族語的層次較 tɕi³³ 要早。

書

書，儂人謂之士，土獠謂之事。（道光九年《開化府志》卷九《風俗・方言》）

書，窩泥謂之熟。（民國二十二年《新平縣志》卷十六《方言》）

按：書，上古音為書紐魚部平聲，擬音為çĭɑ。《廣韻·魚韻》："書，傷魚切。"中古音為書紐魚韻平聲，擬音為çĭo。儂人、土獠讀"書"為"士""事"，今查《壯語簡志》，"書"讀為saɯ²⁴或ɬɯ²⁴，後者與雲南官話"士""事"今讀相近，壯語中ɬ與s對應。窩泥謂"書"為"熟"su³¹，今查《哈尼語簡志》，"書"讀為so³¹ɣa³¹，故su³¹應為哈尼族近現代漢語借詞。

墨

墨，儂人謂之媽，土獠謂之馬，阿成謂之捫。（道光九年《開化府志》卷九《風俗·方言》）

按：墨，上古音為明紐職部入聲，擬音為mək。《廣韻·德韻》："墨，莫北切。筆墨。"中古音為明紐德韻入聲，擬音為mək。儂人讀"墨"為"媽"ma³³、土獠讀"墨"為"馬"ma³¹，今查《壯語簡志》，壯語讀"墨"為mak³³與mək³³。比較漢語與壯侗語"墨"之今讀，音義對應，當為同源詞。

升

升，土獠謂之神。（道光九年《開化府志》卷九《風俗·方言》）

升，爨蠻謂之施。（民國十四年《祿勸縣志》卷三《方言志》）

升，夷謂之施。（乾隆二十六年《東川府志》卷八《戶口·夷人方音》）

按：升，中古音為書紐蒸韻平聲，擬音為çĭəŋ。《廣韻·蒸韻》："升，十合也，成也。又布八十縷為升，識蒸切。"土獠謂"升"為"神"，讀為sən¹³，今查《壯語簡志》，"升"讀為sɯŋ²⁴，漢語官話与壯語音義對應。

鬥

鬥，猓玀謂之得，擺夷謂之朵，窩泥謂之得，卡惰謂之得。
（民國二十二年《新平縣志》卷十六《方言》）

鬥，爨蠻謂之的。（民國十四年《祿勸縣志》卷三《方言志》）

鬥，夷語謂之都。（乾隆八年《麗江府志略·方言》）

按：鬥，上古音為端紐侯部去聲，擬音為 to。《廣韻·侯韻》：
"鬥，當口切。"中古音為端紐侯韻去聲，擬音為 təu。

猓玀為今之彝族支系，彝語今讀"鬥"為 ty³³ 與 tu²¹。擺夷讀
"朵"，今查壯語龍州方言，"鬥"讀為 to⁵⁵，與官話"朵"tuo³¹ 音近。
《麗江府志略》載夷語謂"鬥"為"都"，今查《納西語簡志》，納西
語"鬥"讀為 tv³³，與"都"音近。

母

母，擺夷謂之蔑。（光緒十一年《永昌府志》卷五十八《方
言》）

母，羅武語謂之摸。（民國元年《永平縣志稿》卷七《方言》）

娘，擺夷謂之蔑。（道光九年《開化府志》卷九《風俗·方
言》）

按：母，上古音為明紐之部上聲，擬音為 mə。《廣韻·厚韻》：
"母，莫厚切，父母。"中古音為明紐厚韻上聲，擬音為 məu。

擺夷為今之壯族支系，今查壯語武鳴方言，"母"讀為 me³³，與雲
南官話"蔑"音近。永平羅武語讀"母"為"摸"，今彝語方言讀
"母"為 a²¹mo²¹，亦與"摸"音近。

地

地，擺夷謂之頂。（光緒十一年《永昌府志》卷五十八《方
言》）

地，擺夷謂之頂。（光緒三十一年《廣南府志》卷二《風俗》）

地，黑衣人謂之的。（民國二十一年《富州縣志》卷十六

《方言》)

按：地，上古音為定紐歌部去聲，擬音為 dia。《廣韻·至韻》："地，土地。《説文》曰：'元氣初分，輕清陽為天，重濁陰為地，萬物所陳也。'徒四切。"中古音為定紐至韻去聲，擬音為 di。

擺夷"地"，今讀為"頂" ti^{31}，擺夷為今壯族支系，壯語"地"，今讀為 γei^{33} 與 $\dagger ai^{33}$，聲、韻、調與 ti^{31} 不對應。筆者調查了彝語方言"地"，今讀 $ndi^{21}m_{\downarrow}(u)^{33}$，故認為《永昌府志》《廣南府志》有可能是當地壯族借用了彝族的借詞。富州黑衣人"地"謂之"的" ti^{33}，與龍州壯語"地"今讀 ti^{33} 對應。

子

子，夷謂之租。(乾隆二十六年《東川府志》卷八《戶口·夷人方音》)

子，夷謂之租。(民國十三年《昭通縣志》卷十《方音》)

子，黑夷謂之租。(民國二十三年《宣威縣志》卷八《語言》)

子，夷語謂之苴。(乾隆八年《麗江府志略·方言》)

子，苗人謂之雜。(民國二十一年《富州縣志》卷十六《方言》)

子，夷語謂之祖。(民國三十一年《巧家縣志稿》卷八《方言》)

按：子，上古音為精紐之部上聲，擬音為 $ts\breve{i}ə$。《廣韻·止韻》："子，祖裏切，子息。《要略》曰：'子猶孳也，孳，恤下之稱也，亦辰名。'"中古音為精紐止韻上聲，擬音為 $ts\breve{i}ə$。

今查《彝語簡志》，"子"讀為 tsw^{33}，與雲南官話之"租""祖"音同。麗江納西族今讀"子"為 $t\varsigma v^{33}$，與雲南官話之"苴"同。

我

我，夷謂之俄。(乾隆二十六年《東川府志》卷八《戶口·夷人方音》)

我，夷謂之俄。(民國十三年《昭通縣志》卷十《方音》)

　　我，夷語謂之扼。（乾隆八年《麗江府志略·方言》）

　　我，土語謂之按。（民國元年《永平縣志稿》卷七《方言》）

　　我，夷語謂之俄，蠻語謂之瓦。（民國三十一年《巧家縣志稿》卷八《方言》）

　　按：我，上古音為疑紐歌部上聲，擬音為 ŋa。《廣韻·哿韻》："我，五可切，已稱。"中古音為疑紐哿韻上聲，擬音為 ŋɑ。據《永平縣志稿》記載，土語稱"我"為"按"，"按"，應源於"卬"的發音。卬，《爾雅·釋詁》："卬、吾、台、予、朕、身、甫、余，言我也。"

　　今查《彝語簡志》，彝語大方方言"我"讀 ŋo²¹，音同雲南官話"俄"。麗江納西語今讀"我"為 ŋə²¹，與雲南官話"扼"音同。《永平縣志稿》所記載的土語讀"我"為"按"，乃古音遺留。

孫

　　孫，夷謂之希。（乾隆二十六年《東川府志》卷八《戶口·夷人方音》）

　　孫，夷謂之希。（民國十三年《昭通縣志》卷十《方音》）

　　孫，黑夷謂之希。（民國二十三年《宣威縣志》卷八《語言》）

　　孫，苗人謂之筍。（民國二十一年《富州縣志》卷十六《方言》）

　　孫，夷語謂之希。（民國三十一年《巧家縣志稿》卷八《方言》）

　　按：孫，上古音為心紐文部平聲，擬音為 suən。《廣韻·魂韻》："孫，思渾切。子之子為孫。"中古音為心紐魂韻平聲，擬音為 suən。

　　《東川府志》《昭通縣志》《宣威縣志》《巧家縣志稿》記載當地夷人"孫"讀為"希" ɕi⁵⁵。上述四地均有彝族分佈，故地方志中夷人應為彝族。今查《彝語簡志》，"孫"讀 l̩³³ʑi³³，與雲南官話"希"音近。《富州縣志》記載的苗人讀"孫"為"筍" sun²¹，今查《苗語簡志》，苗語中"孫"讀為 ku⁵⁵、te³⁵ca³³、lʰaŋ³³，均與雲南官話之"筍" sun²¹音義不符，疑為當地苗人近現代漢語之借詞。

你

你，夷謂之那。（乾隆二十六年《東川府志》卷八《戶口·夷人方音》）

你，夷謂之那。（民國十三年《昭通縣志》卷十《方音》）

你，夷語謂之納。（乾隆八年《麗江府志略·方言》）

你，土語謂之呢，羅武語謂之尼。（民國元年《永平縣志稿》卷七《方言》）

你，蠻語謂之能。（民國三十一年《巧家縣志稿》卷八《方言》）

按：你，在古代漢語與現代漢語中是作為第二人稱代詞使用的，但在今上海、寧波等方言中稱為"儂"，而"儂"在古吳語與現代吳語中卻有你、我、他、人四種意思，蓋在使用的過程中，音義發生了轉移。雲南近代方志中記載的關於第二人稱代詞"你"的讀音，或是受到了該傳統的影響。《六書故·人一》："儂，奴冬切，吳人謂人儂。按：此即入聲之轉，甌人呼若能。"

《東川府志》《昭通縣志》記載夷人稱"你"為官話"那"na^{51}，兩地均有彝族分佈，今查《彝語簡志》，彝語"你"讀為na^{31}，音義俱合。《麗江府志略》記載的夷人"你"讀為"納"，今納西語"你"讀為nv^{31}與no^{55}，而當地彝語則讀讀為na^{31}，故地方志記載的夷語可能為彝語。《巧家縣志稿》記載的蠻語讀"你"為"能"，今查彝語方言一支讀"你"為$n\mathrm{u}^{33}$，該少數民族語與漢語應存音義對應關係。

路

路，土獠謂之祿。（道光九年《開化府志》卷九《風俗·方言》）

路，土獠謂之祿。（光緒三十一年《廣南府志》卷二《風俗》）

路，黑衣人謂之落，天保人謂之掭。（民國二十一年《富州縣志》卷十六《方言》）

按：路，上古音為來紐鐸部去聲，擬音為$l\bar{a}k$。《廣韻·暮韻》：

"路，洛故切。道路亦大也。《爾雅》：'一達謂之道路。'"中古音為來紐暮韻去聲，擬音為 lu。

《開化府志》《廣南府志》《富州縣志》所記載的土獠、黑衣人、天保人同為壯族支系，其讀"路"為"祿""落""捸"，三者在官話中為同音字，今查《壯語簡志》，壯語"路"讀為 lo³³，音義俱合。

霿

霿，土獠謂之馬，擺夷謂之磨。（道光九年《開化府志》卷九《風俗·方言》）

霿，土獠謂之馬，擺夷謂之磨。（光緒三十一年《廣南府志》卷二《風俗》）

霿，夷人謂之漠，黑衣人謂之暮，天保人謂之漠。（民國二十一年《富州縣志》卷十六《方言》）

按：霿，上古音為明紐侯部去聲，擬音為 mǐwo。《廣韻·遇韻》："霿，天氣下地不應曰霿，又莫侯切。"中古音為明紐遇韻去聲，擬音為 mǐu。

上述地方志中所記載的土獠、擺夷稱"霿"為"馬"ma²¹⁴、"磨"mo⁵¹，今查《壯語簡志》，壯語"霿"讀為 moːk⁵⁵，與"磨"mo⁵¹音近。土獠讀"霿"，與壯侗語族之傣語 mɔk¹¹音近。筆者認為，此蓋屬方言之間的差異。《富州縣志》所載夷人、黑衣人、天保人讀"霿"為"漠""暮"，均與今之壯語"霿"讀 moːk⁵⁵對應。

海

海，夷謂之桓。（乾隆二十六年《東川府志》卷八《戶口·夷人方音》）

海，夷謂之黑。（民國十三年《昭通縣志》卷十《方音》）

海，黑夷謂之黑。（民國二十三年《宣威縣志》卷八《語言》）

海，夷語謂之憾。（乾隆八年《麗江府志略·方言》）

按：海，上古音為曉紐之部上聲，擬音為 xə。《廣韻·海韻》：

"海，呼改切，《説文》曰：'天池也，以納百川者。'"中古音為曉紐海韻上聲，擬音為 $x\upsilon i$。

《東川府志》所載夷人稱"海"為"恒" $x\partial n^{31}$，今查《彝語簡志》，"海"讀為 $x\alpha i^{21}$ 與 $x\mathrm{u}^{21}mo^{21}$，其中 $x\mathrm{u}^{21}$ 與"恒" $x\partial n^{31}$ 音近。《宣威縣志》記載的黑夷為今之彝族，其讀"海"為"黑"，與 $x\mathrm{u}^{21}$ 音近。《麗江府志略》載夷語讀"海"為"憾" xan^{31}，今查《納西語簡志》，納西語"海"讀為 $x\mathrm{u}^{21}$。

比較漢語與彝語、納西語之"海"的讀音，其均可與漢語形成對應，彝族、納西族為山地民族，其"海"應為漢語借詞，讀音差異當與借入漢語時間早晚有關。

苦

苦，爨蠻謂之拷。（民國十四年《禄勸縣志》卷三《方言志》）

苦，緬人謂之卡。（光緒十三年《騰越廳志稿》卷十五《諸夷志·方言》《龍陵縣志》卷十三《諸夷志·方言》）

苦，一般夷語和馬油坪夷語謂之卡。（民國三十七年《姚安縣志》卷五十四《禮俗志·方言》）

按：苦，上古音為溪紐魚部上聲，擬音為 $k^h\alpha$。《廣韻·姥韻》："苦，康土切。"中古音為溪紐姥韻上聲，擬音為 k^hu。

《禄勸縣志》《姚安縣志》記載爨蠻今讀"苦"為"卡"，今查《彝語簡志》，彝語北部方言"苦"讀為 k^ha^{21}。《龍陵縣志》記載緬人讀"苦"為"卡"，今查《緬語簡志》，"苦"讀為 k^ha^{31}，該少數民族語与漢語應存音義對應關係。

瓦

瓦，爨蠻謂之我。（民國十四年《禄勸縣志》卷三《方言志》）

瓦，夷謂之莪。（乾隆二十六年《東川府志》卷八《戶口·夷人方音》）

瓦，夷謂之莪。（民國十三年《昭通縣志》卷十《方音》）

瓦，夷語謂之完。（乾隆八年《麗江府志略·方言》）

按：瓦，上古音為疑紐歌部上聲，擬音為 ŋoa。《廣韻·馬韻》：
"瓦，五寡切。《古史考》曰：'夏時昆吾氏作瓦也。'"中古音為疑紐馬
韻上聲，擬音為 ŋwa。《廣韻·禡韻》："瓦，五化切，泥瓦屋。"

《祿勸縣志》《昭通縣志》《東川府志》記載爨蠻、夷人讀"瓦"
為"我""莪"，今查《彝語簡志》，"瓦"讀為 ŋgu$_{\lrcorner}$ ^{44}l$_{\lrcorner}$ (u$_{\lrcorner}$)^{33}，與
雲南官話"我""莪"音近。《麗江府志略》載夷語讀"瓦"為"完"，
今查《納西語簡志》，"瓦"讀為 ua^{33}，與雲南官話"玩"音有一定差
距。納西語中無鼻音韻尾，但存在眾多鼻化母音。筆者推測，納西語
ua^{33} 主要母音為鼻化母音，其音值為 uã^{33}，在聽感上與"完"音近。

少

少，夷謂之煞。（民國十三年《昭通縣志》卷十《方音》）

少，黑夷謂之殺。（民國二十三年《宣威縣志》卷八《語言》）

按：少，上古音為書紐宵部上聲，擬音為 çĭau。又為書紐宵部去
聲。《廣韻·小韻》："少，書沼切，不多也。"中古音為書紐小韻上聲，
擬音為 çĭɛu。

昭通多彝族、苗族分佈，今查《彝語簡志》，"少"讀為 i^{44} ȵi^{33}，
與"煞"ʂa^{31} 音不同。今查《苗語簡志》，"少"，讀 çɔ^{53}、tʂeu^{13}，與
"煞"ʂa^{31} 讀音相近，當為漢語借詞。《宣威縣志》記載的黑夷為今之彝
族，彝語音系中韻母多為單母音，因此在借入漢語詞彙後，按照彝語規
則進行調整，漢語借詞韻母 – au 脫落韻尾 – u，變為 – a，其音變規則
為 ʂau〉ʂa。

柴

柴，猓玀謂之兮。（民國二十二年《新平縣志》卷十六《方
言》）

柴，夷謂之息。（乾隆二十六年《東川府志》卷八《戶口·夷
人方音》）

柴，夷謂之息。（民國十三年《昭通縣志》卷十《方音》）

柴，一般夷語和馬油坪夷語謂之撕。（民國三十七年《姚安縣

志》卷五十四《禮俗志·方言》)

按：柴，《禮記·月令》："（季冬之月）乃命四監收秩薪柴。"鄭玄注："大者可析謂之薪，小者合束謂之柴。薪施炊爨，柴以給燎。"柴與薪，常常通用。薪，上古音為心紐真部平聲，擬音為 sǐen。中古音為心紐真韻平聲，《廣韻·真韻》："薪，柴也。"擬音為 sǐen。柴，《廣韻·佳韻》："柴，士佳切，薪也。"

《新平縣志》《東川府志》《昭通縣志》夷人讀"柴"為"兮""息"，"兮""息"官話音同。今查《彝語簡志》，"柴"讀為 sʐ̩_³³，與"兮" çi³³、"息" çi³³ 音近。《姚安縣志》所載夷人所言"柴"讀"撕"與此同。筆者認為彝語中"柴"對應於漢語的"薪"。

酒

酒，夷謂之汁。(乾隆二十六年《東川府志》卷八《戶口·夷人方音》)

酒，夷謂之汁。(民國十三年《昭通縣志》卷十《方音》)

酒，土語謂之至。(民國元年《永平縣志稿》卷七《方言》)

酒，夷語謂之汁。(民國三十一年《巧家縣志稿》卷八《方言》)

按：酒，上古音為精紐幽部上聲，擬音為 tsǐəu。《廣韻·有韻》："酒，子酉切。"中古音為精紐尤有韻上聲，擬音為 tsǐəu。酒，又作䣲。《說文·酉部》："䣲，陟離切，酒也，從酉知聲。"《廣韻·支韻》："䣲，酒也。"

"汁""至"在雲南官話中讀音音近，今查《彝語簡志》，彝語"酒"讀 ndzʐ̩³³、ndzʐ̩²¹、dzʐ̩⁵⁵，其與官話之"汁""至"音近。

百

百，擺夷謂之八。(光緒十三年《騰越廳志稿》卷十五《諸夷志·方言》《龍陵縣志》卷十三《諸夷志·方言》)

百，夷人謂之叭，藍靛瑤謂之別，苗人謂之以波，黑衣人謂之

叭，天保人謂之叭。（民國二十一年《富州縣志》卷十六《方言》）

按：百，上古音為幫紐鐸部入聲，擬音為 peǎk。《廣韻·陌韻》：
"百，博陌切，數名。"中古音為幫紐陌韻入聲，擬音為 pɐk。

《騰越廳志稿》《龍陵縣志》記載的夷人讀"百"為"八"pa^{51}，
今查《彝語簡志》，"百"讀 ha^{33}、ho^{21}、hɑ^{55}，其皆與官話"八"pa^{33}
不對應。夷人今讀"百"為"八"pa^{51}，其當為漢語借詞。《富州縣
志》記載夷人、黑衣人、天保人讀"百"為"八"，今查《壯語簡
志》，壯語"八"讀為 pet^{55}，與漢語"八"對應。苗人讀"八"為
"波"，今查《苗語簡志》，苗語讀"百"為 pua^{44}，與漢語"百"音義
俱合。

比較漢語、壯侗語"百"之今讀，其音義對應表明，壯侗語與漢
語關係密切。

跪

跪，猓玀謂之格。（民國二十二年《新平縣志》卷十六《方
言》）

跪，夷人謂之鬼，藍靛瑤謂之葵。（民國二十一年《富州縣
志》卷十六《方言》）

按：跪，上古音為群紐之部上聲，擬音為 gǐwa。《廣韻·紙韻》：
"跪，去委切，拜也。又渠委切。"中古音為群紐紙韻上聲，擬音
為 gǐwe。

猓玀為今彝族之舊稱，今查《彝語簡志》，"跪"，讀為 gɯ^{21} te^{55}、
kɯ^{33}，猓玀讀"跪"為"格"kə^{33}，當與 kɯ^{33}音近。《富州縣志》記載
夷人謂"跪"為"鬼"kui^{31}，藍靛瑤謂之"葵"，今查《瑤語簡志》，
"跪"讀為 kwei^{12}、kuəːi^{12}，與地方志所述相符。"跪"，聲母本為全濁
聲母，清化後在官話中讀送氣、不送氣兩類。

狗

狗，猓玀謂之期，卡惰謂之克。（民國二十二年《新平縣志》

卷十六《方言》)

按：狗，上古音為見紐侯部上聲，擬音為 ko。《廣韻·厚韻》：
"狗，古厚切，犬。"中古音為見紐厚韻上聲，擬音為 kəu。

猓玀為彝族支系，今查《彝語簡志》，彝語"狗"讀為 $k^h\text{w}^{33}$、
tc^hy^{33}。由於雲南眾多官話無撮口呼韻母 y，撮口呼韻母－y－今讀
－i－，故"期"與 tc^hy^{33} 音近。卡惰為今之哈尼族支系，哈尼語今讀
"狗"為 $a^{31}k^h\text{w}^{31}$。

來

來，黑夷謂之列。(民國二十三年《宣威縣志》卷八《語言》)
來，夷語謂之籠。(乾隆八年《麗江府志略·方言》)

按：來，上古音為來紐之部平聲，擬音為 lə。《廣韻·咍韻》：
"來，落哀切，至也，及也，遂也，俗作來。"中古音為來紐咍韻平聲，
擬音為 lɒi。

今查《彝語簡志》，彝語"來"讀為 la^{33}、li^{55}，與雲南官話"列"
讀音相近。官話中－ie 常讀為－i，與《宣威縣志》記載相符。今查
《納西語簡志》，納西語"來"讀 $l\text{w}^{33}$，與方志記載相符。

凳

凳，擺夷謂之儅。(光緒十三年《騰越廳志稿》卷十五《諸夷
志·方言》《龍陵縣志》卷十三《諸夷志·方言》)
凳，一般夷語和馬油坪夷語謂之八凳。(民國三十七年《姚安
縣志》卷五十四《禮俗志·方言》)

按：《廣韻·嶝韻》："凳，都鄧切，牀凳。"凳，又稱板凳，《水滸
傳》第三四回："燕順焦燥，便提起板凳卻待要打將去。"

今查《彝語簡志》，"凳"，彝語讀為 $po^{21}ti^{33}$、$se^{33}p^hu^{55}$，前者對應
於漢語的"板凳"。擺夷為今之壯族支系，今查《壯語簡志》，壯語
"凳子"讀 $ta\text{ŋ}^{55}$，與漢語"凳"對應。《姚安縣志》記載夷語今讀

"凳"為"八凳"，應為漢語借詞"板凳"。"板"漢語今讀為 pan²¹⁴。彝語支語言無鼻音韻尾，借入漢語音節，經民族語音系調整後鼻音韻尾脫落，pan〉pa，因而讀為"八"。

桶

桶，夷語謂之圖。(乾隆八年《麗江府志略·方言》)

桶，一般夷語和馬油坪夷語謂之圖。(民國三十七年《姚安縣志》卷五十四《禮俗志·方言》)

按：桶，上古音為透紐東部上聲，擬音為 $t^hoŋ$。《廣韻·董韻》："桶，他孔切，木桶，又音動。"中古音為透紐董韻上聲，擬音為 $t^huŋ$。

今查《納西語簡志》，"桶"讀 t^hv^{31}，與《麗江府志略》記載相符。彝語"桶"今亦讀 $ɤɯ^{55}t^hu^{31}$，與今之官話"圖" t^hu^{35} 音近。

錢

錢，夷語謂之寄焉。(乾隆八年《麗江府志略·方言》)

錢，羅武語謂之起。(民國元年《永平縣志稿》卷七《方言》)

按：錢，上古音為從紐元部平聲，又為精紐元部上聲，擬音為 dzĭan 與 dzĭɛn。中古音為從紐仙韻平聲，擬音為 dzĭɛn。《廣韻·仙韻》："錢，昨仙切。《禮》注云：'錢，泉也，其藏曰泉，其行曰布。取名流行，無不徧也。'"

今納西語"錢"讀為 $tɕə^{55}zɿ^{33}$ 與 $ŋv^{33}$，與雲南官話音節"寄焉" $tɕi^{33}ian^{33}$ 音義不符，當是雲南官話音節"寄焉" $tɕi^{33}ian^{33}$ 兩個音節的合音。$tɕian^{33}$ 與"錢"音近，當為近現代漢語借詞。永平羅武語謂"錢"為官話"起" $tɕ^hi^{31}$，當為官話"錢" $tɕ^hian^{31}$ 之借詞，借入彝語後按照音系規則進行調整，鼻音韻尾脫落，今讀 $tɕ^hi^{31}$。

城

城，土獠謂之稱。(光緒三十一年《廣南府志》卷二《風俗》)

按：城，上古音為禪紐耕部平聲，擬音為 zǐeŋ。《廣韻·清韻》：“城，城郭，是征切。”中古音為禪紐清韻平聲，擬音為 zǐɛŋ。

據史志記載，土獠為今之壯族支系，查《壯語簡志》，壯語“城”今讀 tɕiŋ³¹ 與 siŋ³¹。漢語“稱”今讀 tʂʰəŋ⁵¹，與壯語讀音不符。筆者認為土獠讀“城” tʂʰəŋ³⁵ 為“稱” tʂʰəŋ⁵¹，當為近現代漢語借詞。

電

電，爨蠻謂之歹。（民國十四年《祿勸縣志》卷三《方言志》）

按：電，上古音為定紐真部去聲，擬音為 dien。中古音為定紐霰韵去聲，擬音為 dien。《廣韻·霰韻》：“電，堂練切，陰陽激曜。《釋名》曰：‘電，殄也。乍見則殄滅。’”

爨蠻為古之彝族舊稱，今查《彝語簡志》，彝語中無“電”之説法，漢語“電燈”“電話”等詞中，“電”在彝語中讀為 te³¹，其音與雲南官話之“歹”音近，故祿勸彝族“電”應為近現代漢語之借詞。

盜賊

盜賊，爨蠻謂之栽。（民國十四年《祿勸縣志》卷三《方言志》）

按：賊，上古音為從紐職部入聲，擬音為 dzək。《廣韻·德韻》：“賊，昨則切。盜也。《説文》作：‘賊，敗也。’”中古音為從紐德韻入聲，擬音為 dzək。

今查《彝語簡志》，“盜賊”，讀如官話之“栽” tsai³³，“栽”當為“賊”的借音。

正

正，爨蠻謂之止。（民國十四年《祿勸縣志》卷三《方言志》）

按：正，上古音為章紐耕部去聲，擬音為 tǐeŋ。《廣韻·勁韻》：“正，之盛切，正當也，長也，定也，平也，是也，君也。亦姓，又之盈切。"中古音為章紐勁韻去聲，擬音為 tɕĭɛŋ。

今查《彝語簡志》，彝語"正"讀為 ndʑə³¹，與雲南官話"止"音近。比較漢語與彝語"正"音義，彝語 ndʑə³¹ 當為漢語"正"之借詞的讀音，借入彝語後鼻音韻尾脫落。

印

印，爨蠻謂之硬。（民國十四年《祿勸縣志》卷三《方言志》）

按：印，上古音為影紐真部去聲，擬音為 ʔen。《廣韻·震韻》："印，於刃切。符印也，信也。執政所持信亦因也，封物相因付也。曰璽，曰章，皆印類。"中古音為影紐震韻去聲，擬音為 ʔĕn。

今查《彝語簡志》，未收"印"字，雲南官話之"印"與"硬"，當屬前後鼻音不分現象，前者為舌尖鼻音韻尾，後者為舌根鼻音韻尾。

尺

尺，爨蠻謂之戳。（民國十四年《祿勸縣志》卷三《方言志》）

按：尺，上古音為昌紐鐸部入聲，擬音為 tʰiăk。《廣韻·昔韻》："尺，昌石切。《家語》：'布手知尺，舒肱知尋。'《説苑》：'十寸為一尺。'"中古音為昌紐昔韻入聲，擬音為 tɕʰĭɛk。

今查《彝語簡志》，彝語"尺"，讀為 tʂm³¹、tʂm³¹，其音與雲南官話之"戳"tʂʰo³³ 不符。故筆者推測，祿勸彝語中"尺"當為漢語早期借詞。

車

車，爨蠻謂之充。（民國十四年《祿勸縣志》卷三《方言志》）

按：車，上古音為昌紐魚部平聲，又為見紐魚部平聲，擬音為 tĭa 與 tɕʰĭa。中古音為昌紐麻韻平聲，擬音為 tɕ'ĭa。《廣韻·魚韻》："車，尺遮切。"

今查《彝語簡志》，彝語"車"讀為 tsʰu³³、tʂʰe³³、tʂ³³，tsʰu³³ 與

雲南官話 "充" $\mathrm{ts^hon^{55}}$ 音近。

煙袋

煙袋，爨蠻謂之因哥。（民國十四年《祿勸縣志》卷三《方言志》）

按：煙，上古音為影紐真部平聲，擬音為 ien。《廣韻·先韻》："煙，烏前切，火氣也。" 中古音為影紐先韻平聲，擬音為 ien。

今查《彝語簡志》，彝語 "煙" 讀為 $\mathrm{zi^{44}tc^hi^{33}}$，與雲南官話 "因" $\mathrm{in^{33}}$ 不對應。煙袋，俗稱煙鍋袋，筆者認為爨蠻所言 "因哥" 對應的是雲南官話 "煙鍋"， "因" $\mathrm{in^{33}}$ 對應於雲南官話的 "煙" $\mathrm{ian^{55}}$， "哥" $\mathrm{ko^{55}}$ 對應於雲南官話的 "鍋" $\mathrm{kuo^{33}}$。

葱

葱，爨蠻謂之初。（民國十四年《祿勸縣志》卷三《方言志》）

按：葱，上古音為清紐東部平聲，擬音為 $\mathrm{ts^hon}$。《廣韻·東韻》："葱，倉紅切，葷菜。" 中古音為清紐東韻平聲，擬音為 $\mathrm{ts^hun}$。今查《彝語簡志》， "葱" 讀為 $\mathrm{ɤo^{33}t^hu^{33}}$、$\mathrm{ʂ\eta^{31}t^hu^{33}}$、$\mathrm{ts^hɔn^{55}}$，爨蠻讀 "葱" 為 "初" $\mathrm{ts^hu^{55}}$，當為早期漢語借詞在借入彝語後，經過音系調整，韻尾脫落，變為 $\mathrm{ts^hu^{55}}$。其音變規律為 $\mathrm{ts^hɔn} \rangle \mathrm{ts^hɔ} \rangle \mathrm{ts^hu}$。

燒酒

燒酒，夷謂之紥汁。（乾隆二十六年《東川府志》卷八《戶口·夷人方音》）

按：夷人謂 "燒酒" 為 "紥汁"， "汁" 考證參見前文 "酒"。今查《彝語簡志》，彝語 "酒" 讀為 $\mathrm{dzʅ^{33}}$，其音與雲南官話 "汁" $\mathrm{tʂʅ^{55}}$ 音近。

筯

筯，夷謂之主。（乾隆二十六年《東川府志》卷八《戶口·夷

人方音》)

按：筯，同箸。箸，上古音為定紐魚部去聲，擬音為 dǐa。《廣韻·禦韻》："箸，遲倨切。匙箸也。"中古音為澄紐御韻去聲，擬音為 dǐo。筯同。

雲南官話 "主" 今讀 tʂu²¹⁴。今查《彝語簡志》，"筷子" 讀 dʐ̩u²¹，音與 "主" 相近，當為漢語借詞。

白

白，擺夷謂之帛。(光緒十三年《騰越廳志稿》卷十五《諸夷志·方言》《龍陵縣志》卷十三《諸夷志·方言》)

按：白，上古音為並紐鐸部入聲，擬音為 beǎk。《廣韻·陌韻》："白，傍陌切，西方色，又告也，語也。"中古音為並紐陌韻入聲，擬音為 bɐk。

今查《壯語簡志》，"白" 讀為 piːk³³，其讀音與 "帛" po³⁵ 不符，因此，《騰越廳志稿》《龍陵縣志》中記載的擺夷 "白" 讀為 "帛" po³⁵，當為近現代漢語借詞。

橋

橋，夷語謂之卓。(乾隆八年《麗江府志略·方言》)

按：今查《納西語簡志》，"橋" 讀 ndʐo³¹、dzo¹³，與雲南官話 "卓" tʂuo⁵⁵ 音近，應為漢語借詞。

坐

坐，夷語謂之足。(乾隆八年《麗江府志略·方言》)

坐，苗人謂之又周。(民國二十一年《富州縣志》卷十六《方言》)

按：坐，上古音為從紐歌部上聲，又為從紐歌部去聲，擬音為 dzua。《廣韻·果韻》："坐，《釋名》曰：'坐，挫也，骨節挫屈也。'

徂果切。"又《廣韻·過韻》："坐，被罪，又葴果切。"中古音為從紐果韻去聲，擬音為 dzuɑ。

今查《納西語簡志》，"坐" 讀為 ndʐɯ²¹、dʐɯ¹³，與雲南官話之 "足" tsu⁵⁵音近。今查《苗語簡志》，苗語方臘乙坪方言 "坐" 讀為 tɕoŋ⁵³，其音與雲南官話 "周" 相近。

街市

街市，夷語謂之知。（乾隆八年《麗江府志略·方言》）

按：今查《納西語簡志》，納西語中 "集市" 讀 dʑɯ³³。筆者推測，地方志中的 "街市" 應對應於夷語中的 "知"，即官話中的 "集"。

紅

紅，夷語謂之湖。（乾隆八年《麗江府志略·方言》）

按：紅，上古音為匣紐東部平聲，擬音為 ɣoŋ。《廣韻·東韻》："紅，戶公切，色也。"中古音為匣紐東韻平聲，擬音為 ɣuŋ。

今查《納西語簡志》，納西語 "紅" 讀為 xy²¹、ɕu²¹。雲南官話 "湖" 讀 xu³⁵。比較漢語、納西語顏色詞 "紅" 的讀音，其聲調均為陽平，筆者傾向於認為納西語 "紅" 今讀 xu³⁵來源於古漢語，當為漢語借詞，其具體時間層次當為中古之後，借入後其音節鼻音韻尾脫落或鼻化。

短

短，夷語謂之歹。（乾隆八年《麗江府志略·方言》）

按：短，上古音為端紐元部上聲，擬音為 tuan。《廣韻·緩韻》："短，都管切，促也，不長也。"中古音為端紐緩韻上聲，擬音為 tuan。

今查《納西語簡志》，納西語 "短" 讀為 ndər³³、dər³³，其音與雲南官話 "歹" tai²¹⁴相近。

徒弟

徒弟，夷語謂之的子。（乾隆八年《麗江府志略·方言》）

按：弟，與"的"的古音相近，"的"為"弟"的古音記音字，漢語之"徒弟"與"弟子"語義相同，而夷語音節"的子"與官話"弟子"同音。

溝

溝，夷語謂之開。（乾隆八年《麗江府志略·方言》）

按：溝，上古音為見紐侯部平聲，擬音為 ko。中古音為見紐侯韻平聲，擬音為 kəu。溝，義與"坑"近。《廣韻·庚韻》："坑，客庚切，《爾雅》：'虛也。'郭璞云：'阬，塹也。'"

今查《納西語簡志》，納西語"坑"讀為 $k^h ə^{33}$、$k^h a^{33}$，其與漢語存在對應，當為漢語詞語借入納西語後，根據納西語音系結構進行調整，鼻音韻尾脫落，因而與音節"開" $k^h ai^{55}$ 同音。

斧

斧，夷語謂之邊邊。（乾隆八年《麗江府志略·方言》）

按：斧，上古音為幫紐魚部上聲，擬音為 pǐwa。《廣韻·麌韻》："斧，方矩切，斧鉞。《周書》曰：'神農作陶冶斤斧。'"中古音為幫紐麌韻上聲，擬音為 pǐu。另：錍，亦有"斧"義。錍，《駢雅·釋器》："鑒錍，斧也，大曰闞斧，小曰蕭斧，椹質斫具也。"《廣韻·支韻》："錍，府移切，鑒錍，斧也。"

今查《納西語簡志》，納西語中"斧"讀 $la^{21} mbe^{33}$ 與 $bi^{21} mi^{13}$，疑為漢語借詞。

金

金，羅武語謂之記。（民國元年《永平縣志稿》卷七《方言》）

按：金，上古音為見紐侵部平聲，擬音為 kǐəm。《廣韻·侵韻》："金，居吟切，金寶。《説文》五色金也。" 中古音為見紐侵韻平聲，擬音為 kǐem。

今查《彝語簡志》，彝語 "金子" 讀為 ʂ̩^{33}、ɕe^{55}、sə^{33}，與漢語記音字 "記" tɕi^{51} 不符。雲南官話今讀 "金" 為 tɕin^{55}，筆者認為羅武語今讀 "金" 為 tɕi^{51}，疑屬近現代漢語借詞。

錫

錫，羅武語謂之謝。（民國元年《永平縣志稿》卷七《方言》）

按：錫，上古音為心紐錫部入聲，擬音為 sǐek。《廣韻·錫韻》："錫，先擊切，賜也，與也，亦鉛錫。" 中古音為心紐錫韻入聲，擬音為 siek。

今查《彝語簡志》，彝語 "錫" 讀為 tʂʰo^{55}、ɕi^{13} tsɿ^{21}、tɕʰi^{13} pʰɔ^{33}。雲南官話 "謝" 今讀 ɕie^{51}，與彝語 ɕi^{13} tsɿ^{21} 之 ɕi^{13} 音近。比較漢語與羅武語 "錫" 的音義，筆者認為其應為近現代漢語借詞。

槍

槍，羅武語謂之恰。（民國元年《永平縣志稿》卷七《方言》）

按：槍，上古音為清紐陽部平聲，擬音為 tsʰɣaŋ。《廣韻·陽韻》："槍，稍也。《通俗文》：'剡葦傷盜謂之槍。'《説文》：'拒'也。" 中古音為清紐陽韻平聲，擬音為 tsʰiaŋ^{33}。

今查《彝語簡志》，彝語 "槍" 讀為 tɕhiaŋ^{33}。雲南官話 "恰" 讀為 tɕʰia^{33}。筆者認為其應為近現代漢語借詞，在借入羅武語後音節鼻音韻尾脫落。其音變規律為 tɕʰiɑ〉tɕʰia。

血

血，土語謂之死，羅武語謂之許。（民國元年《永平縣志稿》卷七《方言》）

按：血，上古音為曉紐質部入聲，擬音為 xiwět。《廣韻·屑韻》：

"血，呼決切。《釋名》：'血，濊也，出於肉，流而濊濊也。'"中古音
為曉紐屑韻入聲，擬音為 xiwet。

　　今查《彝語簡志》，彝語"血"讀為 sɿ³³、çi³³，今讀 sɿ³³ 與雲南官
話"死"音近，今讀 çi³³ 與雲南官話"許"çy²¹⁴相同。在雲南眾多官話
中，無撮口呼韻母 −y，撮口呼韻母 −y 今讀 −i，因而"許"一般讀
為 çi³³。

零

　　零，羅武語謂之哩。(民國元年《永平縣志稿》卷七《方言》)

　　按：零，上古音為來紐耕部平聲，擬音為 lieŋ。《廣韻・青韻》：
"零，郎丁切，落也。《説文》曰：'徐雨也。'"中古音為來紐青韻平
聲，擬音為 lieŋ。

　　今查《彝語簡志》，彝語"零"讀為 si³³ni²¹、li²¹、ȵi³³，其皆與雲
南官話"哩"li²¹⁴音近。

　　比較羅武語、漢語"零"的讀音，筆者認為其應為近現代雲南官
話借詞。雲南官話中鼻音、邊音不分，因此在借入羅武語後出現 ni²¹、
li²¹、ȵi³³鼻音、邊音混淆情況，其無鼻音韻尾符合彝語音系結構特點。

夏

　　夏，羅武語謂之瞎。(民國元年《永平縣志稿》卷七《方言》)

　　按：夏，上古音為匣紐魚部上聲，又為匣紐魚部去聲，擬音為
ɣea。《廣韻・禡韻》："夏，胡駕切，春夏。又胡雅切。"中古音為匣紐
禡韻去聲，擬音為 ɣa。

　　今查《彝語簡志》，彝語"夏"讀為 m̩(u)³³ni³³、çia⁵⁵tʰi³³。漢語
音節"瞎"çia⁵⁵為陰平調，雲南官話為入聲，"夏"為去聲，聲調調值
有差異。

　　比較漢語、羅武語"夏"之音義，筆者認為羅武語今讀 çia⁵⁵屬近
現代漢語借詞層次。

冬

冬，羅武語謂之肚。（民國元年《永平縣志稿》卷七《方言》）

按：冬，上古音為端紐冬部平聲，擬音為 tuəm。《廣韻·冬韻》：
“冬，都宗切，四時之末。屍子曰：‘冬為信，北方為冬。冬，終也。’”
中古音為端紐冬韻平聲，擬音為 tuoŋ。

今查《彝語簡志》，彝語“冬”讀為 m̩(u)^{33} tsʰu^{33}、tsʰu^{33}，與雲
南官話“肚”tu^{55} 不符。

比較漢語、羅武語“冬”今讀，筆者認為羅武語“冬”今讀 tu^{55} 屬
近現代漢語借詞層次。

雷

雷，夷人謂之屢，黑衣人謂之屢。（民國二十一年《富州縣
志》卷十六《方言》）

按：雷，上古音為來紐微部平聲，擬音為 luəi。《廣韻·灰韻》：
“雷，魯回切，《説文》作靁，云陰陽薄動靁雨生物。”中古音為來紐灰
韻平聲，擬音為 luɒi。

今查《壯語簡志》，壯語“雷”讀為 loi^{33}，與雲南官話“屢”luei^{31}
相近。壯語“打雷”今讀 pja^{33} ɣai^{31}，故壯語“雷電”之“雷”當為本
民族固有詞，而 loi^{33} 當為漢語借詞。

祖

祖，夷人謂之揩，黑衣人謂之坐，天保人謂之坐。（民國二十
一年《富州縣志》卷十六《方言》）

按：祖，上古音為精紐魚部上聲，擬音為 tsa。《廣韻·姥韻》：
“祖，則古切，祖禰。又始也，法也，上也，本也。”中古音為精紐姥
韻上聲，擬音為 tsu。

黑衣人、天保人均為壯侗語族，今查《壯語簡志》，“祖父”讀
koŋ^{24}、je^{31}。雲南官話“坐”讀為 tso^{31}。比較 koŋ^{24} 與 tso^{31}，後者與漢語

"坐" $tsuo^{51}$存在音義對應關係。"措" ts^ho^{31}與 "坐" tso^{31}有送氣不送氣之別，也應是近現代漢語借詞。

千

千，苗人謂之以淺，黑衣人謂之淺，天保人謂之城。（民國二十一年《富州縣志》卷十六《方言》）

按：千，上古音為清紐真部平聲，擬音為 ts^hien。《廣韻·先韻》："千，蒼先切，十百。"中古音為清紐先韻平聲，擬音為 ts^hien。

今查《苗語簡志》，"千"，臘乙坪方言讀為 $ts^h\varepsilon^{35}$、$s^ha\eta^{33}$，雲南官話 "淺" 讀為 tc^hian^{35}，二者音近。"城"，雲南官話讀為 $ts^h\partial n^{13}$。

比較苗人、黑衣人、天保人 "千" 之今讀，"淺" tc^hian^{35}與 "城" $ts^h\partial n^{13}$皆可與漢語構成音義對應。筆者認為，苗人 "淺" 今讀 $s^ha\eta^{33}$為苗族固有詞。而今讀為 $ts^h\varepsilon^{35}$，屬漢語借詞，其中今讀 tc^hian^{35}層次較 $ts^h\varepsilon^{35}$要近，聲母發生了 ts^h〉tc^h齶化音變。

萬

萬，夷人謂之反，苗謂之以萬，天保人謂之泛。（民國二十一年《富州縣志》卷十六《方言》）

按：萬，上古音為明紐元部去聲，擬音為 $miwan$。《廣韻·願韻》："萬，無販切，十千。"中古音為明紐願韻去聲，擬音為 $m\ddot{i}w\textbf{e}n$。

苗語讀 "萬" 為 "萬"，與雲南官話無異。天保人、夷人讀 "萬" 為 "反" 與 "泛"，註音為 fan^{35}。今查《壯語簡志》，"萬" 讀為 $fa:n^{33}$，與雲南官話存在主要元音長短之別。比較地方志中苗語、夷人、天保人與漢語讀音，筆者認為民族語 "萬" 今讀 $fa:n^{33}$與漢語形成對應，當為近現代漢語借詞。

霜

霜，藍靛瑤謂之送。（民國二十一年《富州縣志》卷十六《方言》）

按：霜，上古音為山紐陽部平聲，擬音為 ʃĭaŋ。《廣韻・陽韻》："霜，色莊切，凝露也。"中古音為山紐陽韻平聲，擬音為 ʃiaŋ。

今查《瑤語簡志》，瑤語勉方言"霜"讀為 soːŋ³³，布努方言讀為 ka³³te²⁴。比較藍靛瑤瑤語與漢語"霜"之讀音，soːŋ³³ 與雲南官話之音節"送"soŋ³¹ 音相近，當為近現代漢語借詞。布努方言讀為 ka³³te²⁴，為瑤族固有詞。

山

山，黑衣人謂之沙。（民國二十一年《富州縣志》卷十六《方言》）

按：山，上古音為山紐元部平聲，擬音為 ʃean。《廣韻・山韻》："山，所間切。《廣雅》曰：'山産也，能産萬物。'《説文》曰：'山，宣也，宣氣散生萬物。'"中古音為山紐山韻平聲，擬音為 ʃæn。

雲南官話"沙"今讀"sa³³"。今查《壯語簡志》，壯語"山"讀 pja²⁴（石山）、doi²⁴（土山）。瑤族布努語讀"山"為 θau¹²。如前所述，歷史上富州（今文山州富寧縣）黑衣人為壯族支系，應為壯侗語族，但其"山"今讀為 sa³³ 與壯語不符，故筆者認為其應為近現代漢語借詞。

賤

賤，天保人謂之踐。（民國二十一年《富州縣志》卷十六《方言》）

按：賤，上古音為從紐元部去聲，擬音為 dzĭan。《廣韻・線韻》："賤，才線切，輕賤也。"中古音為從紐線韻去聲，擬音為 dzĭɛn。

雲南官話"踐"今讀 tɕian³¹，"賤"亦讀 tɕian³¹，二者同音。今查《壯語簡志》，壯語無與漢語"賤"直接對應之詞，故"賤"當為近現代漢語借詞。

點燈

點燈，一般夷語和馬油坪夷語謂之得多。（民國三十七年《姚

安縣志》卷五十四《禮俗志·方言》)

按：今查《彝語簡志》，"點燈"之"點"在彝語（西部方言）中讀 to^{21}，"燈"讀為 $t\tilde{e}\,\tilde{i}^{33}$。彝語支為 OV 型語言，動詞在後，賓語在前，故"點燈"今讀為 $t\tilde{e}\,\tilde{i}^{33}\,to^{21}$，與漢語官話音節"得多" $te^{33}\,to^{33}$ 音近。

唱

唱，一般夷語和馬油坪夷語謂之抄。(民國三十七年《姚安縣志》卷五十四《禮俗志·方言》)

按：唱，上古音為昌紐陽部去聲，擬音為 $t^h\mathfrak{Ya}\eta$。《廣韻·漾韻》："唱，尺亮切，發歌，又導也，亦作誯倡。"中古音為昌紐漾韻去聲，擬音為 $t\mathbb{\varsigma}^h ia\eta$。

今查《彝語簡志》，彝語"唱"，讀為 $t\mathbb{\varsigma}^h a^{55}\,ho^{21}\,t\mathbb{\varsigma}^h a^{55}$、$\gamma a^{33}\,mu^{55}_{\text{-}}$、$go^{21}$ 三種。

比較漢語與地方志中夷語"唱"之今讀，《姚安縣志》記載的彝人"唱"今讀"吵" $t\mathbb{\varsigma}^h \mathfrak{o}^{55}$，當屬近現代漢語借詞，$t\mathbb{\varsigma}^h a^{55}\,ho^{21}\,t\mathbb{\varsigma}^h a^{55}$ 中的 $t\mathbb{\varsigma}^h a^{55}$ 亦是漢語借詞，彝語的 $\gamma a^{33}\,mu^{55}_{\text{-}}$、$go^{21}$ 則是本民族固有詞。

殺

殺，一般夷語謂之色。(民國三十七年《姚安縣志》卷五十四《禮俗志·方言》)

按：殺，上古音為山紐月部入聲，擬音為 $\int e\breve{a}t$。《廣韻·怪韻》："殺，所拜切，殺害也，疾也，猛也，亦降殺。《禮》注云：'殺，哀小之也。'又所八切。"中古音為山紐黠韻平聲，擬音為 $\int æt$。

今查《彝語簡志》，彝語"殺"讀為 $s\varepsilon^{2} 53$、sat^{55}，與雲南官話 $s\varepsilon^{2} 53$ 與"色" se^{33} 相近。比較彝語與漢語"殺"，其音義對應整齊，當為近現代漢語借詞。

香

香，一般夷語謂之屑。(民國三十七年《姚安縣志》卷五十四《禮俗志·方言》)

按：香，上古音為曉紐陽部平聲，擬音為 xiaŋ。《廣韻·陽韻》："香，許良切。"中古音為曉紐陽韻平聲，擬音為 xiaŋ。

今查《彝語簡志》，南澗方言讀"香"為 ɕe⁵⁵ ny⁵⁵，與雲南官話"屑"ɕie⁵⁵ 音近。今查彝語喜德方言、大方方言，"香"讀 ni³³ ho⁵⁵ sa³³、ŋa³³。

比較漢語與彝語"香"之讀音，姚安縣彝語今讀"屑"ɕie⁵⁵ 與漢語對應，應為近現代漢語借詞，而 ni³³ ho⁵⁵ sa³³、ŋa³³ 則是彝語固有詞。

袋

袋，一般夷語謂之課得。(民國三十七年《姚安縣志》卷五十四《禮俗志·方言》)

按：夷語"課得"讀為 kʰə³³ te³¹，應對應於雲南官話"口袋"。今查《彝語簡志》，無與"袋"相對應詞語。姚安縣夷語"袋"對應雙音節詞"口袋"，當為漢語借詞。

灶

灶，夷謂之魯作。(民國十三年《昭通縣志》卷十《方音》)

灶，一般夷語謂之爐租，馬油坪夷語謂之左。(民國三十七年《姚安縣志》卷五十四《禮俗志·方言》)

按：灶，上古音為精紐覺部去聲，擬音為 tsəuk。《廣韻·號韻》："竈，則到切，《淮南子》曰：'炎帝作火死而為竈。'"中古音為精紐號韻去聲，擬音為 tsɑu。

今查《彝語簡志》，"灶"讀為 ka³³ ti³³。《昭通縣志》中提及的夷人稱"灶"為"魯作"lu³¹ tso³³，《姚安縣志》中提及的夷語稱"灶"為"爐租"lu³¹ tsu³³、"左"tsuo³³，其皆應為雲南官話"爐灶"之變音。

比較漢語、彝語 "灶" 之今讀，夷語之 $lu^{31}tso^{33}$、$lu^{31}tsu^{33}$ 對應於漢語的 "爐灶"，而 $tsuo^{33}$ 對應於漢語的 "灶"，當為漢語借詞。$ka^{33}ti^{33}$ 則為彝族固有詞。

糖

糖，一般夷語謂之燒叨。（民國三十七年《姚安縣志》卷五十四《禮俗志·方言》）

按：夷語音節 "燒叨"，雲南官話讀為 $\wp^{55}to^{31}$。雲南許多地方呼糖為沙糖 $\wp a^{33}t^{h}aŋ^{31}$，"燒叨" 疑為 "沙糖" 之音轉。雲南官話中部分全濁聲母清化後不送氣，彝語借入漢語詞語 "糖" 之聲母，也為不送氣清塞輔音 t－。

藍

藍，一般夷語和馬油坪夷語謂之魯或稱藍。（民國三十七年《姚安縣志》卷五十四《禮俗志·方言》）

按：《姚安縣志》中記載夷語今讀 "藍" 為 "魯" lu^{31}，今查《彝語簡志》，"藍" 讀為 $a^{33}vu^{55}$、$ȵi^{33}$。筆者認為顏色詞 "藍" 讀為 "魯" lu^{31}，是彝語本民族固有詞，而非漢語借詞。對於顏色的辨認，一些民族或族群分類不盡相同，藍色在某些民族語中與綠色混同，具體差異反映了民族認知的差異。

綠

綠，一般夷語和馬油坪夷語謂之虐或稱綠。（民國三十七年《姚安縣志》卷五十四《禮俗志·方言》）

按：今查《彝語簡志》，"綠" 今讀 $a^{55}ɬo^{21}ho^{55}a^{21}n_!(ɻ)^{55}ɣo^{21}$。雲南官話 "虐" 讀 nye^{31}，與 "綠" 音同。姚安縣一般夷語和馬油坪夷語讀 "綠" 為 "綠"，當為漢語借詞，此無異議。

蛇

蛇，一般夷語謂之奢。（民國三十七年《姚安縣志》卷五十四《禮俗志·方言》）

按：蛇，上古音為船紐歌部平聲，擬音為 ȡia。《廣韻·麻韻》："蛇，食遮切，毒蟲。"中古音為船紐麻韻平聲，擬音為 dʑǐa。

雲南官話"奢"讀為 sə⁵⁵，今查《彝語簡志》，"蛇"讀 la³³çe⁵⁵、bu³³sə³³，音節 sə³³與雲南官話"奢"sə⁵⁵對應。比較雲南官話與姚安縣彝語，筆者認為方志中記載的夷人當為彝族，sə³³為近現代漢語借詞。

田

田，蠻語謂之體。（民國三十一年《巧家縣志稿》卷八《方言》）

按：田，上古音為定紐真部平聲，擬音為 dien。《廣韻·先韻》："田，徒年切，《釋名》曰：'土已耕者曰田。田，填也，五稼填滿其中也。'"中古音為定紐先韻平聲，擬音為 dien。

《巧家縣志》記載的蠻語當為北部彝語，今查《彝語簡志》，漢語"田"，彝語讀為 te³³mi³³、tə³³。雲南官話"體"今讀 tʰi³¹，與彝語讀音不符，但與漢語官話"田"tʰian³¹相近，故"田"當屬近現代漢語借詞層次。

粉

粉，爨蠻謂之肺母。（民國十四年《祿勸縣志》卷三《方言志》）

按：爨蠻稱"粉"為"肺母"，其應為漢語"粉末"之變音，當為漢語借詞。

油

油，夷語謂之也岩。（乾隆八年《麗江府志略·方言》）

按：油，上古音為余紐幽部平聲，擬音為 Λĭəu。中古音為余紐尤韻平聲，擬音為 jĭɐu。

今查《納西語簡志》，納西語“油”讀 ma^{21} 或 ma^{13}。《麗江府志略》所載夷語讀“油”為“岩” ia^{31}，與納西語不符，與彝語 $tche^{55}$（油）亦不符，當另有來處，有待進一步考證。

階

階，夷謂之櫓梯。（乾隆二十六年《東川府志》卷八《戶口·夷人方音》）

按：階，有“梯”義。《禮記·喪大記》：“復有林麓則虞人設階，無林麓則狄人設階。”鄭玄注：“階，所乘以升屋者……階，梯也。”夷人稱“階”為“櫓梯”，當為漢語“樓梯”之變音，故為漢語借詞。

（三）音譯兼意譯

雲南部分少數民族語一般由兩部分組成，一為少數民族語，二為漢語，兩部分皆取音義，構成少數民族合成詞。合成的方式主要為在採用漢語的音或義的基礎上，匯入少數民族音義語素，構成新詞。經查閱，歸納如下。

表 6 – 10　　　　　　　　雲南近代方志音譯兼意譯詞

漢語 ＼ 少數民族語	祿勸縣志	東川府志	昭通縣志	宣威縣志	
	爨蠻	夷	夷	黑夷	苗子
退	彼退				
分	他分				
二	膩嫫	膩目	膩目	膩目	
三	灑嫫	色目	色目	色目	
四	奚嫫	今目	須目	須目	
五	俄嫫	我目	我目		
七	係嫫	係目	係目		

少數民族語 漢語	祿勸縣志	東川府志	昭通縣志	宣威縣志	
	爨蠻	夷	夷	黑夷	苗子
八	恨嫫	黑目	黑目		
九	根嫫	口目	口目		
十	且嫫	冊目	冊目		
二百	膩永				
三百	灑永				
四百	奚永				
五百	俄永				
七百	係永				
九百	根永				
二千	膩五				
三千	灑五				
四千	奚五				
五千	俄五				
七千	係五				
九千	根五				
月	他農				
三月	灑接農				
四月	奚農				
五月	俄農				
七月	係農				
九月	更農				
玉麥	灼莫				
麻油	母憂衣				
粉	肺母				
米餌	扯烏阿芭				
正月			衆項	衆項	
鼻		怒鼻	怒鼻		
蕎餌	鍋窩芭				
岳父		阿五	阿五		

續表

漢語 ＼ 少數民族語	祿勸縣志	東川府志	昭通縣志	宣威縣志	
	爨蠻	夷	夷	黑夷	苗子
騍馬		拇莫	母莫		
臣		募卿	募卿		
炭		咩息	咩息		
母			阿姆	阿姆	
蛇	波賒	補賒	補賒		
正月					
筷					阿竹

表6-11　　　　　　　　雲南近代方志音譯兼意譯詞

漢語 ＼ 少數民族語	開化府志		广南府志	永昌府志		新平縣志			
	阿成	擺夷	擺夷	擺夷	緬人	擺夷	猓玀	窩泥	卡惰
父	依頗	依博	衣博	依博	阿帕	阿爹	阿巴	阿爸	阿保
叔	波娘								
娘	依麼								
三	思冷								
四	奚冷								
五	我冷								
六	忤冷								
七	始冷								
九	居冷								
母						阿謬	阿蟆	阿嫫	阿媽
兄								阿哥	阿高
貓						阿矛			阿迷
孫						浪崽			
子						羅崽			

表6-12　　　　　　　　雲南近代方志音譯兼意譯詞

漢語 ＼ 少數民族語	巧家縣志稿			富州縣志				麗江府志略
	夷語	苗語	蠻語	夷人	花猓玀	黑衣人	天保人	夷語
醋	醋							
衣			衣土					

續表

少數民族語　　漢語	巧家縣志稿			富州縣志				麗江府志略
	夷語	苗語	蠻語	夷人	花猓玀	黑衣人	天保人	夷語
一		一商						
二	膩目	兩商			宜媽			
三	色目	三商			松媽			
四		塞商						
五	我目	哈商			牙媽			
六		要商						
七	係目	則商						
八	黑目	別商						
九	口目	見商			國媽			
十					西媽			
二月		令艾						
三月		令三						
四月		令塞						
五月		令好						
六月		令霜						
七月		令則						
八月		令別						
九月		令口						
父		啊壩	啊打		哩叭			阿巴
母		啊咪	啊母					阿買
祖父		啊褒	啊普					
叔				頗構		博構	博傲	
朋友								阿黨
鋤								蹉故

表 6-13　　　　　　　雲南近代方志音譯兼意譯詞

少數民族語　　漢語	永平縣志稿			騰越廳志稿		姚安縣志	
	土語	羅武語	回語	擺夷	緬人	一般夷語	馬油坪夷語
竹				眛竹			
一月		苦希六					

續表

少數民族語 漢語	永平縣志稿			騰越廳志稿		姚安縣志	
	土語	羅武語	回語	擺夷	緬人	一般 夷語	馬油坪 夷語
二月		泥六					
三月		生六					
四月		希六					
五月		我六					
六月		掘六					
七月		喜六					
八月		夜六					
九月	姑拉	根六					
十月	砌拉	七六					
父	阿爹						
母	阿媽						
兄	阿哥				阿哥		
弟	阿弟						
妹	阿妹						
姐	阿姐						
萬	吃萬	阿汙					
樓		樓那					
眉	米字	那目					
關門		格閉					
刀						阿托	
死						喜囉	西至
死人		招希					
樓						勒麥	嘍簌
開門		格坑					
貓						阿咪	阿咪
露						指露	
右						右拜	右拜
二						尼勒	
三						梭勒	梭白

續表

少數民族語　　　漢語	永平縣志稿			騰越廳志稿		姚安縣志	
	土語	羅武語	回語	擺夷	緬人	一般夷語	馬油坪夷語
五						烏勒	我白
七						息勒	息白
九						革勒	基白
三月						傘拉屑	三阿屑
百							屑白
母						阿媽	阿媽
父						阿博	阿博
兄						阿哥	阿哥
祖父						阿皤	阿皤
叔							阿薄耶
伯						阿博岩	

露，一般夷語謂之指露。（民國三十七年《姚安縣志》卷五十四《禮俗志·方言》）

退，爨蠻謂之彼退。（民國十四年《祿勸縣志》卷三《方言志》）

分，爨蠻謂之他分。（民國十四年《祿勸縣志》卷三《方言志》）

竹，擺夷謂之眛竹。（光緒十三年《騰越廳志稿》卷十五《諸夷志·方言》《龍陵縣志》卷十三《諸夷志·方言》）

右，一般夷語和馬油坪夷語謂之右拜。（民國三十七年《姚安縣志》卷五十四《禮俗志·方言》）

鼻，夷謂之怒鼻。（乾隆二十六年《東川府志》卷八《戶口·夷人方音》）

鼻，夷謂之怒鼻。（民國十三年《昭通縣志》卷十《方音》）

醋，夷語謂之即醋。（民國三十一年《巧家縣志稿》卷八《方言》）

衣，蠻語謂之衣土。（民國三十一年《巧家縣志稿》卷八《方言》）

按：以上少數民族語皆由漢語加少數民族語素構成。

當然，這部分詞的構成也有規律可循，比如數詞、月份詞與稱謂詞的構成就很有代表性。數詞、月份詞的構成一般取漢語的音，再加少數民族語語素構成，而稱謂詞大多在漢語稱謂詞前加"阿"或"依"構成。

數詞

二，夷語謂之膩目。三，夷語謂之色目。五，夷語謂之我目。七，夷語謂之係目。八，夷語謂之黑目。九，夷語謂之見目。一，苗語謂之一商。二，苗語謂之兩商。三，苗語謂之三商。四，苗語謂之塞商。五，苗語謂之哈商。六，苗語謂之要商。七，苗語謂之則商。八，苗語謂之別商。九，苗語謂之口商。（民國三十一年《巧家縣志稿》卷八《方言》）

二，一般夷語謂之尼勒。三，一般夷語謂之梭勒，馬油坪夷語謂之梭白。五，一般夷語謂之烏勒，馬油坪夷語謂之我白。七，一般夷語謂之息勒，馬油坪夷語謂之息白。九，一般夷語謂之格勒，馬油坪夷語謂之基白。百，馬油坪夷語謂之屑白。（民國三十七年《姚安縣志》卷五十四《禮俗志·方言》）

二，花猓玀謂之宜嬤。三，花猓玀謂之松嬤。五，花猓玀謂之牙嬤。九，花猓玀謂之國嬤。十，花猓玀謂之西嬤。（民國二十一年《富州縣志》卷十六《方言》）

三，阿成謂之思冷。四，阿成謂之奚冷。五，阿成謂之我冷。六，阿成謂之忏冷。七，阿成謂之始冷。九，阿成謂之居冷。（道光九年《開化府志》卷九《風俗·方言》）

二，爨蠻謂之膩媄。三，爨蠻謂之灑媄。四，爨蠻謂之奚媄。五，爨蠻謂之俄媄。七，爨蠻謂之係媄。八，爨蠻謂之恨媄。九，爨蠻謂之根媄。十，爨蠻謂之且媄。二百，爨蠻謂之膩永。三百，爨蠻謂之灑永。四百，爨蠻謂之奚永。五百，爨蠻謂之俄永。七百，爨蠻謂之係永。九百，爨蠻謂之根永。二千，爨蠻謂之膩五。三千，爨蠻謂之灑五。四千，爨蠻謂之奚五。五千，爨蠻謂之俄五。七千，爨蠻謂之係五。九千，爨蠻謂之根五。（民國十四年

《祿勸縣志》卷三《方言志》)

二，夷謂之膩目。三，夷謂之色目。四，夷謂之兮目。五，夷謂之我目。七，夷謂之係目。八，夷謂之黑目。九，夷謂之口目。十，夷謂之冊目。(《東川府志》卷八《戶口·夷人方音》)

二，夷謂之膩目。三，夷謂之色目。四，夷謂之須目。五，夷謂之我目。七，夷謂之係目。八，夷謂之黑目。九，夷謂之口目。十，夷謂之冊目。(民國十三年《昭通縣志》卷十《方音》)

二，黑夷謂之膩目。三，黑夷謂之色目。四，黑夷謂之須目。(民國二十三年《宣威縣志》卷八《語言》)

按：《巧家縣志稿》中"目""商"，《姚安縣志》中"勒""白"，《富州縣志》中"媽"，《開化府志》中"冷"，《祿勸縣志》中"嫫""永""五"，《東川府志》《昭通縣志》《宣威縣志》中"目"，皆為少數民族語表意語素，與漢語表音語素進行合併，構成少數民族語數詞。

月份

二月，苗語謂之令艾。三月，苗語謂之令三。四月，苗語謂之令塞。五月，苗語謂之令好。六月，苗語謂之令霜。七月，苗語謂之令則。八月，苗語謂之令別。九月，苗語謂之令口。(民國三十一年《巧家縣志稿》卷八《方言》)

三月，一般夷語謂之傘拉屑，馬油坪夷語謂之三阿屑。(民國三十七年《姚安縣志》卷五十四《禮俗志·方言》)

月，爨蠻謂之他農。三月，爨蠻謂之灑接農。四月，爨蠻謂之奚農。五月，爨蠻謂之俄農。七月，爨蠻謂之係農。九月，爨蠻謂之更農。(民國十四年《祿勸縣志》卷三《方言志》)

一月，羅武語謂之苦希六。二月，羅武語謂之泥六。三月，羅武語謂之生六。四月，羅武語謂之希六。五月，羅武語謂之我六。六月，羅武語謂之掘六。七月，羅武語謂之喜六。八月，羅武語謂之夜六。九月，土語謂之姑拉，羅武語謂之根六。十月，土語謂之砌拉，羅武語謂之七六。(民國元年《永平縣志稿》卷七《方言》)

按：《巧家縣志稿》中"令"，《姚安縣志》中"屑"，《祿勸縣志》中"農"，《永平縣志稿》中"六"，皆為少數民族語表意語素，與漢語表音語素進行合併，構成少數民族語的月份詞。

父

父，阿成謂之依頗，擺夷謂之依博。（道光九年《開化府志》卷九《風俗·方言》）

父，緬人謂之阿帕，擺夷謂之依博。（光緒十一年《永昌府志》卷五十八《方言》）

父，擺夷謂之衣博。（光緒三十一年《廣南府志》卷二《風俗》）

父，猓玀謂之阿巴，擺夷謂之阿爹，窩泥謂之阿爸，卡惰謂之阿保。（民國二十二年《新平縣志》卷十六《方言》）

父，夷語謂之阿巴。（乾隆八年《麗江府志略·方言》）

父，土語謂之阿爹。（民國元年《永平縣志稿》卷七·《方言》）

父，花猓玀謂之哩叭。（民國二十一年（《富州縣志》卷十六《方言》）

父，一般夷語和馬油坪夷語謂之阿博。（民國三十七年《姚安縣志》卷五十四《禮俗志·方言》）

父，苗語謂之啊壩，蠻語謂之啊打。（民國三十一年《巧家縣志稿》卷八《方言》）

按：開化府為今之馬關縣，地方志中記載擺夷為今之傣族舊稱。今查《傣語簡志》，傣族稱父親為 po^{33}，同於雲南官話之"博" po^{33}。永昌緬人稱"父"為"啊帕"，音為 $a^{33}p^ha^{31}$，與今緬語同。新平猓玀稱"父"為"阿巴" $a^{33}pa^{31}$，同於彝語西部方言。永平擺夷稱"父"為"阿爹" $a^{31}te^{33}$，當為雲南官話"爹"之借詞，屬近現代漢語借詞層次。窩泥、卡惰均為哈尼支系，稱父為"阿爸" $a^{33}pa^{31}$、"阿保" $a^{33}pɔ^{31}$，疑為漢語借詞。富寧縣的花猓玀稱"父"為"哩叭" $li^{13}pa^{33}$，出處不詳。巧家縣苗語稱父為"啊壩" $a^{33}pa^{31}$，疑為漢語借詞。蠻語謂之"啊打" $a^{33}ta^{31}$，此處蠻語應為彝語。筆者認為，部分少數民族在借入漢語詞語"爸"或"爹"後，加入少數民族語語素"阿""依"等，構成了"父"的少數民族稱謂詞。

母

母，猓玀謂之阿蟆，窩泥謂之阿嫫，卡惰謂之阿媽。擺夷謂之阿謬。(民國二十二年《新平縣志》卷十六《方言》)

母，夷謂之阿姆。(民國十三年《昭通縣志》卷十《方音》)

母，黑夷謂之阿姆。(民國二十三年《宣威縣志》卷八《語言》)

母，夷語謂之阿買。(乾隆八年《麗江府志略·方言》)

母，土語謂之阿媽。(民國元年《永平縣志稿》卷七《方言》)

母，一般夷語和馬油坪夷語謂之阿媽。(民國三十七年《姚安縣志》卷五十四《禮俗志·方言》)

母，苗語謂之啊咪，蠻語謂之啊母。(民國三十一年《巧家縣志稿》卷八《方言》)

娘，阿成謂之依麼。(道光九年《開化府志》卷九《風俗·方言》)

按：彝語稱母親為 $a^{21}mo^{33}$，音同於猓玀、窩泥之"阿蟆"。卡惰為哈尼之分支，今哈尼語稱母親為 $a^{31}mo^{55}$，音近于雲南官話"阿媽" $a^{33}mo^{55}$。昭通、宣威夷語稱母親為"阿姆" $a^{21}mu^{33}$，均為彝語 $a^{21}mo^{33}$ 之方言音變。麗江夷語稱母親為"阿買" $a^{33}mæ^{31}$，今查《納西語簡志》，"母親"讀為 $ə^{31}mo^{33}$、$e^{33}mi^{33}$。《巧家縣志》所載苗語"母親"讀為"啊咪" $a^{33}mi^{31}$，今查《苗語簡志》，苗語臘乙坪方言"母親"讀為 $a^{35}mji^{33}$，音近於方志所載啊咪 $a^{33}mi^{31}$。筆者認為，部分少數民族在借入漢語詞語"母"或"媽"後，加入少數民族語語素"阿""依"等，構成了"母"的少數民族稱謂詞。

兄

兄，窩泥謂之阿哥，卡惰謂之阿高。(民國二十二年《新平縣志》卷十六《方言》)

兄，緬人謂之阿哥。(光緒十三年《騰越廳志稿》卷十五《諸夷志·方言》《龍陵縣志》卷十三《諸夷志·方言》)

兄，土語謂之阿哥。(民國元年《永平縣志稿》卷七《方言》)

兄，一般夷語和馬油坪夷語謂之阿哥。(民國三十七年《姚安縣志》卷五十四《禮俗志·方言》)

按：兄，"窩泥謂之阿哥，卡惰謂之阿高"，今查《哈尼語簡志》，"兄"讀為 $a^{55}ko^{33}$、$a^{55}kɔ^{33}$，讀音不同當屬方言差別。彝語方言今稱"哥哥"為 $a^{33}ko^{33}$，如永平、姚安彝語。筆者認為，部分少數民族在借入漢語詞語"哥"後，加入少數民族語語素"阿"，構成了"兄"的少數民族稱謂詞。

祖父

祖父，一般夷語和馬油坪夷語謂之阿皤。(民國三十七年《姚安縣志》卷五十四《禮俗志·方言》)

祖父，苗語謂之啊襃，蠻語謂之啊普。(民國三十一年《巧家縣志稿》卷八《方言》)

按：承前所述，漢語有稱老人為"皤"之記載。清張慎儀《方言別錄》卷上之一引《宋靜文筆記》曰："蜀人呼老為皤。"又引《鑒誠錄》曰："蜀人呼老弱為波。"

雲南官話"阿皤"讀為 $a^{33}po^{33}$，今彝語"祖父"讀為 $a^{33}bɯ^{33}$，二者音近。巧家縣彝語為彝語北部方言，今"祖父"讀為"啊普" $a^{33}p^hu^{33}$。"阿皤""啊普"疑為少數民族在借入漢語詞語"皤"或"波"後，加上少數民族語語素"阿"而構成。苗語今讀"祖父"為 $qə^{44}$，與方志記載不符，當為當地苗語固有詞或從其他民族借入的借詞。

岳父

岳父，夷謂之阿五。(乾隆二十六年《東川府志》卷八《戶口·夷人方音》)

岳父，夷謂之阿五。(民國十三年《昭通縣志》卷《方音》)

按：東川夷人多為彝族，今彝語稱 "岳父" 為 a^{33}ve^{55}，與雲南官話音節 "阿五" 音近，ve^{55} 對應 "五"，昭通縣志亦然。筆者認為，此處 "五" 與雲南官話 "父" 音近，當為漢語 "父" 之借詞進入少數民族語後，加入少數民族語語素 "阿" 等而構成。

叔

叔，阿成謂之波娘。（道光九年《開化府志》卷九《風俗·方言》）

叔，夷人謂之頗構，黑衣人謂之博構，天保人謂之博傲。（民國二十一年《富州縣志》卷十六《方言》）

叔，馬油坪夷語謂之阿薄耶。（民國三十七年《姚安縣志》卷五十四《禮俗志·方言》）

伯，一般夷語謂之阿博岩。（民國三十七年《姚安縣志》卷五十四《禮俗志·方言》）

按：古時稱父親的兄弟皆為伯、叔。北齊顏之推《顏氏家訓》卷上《風操六》："古人皆呼伯父叔父，而今世多單呼伯、叔。"

富州少數民族多為壯侗語族，今查《壯語簡志》，壯語呼叔叔為 aːu^{24}、çuk^{55}、aːu^{35}，音近於 "博傲" 之 "傲"，"博" po^{33} 音同於漢語之 "伯"。姚安縣夷語謂叔父為 "阿薄耶" "阿博岩" a^{31} po^{33} ie^{33}，今查《彝語簡志》，叔父今讀 a^{21}va^{21}，與方志記載不符，故出處有待進一步考證。

姐、妹、弟

弟，土語謂之阿弟。妹，土語謂之阿妹。姐，土語謂之阿姐。（民國元年《永平縣志稿》卷七《方言》）

按：姐、妹、弟，皆為漢語詞語，前加虛語素 "阿"，構成少數民族語 "姐" "妹" "弟" 的稱謂詞。

騾馬

騾馬，夷謂之拇莫。（乾隆二十六年《東川府志》卷八《戶

口·夷人方音》）

　　騾馬，夷謂之母莫。（民國十三年《昭通縣志》卷十《方音》）

　　按：今彝語"馬"讀為 $m_{l}(u)^{33}$，與雲南官話"拇" mu^{35} 音近。東川、昭通二地夷人稱"騾馬"為"拇莫""母莫"，當為彝語與漢語中兩個語義相同或相似的語素按照並列方式組成的一個合成詞，m_{l} $(u)^{33}$ 為彝語"馬"的讀音，而"莫"則為漢語"馬"的記音字，因此彝語之"拇莫"相當於以"音譯＋意譯"方式構成的合成詞，此亦可以稱為彝漢合璧詞。

蛇

　　蛇，曩蠻謂之波賒。（民國十四年《祿勸縣志》卷三《方言志》）

　　蛇，夷謂之補賒。（乾隆二十六年《東川府志》卷八《戶口·夷人方音》）

　　蛇，夷謂之補賒。（民國十三年《昭通縣志》卷十《方音》）

　　按：今查《彝語簡志》，蛇讀為 $bu^{33} ʂ ̩^{33}$、$bu^{33} sə^{33}$，其音與雲南官話"波賒""補賒"相近。筆者認為，此處"賒"與雲南官話"蛇"音近，"波賒""補賒"當為漢語"蛇"之借詞進入少數民族語後，加入少數民族語語素"補""波"等而構成。

貓

　　貓，卡惰謂之阿迷。擺夷謂之阿矛。（民國二十二年《新平縣志》卷十六《方言》）

　　貓，一般夷語和馬油坪夷語謂之阿咪。（民國三十七年《姚安縣志》卷五十四《禮俗志·方言》）

　　按：今查《哈尼語簡志》，哈尼語"貓"，讀為 $a^{55} mi^{55}$，與方志記載"阿迷"相符。《姚安縣志》彝語方言一支系"貓"今讀 $a^{33} mie^{55}$，亦與方志記載相符。"咪"與"矛"與雲南官話"咪""貓"音近，

"阿咪""阿矛"有可能為少數民族固有詞彙，也有可能為"彝語語素＋漢語語素"構成的合成詞。

炭

炭，夷謂之咩息。（乾隆二十六年《東川府志》卷八《戶口‧夷人方音》）

炭，夷謂之咩息。（民國十三年《昭通縣志》卷十《方音》）

按：柴、炭作為取火材料，皆可稱為薪。正如前文所述，彝族之"薪"對應於漢語之"柴"，此處"息"與雲南官話"薪"音近，"薪"借入少數民族語後，加入少數民族語語素"咩"，構成了"炭"的少數民族語。雲南的少數民族大多保留了"薪"的稱呼，此應為近現代漢語借詞。

臣

臣，夷謂之募卿。（乾隆二十六年《東川府志》卷八《戶口‧夷人方音》）

臣，夷謂之募卿。（民國十三年《昭通縣志》卷十《方音》）

按：卿，古代為君對臣的稱呼，唐韓愈《鳳翔隴州節度使李公墓志銘》："上曰：'卿有母，可隨我耶？'曰：'臣以死從衛！'"卿，取"臣"義，與少數民族語語素"募"合併，構成了"臣"的少數民族稱謂詞。

正月

正月，夷謂之衆項。（民國十三年《昭通縣志》卷十《方音》）

正月，黑夷謂之衆項。（民國二十三年《宣威縣志》卷八《語言》）

按：古代正月亦稱陬月，《爾雅‧釋天》："正月為陬。"《楚辭》："帝高陽之苗裔兮，朕皇考曰伯庸，攝提貞于孟陬兮，惟庚寅吾以降。"

“衆”與雲南官話“陬”音近，“項”在昭通與宣威夷語中為表意語素，故“衆項”為以“彝語語素＋漢語語素”方式構成的合成詞。

開門

開門，羅武語謂之格坑。（民國元年《永平縣志稿》卷七《方言》）

按：開，上古音為溪紐微部平聲，擬音為 kʰəi。《廣韻·咍韻》：“開，苦哀切，開解。”中古音為溪紐咍韻平聲，擬音為 kʰɒi。坑，上古音為溪紐陽部平聲，擬音為 kʰeaŋ。中古音為溪紐庚韻平聲，擬音為 kʰɐŋ。

“坑”，與“開”的古音相近，亦與雲南官話“開”音近。“開”借入少數民族語後，加入少數民族語語素“格”，構成了“開門”的少數民族語。

關門

關門，羅武語謂之格閉。（民國元年《永平縣志稿》卷七《方言》）

按：關，有“閉”義。《廣韻·刪韻》：“關，古還切，《説文》：‘以横木持門戶。’《聲類》曰：‘關，所以閉。’”“閉”，與少數民族語語素“格”合併，構成了“關門”的少數民族語。

樓

樓，羅武語謂之樓那。（民國元年《永平縣志稿》卷七《方言》）

樓，一般夷語謂之勒麥，馬油坪夷語謂之嘍簸。（民國三十七年《姚安縣志》卷五十四《禮俗志·方言》）

按：“勒”“嘍”與雲南官話“樓”音近，少數民族在對譯漢語“樓”時常採用民族語語素“那”“麥”“簸”等與漢語“樓”以並列方式構成合成詞。

子

子，擺夷謂之羅崽。孫，擺夷謂之浪崽。（民國二十二年《新平縣志》卷十六《方言》）

按：崽，即子。《方言》卷十："崽者，子也。湘沅之會，凡言是子者謂之崽，若東齊言子矣。"明焦竑《俗書刊誤·俗用雜字》："江、湘、吳、越呼子曰崽。音宰。"崽，與少數民族語語素"羅""浪"合併，構成"子"的少數民族語。

玉麥

玉麥，爨蠻謂之灼莫。（民國十四年《祿勸縣志》卷三《方言志》）

按：今查《彝語簡志》，"小麥"在彝語方言中讀為 $zo^{21}mo^{21}$，與雲南官話"灼莫"相近。"麥"與雲南官話"莫"音近，"灼莫"當為"彝語語素＋漢語語素"構成的合成詞。

餌

米餌，爨蠻謂之扯烏阿芭。蕎餌，爨蠻謂之鍋窩芭。（民國三十七年《祿勸縣志》卷三《方言志》）

按：滇人稱餌為粑。芭，與"粑"音同，為"粑"的記音字。"阿""窩"為彝語名詞詞綴，彝語"米"今讀為 $t\c{s}^h\textsubscript{ɯ}^{33}$，音同於雲南官話"扯烏"。彝語"蕎麥"今讀 ηgo^{24}，故"蕎餌"今讀為 $\eta go^{24}o^{33}pa^{33}$（鍋窩芭）。此皆為"彝語語素＋漢語語素"構成的合成詞。

筷

筷，苗子謂之阿竹。（民國二十三年《宣威縣志》卷八《語言》）

按：雲南官話"竹"與"箸"的古音相近，其與少數民族語虛語素"阿"結合，構成了"筷"的少數民族語。

朋友

朋友，夷語謂之阿黨。（乾隆八年《麗江府志略·方言》）

按：黨，有"群"之義。《淮南子·氾論訓》："攝威擅勢，私門成黨，而公道不行。"高誘注："黨，群。"麗江夷語取漢語"黨"之義，加虛語素"阿"構成"朋友"的少數民族語。

鋤

鋤，夷語謂之蹉故。（乾隆八年《麗江府志略·方言》）

按：今查《納西語簡志》，"鋤頭"讀為 $ts^ho^{31}kv^{55}$，與雲南官話"蹉故"讀音相近。"蹉"與雲南官話"鋤"音近，加上納西語語素"故"，構成納西語"鋤頭"，此亦為"彝語語素＋漢語語素"構成的合成詞。

眉

眉，土語謂之米字，羅武語謂之那目。（民國元年《永平縣志稿》卷七《方言》）

按：今查《彝語簡志》，"眉"讀為 $mi^{33}ts\eta^{55}t\varsigma^hy^{55}$，其音與雲南官話"米字"同。羅武語讀"眉"為 $na^{31}m_{\downarrow}(u)^{33}$，其音與雲南官話"那目"同。筆者認為，此處"米""目"與雲南官話"眉"音近，故"米字""那目"疑為"彝語語素＋漢語語素"構成的合成詞。

死人

死人，羅武語謂之招希。（民國元年《永平縣志稿》卷七《方言》）

按：漢語"死人"為偏正結構，中心語為"人"，修飾語為"死"。

但永平羅武語為彝語，彝語偏正結構與漢語不同，中心語在前，修飾語在後，故"招希"之"招"為"人"義。今查《彝語簡志》，"人"讀 ts^ho^{33}，"死"讀 $çi^{33}$，故"死人"在彝語中謂之"招希" $ts^ho^{33}çi^{33}$。此處"希"與雲南官話"死"音近，疑為漢語"死"之借詞。"死"借入少數民族語後，加入少數民族語語素"招"，構成了"死人"的少數民族語。

死

死，一般夷語謂之喜囉，馬油坪夷語謂之西至。（民國三十七年《姚安縣志》卷五十四《禮俗志·方言》）

按：今查《彝語簡志》，彝語大方方言區"死"今讀為 $çi^{33}$。此處"喜""西"與雲南官話"死"音近，疑為漢語"死"之借詞。"死"借入少數民族語後，加入少數民族語語素"囉""至"等，構成了"死"的少數民族語。

刀

刀，一般夷語謂之阿托。（民國三十七年《姚安縣志》卷五十四《禮俗志·方言》）

按：今查《彝語簡志》，彝語南澗方言區"刀"讀為 $a^{55}t^ha^{31}$，姚安夷語謂之阿托 $a^{55}t^ho^{31}$，當為彝語方言音變。此處"托"與雲南官話"刀"音近，"阿托"疑為"彝語語素＋漢語語素"構成的合成詞。

（四）借用意義

雲南少數民族語部分詞語系借用與漢語意義相關之字詞構成。

表 6-14　　　　　　雲南近代方志借用意義詞

少数民族语　汉语	开化府志	永昌府志	新平县志	宣威县志				
	儂人	土獠	擺夷	阿成	擺夷	擺夷	猓玀	黑夷	苗子
雷	發轟								
斗			通	桶					

續表

少数民族语〔汉语〕	開化府志 儂人	永昌府志 土獠	新平縣志 擺夷	宣威縣志 阿成	擺夷	擺夷	猓玀	黑夷	苗子
墨		黑							
地		稜							
跪				拜					
水								雨	
天							母		
老								暮	
睡									寧
飲酒			津醪						
出去			阿街						
兄			阿大						

表 6 - 15　　　　　　　　　雲南近代方志借用意義詞

少数民族语〔汉语〕	昭通縣志		廣南府志	祿勸縣志	東川府志	麗江府志略	富州縣志
	黑夷	夷语	儂人	爨蠻		夷语	夷人
水	雨						
雷			發轟				
犁板				扒拉			
來				達			
老		暮					
門						孔	
田						里	
秤						斤	
山							坡邑

水

水，黑夷謂之雨。（民國十三年《昭通縣志》卷十《方音》）

水，黑夷謂之雨。（民國二十三年《宣威縣志》卷八《語言》）

按：水與雨，性質相近，意義相關。雨，《説文・雨部》："雨，水從雲下也。"

斗

斗，擺夷謂之通。（道光九年《開化府志》卷九《風俗・方言》）

斗，阿成謂之桶。（道光九年《開化府志》卷九《風俗・方言》）

按：斗與桶，均為計量單位，意義相近。斗，《説文・斗部》："斗，十升也，象形，有柄。"段玉裁注："上象斗形，下象其柄也。"桶，《説文・木部》："桶，木方受六升。"段玉裁注："疑當作方斛，受六斗。""通"與"桶"應為記音之差異。

雷

雷，儂人谓之發轟。（道光九年《開化府志》卷九《風俗・方言》）

雷，獴人謂之發轟。（光緒三十一年《廣南府志》卷二《風俗》）

按：發轟，意為雷發出轟隆的聲音。《礼记・月令》："是月也，日夜分，雷乃發聲。"

墨

墨，擺夷謂之黑。（道光九年《開化府志》卷九《風俗・方言》）

按：墨，有"黑"義，《廣雅・釋器》："墨，黑也。"《左傳・哀公十五年》："肉食者無墨，今吳王有墨國勝乎？"杜預注："墨，氣色下。"

地

地，土獠謂之稜。（道光九年《開化府志》卷九《風俗·方言》）

按："稜"可作為田的計量單位，而滇人常把田稱為地。《正字通·禾部》："農家指田遠近多少曰幾稜。"唐陆龟蒙《奉酬苦雨见寄》诗："我本曾無一稜田，平生笑傲空漁舡。"

跪

跪，擺夷謂之拜。（光緒十一年《永昌府志》卷五十八《方言》）

按：跪，有"拜"之義，《説文·足部》："跪，拜也。"清朱駿聲《説文通訓定聲·解部》："兩膝拄地所以拜也，不拜曰跽。"

天

天，猓玀謂之母。（民國二十二年《新平縣志》卷十六《方言》）

按：中國素有稱天為父或母之俗，猓玀的造詞理應據于此。

犁板

犁板，爨蠻謂之扒拉。（民國十四年《祿勸縣志》卷三《方言志》）

按：犁板，作為一種農具，在使用過程中需要運作，"扒拉"蓋為犁田動作的描述。因此，"犁板"與"扒拉"意義相關聯。

來

來，爨蠻謂之達。（民國十四年《祿勸縣志》卷三《方言志》）

按：來，有"到達"之義。《爾雅·釋詁上》："來，至也。"《玉篇·來部》："來，歸也。"《易·复》："出入无疾，朋來无咎。"

老

老，黑夷謂之暮。（民國二十三年《宣威縣志》卷八《語言》）

老，夷謂之暮。（民國十三年《昭通縣志》卷十《方音》）

按：暮，有"老"之義。《楚辞·离骚》："惟草木之零落兮，恐美人之遲暮。"王逸注："言天時運轉……而君不建立道德，舉賢用能，則年老耄晚暮，而功不成，事不遂也。"

睡

睡，苗子謂之寧。（民國二十三年《宣威縣志》卷八《語言》）

按：寧，有"休息"之義，滇人亦常稱"休息"為"睡"，《國語·晉語八》："聞子與龢未寧。"韋昭注："寧，息也。"

門

門，夷語謂之孔。（乾隆八年《麗江府志略·方言》）

按：門，有"門徑"之義，《管子·國蓄》："利出於一孔，其國無敵。出二孔者，其兵不詘。出三孔者，不可以舉兵。出四孔者，其國必亡。"安井衡注："孔，穴也，猶言門。"

田

田，夷語謂之里。（乾隆八年《麗江府志略·方言》）

按：在古代，"里"可作為田的計量單位來使用，因而"田"與"里"意義相關。《韩诗外传》卷四："古者八家而井田。方里為一井。廣三百步，長三百步為一里，其田九百畝。"

秤

秤，夷語謂之斤。（乾隆八年《麗江府志略·方言》）

按：斤，為秤的計量單位，二者意義相關聯。

飲酒

飲酒，擺夷謂之津醪。（民國二十二年《新平縣志》卷十六《方言》）

按：津，《釋名·釋形體》："津，進也，汁進出也。"醪，《説文·酉部》："醪，汁滓酒也。"徐灝注箋："醪與醴皆汁滓相將，醴一宿孰，味至薄。醪則醇酒，味甜。"

出去

出去，擺夷謂之阿街。（民國二十二年《新平縣志》卷十六《方言》）

按：雲南方言中，外出常用"出去"或"上街"來表示，蓋使用時間長了，"出去"便與"街"之間具有了某種聯繫。擺夷謂"出去"為"阿街"蓋據於此。

兄

兄，擺夷謂之阿大。（民國二十二年《新平縣志》卷十六《方言》）

按：大，通常指年輩較長的或排行第一的，清翟灝《通俗編·數目》："今人兄弟行次稱一為大，不知始自何時。"

山

山，夷人謂之坡岜。（民國二十一年《富州縣志》卷十六《方言》）

　　按：坡，《说文·土部》："坡，阪也。"坡，主要指地勢傾斜之處，因而"山"與"坡"常常合用，蓋二者意義相關聯。至于"邑"，《漢語大詞典》釋為："地名用字。"與本義合。

結　語

本書屬於方志專題詞彙研究範疇，全書對雲南近代方志中的物產資源類詞、基礎產業類詞、民俗文化類詞、口語方言類詞及少數民族詞彙進行了詳細的研究，考釋了一些方言詞語，論證了部分少數民族方音，補充了一些《大詞典》及雲南近代方志本身的內容，亦糾正了一些《大詞典》及雲南近代方志本身存在的問題，初步展示了雲南近代方志詞彙研究的基本面貌。

本書的研究對象為新中國成立以前的雲南方志，由於新中國成立以前的雲南方志基本都為清代或民國的著述，故本書的研究方向為雲南近代方志詞彙。蔣紹愚先生曾經說過：“專書詞彙研究也是近代漢語詞彙研究的一項基礎工作，一個時代的詞彙面貌，或者一個時代和另一個時代的詞彙差異，都可以通過專書詞彙的研究得到比較清晰的瞭解。”① 雲南近代方志編寫的時代，應該說是一個詞彙豐富多彩的時代，該時期的詞彙除了保留大量古語詞之外，亦有大量移民方言詞湧入，從這個意義上說，研究雲南近代方志，便可窺見雲南近代方言的概貌。

在對本書作了全面研究的基礎上，筆者發現，儘管雲南近代方志的詞彙系統非常複雜，但其構詞理據卻有規律可循。經過整理和歸納，筆者將雲南近代方志構詞理據分析如下。

1. 源於比喻、比況義

如榨油郎，民國三十七年《姚安縣志·物產》：“鵓鳩，滇人呼榨油郎。” 又 “紅娘，一名瓢蟲，有食害蟲者。” 搖錢樹，道光五年《廣南府志》卷二《風俗》：“舊俗獻歲前伐松二株，徑四五寸，長丈餘，

---

① 蔣紹愚：《近代漢語研究概要》，北京大學出版社 2005 年版，第 300 頁。

連枝葉栽插門首，無論官廨士民之家皆然，云搖錢樹。"龍須菜，清光緒十一年《思茅廳志》卷八《物產》："龍須菜，俗名甜菜，生把邊磨黑江河傍。"

2. 源於性質、特點義

如破臉，民國三十七年《姚安縣志·物產》："破臉，形似狗，面半白半黑，肉肥多脂，烹食甚佳。"栽秧果，民國十三年《昭通縣志稿》卷九《物產》："有紅、黃二色，熟時味甘，栽秧時食之。"臘牲，民國元年《浪穹縣志略》卷二《風俗》："臘月八日食粥。是月擇日屠豕為脯，及肝脅胹切如膾，和以麴糵，雜以椒薑，加白酒醸之，至春取食，謂之臘牲。"又如，滇中有一種草，稱為打不死，清桂馥《札樸》卷十《滇游續筆》解釋為："滇中有草似馬齒莧，而葉尖莖青，盛於冬，拔之不死。折而棄之，得土復生，俗名打不死。按：即《爾雅》卷'菔草，拔心不死'也。郭注以為宿莽，故盛於冬。"

3. 源於傳說、習俗

如救軍糧，民國二十三年《宣威縣志》卷三《物產》："實紅而小，味澀，全熟則甜，蜀漢時南征軍士採食之，故名。"飲秀水，乾隆四十九年《鎮雄州志》："狼底秀水者，地本無水，土官每代承襲後，大聚部落盛陳儀從，至彼掘地，覆以斗笠，令夷巫視之。至次日，揭笠有水，取而飲之，甘，曰'飲秀水'。"耍火把、打火把架，民國三十四年《嵩明縣志》卷十九《禮俗》："至是日之晚，將火把燃燒，酒松香於其上，則轟然爆發，其大如箕，如此向新郎新婦慶嬉，並徧游街道，逢人便向慶嬉，名曰耍火把。此為弔漢阿南夫人、唐慈善夫人之餘習，併持火把徧游禾田，以驅螟螣者。又有約多數人為一團，此團與彼團持炬相戲，名曰打火把架。"又如：《大理縣志》所述之龍女花，亦是因傳說而得名。清檀萃《滇海虞衡志·志花》："龍女花，天下只一株，在大理之感通寺，猶瓊花亦只一株，在揚州之蕃厘觀也。昔趙迦羅修道於此，龍女化美人以相試，趙以劍擲之，美人入地，生此花以供奉空王，至今數百年，緣分已滿。"

4. 源於形狀、顏色

如挾劍豆，民國八年《蒙化縣志稿》卷十四《物產》："刀豆，一名挾劍豆，以莢形命名也。"又如："荷包豆，形類荷包，故名。"麻綫穀，民國二十三年《宣威縣志》卷三《物產》："麻綾穀，穗長如麻綾，故名，米白色。"黃蠟嘴，民國十三年《昭通縣志稿》卷九《物產》："黃蠟嘴，形類八哥，色黃黑，人有飼之以算命者。"又："胭脂雀，形類喜鵲，通體羽毛皆屬胭脂色，故名。"

5. 源於詞義的組合

如和菜，民國十二年《景東縣志稿》卷二《地理志·風俗》："六月二十四日，以豆、筍、瓜、茄、雞、猪肉等類細切和勻而食，名曰和菜。"解洗，民國三十四年《嵩明縣志》卷十九《禮俗》："出殯後用道士仗劍誦咒，衆執柳枝醮水滿屋揚麗，口噴油火，名曰解洗。"1987年雲南人民出版社鉛印本《鎮雄縣志·禮儀民俗》："十五為大年，各戶均以酒肉祭天地、神、祖，年飯吃青菜湯。夜里，採別家的青菜，謂之'偷青'。"送祝米，民國三十四年《嵩明縣志》卷十九《方俗》："其次如初生小孩，家眷屬備禮物送之，謂之送祝米。"

一般而言，物產資源類詞的造詞理據多取性質、形狀、顏色、比喻等，而民俗文化類詞的造詞理據多取自傳說、習俗及詞義的自然組合。口語方言詞多用虛語素"子""頭"結尾，而基礎產業類詞相對而言，卻多用專業術語。當然，對於一些土俗方物，其造詞理據亦與口語方言詞相類，多在詞尾加虛語素"子"。

本書不揣淺陋，對雲南近代方志詞彙系統作了一個初步的研究，旨在能彌補學界對雲南近代方言與民俗文化研究的不足，為深入研究雲南地方方言、民俗文化，探尋雲南方言歷史淵源等提供便利。本書在這些方面作了一些嘗試，但比起預定目標，差距還很大，因此，今後仍需進一步努力。在書稿寫作過程中，筆者深深感到，由於雲南近代方志中詞語已近白話，且語料重複現象較為突出，故詞語的選取有一定的難度。另外，由於印證材料難尋，故對於詞語考證而言，更顯得舉步維艱。當然，克服困難、彌補不足，非一朝一夕能夠完成，在未來的一段時間，筆者仍將持之以恆，再接再勵，一步一個腳印進行艱苦探索，努力把研究做到最好。

參考文獻

說明：參考文獻分四個部分，專著、工具書與論文部分按著者姓氏的音序排列，方志按時間順序羅列。

（一）方志

[景泰] 雲南圖經志 （《雲南》） 明景泰六年 （1455） 刻本。

[嘉靖] 尋甸府志 （《尋甸》） 天一閣藏明嘉靖二十九年 （1550） 刻本。

[康熙] 阿迷州志 （《阿迷》） 清康熙十二年 （1673） 刊本。

[康熙] 通海縣志 （《通海》） 康熙三十年 （1691） 刻本。

[康熙] 羅平州志 （《羅平》） 康熙三十年 （1691） 抄本。

[康熙] 大理府志 （《大理》） 康熙三十年 （1691） 刻本。

[康熙] 雲南府志 （《雲南》） 康熙三十五年 （1696） 刻本。

[康熙] 元謀縣志 （《元謀》） 康熙三十五年 （1696） 刻本。

[康熙] 嶍峨縣志 （《嶍峨》） 康熙三十七年 （1698） 刻本。

[康熙] 蒙化府志 （《蒙化》） 康熙三十七年 （1698） 刻本。

[康熙] 平彝縣志 （《平彝》） 康熙四十四年 （1705） 刊本。

[康熙] 南安州志 （《南安》） 康熙四十八年 （1709） 刻本。

[康熙] 富民縣志 （《富民》） 康熙五十一年 （1712） 刻本。

[康熙] 新平縣志 （《新平》） 康熙五十一年 （1712） 抄本。

[康熙] 琅鹽井志 （《琅鹽》） 康熙五十一年 （1712） 刻本。

[康熙] 祿豐縣志 （《祿豐》） 康熙五十一年 （1712） 刻本。

[康熙] 定邊縣志 （《定邊》） 康熙五十二年 （1713） 抄本。

[康熙] 鶴慶府志 （《鶴慶》） 康熙五十三年 （1714） 刻本。

[康熙] 易門縣志 （《易門》） 康熙五十三年 （1714） 抄本。

［康熙］宜良縣志（《宜良》）康熙五十五年（1716）抄本。

［康熙］晉寧州志（《晉寧》）康熙五十五年（1716）抄本。

［康熙］呈貢縣志（《呈貢》）康熙五十五年（1716）抄本。

［康熙］楚雄府志（《楚雄》）康熙五十五年（1716）抄本。

［雍正］馬龍州志（《馬龍》）雍正元年（1723）刻本。

［雍正］賓川州志（《賓川》）雍正五年（1727）刻本。

［雍正］雲龍州志（《雲龍》）雍正六年（1728）刻本。

［雍正］師宗州志（《師宗》）雍正七年（1729）增刊本。

［雍正］建水州志（《建水》）雍正九年（1731）刻本。

［雍正］阿迷州志（《阿迷》）雍正十三年（1735）刻本。

［乾隆］安寧州志（《安寧》）乾隆四年（1739）刻本。

［乾隆］廣西府志（《廣西》）乾隆四年（1739）刊本。

［乾隆］彌勒州志（《彌勒》）乾隆三年（1739）刻本。

［乾隆］麗江府志略（《麗江》）乾隆八年（1743）刻本。

［乾隆］新興州志（《新興》）乾隆十四年（1749）刻本。

［乾隆］陸涼州志（《陸涼》）乾隆十七年（1752）刻本。

［乾隆］白鹽井志（《白鹽》）乾隆二十三年（1758）刻本。

［乾隆］石屏州志（《石屏》）乾隆二十四年（1759）刻本。

［乾隆］東川府志（《東川》）乾隆二十六年（1761）刻本。

［乾隆］鎮雄州志（《鎮雄》）乾隆四十九年（1784）刻本。

［乾隆］續修河西縣志（《河西》）乾隆五十三年（1788）刻本。

［乾隆］雲南騰越州志（《騰越》）乾隆五十五年（1790）刻本。

［乾隆］續修蒙化直隸廳志（《蒙化》）乾隆五十五年（1790）刻本。

［乾隆］蒙自縣志（《蒙自》）乾隆五十六年（1791）抄本。

［乾隆］景東直隸廳志（《景東》）乾隆末年抄本。

［嘉慶］臨安府志（《臨安》）嘉慶四年（1799）刻本。

［嘉慶］楚雄縣志（《楚雄》）嘉慶二十三年（1818）刻本。

［道光］廣南府志《廣南》）道光五年（1825）刻本。

［道光］新平縣志（《新平》）道光六年（1826）刻本。

［道光］尋甸州志（《尋甸》）道光八年（1828）刻本。

［道光］開化府志（《開化》）道光九年（1829）刻本。

［道光］定遠縣志（《定遠》）道光十五年（1835）刻本。

［道光］威遠廳志（《威遠》）道光十七年（1837）刻本。

［道光］趙州志（《趙州》）道光十八年（1838）刻本。

［道光］昆陽州志（《昆陽》）道光十九年（1839）刻本。

［道光］昆明縣志（《昆明》）道光二十一年（1841）刻本。

［道光］晉寧州志（《晉寧》）道光二十三年（1843）刻本。

［道光］宣威州志（《宣威》）道光二十四年（1844）刻本。

［道光］大姚縣志（《大姚》）道光二十五年（1845）刻本。

［道光］澂江府志（《澂江》）道光二十七年（1847）刻本。

［咸豐］普洱府志（《普洱》）咸豐元年（1851）刻本。

［咸豐］南寧縣志（《南寧》）咸豐二年（1852）抄本。

［咸豐］鄧川州志（《鄧川》）咸豐四年（1854）刊本。

［同治］古越州志（《古越》）同治六年（1867）訂本。

［光緒］武定直隸州志（《武定》）光緒九年（1883）刻本。

［光緒］中甸廳志（《中甸》）光緒十年（1884）稿本。

［光緒］呈貢縣志（《呈貢》）光緒十一年（1885）刻本。

［光緒］沾益州志（《沾益》）光緒十一年（1885）刻本。

［光緒］永昌府志（《永昌》）光緒十一年（1885）刻本。

［光緒］姚州志（《姚州》）光緒十一年（1885）刻本。

［光緒］思茅廳志（《思茅》）光緒十一年（1885）抄本。

［光緒］續修嵩明州志（《嵩明》）光緒十三年（1887）刻本。

［光緒］羅次縣志（《羅次》）光緒十三年（1887）刻本。

［光緒］騰越廳志稿（《騰越》）光緒十三年（1887）刻本。

［光緒］鎮雄州志（《鎮雄》）光緒十三年（1887）刻本。

［光緒］雲南縣志（《雲南》）光緒十六年（1890）刻本。

［光緒］鎮南州志略（《鎮南》）光緒十八年（1892）刻本。

［光緒］鶴慶州志（《鶴慶》）光緒二十年（1894）刻本。

［光緒］麗江府志（《麗江》）光緒二十一年（1895）稿本。

［光緒］騰越州志（《騰越》）光緒二十三年（1897）重刊本。

［光緒］東川府志（《東川》）乾隆二十六年（1761）原刊，光緒二

十三年（1897）重印本。

　　〔光緒〕普洱府志稿（《普洱》）光緒二十六年（1900）刻本。

　　〔光緒〕昆明縣志（《昆明》）光緒二十七年（1901）刻本。

　　〔光緒〕浪穹縣志略（《浪穹》）光緒二十八年（1903）重刊本。

　　〔光緒〕續修永北直隸廳志（《永北》）光緒三十年（1904）刻本。

　　〔光緒〕續順寧府志稿（《順寧》）光緒三十年（1904）刊本。

　　〔光緒〕廣南府志（《廣南》）光緒三十一年（1905）重抄本。

　　〔光緒〕續修白鹽井志（《白鹽》光緒三十三年（1907）刻本。

　　〔光緒〕永善縣志略（《永善》）光緒間抄稿本。

　　〔宣統〕楚雄縣志（《楚雄》）宣統二年（1910）抄本。

　　〔民國〕浪穹縣志略（《浪穹》）光緒二十八年（1763）修，民國元年（1912）重刊本。

　　〔民國〕永平縣志（《永平》）民國元年（1912）抄本。

　　〔民國〕趙州志（《趙州》）道光十八年（1838）修，民國三年（1914）重刊本。

　　〔民國〕陸良縣志稿（《陸良》）民國四年（1915）石印本。

　　〔民國〕黎縣舊志（《黎縣》）乾隆年間增修，民國五年（1916）鉛印本。

　　〔民國〕續修馬龍縣志（《馬龍》）民國五年（1916）鉛印本。

　　〔宣統〕寧州志（《寧州》）民國五年（1916）鉛印本。

　　〔民國〕大理縣志稿（《大理》）民國五年（1916）鉛字重印本。

　　〔民國〕龍陵縣志（《龍陵》）民國六年（1917）刊本。

　　〔民國〕麗江縣志（《麗江》）傅抄近代修稿本。

　　〔民國〕路南縣志（《路南》）民國六年（1917）抄本。

　　〔民國〕建水州志（《建水》）民國二年（1919）漢口道新印書館鉛印本。

　　〔民國〕建水州志（《建水》）雍正九年（1731）修，民國二年（1919）重刊本。

　　〔民國〕蒙化縣志稿（《蒙化》）民國八年（1919）鉛印本。

　　〔民國〕路南縣志（《路南》）民國八年（1919）鉛印本。

　　〔民國〕續修建水縣志稿（《建水》）民國九年（1920）鉛印本。

［民國］通海縣志（《通海》）民國九年（1920）前後石印本。

［民國］宜良縣志（《宜良》）民國十年（1921）刊本。

［民國］元江縣志稿（《元江》）民國十一年（1922）鉛印本。

［民國］個舊縣志（《個舊》）民國十一年（1922）抄本。

［民國］景東縣志稿（《景東》）民國十二年（1923）石印本。

［民國］昆明市志（《昆明》）民國十三年（1924）鉛印本。

［民國］鹽豐縣志（《鹽豐》）民國十三年（1924）鉛印本。

［民國］昭通縣志稿（《昭通》）民國十三年（1924）刊本。

［民國］河西縣志（《河西》）乾隆五十三年修，民國十三年（1924）重印本。

［民國］祿勸縣志（《祿勸》）民國十四年（1925）鉛印本。

［民國］富州縣志（《富州》）民國二十一年（1932）抄本。

［民國］維西縣志（《維西》）民國二十一年（1932）稿本。

［民國］馬關縣志（《馬關》）民國二十一年（1932）石印本。

［民國］瀘水志（《瀘水》）民國二十一年（1932）石印本。

［民國］新平縣志（《新平》）民國二十二年（1933）石印本。

［民國］羅平縣志（《羅平》）民國二十二年（1933）石印本。

［民國］雲南通志（《雲南》）民國二十三年（1934）重印本。

［民國］宣威縣志稿（《宣威》）民國二十三年（1934）鉛印本。

［民國］廣南縣志（《廣南》）民國二十三年（1934）稿本。

［民國］昭通縣志（《昭通》）民國二十五年（1936）刊本。

［民國］陸良州志（《陸良》）乾隆十七年（1752）修，民國二十六年（1937）刊本。

［民國］石屏縣志（《石屏》）民國二十七年（1938）鉛印本。

［民國］鎮越縣志（《鎮越》）民國二十七年（1938）油印本。

［民國］高嶢志（《高嶢》）民國二十八年（1939）鉛印本。

［民國］中甸縣志稿（《中甸》）民國二十八年（1939）稿本。

［民國］巧家縣志（《巧家》）民國三十一年（1942）鉛印本。

［民國］昆明縣志（《昆明》）民國三十二年（1943）鉛印本。

［民國］大關縣志（《大關》）民國三十二年（1943）影印本。

［民國］嵩明縣志（《嵩明》）民國三十四年（1945）鉛印本。

［民國］姚安縣志（《姚安》）民國三十七年（1948）鉛印本。

續蒙自縣志（《蒙自》）1961 年上海古籍書店民國三十二年（1943）鉛印本。

鎮雄縣志（《鎮雄》）1987 年雲南人民出版社鉛印本。

（二）專著

古代文獻：

漢・班固：《漢書》，中華書局 1962 年版。

漢・班固：《後漢書》，中華書局 1965 年版。

晉・常璩：《華陽國志》，齊魯書社 2010 年版。

長澤規矩也：《明清俗語辭書集成》，上海古籍出版社 1989 年版。

宋・丁度：《集韻》，上海古籍出版社 1985 年版。

唐・樊綽著、趙占甫校釋：《雲南志校釋》，中華書局 1985 年版。

唐・樊綽著、向達校注：《蠻書校注》，中國社會科學出版社 1962 年版。

宋・高承撰、李果訂：《事物紀原・叢書集成初編》，中華書局 1985 年版。

元・郭松年：《大理行記》清・陳鼎：《滇遊記》清・張泓：《滇南新語》清・余慶遠：《維西見聞紀》清・劉昆：《南中雜說》明・楊慎：《滇載記》《叢書集成初編》之六種，中華書局 1985 年版。

晉・郭璞：《山海經圖讚》明・楊慎：《山海經補注》明・楊慎：《雲南山川志》清・李榮陛：《雲緬山川志》《叢書集成初編》之一種，中華書局 1991 年版。

清・桂馥：《趙志海點校・札樸》，中華書局 1992 年版。

晉・嵇含：《南方草木狀》，廣東科技出版社 2009 年版。

明・蘭茂：《滇南本草》，雲南人民出版社 1975 年版。

明・郎瑛：《七修類稿》，上海書店 2009 年版。

清・李調元：《方言藻》明・李實：《蜀語》《叢書集成初編》之二種，商務印書館，1937 年版。

清・李光庭：《鄉言解頤》清・王有光：《吳下諺聯》，中華書局 1982 年版。

清・李實：《蜀語校注》，巴蜀書社 1990 年版。

清·李漁：《閑情偶記》，浙江古籍出版社 1985 年版。

明·劉文征撰、王永繼點校：《滇志》，雲南教育出版社 1987 年版。

清·潘榮陛：《帝京歲時紀勝》清·富察敦崇：《燕京歲時記》，北京古籍出版社 1983 年版。

民國·潘宗鼎：《金陵歲時記》民國·夏仁虎：《歲華憶語》，南京出版社 2006 年版。

宋·普濟著、蘇淵雷點校：《五燈會元》，中華書局 1984 年版。

清·屈大均：《廣東新語》，中華書局 1985 年版。

清·阮元校刻：《十三經注疏》，中華書局 1980 年版。

漢·司馬遷：《史記》，中華書局 1959 年版。

清·孫錦標：《通俗常言疏證》，中華書局 2000 年版。

清·檀萃：《滇海虞衡志》《叢書集成初編》之一種，商務印書館，民國二十五年。

清·唐訓方：《里語徵實》，中華書局 1984 年版。

明·王士性著、周振鶴點校《五嶽遊草》，廣志繹，中華書局 2006 年版。

明·王三聘：《古今事物考》，上海書店 1987 年版。

清·王有光：《吳下諺聯》，中華書局 1982 年版。

元·王禎著、王毓瑚校：《農書》，農業出版社 1981 年版。

清·吳其浚：《植物名實圖考》，商務印書館 1848 年版。

明·楊慎：《丹鉛雜錄》《丹鉛續錄》《俗言》《叢書集成初編》，商務印書館 1936 年版。

東漢·楊孚：《異物志》，廣東科技出版社 2009 年版。

東漢·應劭撰、吳樹平校釋：《風俗通義校釋》，天津人民出版社 1980 年版。

明·余庭璧著、楊繩信校注：《事物異名校注》，山西古籍出版社 1993 年版。

清·張慎儀著、張永言點校：《續方言新校補》《方言別錄》《蜀方言》，四川人民出版社 1987 年版。

清·翟灝：《通俗編》《叢書集成初編》之一種，商務印書館，民國二十六年。

明·朱孟震:《西南夷風土記》元·周達觀:《真臘風土記》宋·朱輔:《溪蠻叢笑》，廣文書局，民國五十八年。

今人著作:

陳長祚:《雲南漢語方音學史》，雲南大學出版社 2007 年版。

程湘清主編:《宋元明漢語研究》，山東教育出版社 1992 年版。

陳修點校:《客方言》，華南理工大學出版社 2009 年版。

崔榮昌:《四川方言與巴蜀文化》，四川大學出版社 1996 年版。

丁惟汾:《方言音釋》，齊魯書社 1985 年版。

丁惟汾:《俚語證古》，齊魯書社 1983 年版。

丁世良、趙放:《中國地方志民俗資料匯編》（西南卷），書目文獻出版社 1991 年版。

董志翹:《中古文獻語言論集》，巴蜀書社 2000 年版。

方國瑜:《雲南史料目錄概說》，中華書局 1984 年版。

方國瑜:《雲南史料叢刊》，雲南大學出版社 1998 年版。

葛本儀:《現代漢語詞彙學》，山東人民出版社 2001 年版。

郭在貽:《訓詁學》（修訂本），中華書局 2005 年版。

郭在貽:《郭在貽文集》，中華書局 2002 年版。

韓陳其:《漢語詞彙論稿》，江蘇古籍出版社 2002 年版。

華學誠:《揚雄方言校釋匯證》，中華書局 2006 年版。

黃金貴:《解物釋名》，上海辭書出版社 2008 年版。

黃尚軍:《四川方言與民俗》，四川人民出版社 1996 年版。

胡樸安:《中華風俗志》，上海文藝出版社 1988 年版。

胡樸安:《中華全國風俗志》，河北人民出版社 1986 年版。

江藍生:《近代漢語探源》，商務印書館 1999 年版。

蔣禮鴻:《敦煌變文字義通釋》（第四次增訂本），上海古籍出版社 1988 年版。

姜亮夫:《昭通方言疏證》，上海古籍出版社 1988 年版。

蔣冀騁:《近代漢語詞彙研究》，湖南教育出版社 1991 年版。

蔣紹愚:《蔣紹愚自選集》，河南教育出版社 1994 年版。

蔣紹愚:《漢語詞彙語法史論文集》，商務印書館 2000 年版。

蔣紹愚:《古漢語詞彙綱要》，北京大學出版社 2005 年版。

蔣紹愚:《近代漢語研究概要》,北京大學出版社 2005 年版。

蔣宗福:《語言文獻論集》,巴蜀書社 2002 年版。

蔣宗福:《四川方言詞語考釋》,巴蜀書社 2002 年版。

藍慶元:《壯漢同源詞借詞研究》,中央民族大學出版社 2005 年版。

雷漢卿:《近代方俗詞叢考》,巴蜀書社 2006 年版。

李春龍審定:《新纂雲南通志》,雲南人民出版社 2007 年版。

李申:《近代漢語文獻整理與研究》,河北教育出版社 2002 年版。

李文澤:《宋代語言研究》,線裝書局 2001 年版。

李新魁:《類別詞彙釋》,河南人民出版社 1989 年版。

李宗江:《漢語常用詞演變研究》,漢語大詞典出版社 1999 年版。

梁公卿總主編:《中國西南文獻叢書》,蘭州大學出版社 2004 年版。

劉堅:《近代漢語讀本》(修訂本),上海教育出版社 2005 年版。

羅昕如:《湖南方言與地域文化研究》,湖南師範大學出版社 2001 年版。

尚秉和:《歷代社會風俗事物考》,江蘇古籍出版社 2002 年版。

施向東:《漢語和藏語同源體系的比較研究》,華語教學出版社 2000 年版。

蘇寶榮:《詞義研究與辭書釋義》,商務印書館 2000 年版。

太田辰夫著、蔣紹愚等譯:《中國語歷史文法》,北京大學出版社 1987 年版。

涂良軍:《雲南方言詞彙比較研究》,雲南大學出版社 2001 年版。

王力:《漢語史稿》,中華書局 1980 年版。

王鍈:《近代漢語詞彙語法散論》,商務印書館 2004 年版。

王雲路:《詞彙訓詁論稿》,北京語言文化大學出版社 2002 年版。

王雲路、方一新:《中古漢語語詞例釋》,吉林教育出版社 1992 年版。

王雲路:《中古漢語詞彙史》,商務印書館 2010 年版。

吳安其:《漢藏語同源研究》,中央民族大學出版社 2002 年版。

魏達純:《近代漢語簡論》,廣東高等教育出版社 2004 年版。

溫端政:《漢語語彙學》,商務印書館 2005 年版。

向熹:《簡明漢語史》,高等教育出版社 1993 年版。

徐時儀：《古白話詞彙研究論稿》，上海教育出版社 2000 年版。

徐通鏘：《歷史語言學》，商務印書館 1991 年版。

楊知勇、秦家華、李子賢編選：《雲南少數民族婚俗志》，雲南民族出版社 1983 年版。

尹秀芝、趙宗乙主編：《中國古代民俗》，黑龍江人民出版社 2007 年版。

遇笑容、曹廣順、祖生利：《漢語史中的語言接觸問題研究》，語文出版社 2010 年版。

袁賓、徐時儀：《二十世紀的近代漢語研究》，書海出版社 2001 年版。

袁賓：《近代漢語概論》，上海教育出版社 1992 年版。

俞理明：《佛經文獻語言》，巴蜀書社 1993 年版。

雲南省編輯組編：《雲南方志民族民俗資料瑣編》，民族出版社 2009 年版。

雲南省歷史研究所編：《清實錄中有關雲南史料匯編》，雲南人民出版社 1984 年版。

曾曉渝：《漢語水語關係詞研究》，重慶出版社 1994 年版。

曾曉渝：《侗台苗瑤語言的漢借詞研究》，商務印書館 2010 年版。

張華文：《昆明方言詞源斷代考辨》，民族出版社 2002 年版。

張亮採：《中國風俗史》，團結出版社 2005 年版。

張聯榮：《漢語詞彙的流變》，大象出版社 1997 年版。

張相：《詩詞曲語詞彙釋》，中華書局 1953 年版。

張永言：《詞彙學簡論》，華中工學院出版社 1982 年版。

張映庚：《昆明方言的文化內涵》，雲南教育出版社 1997 年版。

張涌泉：《漢語俗字叢考》，中華書局 2000 年版。

張涌泉：《漢語俗字研究》，商務印書館 2010 年版。

趙克勤：《古代漢語詞彙學》，商務印書館 2005 年版。

張增祺：《滇國與滇文化》，雲南美術出版社 1997 年版。

朱慶之：《佛典與中古漢語詞彙研究》，文津出版社 1992 年版。

（三）工具書

安俊：《赫哲語簡志》，民族出版社 1986 年版。

布和、劉趙雄：《保安語簡志》，民族出版社 1982 年版。

常竑恩：《拉祜語簡志》，民族出版社 1986 年版。

陳康、馬榮生：《高山族語簡志》（排灣語），民族出版社 1986 年版。

陳士林、邊仕明、李秀清：《彝語簡志》，民族出版社 1985 年版。

陳宗振、雷選春：《西部裕固語簡志》，民族出版社 1985 年版。

陳宗振、伊里千：《塔塔爾語簡志》，民族出版社 1986 年版。

程適良、阿不都熱合曼：《烏茲別克語簡志》，民族出版社 1987 年版。

戴慶廈、崔志超：《阿昌語簡志》，民族出版社 1985 年版。

道布：《蒙古語簡志》，民族出版社 1983 年版。

丁聲樹編錄、李榮參訂：《古今字音對照手冊》，中華書局 1981 年版。

輔世：《苗語簡志》，民族出版社 1985 年版。

盖興之：《基諾語簡志》，民族出版社 1986 年版。

高爾鏘：《塔吉克語簡志》，民族出版社 1985 年版。

高文達：《近代漢語詞典》，知識出版社 1992 年版。

耿世民、李增祥：《哈薩克語簡志》，民族出版社 1986 年版。

郭錫良：《漢字古音手冊》，北京大學出版社 1986 年版。

和即仁、蔣竹儀：《納西語簡志》，民族出版社 1985 年版。

賀嘉善：《仡佬語簡志》，民族出版社 1983 年版。

何汝粉、曾思奇、田中山、林登仙：《高山族語簡志》（阿眉斯語），民族出版社 1986 年版。

胡增益：《鄂倫春語簡志》，民族出版社 1986 年版。

胡增益、朝克：《鄂溫克語簡志》，民族出版社 1986 年版。

胡振華：《柯爾克孜語簡志》，民族出版社 1986 年版。

江藍生、曹廣順：《唐五代語言詞典》，上海教育出版社 1998 年版。

金鵬：《藏語簡志》，民族出版社 1983 年版。

李道勇、聶錫珍、邱鍔鋒：《布朗語簡志》，民族出版社 1986 年版。

李樹蘭、仲謙：《錫伯語簡志》，民族出版社 1986 年版。

李榮：《現代漢語方言大詞典》，江蘇教育出版社 2002 年版。

李永燧、王爾松:《哈尼語簡志》,民族出版社 1986 年版。

李珍華、周長楫:《漢字古今音表》,中華書局 1993 年版。

李崇興等:《元語言詞典》,上海教育出版社 1998 年版。

梁敏:《毛南語簡志》,民族出版社 1980 年版。

梁敏:《侗語簡志》,民族出版社 1980 年版。

劉璐:《景頗語言簡志》(景頗語),民族出版社 1984 年版。

劉照雄:《東鄉語簡志》,民族出版社 1981 年版。

林蓮雲:《撒拉語簡志》,民族出版社 1985 年版。

陸紹尊:《普米語簡志》,民族出版社 1983 年版。

陸紹尊:《錯那門巴語簡志》,民族出版社 1986 年版。

羅竹風主編:《漢語大詞典》,漢語大詞典出版社 1991 年版。

毛宗武、蒙朝吉、鄭宗澤:《瑤族語言簡志》,民族出版社 1982
年版。

毛宗武、蒙朝吉:《佘語簡志》,民族出版社 1986 年版。

歐陽覺亞、鄭貽青:《黎語簡志》,民族出版社 1980 年版。

歐陽覺亞、程方、喻翠榮:《京語簡志》,民族出版社 1984 年版。

歐陽覺亞:《珞巴族語簡志》,民族出版社 1985 年版。

孫宏開:《羌語簡志》,民族出版社 1980 年版。

孫宏開:《獨龍語簡志》,民族出版社 1982 年版。

孫宏開、劉璐:《怒族語言簡志》(怒蘇語),民族出版社 1986
年版。

田德生、何天貞:《土家語簡志》,民族出版社 1986 年版。

王敬騮、賴永良:《德昂語簡志》,民族出版社 1986 年版。

輔世:《苗語簡志》,民族出版社 1985 年版。

王均、鄭國橋:《仫佬語簡志》,民族出版社 1980 年版。

韋慶穩、覃國生:《壯語簡志》,民族出版社 1980 年版。

許寶華、宮田一郎主編:《漢語方言大詞典》,中華書局 1999 年版。

徐琳、趙衍蓀:《白語簡志》,民族出版社 1984 年版。

徐琳、木玉璋、盖興之:《傈僳語簡志》,民族出版社 1986 年版。

徐希艱、徐桂珍:《景頗語言簡志》(載瓦語),民族出版社 1984
年版。

徐中舒主編：《漢語大字典》，四川辭書出版社、湖北辭書出版社1987年版。

袁賓：《宋語言詞典》，上海教育出版社1997年版。

宜德五、金祥元、趙習：《朝鮮語簡志》，民族出版社1985年版。

俞翠容：《布依語簡志》，民族出版社1980年版。

俞翠榮、羅美珍：《傣語簡志》，民族出版社1980年版。

張華文、毛玉玲：《昆明方言詞典》，雲南教育出版社1997年版。

張濟川：《倉洛巴語簡志》，民族出版社1986年版。

張均如：《水語簡志》，民族出版社1980年版。

照那斯圖：《土族語簡志》，民族出版社1981年版。

趙相如、朱志寧：《維吾爾語簡志》，民族出版社1985年版。

仲表純：《達翰爾語簡志》，民族出版社1982年版。

周植志、顏其香：《佤語簡志》，民族出版社1984年版。

（四）論文

白松強：《方言與民俗》，《哈爾濱學院學報》2009年第4期。

陳淑梅：《從漢民族文化看漢語方言的特殊稱謂》，《江漢論壇》2010年第3期。

戴黎剛：《歷史層次分析法——理論、方法及其存在的問題》，《當代語言學》2007年第1期。

戴慶廈、羅自群：《語言接觸研究必須處理好的幾個問題》，《語言研究》2006年第4期。

桂明超：《昆明方言重疊結構對詞的語義和聲調的影響》，《語言研究》1999年第2期。

郝紅豔：《漢語方言與地域文化的考察》，《南陽師範學院學報》2009年第10期。

李劍虹：《元明清小說俗語詞方言證詁》，《大理師專學報》2000年第2期。

李曉琴：《從特定視角看方言詞語與地方風俗文化》，《銅仁學院學報》2008年第1期。

李兆同：《雲南方言的形成》，《思想戰綫》1999年第1期。

盧開礦：《昆明方言志》，《玉溪師專學報》1990年第Z1期。

羅常培、群一：《雲南之語言》，《玉溪師專學報》1986 年第 4 期。

路偉、郭建軍、楊芳、唐娟：《滇南方言的特點和範圍》，《紅河學院學報》2003 年第 5 期。

羅興貴：《苗語滇東北方言首碼詞試析》，《貴州民族學院學報》（哲學社會科學版）2009 年第 6 期。

馬超：《昆明童謠的分類及其文化價值》，《臨滄師範高等專科學校學報》2009 年第 1 期。

毛玉玲：《説文解字中所見的雲南方言詞——兼談方言詞在訓詁方面的作用》，《雲南師範大學學報》（哲學社會科學版）1985 年第 3 期。

毛玉玲：《雲南方言的語法特點》，《玉溪師專學報》1987 年第 1 期。

毛玉玲：《雲南語言研究五十年》（1940—1990 年），《雲南師範大學學報》（哲學社會科學版）1993 年第 6 期。

毛玉玲：《試論雲南方言詞語的源流及事物名稱的由來》，《雲南師範大學學報》（哲學社會科學版）1996 年第 4 期。

彭發興：《試論雲南方言詞語的幾個特點》，《紅河學院學報》1986 年第 1 期。

彭發興：《談談研究雲南方言的意義》，《玉溪師專學報》1985 年版。

群一：《從徐霞客滇遊日記中地名古今異讀論雲南方音》，《玉溪師專學報》1989 年第 2 期。

群一：《昆明方音七十年》，《昆明師範高等專科學校學報》2003 年第 3 期。

群一：《雲南漢語方音史稿》（八），《昆明師範高等專科學校學報》2001 年第 2 期。

宋永平：《雲南方志考述論》，《中國邊疆史地研究》1994 年第 1 期。

唐玲：《從楊慎詩看明代西南地區衣食住行》，《雲南行政學院學報》2007 年第 2 期。

田脣：《廣韻入聲字在雲南蒙自方言中讀音的演變》，《成都紡織高等專科學校學報》2010 年第 2 期。

譚汝為：《天津方言與地域文化》，《社會科學論壇》2010 年第 10 期。

吳積才、顏曉雲：《雲南方音概況》，《玉溪師專學報》1986 年第 4 期。

吳積才、顏曉雲：《雲南方音概況》（二），《玉溪師專學報》1986 年第 Z1 期。

吳積才、顏曉雲：《雲南方音概況》（二），《玉溪師專學報》1987 年第 1 期。

武誼嘉：《楊慎對西南區域文化的貢獻》，《南京師範大學文學院學報》2009 年第 4 期。

薛才德：《從雲南漢語方言陽聲韻的演變看少數民族語言對漢語的影響》，《思想戰綫》1992 年第 4 期。

楊信川：《從雲南方言看知莊章組在元明音系中的地位》，《廣西大學學報》（哲學社會科學版）1990 年第 1 期。

楊正祿：《雲南方志所載傣族民俗的現代印證》，《雲南民族學院學報》（哲學社會科學版）1994 年第 4 期。

楊知勇：《古代雲南民俗研究史略》，《雲南民族學院學報》（哲學社會科學版）2000 年第 6 期。

楊灼：《昆明方言詞的文化保留價值與傳承作用淺談》，《思想戰綫》2008 年第 S1 期。

岳佳：《耀縣方言親屬稱謂詞語及其文化特徵》，《西安社會科學》2010 年第 2 期。

張殿典：《里語徵實的民俗語彙研究》，《文化月刊》2008 年第 5 期。

張茀、嚴希洪、李永延：《玉溪地區漢語方言志》，《玉溪師專學報》1990 年第 Z1 期。

張茀：《雲南方言與雲南文化講授綱要·上》，《玉溪師專學報》1996 年第 1 期。

張茀：《雲南漢語方言形成的三個時期》，《玉溪師專學報》1996 年第 1 期。

張茀：《雲南方言與雲南文化講授綱要·下》，《玉溪師專學報》

1996 年第 2 期。

張惠英：《説“哀牢”就是今“仡佬”》，《漢語學報》2005 年第 2 期。

趙錦華：《明代雲南地方文獻中的語言文獻考述》，《思想戰綫》2009 年第 S1 期。

趙錦華：《清代雲南地方文獻中傳世的語言文獻考述》，《思想戰綫》2009 年第 S1 期。

張士儒：《雲南方言考釋》，《昆明師範學院學報》（哲學社會科學版）1983 年第 2 期。

張士儒：《續雲南方言考釋》，《昆明師範學院學報》（哲學社會科學版）1984 年第 2 期。

張士儒：《再續雲南方言考釋》，《雲南師範大學學報》（哲學社會科學版）1985 年第 2 期。

張士儒：《三續雲南方言考釋》，《雲南師範大學學報》（哲學社會科學版）1987 年第 6 期。

張曉梅：《方國瑜對雲南古代地方志目錄的研究》，《雲南民族學院學報》（哲學社會科學版）2007 年第 2 期。

張秀華：《雲南方志的價值及其開發利用》，《雲南民族學院學報》（哲學社會科學版）2003 年第 4 期。

張玉來：《本悟本韻略易通與明代雲南方音語言研究》，《語言研究》1997 年第 1 期。

鄭祖榮：《雲南方言稱叔為“耶”探考》，《玉溪師專學報》1986 年第 4 期。

周瓊：《明清滇志體例類目述論》，《楚雄師範學院學報》2006 年第 4 期。